Sommaire

PARTIE 2

M2 État clinique d'une personne

PARTIE 3

M3 Soins

PARTIE 5

M5 Relation - communication

PARTIE 6

M6 Hygiène des locaux hospitaliers

PARTIE 7

M7 Transmission des informations

PARTIE 8

M8 Organisation du travail

PARTIE 9

Entraînements tous modules

Une formation, un métier

1. Le métier d'aide-soignant

« L'aide-soignant exerce son activité sous la responsabilité de l'infirmier, dans le cadre du rôle propre dévolu à celui-ci…

Dans ce cadre, l'aide-soignant réalise des soins liés aux fonctions d'entretien et de continuité de la vie visant à compenser partiellement ou totalement un manque ou une diminution de l'autonomie de la personne ou d'un groupe de personnes. Son aide s'inscrit dans une approche globale de la personne soignée et prend en compte la dimension relationnelle des soins. L'aide-soignant accompagne cette personne dans les activités de la vie quotidienne. Il contribue à son bien-être et à lui faire recouvrir, dans la mesure du possible, son autonomie.

Travaillant le plus souvent dans une équipe pluriprofessionnelle, en milieu hospitalier ou extrahospitalier, l'aide-soignant participe, dans la mesure de ses compétences et dans le cadre de sa formation, aux soins infirmiers préventifs, curatifs ou palliatifs. Ces soins ont pour objet de promouvoir, protéger, maintenir et restaurer la santé de la personne, dans le respect de ses droits et de sa dignité. »

L'aide-soignant réalise des soins liés aux fonctions d'entretien et de continuité de la vie.

Pour vivre, il est indispensable de manger, de boire, de communiquer, d'être propre, de respirer, d'éliminer, etc. Ces actes représentent ce que l'on appelle des besoins fondamentaux parce que vitaux pour l'être humain.

Les soins aides-soignants ont pour but de compenser ce que l'individu ne peut pas faire lui-même pour satisfaire ses besoins fondamentaux. Quand ces manques sont compensés, l'aide-soignant participe à la santé de l'individu.

L'aide-soignant exerce son métier sous la responsabilité d'un infirmier.

L'exercice de la profession d'infirmier comporte deux grands axes :

– L'IDE travaille à partir des prescriptions du médecin (ex. : pansements, pose de perfusion, de sonde, injections, etc.).

– L'IDE travaille à partir d'un rôle qui ne dépend pas du médecin, qui lui appartient en propre : c'est ce qu'on appelle le rôle propre infirmier. Parmi les activités du rôle propre infirmier se trouvent les soins d'hygiène et de confort. L'infirmier a le droit de confier ces soins d'hygiène et de confort aux aides-soignants mais il en reste responsable. L'aide-soignant et l'infirmier travaillent en collaboration. L'aide-soignant exerce donc des soins faisant partie des soins infirmiers.

Les soins reposent sur une approche globale de la personne soignée.

On peut imaginer une personne humaine sous la forme d'une fleur[1] dont chaque pétale représenterait une dimension de l'homme :

- Dimension physique (le corps ou soma)
- Dimension psychologique (l'esprit, les émotions…)
- Dimension sociale (la famille, le travail)
- Dimension culturelle
- Dimension spirituelle

Cette fleur se compose des mêmes éléments que les autres fleurs de son espèce mais en même temps chaque fleur est unique et particulière. Elle pousse et fleurit dans un environnement qui lui est plus ou moins favorable et a plus ou moins de racines bien en terre.

L'être humain a lui aussi des racines (familiales, géographiques, culturelles, sociales…) qui en font un individu unique. Il est un tout, composé de différentes dimensions, vivant dans un environnement particulier. Comme il ne peut pas être divisé, chaque partie interagit avec les autres. Quand on soigne le corps, on « touche » aussi aux autres dimensions de la personne. C'est ce qu'on appelle l'**approche « globale »** de la personne soignée.

Une des valeurs fondamentales sur le plan professionnel est celle du **respect des droits et de la dignité de la personne soignée**

L'aide-soignant exerce en **milieu hospitalier et extra-hospitalier :**

Milieu hospitalier	Soins de suite et de réadaptation (SSR) Médecine (cardiologie, endocrinologie, néphrologie, etc.) Chirurgie (orthopédique, viscérale, urologie, etc.) Gériatrie, psychiatrie
Milieu extra-hospitalier	Établissements médico-sociaux (ex. : IME, MAPA, CANTOU, EHPAD, MAS) Services de soins infirmiers à domicile (SSIAD)

1. À partir de la métaphore proposée par R. Poletti.

Témoignages

« Le jour où je ne serai plus utile, je ferai autre chose. » **Andrée**

« Pour moi, l'important ici c'est quand même de leur apporter un certain confort, confort de vie, je pense, et c'est pour la plupart, enfin même, c'est quand même leur dernière maison, leurs dernières années à passer donc… faire en sorte qu'ils les passent le mieux possible. C'est pas tout le temps facile, parce que l'institution, c'est pas comme chez eux. C'est le but du métier quand même. Pour pouvoir faire ce métier-là… il faut… être patient aussi parce c'est quand même un environnement stressant, les gens qui sont malades… ce n'est pas donné à tout le monde, je pense, de supporter des fois la souffrance… » **Liam**

« Il faut être quand même un peu fort dans sa tête pour encaisser… encaisser des fois ce qu'on vit dans notre travail. C'est pas toujours… mais bon c'est un beau métier. » **Lilou**

2. Les modules de formation

Chaque module de formation suit le plan suivant :

- Une fiche d'introduction au module avec l'énoncé de la compétence à acquérir, les objectifs de formation et les modalités de validation de la compétence de l'unité abordée. Une unité de formation se compose d'un module (enseignement en IFAS avec la validation du module) et d'un temps de stage (avec l'évaluation des compétences par les professionnels du terrain).
- Les savoirs et connaissances à acquérir[1] sous forme de fiches numérotées avec des cas cliniques ou des exemples concrets issus du milieu professionnel + repérage des mots clés et leurs liens avec les savoirs nécessaires développés dans le module pour mettre en œuvre la compétence visée.
- Un QCM et un exemple de devoir de validation pour les modules qui s'y prêtent.
- Des exercices supplémentaires portant sur l'ensemble des modules sont proposés en fin d'ouvrage.

1. Respectant l'arrêté du 22 octobre 2005 modifié relatif à la formation conduisant au diplôme d'État d'aide-soignant.

Partie 1

M 1 Accompagnement d'une personne dans les activités de la vie quotidienne

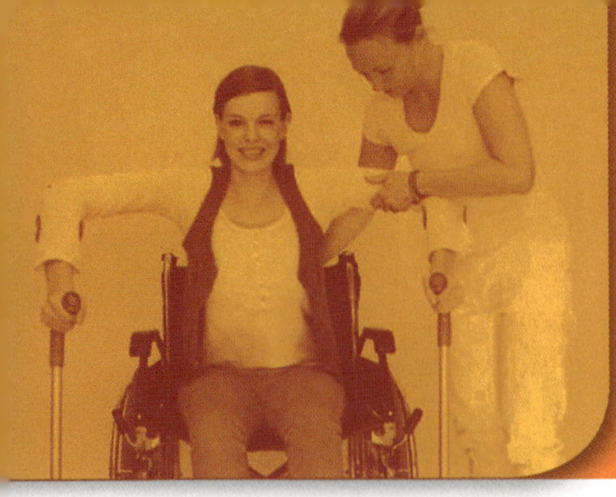

Présentation du module 1

→ **Compétence :** Accompagner une personne dans les actes essentiels de la vie quotidienne, en tenant compte de ses besoins et de son degré d'autonomie.

→ **Durée du module :** 140 heures

→ **Objectifs de la formation :** Dans le cadre du rôle propre de l'infirmier, en collaboration avec lui et sous sa responsabilité, être capable de :
- identifier les besoins essentiels de la personne et prendre en compte sa culture, ses habitudes de vie, ses choix et ceux de sa famille ;
- repérer l'autonomie et les capacités de la personne ;
- apporter son aide pour la toilette, l'habillage, la prise des repas, l'élimination et le déplacement en l'adaptant aux besoins et aux capacités de la personne et en respectant sa pudeur et les règles d'hygiène ;
- stimuler la personne, lui proposer des activités contribuant à maintenir son autonomie et à créer du lien social.

→ **Évaluation :** L'atteinte des objectifs de formation est évaluée à partir de trois éléments :
- une épreuve écrite notée sur 20 qui comprend l'analyse d'un cas clinique (sur 12 points) et une série de petites questions : questions à réponses ouvertes et courtes (QROC) ou questions à choix multiples (QCM) (notée sur 8 points). L'épreuve est anonyme et dure 2 heures. Une note inférieure à 8 sur 20 invalide l'épreuve.
- une mise en situation professionnelle (MSP) au cours du stage consistant à présenter l'analyse de la situation de la personne soignée (sur 8 points) et à réaliser un ou plusieurs soins la concernant (sur 12 points). Une note inférieure à 8 sur 20 invalide l'épreuve.[1]
- l'évaluation de la compétence 1 lors des stages, réalisée en fin de stages par les professionnels ayant accueilli et encadré l'élève en stage. Pour les formations en 10 mois, la moyenne obtenue sur les 6 stages de l'année est calculée ; il faut

1. Pour réussir la validation du module 1, il faut obtenir au moins 20 sur 40 aux deux premières épreuves (écrite + MSP). En cas de non validation, il est prévu une épreuve de rattrapage de l'écrit et/ou de la MSP. Si cette épreuve de rattrapage n'est pas validée, il y redoublement du temps de formation du module 1 soit 140 h.

obtenir au moins la moyenne pour que la compétence 1 soit validée. Pour les formations en parcours partiels, la note obtenue lors du stage correspondant à la compétence doit être égale ou supérieure à la moyenne. En cas de non-obtention de la compétence en stage, il y a redoublement du temps de stage.

FICHE 1

Cycles de vie et développement de la personne

1. Introduction

Le cycle de la vie humaine se définit comme un ensemble de phénomènes arrivant à des périodes régulières pour l'espèce humaine, périodes pendant lesquelles un individu est confronté aux différents passages que sont la naissance, l'enfance, l'adolescence, l'âge adulte, la vieillesse et la mort.

Chaque passage est une période de crise qui demande une sorte de deuil de l'étape précédente et une réadaptation au nouvel état. Ces changements bouleversent à la fois les plans physique, psychologique et social de l'être humain, avec une prépondérance d'un plan sur l'autre selon les étapes ou selon la manière dont l'individu les vit.

L'ultime étape de la vie humaine est représentée par la mort dont la définition est de nature physiologique : arrêt définitif des fonctions respiratoire, cardiaque et cérébrale. La mort peut survenir brutalement ou après une agonie plus ou moins longue. De nos jours, les êtres humains meurent le plus souvent à l'hôpital. L'aide-soignant a un rôle dans l'accompagnement de la personne et de son entourage à cette phase de la vie.[1]

Tableau de synthèse des différentes étapes de la vie humaine

	Naissance et enfance	**Adolescence**
Période	Naissance : passage de la vie intra-utérine à la vie extra-utérine. Enfance : de la naissance à la puberté. Sous-période petite enfance (0 à 3 ans).	Période entre l'enfance et la majorité, de la puberté à la majorité légale.
Développement physique	Augmentation taille, poids. Développement des capacités motrices, cognitives, du langage, de la notion du temps, des relations avec les autres. **Développement psychomoteur (quelques repères) :** **0 à 3 mois** : disparition des réflexes archaïques ; hypotonie du tronc, de l'axe de la tête. Reconnaît la voix et l'odeur de sa mère. Tourne la tête en direction d'un son, gazouille.	**Puberté** : vers 10/12 ans. **Chez les filles** : apparition des poils pubiens, menstruations, développement des seins, élargissement des hanches. **Chez les garçons** : augmentation du volume des testicules, du pénis, poils pubiens, élargissement des épaules, mue de la voix, premières éjaculations nocturnes.

1. Voir module 5, fiche 5, Soins palliatifs et accompagnement des personnes en fin de vie.

	4, 5 mois : joue avec ses mains, s'appuie sur ses avant-bras, attrape un objet qu'on lui tend… **6, 8 mois** : tient sa tête droite, saisit volontairement un objet, pleure devant un visage étranger, imite des sons, babille. **9, 10 mois** : saisit un objet entre pouce et index, tient assis sans appui, tient debout avec appui, rampe, associe deux syllabes. **11, 12 mois** : acquisition de la marche. **18 mois** : commence à savoir monter et descendre un escalier. **24 mois** : acquisition de la maîtrise des sphincters urinaire et anal, mange seul, peut gribouiller, période du « non ! » **3 ans** : pédale sur un engin stable. **6 ans** : fait du vélo.	
Développement psychologique	Développement psychoaffectif **Stade oral** : de 0 à 2 ans : primauté de la sphère orale. Le bébé explore le monde à travers sa bouche. **Stade anal** : de 2 à 3,4 ans : importance de la sphère anale. Apprentissage de la propreté par la maîtrise des sphincters. **Stade phallique** : entre 4 et 6 ans. L'enfant devient curieux de la différence des sexes. **Phase œdipienne** : entre 3 et 5 ans. L'enfant renonce à un amour érotisé avec sa mère grâce au père qui représente l'interdit de l'inceste. Il peut « désirer ailleurs ». **Période de latence** : 6 ans jusqu'à puberté. Émergence des sentiments de pudeur, de tendresse, d'une certaine morale. Liens avec les adultes apaisés. **Stade génital** : puberté, adolescence. Choix de l'« objet » sexuel.	Intégration d'une nouvelle image corporelle. État de vulnérabilité, angoisses, doutes, conduites à risques. Recherche de son identité sexuelle. Rejet du modèle ou de l'autorité parentale. Reviviscence de l'œdipe. Premières relations sexuelles.
Développement social	Inscription dans la société : déclaration de naissance, attribution d'un nom et d'un prénom, filiation maternelle et/ou paternelle. Développement psychosocial et culturel Intégration des valeurs, habitudes, normes culturelles, familiales et sociales. Apprentissage des règles de vie commune. Élargissement du cercle d'adultes côtoyés régulièrement et du nombre d'enfants avec qui il est en relation : socialisation par le mode de garde dans la petite enfance, par l'école maternelle, le collège, les loisirs et/ou sports pratiqués.	Socialisation par les pairs, par le collège puis le lycée, les loisirs et/ou sports pratiqués.

	Âge adulte	Vieillesse
Période	À partir de la majorité jusqu'à la vieillesse.	
Évolution physique	La croissance du corps est terminée. **Ménopause** : arrêt physiologique, définitif, lié à l'âge, de l'activité ovarienne de la femme (à partir d'une année sans aucunes règles), en moyenne vers 50 ans. Signes accompagnateurs : sécheresse de la peau et des muqueuses, bouffées de chaleur, troubles du sommeil, baisse du désir sexuel, réduction du volume des seins… La ménopause est souvent précédée d'une période appelée **périménopause** caractérisée par une irrégularité des menstruations, des troubles de l'humeur. **Risques** liés à l'arrêt de la production d'œstrogènes : cardio-vasculaires et ostéoporose (risques de fractures). **Andropause** : baisse de la production des hormones androgènes en particulier de la testostérone chez l'homme entre 50 et 70 ans. S'accompagne d'une baisse de la force musculaire, fragilité osseuse, baisse de la concentration, baisse des capacités d'érection.	Vieillissement physiologique de tous les appareils du corps humains, vieillissement des facultés cognitives et motrices.
Évolution psychologique	Pour la femme à la ménopause : deuil symbolique de la possibilité de devenir mère. Étape de crise vécue comme un équivalent d'une entrée dans la vieillesse avec remise en cause de la féminité, possible baisse de l'estime de soi. Pour l'homme : épisode dépressif possible. Tentation de reconstruire un nouveau couple avec une femme plus jeune, de se rassurer sur son pouvoir de séduction, sur sa virilité. Devenir grand-père et grand-mère.	Difficultés d'adaptation aux situations nouvelles. Ralentissement sensoriel et moteur. Désinvestissement affectif pour un centrage sur soi. Modification du schéma corporel, du sentiment d'identité, de l'estime de soi.
Évolution sociale	Majorité, droit de vote, permis de conduire, autonomie. Travail, famille, choix de l'orientation professionnelle, couple, amis… Confrontation à des crises professionnelles, affectives… Divorce après 35 ou 40 ans de mariage plus fréquents depuis une dizaine d'années.	Affaiblissement des liens sociaux (pertes de proches, du conjoint, diminution de la mobilité donc moins de sorties, de déplacements, enfants éloignés…). Risque d'isolement, risque de suicide.

2. Point sur la vieillesse

La vieillesse est une période de la vie particulière du fait de l'apparition progressive de déficiences qui peuvent mener peu à peu la personne vers la dépendance. La personne prend de plus en plus conscience de son état de mortel (l'échéance se rapproche avec le temps qui passe) et elle doit faire face à des bouleversements dans sa vie (perte de son rôle social, perte de ses proches, institutionnalisation…) qui peuvent avoir des retentissements importants sur sa santé psychologique.

Quelques définitions et précisions :

Le vieillissement

Le vieillissement est un phénomène progressif, universel, inéluctable et irréversible. D'après le *Larousse*, c'est l'ensemble des phénomènes qui marque l'évolution d'un organisme vivant vers la mort. C'est l'ensemble des processus physiologiques et psychologiques qui modifient la structure et les fonctions de l'organisme sous l'action du temps.

La gérontologie

La gérontologie est une spécialité qui étudie le vieillissement dans toutes ses dimensions, notamment sociale, économique, démographique, psychologique, anthropologique, culturelle, médicale et autres.

L'âgisme

L'âgisme est un préjugé négatif envers une personne en raison de son âge. Les personnes âgées en sont souvent victimes dans notre société. C'est une forme de discrimination

L'âgisme repose le plus souvent sur des stéréotypes généralisants et caricaturaux comme : « Les vieux sont tous conservateurs... » ; « Les vieux ne comprennent rien... » ; « Les vieux ne sont plus dans le coup... »

Le vieillissement dépend de facteurs intrinsèques (génétiques) et de facteurs extrinsèques (environnementaux et/ou liés au mode de vie). De plus, il a été démontré que le vieillissement est également tributaire de l'existence (ou pas) de pathologies chroniques et peut s'accélérer à l'occasion de pathologies aiguës. Ainsi, on distingue trois modalités de vieillissement :

– Le **vieillissement réussi**, sans pathologie, avec peu de risque d'en développer et une grande autonomie. Cette forme de vieillissement allie le maintien et l'entretien des capacités physiques et psychologiques, l'engagement de la personne dans la société (sentiment d'utilité) et la faible probabilité de développer des pathologies.

– Le **vieillissement normal** (fragile), c'est-à-dire sans pathologie mais avec des risques d'en développer.
– Le **vieillissement pathologique**, marqué par de nombreux facteurs de risques, des pathologies et ou incapacités installées tôt.

Les effets du vieillissement sont spécifiques à la personne ; chacun vieillit à sa façon, compte tenu de ses propres facteurs intrinsèques et extrinsèques et dans son propre corps, ainsi les organes ne vieillissent pas forcément de la même manière. On parle de **vieillissement différentiel**. De plus, les effets du vieillissement interagissent les uns avec les autres, pouvant accentuer le phénomène global. Il est possible de mettre en évidence le vieillissement d'une personne par une évaluation gériatrique standardisée. Celle-ci prend en compte les différents aspects du vieillissement à partir d'outils d'évaluation.

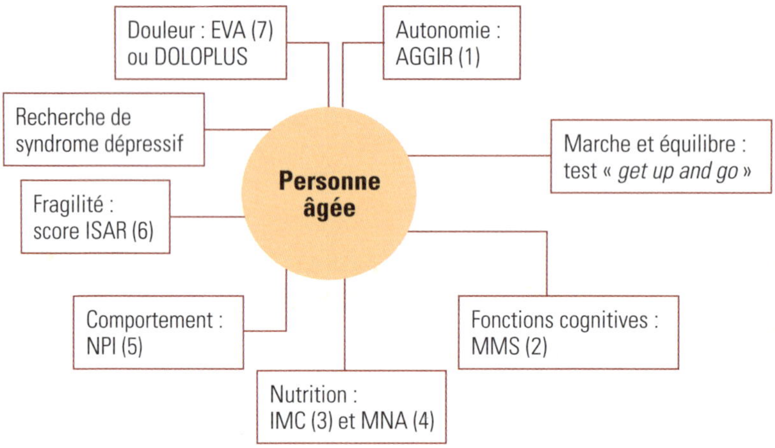

1. AGGIR : Autonomie gérontologie groupe ISO Ressource
2. MMS : *Mini mental score*
3. IMC : Indice de masse corporelle
4. MNA : *Mini nutritional assessement*
5. NPI : Inventaire neuropsychiatrique
6. ISAR : Identification sénior à risque
7. EVA : Échelle verbale analogique

Du point de vue des données démographiques, on distingue plusieurs classes d'âge constitutives de la vieillesse.

Les âges de la vieillesse	
Les séniors	50 à 64 ans
Le troisième âge	65 à 79 ans
Le quatrième âge	80 à 99 ans
Les centenaires	100 à 109 ans
Les supercentenaires	110 ans et plus

Le vieillissement s'accompagne de modifications anatomiques et fonctionnelles que nous allons résumer dans ce tableau :

La peau et les phanères	– apparition des rides – apparition de tâches brunes (visage, dos des mains) – apparition de cheveux blancs, d'une alopécie, d'une calvitie – fragilité des ongles
L'appareil respiratoire	– diminution de la capacité respiratoire – expulsion spontanée du mucus plus difficile – sensibilité aux infections et encombrements bronchiques
L'appareil digestif	– diminution des sensations de faim et de soif – perte du goût et de l'odorat – ralentissement du péristaltisme intestinal (constipation) – diminution des sécrétions salivaires et digestives
L'appareil locomoteur	– diminution de la stature – fonte musculaire et rétractions tendineuses – ostéoporose et arthrose – risque de chute
L'appareil urinaire	– perte des fonctions sphinctériennes entraînant des fuites urinaires jusqu'à l'incontinences urinaire
Système cardio-vasculaire	– athérosclérose (dépot de plaques de cholestérol – athérome – sur la paroi des artères) – artériosclérose (durcissement de la paroi des artères) – insuffisance veineuse
Le sommeil	– les besoins de sommeil sont moins importants la nuit – nécessité d'une sieste dans la journée – difficulté d'endormissement
Le système hormonal	– ménopause pour les femmes – andropause pour les hommes
Les fonctions cognitives	– troubles mnésiques – ralentissement des temps de réaction – anxiété, angoisse
La vision	– presbytie – cataracte – DMLA – glaucome
L'audition	– hypoacousie voire surdité

L'OMS a mis en évidence un certain nombre de facteurs favorisant le vieillissement réussi, détaillés dans le plan national « Bien vieillir » 2007-2009 :

– Continuer à entretenir, voire améliorer son capital intellectuel, physique, social et psychique.

– Prévenir les maladies survenant avec l'âge en adoptant un mode de vie adapté.

– Prendre en charge précocement les maladies ou les troubles qui sont susceptibles d'entraîner une incapacité.

– Avoir une activité physique ou sportive régulière.

– Adapter son alimentation selon les principes du Programme national nutrition santé (PNNS).

– Adapter son environnement physique et social.

– Conserver une vie sociale riche et les liens intergénérationnels.

– Lutter contre l'isolement.

– Valoriser les notions de projet de vie, d'estime de soi, d'adaptation au changement.

La place de la personne âgée est très variable suivant les cultures ; elle a souvent été magnifiée lorsque le grand âge était encore l'exception. De nos jours, la vieillesse est banalisée, parfois maltraitée.

FICHE 2 La socialisation, les groupes sociaux, le lien social

L'être humain vit dans une société qu'il influence et qui n'est pas sans influence sur lui. Sous l'influence des conduites humaines, une société évolue, connaît des mutations qui impactent à leur tour l'existence humaine, la vision que l'on a du monde.

1. Changements et société aujourd'hui

Au niveau sociologique, la notion d'individualisme caractérise notre société d'aujourd'hui. L'individualisme, c'est le fait de se définir à partir de soi-même et non plus à partir d'une lignée familiale, de la société, d'un groupe professionnel ou autres.

On peut dire que l'individualisme est certainement né aux environs du XVIe siècle, quand l'individu, en tant que tel, a émergé. Auparavant les personnes faisaient partie intégrante de la communauté à laquelle elles appartenaient. La personne n'existait pas en tant que sujet et acteur social individualisé. C'est cette émergence de l'individu en tant que personne autonome qui caractérise ce que les sociologues appellent la modernité.

Actuellement, la période que nous vivons est nommée postmodernité ou hypermodernité selon le courant théorique utilisé. Les sociologues situent le début de cette période vers les années 1970.

La postmodernité se caractérise par l'affaiblissement des rôles sociaux, des statuts ; une identité personnelle qu'il faut sans cesse reconstruire ; un rapport au temps modifié avec l'irruption des nouvelles technologies rendant possibles et en simultané les interactions à distance, mais créant le sentiment d'une urgence permanente à laquelle on se doit de répondre.

L'individu est aujourd'hui « obligé » d'être libre, il est considéré comme seul responsable de sa réussite ou de ses échecs, il doit se définir lui-même ; il doit gérer, concilier sa liberté, la réussite individuelle de sa vie et ses relations avec les autres.

Pour certains sociologues, le développement de l'individualisme a eu pour conséquences des changements au niveau des institutions que sont le mariage, la famille, la filiation… avec une répercussion sur les plans juridique (nouvelles lois), psychologique et social.

Mariage et divorce

Le mariage constituait auparavant le passage par lequel le fait de devenir parent pouvait s'instituer et perdurer. Il a perdu peu à peu son caractère fondateur.

En 1975, le divorce par « consentement mutuel » est autorisé et reconnu par l'État.

Désormais, on peut choisir son partenaire et il est plus facile de s'en séparer. Aujourd'hui, un couple marié sur trois ou quatre environ finit par se séparer, le plus souvent par consentement mutuel.

Le temps de vie d'un couple (qui peut être très court) ne correspond plus au temps de vie de la filiation (qui dure toute la vie).

La nouvelle législation du 17 mai 2013 ouvrant le « mariage pour tous » offre la possibilité de « gommer » la différenciation des genres entre conjoints et entre « père » et « mère ».

La famille

Avant les années 1970, le modèle traditionnel familial dominant était celui de la famille **nucléaire**, c'est-à-dire composée du noyau parents-enfants : le père, la mère, mariés, avec les enfants issus de ce mariage.

On parlait alors de fonction paternelle (pour le père), de fonction maternelle (à propos de la mère). L'autorité et la transmission du nom aux enfants était du côté du père.

Puis, chacun des deux parents a obtenu des responsabilités équivalentes, des droits et des devoirs équivalents regroupés sous le terme d'autorité parentale (loi du 4 juin 1970). La loi du 8 janvier 1993 précise que cette autorité parentale doit être exercée conjointement.

Chaque parent doit intervenir de façon égale dans l'éducation des enfants et dans les décisions à prendre pour ceux-ci, même en cas de séparation.

En 2002, l'autorité parentale est élargie à toute forme de filiation, indépendamment du type de contrat existant entre les parents (mariage, concubinage, pacte civil de solidarité – PACS –, divorce).

Ce qui marque notre société aujourd'hui, c'est surtout l'effritement du modèle social dominant de la famille nucléaire et de la filiation par le mariage ; les familles recomposées, monoparentales ont toujours existé mais elles ne constituaient pas une norme.

Aujourd'hui, les nombreuses formes de structure familiale sont toutes légitimées socialement : il n'y a plus un modèle unique autour duquel la famille devrait s'organiser juridiquement et socialement.

L'accès à la contraception (loi Neuwirth de 1967), le droit à l'interruption volontaire de grossesse (IVG – loi Veil de 1975), témoignent d'une évolution sociale où le fait de devenir parent peut représenter un choix. Au XVIIIe siècle, une femme accouchait d'un enfant tous les dix-huit mois environ jusqu'à ce qu'elle meurt en couches ou qu'elle soit trop âgée pour concevoir. Actuellement, un couple peut « choisir » le nombre d'enfants qui composera sa famille et la période où naîtront les enfants.

Tous ces changements font qu'il n'est plus aussi facile qu'autrefois de définir ce qu'est un parent. Le parent est celui « qui est lié avec quelqu'un d'autre par des liens de sang ou d'alliance[1] ».

Le terme de parentalité vient témoigner de ces changements. Irène Théry[2] utilise même le terme de « pluriparentalité » pour désigner les nouvelles formes de parentalité au sein des nouvelles familles (exemple de la beau-parentalité). Cette notion émerge dans les années 1990. Elle englobe à la fois la fonction familiale, sociale et un état psychologique[3].

La référence au masculin ou au féminin, attachée traditionnellement aux parents et à leurs rôles respectifs est supprimée.

« La parentalité est un processus qui conjugue les différentes dimensions de la fonction parentale, matérielle, psychologique, morale, culturelle, sociale. Elle qualifie le lien entre un adulte et un enfant, quelle que soit la structure familiale dans laquelle il s'inscrit, dans le but d'assurer le soin, le développement et l'éducation de l'enfant. Cette relation adulte/enfant suppose un ensemble de fonctions, de droits et d'obligations [...] exercés dans l'intérêt supérieur de l'enfant en vertu d'un lien prévu par le droit[4]. »

Le travail

Le monde du travail connaît lui aussi des mutations. Terminé le modèle du CDI à vie dans la même entreprise. Les organisations du travail, sensibles à la mondialisation, offrent toutes les formes de travail possible : temporaire, partiel, flexible... L'homme doit être adaptable au travail selon ce que dictent les lois du marché. Celui qui travaille est sollicité pour développer toujours plus d'autonomie, de flexibilité et doit atteindre des performances sans cesse remises en cause. Notre société moderne a pour conséquence la production d'un individu qui doit être autonome, libre et entreprenant mais aussi sommé d'être compétent, de réussir et qui est « seul responsable de son destin ». Le revers de la médaille, c'est le chômage qui a du mal à reculer, particulièrement celui des jeunes ou des plus de 50 ans ; les femmes plus que les hommes subissent des temps partiels non choisis ; et on voit apparaître de « nouveaux » pauvres : ceux qui travaillent mais dont le salaire ne permet pas de se loger par exemple.

---

1. Définition : www.larousse.fr
2. Irène Théry, sociologue.
3. La parentalité du point de vue psychologique désigne le processus par lequel on devient parent.
4. *Évaluation de la politique de soutien à la parentalité*, tome 1, rapport de Benédicte Jacquey-Vazquez et al.

A noter

Il est utile pour un soignant de connaître les grandes étapes du développement psychologique et social d'un être humain pour adapter sa conduite en fonction de l'âge des individus pris en charge et de leur conception du monde. Ces changements les concernent aussi directement à travers la modification de la signification du statut pour les individus. Les statuts sont désacralisés et les relations entre professionnels et usagers sont devenues plus difficiles.

2. La socialisation, les groupes sociaux, le lien social

Ce qui fait de nous des humains, c'est le fait d'être « élevés » parmi d'autres humains. Dès le berceau, le petit humain est baigné dans un environnement culturel et social qui influence son développement. Il va comprendre le monde, les relations avec les autres en fonction des repères que va lui apporter son environnement humain.

Définition de la socialisation

« Processus lent et continu par lequel l'individu assimile les modes de pensées, les valeurs et les comportements caractéristiques de la société à laquelle il appartient[1]. »

La socialisation permet d'acquérir une identité, une place dans la société, de s'y sentir à l'aise, adapté, de savoir comment se comporter avec les autres selon les situations, de faire la différence entre ce qui est bien et ce qui est mal.

Tous les groupes sociaux auxquels nous appartenons ou avons appartenu représentent des instances de socialisation : la famille, l'école, les clubs de sport, les amis, le travail et les collègues, etc. Ce sont les **groupes d'appartenance.**

Mais il existe aussi des groupes auxquels nous n'appartenons pas forcément qui influencent notre existence. Ce sont les **groupes de référence**. Le groupe de référence est un groupe auquel se réfère l'individu, un groupe qui a de l'importance à ses yeux. Il peut désirer en faire partie, ou adopter ce qu'il pense être les références de ce groupe (valeurs, attitudes, etc.), ou encore il peut se comparer aux membres de ce groupe.

C'est le regard des autres qui construit l'être humain et qui participe à son évolution. Ainsi, si une maîtresse regarde négativement un enfant, ce dernier aura plus de mal qu'un autre à se faire confiance, à avoir confiance dans ses potentialités, à développer une bonne estime de lui-même. Ce phénomène est connu sous l'appellation d'« effet Pygmalion ». Il en est de même pour tout individu, à tout âge. Si, dans le milieu du travail, la hiérarchie ou les collègues vous

1. Norbert Sillamy, *Dictionnaire de la psychologie*, Paris, Larousse, 2003.

regardent négativement, vous n'allez pas généralement pouvoir donner le meilleur de vous-même. Le regard que nous portons sur les personnes âgées « fait » ce qu'elles sont : si la société les regarde comme des individus inutiles, si nous concevons la vieillesse comme « un naufrage », les personnes âgées verront se modifier à la baisse leur estime de soi avec tous les troubles psychologiques, cognitifs et physiques qui en découleront.

3. Le lien social

On peut l'imaginer comme un fil qui nous relie à tous les autres êtres humains que nous fréquentons. Au fur et à mesure que nous grandissons, nous tissons des fils. Le nombre de fils tissés est un facteur de santé : plus ils sont nombreux, plus nous sommes adaptés à la société et à l'aise avec elle. Mais, avec l'âge, ces fils disparaissent peu à peu. Et les personnes âgées peuvent souffrir d'isolement, de solitude avec le risque de suicide inhérent à cette tranche d'âge.

Les facteurs qui peuvent fragiliser le lien social sont tous ceux qui représentent des formes d'exclusion : le chômage, le décrochage scolaire, la maladie grave et/ou invalidante, etc.

L'aide-soignant a pour mission de « stimuler la personne, lui proposer des activités contribuant à maintenir son autonomie et à créer du lien social[1]. »

1. Arrêté du 22 octobre 2005 modifié, relatif à la formation conduisant au diplôme d'État d'aide-soignant.

FICHE 3 Valeurs, croyances, religions et laïcité

1. Les valeurs

La solidarité est une valeur. Une valeur a trois dimensions[1] :

– Une dimension cognitive : nous avons une représentation, une conception de ce qu'est, pour nous, la solidarité.

– Une dimension affective : la solidarité a pour nous de l'importance, c'est quelque chose qui nous semble désirable, souhaitable, enviable.

– Une dimension conative : la solidarité comme valeur va nous pousser à agir d'une certaine manière. C'est un facteur de motivation.

Nos comportements, attitudes et choix sont dictés par des valeurs plus ou moins conscientisées.

La valeur agit comme un critère qui nous permet d'évaluer instantanément une situation, un comportement. C'est ce qui nous fait porter des jugements sur les autres et leurs comportements, mais aussi sur nos propres actes. La dimension affective fait que nous vivons très mal le fait qu'une de nos valeurs soit piétinée : cela peut provoquer de la colère, de l'agressivité, un sentiment d'impuissance ou encore un état d'humeur extrêmement triste. La dimension conative va faire que l'on va avoir tendance à se « battre » pour avoir raison (au nom de sa valeur). Bien souvent, les conflits dans les équipes ont pour origine une hiérarchie de valeurs différente pour chacun.

Parmi les valeurs professionnelles soignantes se retrouvent l'empathie, l'attention à l'autre, le respect, la disponibilité, la ponctualité, le professionnalisme, la dignité humaine, la solidarité…

2. Les croyances

La croyance est le fait de croire quelque chose ou en quelque chose ou en quelqu'un. Si l'on croit en Dieu, en Allah, cela s'appelle plutôt de la foi.

Au-delà du caractère religieux que peuvent revêtir certaines croyances, nous avons tous des croyances plus ou moins conscientisées, sur nous-mêmes et sur les autres : « Si je travaille, je vais réussir… Si j'ai développé ce cancer, c'est parce que j'ai subi un stress très important de la part de mon employeur… Si ce malade me frappe, c'est parce qu'il est méchant… Je n'ai jamais réussi cet examen donc je ne vais pas encore le réussir… »

---

1. Selon Jean Houssaye, *Les Valeurs à l'école*, PUF, 1992.

Les croyances représentent un moyen de se repérer dans sa vision du monde. Elles ont leur utilité tout en limitant l'individu. Bien souvent, elles s'enracinent à travers les habitudes de vie.

En tant que soignant, le respect des croyances fait partie intégrante du respect en général, que l'on doit porter à tout individu. Mais, parfois, la mission soignante vient se heurter à certaines d'entre elles et un travail d'accompagnement et d'information doit alors être fait pour concilier santé et respect des croyances. Exemple : L'idée que boire du vin donne de la force pour travailler ou réchauffe…

3. Les religions

Les trois principales religions monothéistes (par leur nombre de fidèles) dans le monde sont le christianisme, l'islam et le judaïsme. Elles ont beaucoup de points communs même si, de tous temps, elles se sont opposées. À l'origine, il y a eu un homme : Abraham, « père » de ces trois religions. Avec le temps, des scissions se sont opérées et différents courants ont vu le jour. Elles expliquent toutes les origines du monde, elles fédèrent les hommes entre eux autour d'un dieu unique. Elles donnent un sens à la vie et à la mort, des points de repère, des codes de bonne conduite, des valeurs. Les principes fondamentaux sont centrés autour de l'amour des hommes entre eux, du respect de la vie et de l'autre, la charité et la bienfaisance. À partir de ces préceptes, le vocabulaire change, les appellations et symboles sont différents, la foi s'exprime autrement.

Pour les soignants, le respect des pratiques religieuses des personnes accueillies en établissement de soins, bien qu'étant une obligation, reste parfois assez délicat, du fait principalement d'une méconnaissance des pratiques de chacun. Le tableau qui suit vise à répondre simplement à une problématique quotidienne pour les soignants.

Il est indispensable que les soignants fassent l'effort de connaitre les pratiques, rites et croyances des personnes prises en charge, afin de ne pas blesser ou provoquer des souffrances liées à cette méconnaissance. Cette connaissance s'inscrit dans une prise en charge globale de la personne et dans une volonté de respect de l'autre.

Le respect des pratiques religieuses s'inscrit dans le cadre strict de la laïcité, de la liberté de croyances limitée à l'intimité de la chambre du patient. De même, les impératifs de santé doivent prévaloir sur les interdits religieux. D'ailleurs, toutes les religions tolèrent des aménagements lorsque la personne est en danger de mort ou risque de perdre son intégrité physique ou psychologique. Ainsi, tout patient doit être libre de prier dans sa chambre, de demander le respect de pratiques alimentaires ou de demander auprès de lui des objets de culte. Dans tous les établissements de soins, il existe une liste des représentants des principales religions, qui doit être mise à la disposition des personnes, de leur famille ou du personnel ; elle figure généralement dans le livret d'accueil.

Tableau récapitulatif [1]

	À l'origine : ABRAHAM, vers 1800 avant Jésus-Christ		
	Christianisme	**Islamisme**	**Judaïsme**
Livre de référence	*La Bible ; l'Ancien et le Nouveau Testament.*	*Le Coran.*	*La Torah ou Ancien Testament.*
Représentants du culte	Le pape, les évêques, les prêtres, les pasteurs.	L'imam, le recteur.	Le rabbin.
Lieu de culte	L'église ou le temple.	La mosquée.	La synagogue.
Jour hebdomadaire de spiritualité	Le dimanche.	Le vendredi.	Le samedi.
Prières		5 prières par jour, à heure fixe, tourné vers la Mecque.	
Naissance	Baptême. Allaitement maternel préconisé.	7e jour après la naissance, cérémonie de l'imposition du nom. Circoncision fréquente. Allaitement maternel préconisé.	Bénédiction du nom, le premier samedi après la naissance. Circoncision au 8e jour de vie. Allaitement maternel préconisé.
Santé	Sauf urgence vitale, le malade évitera toute consultation, examen médical ou intervention chirurgicale le dimanche.	Sauf urgence vitale, le malade évitera toute consultation, examen médical ou intervention chirurgicale le vendredi.	Sauf urgence vitale, le malade évitera toute consultation, examen médical ou intervention chirurgicale le samedi.
Douleur	Traitement antalgique à base d'opiacé admis depuis 1957 (Pie XII).	Traitement antalgique à base d'opiacé autorisé.	Traitement antalgique à base d'opiacé autorisé.
Hygiène corporelle	Pas de recommandation.	Très importante : ablutions avant les prières. Débuter la toilette et l'habillage par le côté droit du corps. Notion de pudeur très importante.	Très importante : ablutions avant les prières. Notion de pudeur très importante : dénuder le moins possible la personne et recouvrir au plus vite. Toilette faite de la main droite.
Alimentation	Peu d'interdits ; pas de viande le vendredi ; période de jeûne à Pâques.	Pas de porc, ni de viande rouge si l'animal n'a pas été tué selon le rite halal[2] (vidé de son sang). Pas d'alcool.	Denrées alimentaires et ustensiles doivent répondre aux critères cachère[3]. Pas de porc, ni crustacés, ni fruits de mer.

1. À partir du livre d'Isabelle Lévy, *Pour comprendre les pratiques religieuses des juifs, des chrétiens et des musulmans*, Pocket, 2011.
2. Conforme aux préceptes de l'Islam, en cohérence avec le Coran.
3. Conforme au respect de la loi et de la philosophie juive, en cohérence avec les écrits de la Torah.

		Jeûne de 30 jours pendant le mois de ramadan, sauf pour les femmes enceintes et les malades.	Seuls les animaux cachère peuvent être mangés (le bœuf, le mouton, la chèvre, le cerf , le poulet, le canard, l'oie, le pigeon, les poissons ayant des nageoires et des écailles. Pas de viande et de produits laitiers sur le même plateau pour un même repas.
Contraception	Interdite par tout moyen artificiel.	Autorisée après avoir fondé une famille, dans le strict cadre du mariage.	Interdite sous toutes ses formes ; seules les méthodes naturelles sont acceptées pour les femmes après qu'elles ont eu un garçon et une fille.
Fécondation *in vitro*	Autorisée.	Autorisée au sein du couple.	Autorisée au sein du couple.
Don d'organes	Autorisé.	De nombreux avis divergents ; par principe faisable si le défunt a donné son autorisation de son vivant, sinon se référer à l'autorité religieuse (imam référent).	Autorisé d'un être vivant pour un autre être vivant, s'ils sont tous les deux d'accord. Faisable si le défunt a donné son accord de son vivant et s'il s'agit de sauver une vie.
IVG	Interruption médicale de grossesse autorisée en cas de danger pour la mère. IVG : non.	Interruption médicale de grossesse autorisée en cas de danger pour la mère. IVG : non.	Interruption médicale de grossesse autorisée en cas de danger pour la mère. IVG : non.
La mort	Prévenir l'aumônier si possible avant le décès afin qu'il procède au sacrement des mourants. Effectuer une toilette complète, puis croiser les mains du défunt et lui placer un chapelet, une croix ou du buis entre les doigts. Trois jours de veille avant l'inhumation. Crémation autorisée. Euthanasie interdite.	Tourner le corps vers la Mecque (vers l'est). Donner un verre d'eau au mourant. Toilette rituelle effectuée par les membres de la famille. Enterrement le lendemain du décès. Euthanasie interdite.	Rites mortuaires réalisés par les membres de la famille ou de la communauté du même sexe que le défunt. Fermer les yeux, ôter les prothèses et les bijoux, laver tout le corps de la tête aux pieds en commençant par le côté droit. Le corps est placé nu dans un linceul, les bras le long du corps. Enterrement au plus près du décès. Euthanasie interdite.
Autopsie	Pas d'avis.	Non autorisée, mais validée par les autorités religieuses, car elles encourraient des poursuites judiciaires dans le cas contraire.	Non autorisée, mais validée par les autorités religieuses, car elles encourraient des poursuites judiciaires dans le cas contraire.

4. La laïcité

Définition de la laïcité

D'après le Larousse[1] : « Caractère des institutions, publiques ou privées, qui, selon ce principe, sont indépendantes du clergé et des Églises ; impartialité, neutralité de l'État à l'égard des Églises et de toute confession religieuse. »

La laïcité n'est pas le déni de la religion, elle permet la liberté de culte dans les limites de la loi. Une meilleure connaissance des religions et des cultures permet de comprendre et respecter l'autre. Les trois grandes religions monothéistes en France ont beaucoup de points communs, mais aussi des singularités souvent en lien avec des traductions et des interprétations différentes.

Textes législatifs de référence

– 4 mars 2002 : Loi sur les droits des malades et la qualité du système de santé
– Juillet 2007 : Charte de la laïcité affichée dans les établissements de santé

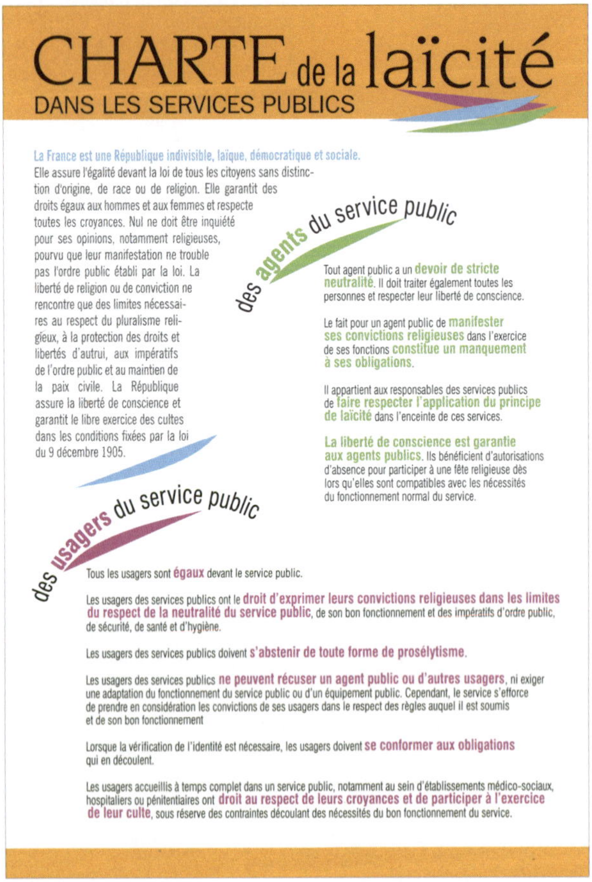

CHARTE de la laïcité
DANS LES SERVICES PUBLICS

La France est une République indivisible, laïque, démocratique et sociale. Elle assure l'égalité devant la loi de tous les citoyens sans distinction d'origine, de race ou de religion. Elle garantit des droits égaux aux hommes et aux femmes et respecte toutes les croyances. Nul ne doit être inquiété pour ses opinions, notamment religieuses, pourvu que leur manifestation ne trouble pas l'ordre public établi par la loi. La liberté de religion ou de conviction ne rencontre que des limites nécessaires au respect du pluralisme religieux, à la protection des droits et libertés d'autrui, aux impératifs de l'ordre public et au maintien de la paix civile. La République assure la liberté de conscience et garantit le libre exercice des cultes dans les conditions fixées par la loi du 9 décembre 1905.

des agents du service public

Tout agent public a un **devoir de stricte neutralité**. Il doit traiter également toutes les personnes et respecter leur liberté de conscience.

Le fait pour un agent public de **manifester ses convictions religieuses** dans l'exercice de ses fonctions **constitue un manquement à ses obligations**.

Il appartient aux responsables des services publics de **faire respecter l'application du principe de laïcité** dans l'enceinte de ces services.

La liberté de conscience est garantie aux agents publics. Ils bénéficient d'autorisations d'absence pour participer à une fête religieuse dès lors qu'elles sont compatibles avec les nécessités du fonctionnement normal du service.

des usagers du service public

Tous les usagers sont **égaux** devant le service public.

Les usagers des services publics ont le **droit d'exprimer leurs convictions religieuses dans les limites du respect de la neutralité du service public**, de son bon fonctionnement et des impératifs d'ordre public, de sécurité, de santé et d'hygiène.

Les usagers des services publics doivent **s'abstenir de toute forme de prosélytisme**.

Les usagers des services publics **ne peuvent récuser un agent public ou d'autres usagers**, ni exiger une adaptation du fonctionnement du service public ou d'un équipement public. Cependant, le service s'efforce de prendre en considération les convictions de ses usagers dans le respect des règles auquel il est soumis et de son bon fonctionnement

Lorsque la vérification de l'identité est nécessaire, les usagers doivent **se conformer aux obligations** qui en découlent.

Les usagers accueillis à temps complet dans un service public, notamment au sein d'établissements médico-sociaux, hospitaliers ou pénitentiaires ont **droit au respect de leurs croyances et de participer à l'exercice de leur culte**, sous réserve des contraintes découlant des nécessités du bon fonctionnement du service.

1. Définition : www.larousse.fr

– 2010 : Loi du 11 octobre réitère le principe de laïcité dans les espaces publics (dont les établissements de santé) et inclut ce principe dans la loi HPST[1].

Le principe de la laïcité appliqué aux établissements de santé : la libre pratique du culte est donc garantie tant que l'expression des convictions religieuses ne porte pas atteinte à la qualité des soins et aux règles d'hygiène, à la tranquillité des autres hospitalisés, au fonctionnement du service, à la planification des équipes de personnels. Les patients et les familles doivent être informés de ce droit, mais aussi de ses limites, par l'affichage obligatoire de la Charte de la laïcité dans les établissements de santé et par la voie du livret d'accueil donnant une liste avec les coordonnées des représentants des différents cultes. De plus, les patients et les familles du patient en fin de vie ou défunt se voient garantir le respect des rites religieux et cérémonies de leur choix. La loi stipule que respecter ses croyances ou ses pratiques religieuses ne doit pas aller à l'encontre de sa vie ni de son intégrité physique ou morale.

Concrètement, au quotidien

Les prières sont autorisées dans l'intimité de la chambre du patient.

Le patient doit pouvoir rencontrer un ministre du culte dans les plus brefs délais.

Les pratiques alimentaires doivent dans la mesure du possible être respectées, mais il est interdit de faire apporter de la nourriture de l'extérieur (responsabilité de l'établissement engagée si intoxication alimentaire).

Les signes religieux sont tous autorisés mais la tenue de la personne doit permettre les soins, le respect des prescriptions médicales et des règles d'hygiène hospitalière (préopératoire par exemple).

Concernant les personnels des établissements de santé

Le personnel soignant se doit de soigner les patients de façon égale et de respecter leur liberté de conscience.

Il doit être neutre par rapport aux usagers et ne pas montrer ses propres convictions religieuses. L'obligation de neutralité concerne la tenue vestimentaire, les actes et les paroles. Autant dire qu'interdiction est faite de faire du prosélytisme. Le personnel doit répondre aux patients et à leurs proches sur un plan professionnel (et non par rapport à des convictions personnelles) ou orienter vers les aumôniers et autres référents religieux.

1. Loi Hôpital Patient Santé Territoire.

FICHE 4 Les besoins fondamentaux et les actes essentiels de la vie quotidienne

En France, le modèle soignant est bâti autour des travaux de Virginia Henderson[1]. Elle définit le besoin comme une nécessité vitale, c'est-à-dire comme ce qui est essentiel à tout être humain pour se maintenir en vie et assurer son bien-être. Henderson a ainsi répertorié 14 besoins fondamentaux de l'être humain.

1. Respirer, c'est-à-dire capter l'oxygène indispensable à la vie cellulaire et rejeter le gaz carbonique.
2. Boire et manger, c'est-à-dire ingérer en qualité et en quantité les aliments et les boissons nécessaires à la croissance, à l'énergie et à l'entretien des tissus.
3. Éliminer, c'est-à-dire rejeter les déchets par les voies naturelles : urines (reins), selles (intestins), transpiration (peau)...
4. Se mouvoir et se maintenir en bonne posture, c'est-à-dire marcher, se déplacer, changer de position et maintenir une posture correcte n'entraînant ni douleur, ni inconfort, ni déformation.
5. Se vêtir et se dévêtir, c'est-à-dire choisir et porter des vêtements propres, adaptés à la température et à l'activité.
6. Maintenir sa température dans les limites de la normale, c'est-à-dire permettre à l'organisme de maintenir son équilibre thermique par des actions appropriées.
7. Être propre, soigner et protéger ses téguments, c'est-à-dire entretenir la propreté du corps et protéger la peau des agressions externes.
8. Dormir et se reposer, c'est-à-dire permettre à l'organisme de récupérer et de retrouver son énergie par un sommeil et un repos suffisants.
9. Éviter les dangers, c'est-à-dire se protéger contre toutes les agressions internes ou externes afin de maintenir son intégrité physique et psychique.
10. Communiquer avec ses semblables, c'est-à-dire échanger avec les autres, exprimer ses idées, ses émotions, ses sentiments, ses craintes, ses besoins.
11. Agir selon ses croyances, en conformité avec ses convictions et ses valeurs, pratiquer et suivre les règles de sa religion.
12. S'occuper en vue de se réaliser, c'est-à-dire accomplir des actes répondant à un idéal et permettant de se valoriser, de s'épanouir, de se sentir utile.

---

1. Infirmière américaine qui a élaboré une approche des soins.

13. Se recréer, c'est-à-dire se distraire, avoir une activité de loisir agréable et délassante.

14. Apprendre, c'est-à-dire être informé, se renseigner, satisfaire une curiosité naturelle, être éduqué par rapport à sa santé.

Selon Virginia Henderson, la dépendance est la non-satisfaction d'un ou de plusieurs besoins fondamentaux de l'être humain, soit par les actions inadéquates qu'il accomplit ou parce qu'il est dans l'incapacité d'accomplir les actions appropriées par manque de force ou de connaissances ou par manque de suppléance.

Le rôle de l'aide-soignant est de permettre aux personnes de retrouver leur autonomie dans les actes de la vie quotidienne… Suppléer ne signifie pas « faire à la place de » : il s'agit d'amener la personne à récupérer la capacité de faire elle-même.

Ainsi, avant la prise en charge de chaque patient, il est nécessaire, pour chaque besoin fondamental, que l'aide-soignant ait le réflexe de se questionner sur l'autonomie et la dépendance de la personne et sur ses habitudes de vie.

Schématisation du questionnement professionnel concernant la prise en charge d'une personne

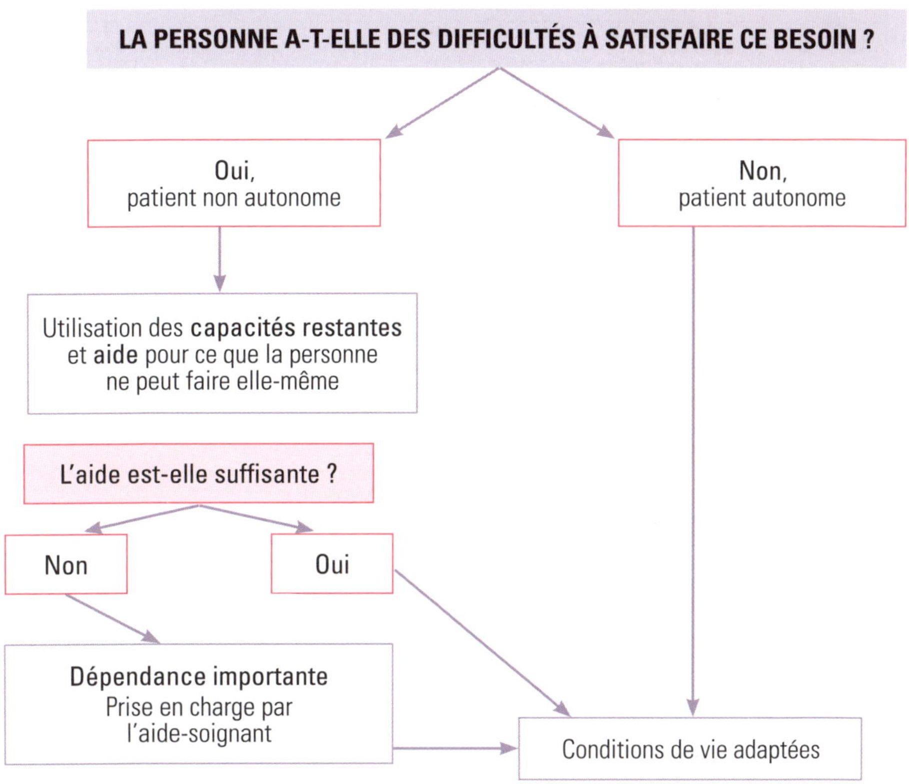

FICHE 5

L'autonomie

Définition de l'autonomie

C'est le droit de l'individu à déterminer librement les règles auxquelles il se soumet. Il est à l'origine des choix de vie et des risques que celui-ci choisit de prendre.

1. Les différentes formes d'autonomie

On distingue cinq formes d'autonomie : physique, psychologique, économique, sociale et juridique.

Autonomie physique	Capacité à pouvoir réaliser tous les gestes permettant l'indépendance dans la vie quotidienne.
Autonomie psychologique	Décider par soi-même, avoir des pensées personnelles, des idées, des avis…
Autonomie économique	Avoir des revenus suffisants pour pouvoir subvenir à ses besoins.
Autonomie sociale	Être en mesure d'agir en tant que citoyen, avoir une place dans la société où l'on vit.
Autonomie juridique	Être responsable de ses actes, être un sujet de droit (s'engager, voter…).

À l'opposé, **la dépendance** est le fait pour un individu de ne pouvoir se réaliser sans l'intervention d'un tiers ou d'un objet, de ne pas pouvoir faire seul. Elle peut être physique, psychologique, économique, sociale et juridique.

La dépendance peut avoir plusieurs causes :

Une déficience	Perte ou dysfonctionnement d'une partie du corps (souvent du fait d'une maladie.
Une incapacité	Difficulté ou impossibilité à réaliser des actes élémentaires, nécessitant une aide technique ou humaine (souvent due à une déficience).
Un désavantage	Difficulté rencontrée dans l'exercice de son rôle social résultant de l'environnement social et des caractéristiques individuelles.

2. La grille AGGIR pour évaluer l'autonomie

L'autonomie (ou la dépendance) d'une personne âgée de plus de 60 ans dans l'accomplissement des actes ordinaires de la vie quotidienne s'évalue grâce à la **grille AGGIR** (Autonomie Gérontologie Groupe Iso Ressource). Elle permet de répartir les degrés de la dépendance en 6 groupes, appelés GIR (Groupes Iso Ressource). Elle repose sur 17 situations de la vie quotidienne, auxquelles sont attribués des adverbes pour caractériser l'autonomie : spontanément, totalement, correctement, habituellement. Pour chaque situation, il ressort une cotation A, B ou C.

– Cotation A : Fait seul spontanément et totalement et correctement et habituellement.
– Cotation B : Fait seul non spontanément, et/ou totalement, et/ou correctement, et/ou habituellement.
– Cotation C : Ne fait pas seul ni spontanément, ni totalement, ni correctement, ni habituellement.

Par exemple, concernant l'alimentation :

La personne mange-t-elle seule ?	Oui	Non
Spontanément		
Totalement		
Correctement		
Habituellement		

La cotation sera A si la réponse est Oui à tous les adverbes, B si la réponse est Non pour 1 à 3 adverbes ou C si la réponse est Non à tous les adverbes. À partir de cette évaluation, les personnes sont réparties en 6 catégories, allant de la plus dépendante à la plus autonome.

– GIR 1 : Perte totale d'autonomie, tant physique que psychologique.
– GIR 2 : Perte de l'autonomie physique ou psychologique.
– GIR 3 : Conservation partielle de l'autonomie mentale et/ou physique nécessitant l'aide d'un tiers.
– GIR 4 : Besoin d'aide ponctuelle pour les transferts et la toilette.
– GIR 5 : Besoin d'aide ponctuelle et limitée pour la toilette, la préparation des repas, le ménage.
– GIR 6 : Personne âgée autonome.

Le rôle de l'aide-soignant dans la prise en charge des personnes est de préserver et restaurer la continuité de la vie, le bien-être et l'autonomie de la personne. Ainsi devant chaque personne et au regard de chaque activité de la vie quotidienne, l'aide-soignant doit se demander : Est-elle autonome pour… ? Comment puis-je l'aider à retrouver son autonomie ?

3. L'allocation personnalisée d'autonomie

L'APA est une allocation dite d'autonomie qui est versée pour toutes les personnes qui se situent entre les GIR 1 et 4. Les GIR 5 et 6 n'ouvrent pas de droit à cette allocation. Cette allocation est versée par le conseil général du département.

4. Droits des patients

Un certain nombre de textes législatifs encadrent la prise en charge des personnes soignées (voir en complément le module 5).

La loi du 4 mars 2002 relative aux droits des malades et à la qualité du système de santé

Quelques exemples :

– Toute personne peut désigner par écrit un membre de son entourage ou son médecin traitant en qualité de personne de confiance.

– L'information donnée est claire, adaptée au niveau de compréhension de la personne, intelligible pour que la personne puisse donner son consentement dit éclairé.

La charte des droits et libertés de la personne âgée dépendante

Quelques exemples :

– Toute personne âgée dépendante garde la liberté de choisir son mode de vie.
– Toute personne âgée dépendante doit conserver la liberté de communiquer, de se déplacer et de participer à la vie de la société.
– Le maintien des relations familiales et des réseaux amicaux est indispensable aux personnes âgées dépendantes.
– La prévention de la dépendance est une nécessité pour tout individu qui vieillit.

La charte du patient hospitalisé

Elle est affichée dans les services. Exemples :

– Garantie de la qualité de l'accueil, des traitements et des soins

– Un acte médical ne peut être pratiqué qu'avec le consentement libre et éclairé du patient. Celui-ci a le droit de refuser tout traitement.

– La personne hospitalisée est traitée avec égard. Ses croyances sont respectées. Son intimité est préservée ainsi que sa tranquillité.

FICHE

6 La santé

1

■ *Définition (selon l'OMS)*

La santé est un état de complet bien-être physique, mental et social, et ne consiste pas seulement en une absence de maladie ou d'infirmité.

1. La santé publique

Principal instrument dont se dote une nation afin d'orienter et d'organiser son effort pour protéger, promouvoir et restaurer l'état de santé de l'ensemble de la population. Le but est de réduire la mortalité et la morbidité évitables ainsi que de diminuer les disparités régionales.

L'état a mis en place un système d'observation et de mesure de la santé de la population à travers les indicateurs de santé dont :

Indicateurs de santé	Définitions
Espérance de vie	Nombre moyen d'années que vivra un individu ayant un âge donné, si les taux de mortalité actuels persistent.
Natalité	Rapport du nombre de naissances vivantes de l'année à la population totale moyenne de l'année.
Taux de fécondité	Rapport du nombre de naissances vivantes de l'année à l'ensemble de la population féminine en âge de procréer.
Mortalité	Rapport du nombre de décès de l'année à la population totale moyenne de l'année.
Mortalité infantile	Rapport entre le nombre d'enfants décédés à moins d'un an et l'ensemble des enfants nés vivants.
Morbidité	Nombre de personnes malades ou le nombre de cas de maladies dans une population déterminée, à un moment donné.

Les conclusions de ces observations permettent alors de fixer des objectifs à atteindre en se donnant les moyens de les atteindre. Les plans de santé publique en cours sont :
- le Plan national nutrition santé 2011-2015 ;
- le 3e Plan cancer 2014-2018 ;
- le Plan gouvernemental de lutte contre la drogue et les conduites addictives 2013-2017 ;
- le Plan d'actions national accidents vasculaires cérébraux 2010-2014 ;

– le Plan d'actions stratégiques politique de santé pour les personnes placées sous main de justice 2010-2014 ;
– le Plan santé au travail 2010-2014 ;
– le Programme national de lutte contre le VIH/SIDA et les IST 2010-2014 ;
– le Plan national maladies rares 2011-2014 ;
– le Plan psychiatrie et santé mentale 2011-2015 ;
– le Plan national d'alerte sur les antibiotiques 2011-2016 ;
– le Plan greffe 2012-2016 ;
– le Plan autisme 2013-2017 ;
– le Programme hôpital numérique 2012-2016.

La politique de santé publique doit permettre au plus grand nombre d'atteindre le meilleur état de santé possible.

2. La prévention

La prévention est une démarche qui consiste à intervenir afin d'empêcher la survenue d'un événement évitable. En France, l'organisme de référence en matière de prévention est l'INPES (Institut National de la Prévention et de l'Éducation pour la Santé) qui est chargé de développer des actions d'éducation sanitaire. Il travaille en étroite collaboration avec l'OMS (Organisation Mondiale pour la Santé).

Il existe trois niveaux de prévention : la prévention primaire, la prévention secondaire et la prévention tertiaire.

La prévention primaire

Elle regroupe les mesures permettant d'éviter l'altération de la santé en agissant sur les facteurs exogènes (liés au mode de vie) qui influent sur la santé. Ce sont surtout des informations sur des mesures d'hygiène et de sécurité, ainsi que la promotion de la vaccination.

Par exemple :

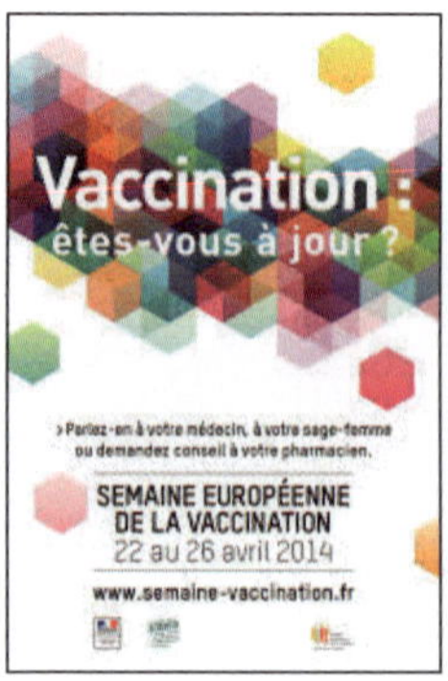

La prévention secondaire

Elle regroupe des actions de dépistage et de correction des altérations de la santé. Les actions de dépistage peuvent être de nature systématique (faites à l'échelle de la population) ou sélectives (proposées pour les populations à risque). La prévention secondaire n'empêche pas les maladies mais permet de les dépister précocement afin de les traiter plus efficacement.

La prévention tertiaire

Elle consiste en des mesures visant à limiter l'apparition d'une complication ou d'une rechute de la maladie (rééducation; associations de patients…)

FRANCE PARKINSON

FRANCE ALZHEIMER & MALADIES APPARENTÉES

3. Un exemple de thème de santé publique : le syndrome d'alcoolisation fœtale

Le Syndrome d'alcoolisation fœtale (SAF) est la conséquence de l'exposition du fœtus à l'alcool pendant la grossesse. Cette exposition provoque une intoxication alcoolique de l'embryon ou du fœtus et peut altérer le développement des organes. En France on estime que les séquelles engendrées par l'alcoolisation fœtale touchent environ 5 000 nouveaux enfants chaque année. Le SAF est, en France, la première cause de retard mental non génétique. Il touche 7 fois plus d'enfants que la trisomie 21.

Physiopathologie

L'alcool ingéré par la femme enceinte passe très rapidement dans son sang. Une fois absorbé, il diffuse dans tous les viscères, dont l'utérus, par les capillaires. Ainsi, l'alcool, même à très faible dose, passe directement dans le sang du fœtus au travers du placenta et imprègne le liquide amniotique.

Chez un être humain adulte, l'alcool est entièrement transformé dans le foie. Le foie du fœtus n'ayant pas atteint sa maturité, il n'est pas en capacité d'absorber et de transformer l'alcool ingéré par sa mère.

Le diagnostic se fait à partir de signes évocateurs, parfois en cours de grossesse, parfois après la naissance (jusqu'à 4 à 5 ans après).

– Dysmorphie du crâne et du visage (cf. dessin ci-dessous).

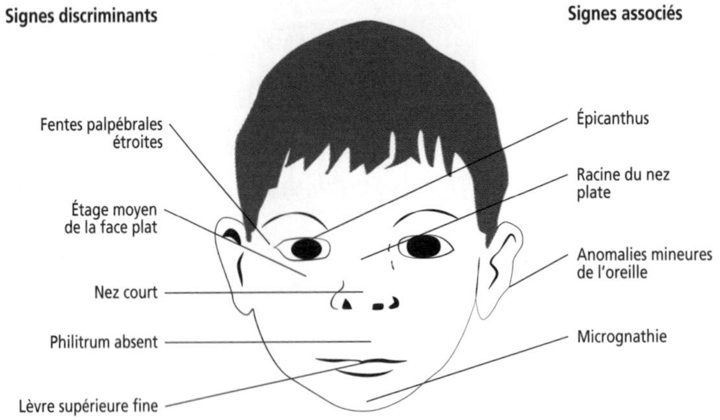

Source : STREISSUGUTH et LITTLE, 1994.

– Retard de croissance intra-utérin, tant au niveau du poids, de la taille et du périmètre crânien ; l'enfant est souvent un « petit bébé », plutôt frêle et fragile.
– Malformations touchant le cerveau, le cœur, l'appareil urinaire (dans 25 % des cas).
– Troubles psychiatriques, parfois détectés au cours de l'enfance :
• syndrome de sevrage alcoolique, dans les heures qui suivent la naissance (tremblements, troubles du sommeil) ;
• hyperactivité avec irritabilité, déficit de l'attention, troubles de la concentration, rendant la scolarisation difficile ;
• retard mental : des études ont montré qu'une consommation de trois verres d'alcool par jour par la mère entraîne une perte moyenne de 7 points de QI ;
• troubles du tonus, de la mémoire et de la motricité fine.

Les enfants ne présentent pas tous les signes du syndrome avec la même intensité et les formes peuvent varier très largement.

Il est important de bien prendre conscience que ce problème n'est pas forcément lié à un alcoolisme maternel. Même si la fréquence et la gravité des symptômes augmentent avec les quantités d'alcool absorbées par la maman, on ne connaît pas de seuil minimal de dangerosité. Toute femme enceinte qui ingère de l'alcool expose son futur bébé à ce toxique. C'est pourquoi il est expressément recommandé aux femmes enceintes d'observer une abstinence totale de l'alcool pendant toute la durée de la grossesse.

La prévention

La loi du 9 août 2004 relative à la politique de santé publique rend obligatoires :
– des campagnes d'information sur la prévention du syndrome d'alcoolisation fœtale ; les lignes d'Écoute alcool (0 811 91 30 30)
– une information, au collège et au lycée, sur les risques sanitaires de la consommation d'alcool pendant la grossesse ;
– la formation de tous les professionnels de santé et des professionnels du secteur médico-social aux effets de l'alcool sur le fœtus.
– l'étiquetage spécifique sur toutes les bouteilles d'alcool obligatoire depuis le 3 octobre 2007.

4. Les risques sanitaires : exemples la grippe, le chikungunya

Un risque sanitaire désigne un risque, immédiat ou à long terme, plus ou moins probable auquel la santé publique est exposée. En France métropolitaine, les risques sanitaires sont représentés par les épizooties, c'est-à-dire le risque d'épidémie sur les animaux et par le risque de pandémie grippale.

La grippe

Souvent banalisée comme synonyme de rhume ou de « coup de froid », la grippe est une maladie sérieuse et un problème majeur de santé publique à l'échelle planétaire. Elle est responsable dans le monde d'une morbidité élevée et de 250 000 à 500 000 décès par an. En France, elle touche entre 2 et 7 millions de personnes chaque hiver, provoque chaque année des hospitalisations et en moyenne 1 000 décès, principalement dans les groupes à haut risque (très jeunes, personnes âgées ou malades chroniques).

➲ Vocabulaire

– **Épidémie :**
Maladie infectieuse atteignant en même temps et dans un même endroit un grand nombre d'individus.

– **Pandémie :**
Épidémie affectant toute l'espèce humaine sans limite de lieu ; épidémie mondiale.

➲ Définition

La grippe est une maladie infectieuse contagieuse, causée par un virus. Celui-ci s'attaque au système respiratoire, touchant les oiseaux et certains mammifères, dont le porc et l'être humain. Elle se rencontre sous forme d'épidémie saisonnière (le plus souvent en automne ou en hiver). Ce type de virus change de forme constamment. Les vaccins doivent être renouvelés tous les ans pour s'adapter aux nouvelles variantes du virus.

La transmission peut se faire de l'animal vers l'homme. La **transmission interhumaine** est **essentiellement respiratoire,** *via* des gouttelettes riches en virus provenant de la toux et des éternuements des sujets infectés. Une personne infectée peut être contagieuse le jour précédant ses premiers symptômes et peut transmettre le virus durant 5 à 10 jours.

➲ Symptômes

La grippe se caractérise par un ensemble de signes non spécifiques d'apparition soudaine :
- Fièvre élevée pouvant atteindre 40 °C accompagnée de frissons,
- Céphalées,
- Toux,
- Pharyngite,
- Myalgies,
- Asthénie,
- Anorexie.

Elle se répercute sur tout l'organisme. Elle dure normalement de 3 à 7 jours.

➲ Traitements

Une grippe non compliquée relève habituellement d'un traitement symptomatique (antalgique, antipyrétique, antitussif…). Une mise en isolement à domicile peut être prescrite. L'hospitalisation doit rester exceptionnelle, réservée aux cas les plus graves. Des antiviraux contre la grippe sont disponibles dans certains pays et permettent de prévenir et de traiter efficacement la maladie. Mais, certains virus grippaux deviennent résistants aux antiviraux, ce qui limite l'efficacité du traitement.

➲ Mesures d'hygiène

Comme pour beaucoup de maladies infectieuses, l'hygiène est la première forme de prévention de la contagion.

- Se laver les mains soigneusement et plusieurs fois par jour, au savon ou avec une solution hydro-alcoolique.
- Se protéger et protéger les autres des projections (buccales ou nasales) ; en toussant ou éternuant dans un mouchoir jetable.
- Les projections d'un malade peuvent être réduites par le port d'un masque de type chirurgical en présence de tiers.
- Les masques de type FFP2 protégeront les professionnels de santé de l'inhalation du virus.
- Éviter toute atmosphère confinée.
- Aérer régulièrement les pièces.
- Rester chez soi si on est malade, et éviter tout contact inutile avec des personnes non-malades.

➲ Prévention : la vaccination

Tous les ans, des experts de différents pays se réunissent à Genève sous l'égide de l'Organisation Mondiale de la Santé, pour mettre au point le vaccin qui sera

utilisé au cours des mois suivants, en fonction des souches les plus actives du moment. Elle est recommandée pour :
- les personnes vivant en établissements de long séjour (personnes âgées ou handicapées) ;
- les personnes âgées ;
- les personnes souffrant d'affections chroniques.

D'autres groupes peuvent être encouragés à se faire vacciner, tels que les femmes enceintes, les agents de santé, les personnes ayant des fonctions essentielles dans la société, ainsi que les enfants de six mois à deux ans.

Le chikungunya

➲ Définition

Il s'agit d'une infection virale, transmise à l'Homme par un moustique, le moustique tigre. Jusqu'alors, cette infection concernait principalement les pays du sud de l'Asie (l'Inde en particulier) et d'Afrique. Depuis 2007, elle est apparue en Europe (Italie et France), et s'est propagée à l'Amérique depuis 2013. C'est une maladie à déclaration obligatoire.

➲ Symptômes

Les signes de la maladie sont des douleurs articulaires invalidantes en particulier au niveau des poignets, des doigts, des chevilles et des pieds auxquelles il faut ajouter :
- des céphalées ;
- de la fièvre ;
- des douleurs musculaires importantes ;
- une éruption cutanée au niveau du tronc et des membres ;
- une inflammation d'un ou plusieurs ganglion(s) lymphatiques cervicaux ;
- des gingivorragies ;
- des épistaxis.

➲ Traitement

Il est symptomatique à base d'antalgiques et d'anti-inflammatoires.

➲ Les complications

La méningo-encéphalite.

➲ L'évolution

Les arthralgies peuvent durer pendant plusieurs mois voire plusieurs années.

➲ La prévention

- Au niveau individuel elle consiste à éviter l'exposition du corps aux moustiques (vêtements longs, moustiquaires, usage de répulsifs anti-moustiques…).

– La prévention au niveau communautaire consiste à limiter les potentiels lieux de reproduction des moustiques, particulièrement autour des habitations (pots de fleur, récipients divers, pneus usagés, déchets encombrants, etc.) et à pulvériser des insecticides (mais qui eux aussi présentent des risques pour l'environnement). À ce jour, il n'existe pas de vaccin, même si de nombreuses équipes de chercheurs y travaillent.

5. Les risques NRBC

Ils sont étudiés pendant la formation AFGSU Niveau 2.[1]

Définition

Ce sont des risques dit non conventionnels – nucléaire, radiologique, biologique et chimique – mettant en jeu la vie des populations. Les risques NRBC ont ceci de particulier qu'ils continuent à provoquer des dégâts après l'événement lui-même, parfois sur plusieurs générations, et que les sauveteurs (soignants) sont eux-mêmes exposés au risque.

Tableau récapitulatif

Risques	Circonstances	Exemples
Nucléaire et radiologique Les radiations peuvent se présenter sous différentes formes : alpha, béta, gamma, neutrons. Provoquent des brulures graves, voire mortelles, et à plus long terme le développement de cancers.	Exposition à des rayons ionisants. Accident technologique ou de transport de matières radioactives. Guerre.	Bombe atomique (Nagasaki, Hiroshima, 1945). Accident de Fukushima (2011).
Biologique Bactéries, virus, parasites, champignons, toxines qu'ils produisent et micro-organismes génétiquement modifiés. Les agents en cause sont le plus souvent transmissibles par voie respiratoire.	Naturelle. Bioterrorisme. Guerre. Accident de laboratoire ou médical.	Pandémie grippale. Anthrax. SRAS. Virus Ebola. Variole...
Chimique Les agents chimiques sont des substances gazeuses, liquides ou solides qui peuvent être utilisées pour leurs effets toxiques directs sur l'homme, les animaux et les plantes : – Agents létaux (épilepsie, OAP, épidermolyse, paralysie...) – Incapacitants physiques ou agents neutralisants – Incapacitants psychiques	Armes chimiques : terrorisme, guerre. Produits industriels : accident industriel ou de transport des matières dangereuses.	Chambres à gaz pendant la Seconde Guerre mondiale. Attentat dans le métro à Tokyo au gaz sarin (1994). Explosion usine AZF de Toulouse (2001). Armes chimiques utilisées en Syrie (2014)...

1. Attestation de formation aux gestes et soins d'urgence niveau 2.

Les États ont anticipé les possibilités de risque NRBC.

Concernant les risques liés au terrorisme, en France, une part du plan Vigipirate y est consacrée :

- **Piratox** : dispositif relatif aux risques chimiques
- **Piratom** : plan gouvernemental définissant l'organisation nationale en cas d'alerte radiologique ou nucléaire
- **Biotox** : réservé aux situations de risque biologique

Une organisation spécifique a également été instaurée pour déclencher l'alerte auprès de la population. Ces mesures ont pour objet d'avertir la population de la nécessité de se mettre immédiatement à l'abri du danger et de se porter à l'écoute de l'un des programmes nationaux ou locaux de radio.

Les moyens d'alerte

Les sirènes en premier lieu, puis les moyens offerts par les nouvelles technologies (automates d'appel, information téléphonique personnalisée dans les secteurs à risques, SMS, panneaux à messages variables, etc.).

ZOOMSUR

Conduite à tenir en cas d'alerte :

– **Confinement** : rester dans le bâtiment où l'on se trouve ou trouver un abri au plus vite.
– Ne pas fumer.
– Éviter toute flamme ou étincelle, fermer le gaz.
– Laisser les enfants à l'école.
– **Écouter la radio ou la télévision** (où seront données les premières informations sur la nature du risque et les premières consignes à appliquer. C'est le préfet du département où se produit l'accident qui compose le message radiophonique d'alerte transmis en radio. Le ministre de l'Intérieur (ou son représentant) a la possibilité d'intervenir directement sur les ondes à partir d'un studio situé à la direction de la sécurité civile à Paris.
– **Ne pas téléphoner** ni par le réseau fixe ni par le réseau mobile afin de ne pas encombrer le réseau qui doit rester libre pour les secours.
– **Ne sortir qu'en fin d'alerte** ou sur ordre d'évacuation décidé par le responsable des secours. Cet ordre est diffusé par radio et télévision.
– En cas d'ordre d'évacuation (annonce par radio) se munir de ses papiers d'identité personnels et du livret de famille ; prendre les médicaments indispensables pour les traitements en cours, et une bouteille d'eau pour les prendre ; couper l'eau, le gaz, l'électricité, et se conformer aux consignes qui vous sont transmises.

Risques NRBC et établissements de soins

Lorsque qu'un événement de type NRBC survient, l'organisation des secours est mis en œuvre, sur place et dans les établissements de soins.

– Sur place : le **plan rouge** organise, en cas d'événement pouvant entraîner de nombreuses victimes, les procédures de secours d'urgence à engager, notamment la prise en charge préhospitalière des victimes sur les lieux mêmes de l'événement.

– Dans les établissements de soins : les **plans blancs** sont élaborés pour chacun des risques, par les établissements de santé (publics et privés) pour faire face à un accueil de victimes en nombre important.

– Au niveau départemental suivant les situations : le **plan blanc élargi** est coordonné par le préfet.

FICHE 7

Le soin

1. Les mots : soigner, prendre soin, avoir soin de, réaliser des soins

Soigner, en français, signifie aussi bien « prendre soin de (quelqu'un) », « avoir soin de (quelqu'un ou de quelque chose) que « dispenser des soins ». En anglais, le vocabulaire permet une meilleure distinction :

Soigner		
To cure	Traiter, administrer des traitements.	Correspond à la prise en charge médicale de la maladie.
To care	Prendre soin de, avoir soin de…	Correspond à la démarche soignante.

Prendre soin, « [...], c'est porter une attention particulière à une personne qui vit une situation qui lui est particulière et ce, dans la perspective de lui venir en aide, de contribuer à son bien-être, à sa santé[1].»

2. Démarche soignante et accompagnement

La démarche soignante

La démarche soignante[2] s'inscrit dans une perspective fondamentalement humaniste et recouvre deux notions :

– celle d'une **rencontre avec autrui** où confiance, écoute de la souffrance et préoccupation de l'autre sont centrales ;

– celle **d'accompagnement de cet autrui** respectant ce qu'il est, où il souhaite aller, son désir en « tenant conseil » avec lui. Il ne s'agit pas de l'entraîner malgré lui dans un cheminement la plupart du temps stérile quand il est dicté par le professionnel.

Le soignant, pour prendre soin de l'autre, va :

– mobiliser une quantité d'informations issues de paramètres très différents (ses connaissances multiples, ses observations, sa connaissance de l'autre…) ;

– établir des liens et les mettre en perspective et en pertinence pour soigner autrui dans sa singularité.

1. Walter Hesbeen, « Le Caring est-il prendre soin ? », *Perspective Soignante*, Seli Arslan, Paris, 1999, p. 8.
2. Selon Walter Hesbeen.

Pour Walter Hesbeen, le professionnalisme « [...] repose, entre autres, sur cette capacité d'établir des liens entre une multitude d'éléments et d'agir de façon éclairée, subtile et adaptée à chaque situation de vie rencontrée. »

La démarche soignante intègre l'attention à l'autre qui se traduit par une multitude de petites choses faites en plus (du travail « normal ») pour les personnes soignées. Cette attention à l'autre provient à la fois d'une attitude intérieure, d'une capacité à observer les personnes (les connaître aussi) et à anticiper les besoins.

« Les petites choses, si anodines en apparence, si peu sophistiquées et si peu spectaculaires soient-elles, font partie de la vie de chacun et sont donc nécessaires au déploiement de la santé de la personne... Elles sont, à ce titre, le point d'ancrage d'une attention salvatrice, celle qui sauve ou qui rassure ou procure du bien, lorsque l'inquiétude naît, lorsque la solitude se fait sentir ou encore lorsque l'horizon s'assombrit. »[1]

Témoignage

Maïlys, aide-soignante, associe observation et connaissance des personnes afin d'anticiper les petits gestes en plus à apporter au quotidien pour le confort des personnes.

« [...] parce que je les connais. Je connais moins ceux qui viennent d'arriver. C'est toujours un travail d'observation de la personne, à chaque moment, au moment de manger, du coucher, de la toilette, tout ça.... C'est toutes ces petites choses-là qui fait qu'on peut bien travailler. J'observe tout de suite, je vois direct s'il y a un problème, si la personne n'est pas bien. Je ne sais pas, je vois direct... l'observation, c'est ce qui compte. Tout compte... maintenant ça fait un petit moment que je suis là, donc je connais toutes les habitudes et je sais telle ou telle personne... s'il va manquer son sac à main, si d'habitude elle a un manteau, si d'habitude elle a un foulard, si elle a d'habitude ses lunettes... ça je vais le voir direct, ça va me sauter à l'œil... si elle a pas son dentier, ça va lui creuser plus et là je vais me dire "tiens, elle a pas son dentier...", pleins de petits trucs comme ça. Et c'est vrai que c'est ce qui fait que j'aime mon métier. »

Dans la perspective humaniste, le soignant se préoccupe aussi de la répercussion particulière d'une maladie sur la personne qu'il soigne. Il connaît bien les signes généraux de la maladie et ce qu'elle engendre sur le plan général. Cette connaissance est issue du monde médical. Mais il sait aussi que chaque personne va vivre différemment sa maladie, s'en faire une représentation particulière. Ces particularités sont liées à l'histoire de vie de la personne.

« La souffrance du patient, ses symptômes sont en rapport avec le fait que chaque individu parle à l'intérieur de coordonnées, de significations, de positions bien précises qui distinguent chacun de tous et rendent les symptômes

1. Walter Hesbeen, *op. cit.*, p.18.

inaccessibles à une généralisation… La différence entre le corps en général et tel corps particulier est toute entière représentée par le discours qui anime ce corps-là ».[1]

Le soignant est comme un pont qui relie une représentation générale (la maladie) à une représentation singulière (le vécu du malade). D'où la nécessité d'écouter la personne soignée, ce qu'elle a à dire sur elle, sur sa maladie.

Dans le modèle trifocal proposé par Thérèse Psiuk[2], se retrouvent à la fois l'approche liée au modèle médical et cette dimension singulière de la répercussion de la maladie, physiquement et psychologiquement et la dimension médicale de la maladie.

Signes et symptômes de la maladie	Complications potentielles liées à la maladie et aux effets secondaires des traitements	Répercussions physiques et psychologiques sur la personne (pour la personne)

L'accompagnement

Il s'exerce dans le cadre d'un projet auquel adhère la personne soignée. Le soignant est aux côtés du soigné, ni devant à le tirer, ni derrière à le pousser. Le soignant chemine au rythme du soigné et dans la direction négociée entre eux.

À noter

Règle générale : évaluer les capacités du soigné pour ne jamais fixer des objectifs au-delà ni en dessous de la capacité du soigné et ne jamais faire à la place du soigné ce qu'il peut faire lui-même compte tenu de son état. Cheminer avec lui, à son rythme.

3. Soigner en milieu professionnel

Un cadre

Le soin répond à des exigences légales, professionnelles déclinées dans un cadre institutionnel (celui de l'établissement où on travaille) pour une prise en charge de qualité et sécuritaire des personnes.

1. Ginette Raimbault, *Clinique du réel : la psychanalyse et les frontières du médical*, Seuil, 1982, p. 5.
2. Thérèse Psiuk, *L'Apprentissage du raisonnement clinique*, De Boeck, 2012.

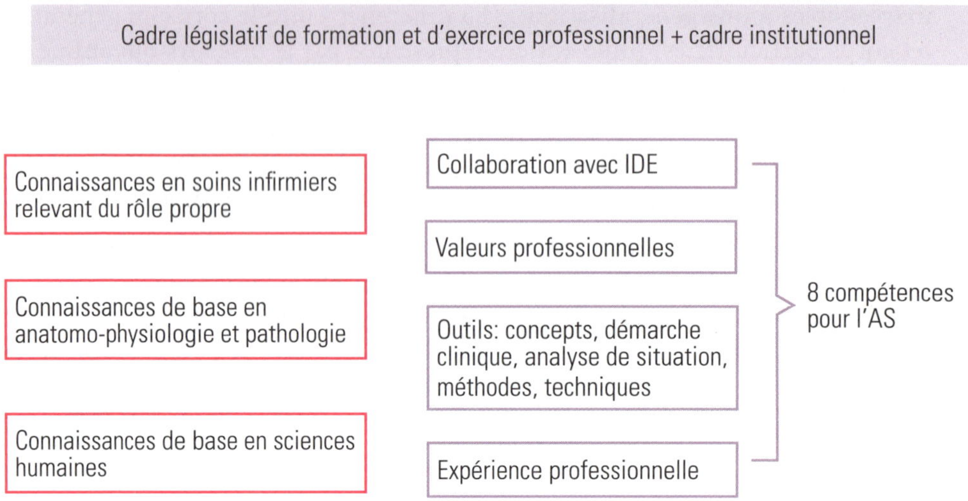

Des dimensions différentes de soins

On ne soigne pas les personnes de la même façon selon les dimensions des soins. Par exemple, le maintien de l'autonomie n'est pas l'objectif principal des soins en fin de vie.

Dimensions	Définitions
préventive	Le soin a pour but d'empêcher l'apparition d'un problème de santé. Ex. : Prévention d'escarres par l'AS sur la peau saine des points d'appui quand il y a des facteurs de risques.
curative	Le soin a pour but de traiter le problème de santé en vue de l'améliorer. Ex. : Une fois l'escarre constituée, l'IDE appliquera un pansement spécial pour restaurer l'intégrité cutanée.
de réhabilitation	Le soin vise la réadaptation fonctionnelle, professionnelle ou sociale Ex. : Soins pour réadapter le cœur à l'effort (réadaptation cardiaque).
maintenance	Le soin vise à maintenir un état de santé en évitant qu'il ne se dégrade (ou en retardant le plus possible une aggravation). Ex. : Maintenir l'autonomie d'un patient quand sa pathologie fait qu'il n'est plus possible de l'améliorer.
palliative	Le soin n'a plus d'objectif curatif. Il vise le confort physique et psychologique de la personne. Ex. : Prise en charge de la douleur d'une personne et de sa souffrance morale.

Le projet de soins (ou projet de vie) pour la personne

C'est ce que l'équipe négocie avec et pour la personne compte tenu de son état de santé (voir module 8).

Une équipe pluriprofessionnelle

L'aide-soignant exerce une activité de soins auprès des personnes. Mais d'autres corps de métiers s'occupent aussi des mêmes personnes : kinésithérapeute, médecin, infirmier, ergothérapeute, etc. En ce sens, la personne soignée est au centre de l'organisation des soins réalisés par les différents professionnels ; l'activité de l'aide-soignante tient compte de l'activité des autres professionnels.

4. Faire des soins (activités de soins)

Le référentiel d'activités relatif au métier d'aide-soignant autorise huit champs d'activités :
- dispenser des soins d'hygiène et de confort à la personne ;
- observer la personne et mesurer les principaux paramètres vitaux liés à son état ;
- aider l'IDE à la réalisation de soins ;
- assurer l'entretien de l'environnement immédiat de la personne et la réfection des lits ;
- entretenir des matériels de soins ;
- transmettre ses observations par écrit et par oral pour maintenir la continuité des soins ;
- accueillir, informer et accompagner les personnes et leur entourage ;
- accueillir et accompagner des stagiaires en formation.

L'activité de soin dépend du **cadre législatif** qui régit le métier.

Un soin peut être direct (auprès d'un patient) ou indirect (de nature plus collective. Par exemple, l'entretien du matériel de soins. Cette tâche participe indirectement aux soins des patients).

Composantes d'un acte de soin

Une analyse de situation	Indispensable pour adapter le soin et anticiper les problèmes.
Un objectif	Cet objectif s'intègre dans le projet de soin.
Une activité	Réalisation technique, pratique, en tenant compte des invariants de la qualité des soins et de la situation conjoncturelle (qui est d'une certaine façon toujours unique puisque le soin est fait par un humain pour un autre humain)
Une relation	La relation passe toujours par la communication verbale et non verbale : les mots et le toucher en particulier.
Une transmission	Soin non transmis = soin non fait. Tout soin doit pouvoir être tracé pour qu'il ait une valeur légale.

« Prendre soin de l'autre, ce n'est pas penser à l'autre, se soucier de lui de façon intellectuelle ou même affective, ce n'est pas nécessairement l'aimer, c'est faire quelque chose, c'est produire un certain travail qui participe directement du maintien ou de la préservation de la vie de l'autre, c'est l'aider ou l'assister dans des besoins primordiaux comme manger, être propre, se reposer, dormir, se sentir en sécurité et pouvoir se consacrer à ses intérêts propres. »[1]

1. Pascale Molinier, in *Le Souci des autres*, S. Laugier et P. Paperman, éditions EHESS, 2006, p. 301.

FICHE 8

L'analyse de situation

1

L'aide-soignant exerce son métier en collaboration avec l'infirmière. Il utilise une méthode identique à celle de l'IDE pour analyser les situations des personnes en vue de leur prodiguer des soins.

1. Démarche clinique et raisonnement clinique

La démarche clinique[1]

C'est le processus par lequel les problèmes de santé actuels et potentiels d'une personne sont identifiés en tenant compte des capacités de la personne à se mobiliser en tant qu'acteur de sa santé.

Ce processus s'appuie sur une conception humaniste de la personne malade et des soins : la personne est unique et réagit aux situations d'une façon qui lui est propre (ex. : un patient peut très bien supporter un traitement alors qu'un autre peut éprouver une grande fatigue). Elle seule sait ce qu'elle vit et ressent ; elle a sa propre représentation de sa maladie qui peut être très différente de la représentation des soignants.

La maladie affecte toutes les dimensions de l'être humain et les soins s'adressent à toutes ces dimensions.

Le raisonnement clinique

Ce sont les opérations mentales que l'on fait pour juger de la situation de santé d'une personne. Tout soin fait l'objet d'observation et d'un raisonnement clinique bien souvent non conscientisé.

En le conscientisant, le soignant explique ce qu'il a observé de la personne et de son comportement, les liens qu'il a faits avec ce qu'il connaît de la personne, de ses problèmes de santé actuels ou potentiels, des complications possibles compte-tenu de sa ou ses pathologies, des effets secondaires possibles des traitements. Il prend en compte aussi les capacités et ressources de cette personne pour être actrice de sa santé.

Le raisonnement clinique est un processus qui met en relation cohérente – sous forme d'hypothèses à vérifier – les multiples informations issues de la situation

1. À partir des définitions proposées par Thérèse Psiuk, « La démarche clinique, évolution de la singularité vers l'interdisciplinarité », *Recherche en soins infirmiers*, n° 84, mars 2006, pp. 16 à 28.

de la personne mais aussi de ses connaissances des pathologies et des sciences humaines.

L'aide-soignant travaille à partir des mêmes bases que l'IDE : même conception humaniste des soins et de la personne malade ou dépendante, même méthodologie pour identifier les problèmes de santé actuels ou potentiels de la personne, ses ressources, même qualité d'observation de l'autre et même langage professionnel. La différence entre IDE et AS au niveau du raisonnement clinique proviendra des différences de fonctions et champs de compétences.

L'aide-soignant travaille à partir d'un premier niveau de raisonnement clinique ou d'un second niveau de raisonnement clinique. Il est nécessaire d'avoir conscience que travailler à partir d'un premier niveau (adapter simplement le soin à la situation sans se poser de questions, sans mobiliser ses connaissances, sans anticiper les problèmes) peut s'avérer dangereux pour le patient et mener vers une faute professionnelle.

Avec des connaissances solides et l'expérience, l'aide-soignant utilise un second niveau de raisonnement clinique qui lui permet d'explorer beaucoup plus d'éléments d'une situation, d'être plus pertinente dans la prise en charge des patients et de mieux collaborer avec l'IDE.

ZOOM SUR

Exemples de raisonnement clinique

– Annie, aide-soignante, travaille dans un EHPAD. Elle entre dans la chambre de M. X qui se plaint d'avoir mal au ventre.

1er niveau de raisonnement 1 observation 1 action	Annie rassure M. X en lui disant que l'« on va s'occuper de cela et transmettre à l'IDE que M. X se plaint d'une douleur au ventre.
2e niveau de raisonnement Liens avec les connaissances aides-soignantes et l'expérience professionnelle. Des questions viennent à l'esprit : Est-il constipé ? A-t-il un problème urinaire ? A-t-il mangé quelque chose qu'il ne supporte pas ? Ou est-ce quelque chose de plus général ? = Vérification des hypothèses et recueil d'informations supplémentaires	Annie demande à M. X, le type de douleur, de lui montrer la localisation précise, de préciser son intensité, les circonstances de survenue ; elle touche doucement l'abdomen pour apprécier s'il est dur ou souple, elle demande à M. X s'il a eu des selles ou des gaz récemment, si ces selles étaient dures ou pas, s'il a uriné sans problème récemment. Elle recherche des signes associés (sueurs, coloration du visage, si nausées…) et éventuellement elle procède à une vérification de constante (T°). Puis elle transmet tous les éléments recueillis à l'IDE.

– Ce matin, en faisant la toilette au lit de M. Jean, Annie constate que le mollet de ce patient est gonflé et dur. M. Jean lui dit qu'il a mal à ce niveau.

2e niveau de raisonnement Liens avec les connaissances et l'expérience professionnelle Questionnement sur l'éventualité d'une phlébite et anticipation de la complication potentielle.	Annie ne lave pas le mollet douloureux. Elle pense à l'embolie pulmonaire qui pourrait survenir si c'était une phlébite et au risque que le thrombus puisse se détacher pour migrer dans la circulation et causer une embolie pulmonaire. Elle contrôle le pouls et la température de M. Jean pour vérifier s'il y a une légère élévation de la température et une franche accélération du pouls (recherche dissociation pouls/TA). Elle lui demande de ne pas se lever tant que l'IDE ne l'a pas vu. Elle va transmettre toutes les informations recueillies à l'IDE ainsi que le fait que M. Jean n'a pas été levé dans l'attente du feu vert de l'IDE ou du médecin.

2. La démarche de soins

La démarche de soin (DDS) est un outil partagé (IDE/AS) pour analyser une situation.

Définition

D'après la NANDA International[1] : « La démarche de soins est un processus intellectuel structuré selon des étapes logiquement ordonnées. Elle est utilisée pour planifier des soins personnalisés, visant le mieux-être de la personne soignée. »

La démarche de soins permet de :
- adapter les soins à la personne (à son âge, à ses habitudes de vie, à sa culture, à ses valeurs, à ses capacités, à ses problèmes de santé, à sa pathologie et au vécu qu'elle a de sa pathologie, etc.).
- anticiper les problèmes potentiels
- poser des objectifs de soins
- contrôler l'efficacité des soins
- assurer leur continuité.

C'est une méthodologie de résolution de problèmes avec des étapes logiquement ordonnées.

Cette méthodologie s'acquiert pendant la formation aide-soignant et se trouve formalisée sur un support écrit (dont la forme est propre à chaque IFAS, le contenu étant en général commun). L'acquisition de la démarche de soins est évaluée lors des MSP.

1. North American Nursing Diagnosis Association

Travailler en tant qu'aide-soignant demande de « penser » les soins proposés à la personne. Il ne s'agit pas simplement de faire une toilette pour qu'un malade soit propre, d'appliquer uniquement une technique en bavardant un peu (cela tout le monde peut le faire, pas besoin de formation ou de diplôme).

L'analyse de situation se fait instinctivement dans l'action du travail ; elle n'est pas conscientisée ni verbalisée mais il y a toujours un raisonnement qui sous-tend l'action.

L'analyse de situation demandée aux élèves aides-soignantes consiste à rendre explicite la manière dont on envisage les soins pour une personne : à partir de quelles informations issues de l'équipe, de la famille du patient ou du fait de côtoyer au quotidien le patient, de quel projet de soin pour et avec le patient, de quelles connaissances professionnelles, de quels indices observés chez la personne, dans quels buts faire ces soins, comment les réaliser et évaluer leur efficacité...

Méthodologie de la démarche de soins : plusieurs étapes

- Recueillir des informations.
- Classer ces informations.
- Analyser ces informations pour mettre en évidence les problèmes de santé et les ressources du patient.
- Envisager des objectifs de soins à partir de ces informations.
- Envisager des actions adéquates compte-tenu de ces objectifs de soins.
- Évaluer les résultats des actions réalisées.

➲ 1re étape : Le recueil d'informations

Les sources d'information sont multiples. La plus grande richesse pour obtenir des informations utiles à l'analyse de situation provient des patients eux-mêmes (à partir de ce qu'ils disent et de ce que vous pouvez observer), de leur famille et des équipes de soins qui connaissent bien les patients, leurs problèmes, leurs capacités, leurs traitements.

– L'observation clinique de la personne et de son environnement immédiat

Observer cliniquement une personne soignée signifie recueillir des informations, des indices, voire des symptômes en regardant la personne dans son environnement (étymologiquement : au lit du malade), en parlant avec elle, en lui faisant des soins : ce que l'on peut voir, entendre, sentir par le toucher sur la personne dans son lit ou sa chambre.

C'est le plus précieux des outils des soignants pour recueillir des informations. L'observation porte sur les signes physiques, les émotions, le comportement de la personne et ses réactions.

Observer l'environnement de la personne peut aussi constituer une source d'information (s'il a des gâteaux sur sa table de nuit, un inhalateur, etc.)

– La communication avec le patient et sa famille

Le patient est « le mieux placé » pour parler de ce qu'il ressent, vit, fait etc. On ne pose pas directement la question du « comment il vit sa maladie » par exemple, mais avec une écoute active, non directive, on obtient beaucoup d'éléments d'informations utiles pour sa prise en charge.

– Les informations issues de l'équipe de soins

Quand les personnes sont hospitalisées depuis longtemps, rien ne remplace la connaissance que les professionnels ont développée au fur et à mesure du temps ; il est très utile de leur demander de transmettre leurs informations sur la personne, sa pathologie et sur les effets secondaires possibles des traitements (ce qui vous indiquera les éléments de surveillance).

– Les documents du service

- le dossier soins du patient ;
- la feuille de température ;
- tout document utilisé pour les transmissions écrites (informatiquement ou autre).

Nous vous proposons dans les pages qui suivent d'illustrer la méthode de la démarche de soin en traitant l'exemple d'un cas clinique :

Cas clinique

Le cas clinique de M. A sera mentionné dans différents points de la partie consacrée au module 1.

Exemple de recueil d'informations

Cas clinique M. A[1] **Contexte :** EHPAD

Monsieur A, 91 ans, ancien commerçant aujourd'hui à la retraite, veuf sans enfant, est en EHPAD depuis cinq ans. Il ne pouvait plus rester chez lui à cause de chutes à répétition ayant occasionné des fractures (tête humérale gauche, poignet gauche) et parce qu'il était dénutri. Depuis son entrée en EHPAD, il n'a plus fait de chutes et a repris du poids. M. A est diabétique (type II), il fait de l'hypertension artérielle, il présente une légère insuffisance rénale liée à son diabète. Il prend des traitements per os (par la bouche) pour ces pathologies. Il souffre d'un syndrome démentiel, parle peu et est très confus. Il a également du mal à comprendre ce qu'on lui dit.

C'est un homme de 1,75 m, pesant 76 kg. Il porte des lunettes, un bracelet d'identification au poignet droit et une montre à laquelle il tient beaucoup au poignet gauche. Il porte également des bas de contention car il se mobilise peu.

C'est un homme souriant qui coopère avec l'équipe. Il réside en chambre double, son lit est placé côté porte.

1. À partir de la DDS de Daphné E., promotion 2013/2014.

M. A est classé en GIR 2 ; il est sous tutelle et son petit-neveu est le tuteur. Il vient le voir une fois tous les quinze jours.

Il a besoin d'aide pour tous les actes de la vie quotidienne compte-tenu de son syndrome démentiel. Il participe aux soins s'il est guidé et stimulé (en particulier pour son hygiène corporelle et son habillage).

Il porte des protections anatomiques parce qu'il ne pense pas à aller aux toilettes mais, si on l'accompagne régulièrement aux WC, il a moins d'épisodes d'incontinence urinaire et fécale. Il a tendance à la constipation.

Il est capable de manger seul mais il faut l'accompagner à sa place, couper ses aliments, ouvrir les emballages et lui servir à boire. Il a un régime pour son diabète.

Il se déplace seul mais a besoin d'aide pour se lever du lit. Il reste souvent assis dans son fauteuil. Du fait de son syndrome démentiel, M. A a besoin d'un certain rituel dans sa prise en charge : sa toilette est faite dans la salle de bains, à 7 h, avant le petit déjeuner qu'il prend dans sa chambre, à table à 8 h. Il aime avoir de l'après-rasage et porte toujours un gilet sur ses vêtements. Il descend, accompagné, au restaurant à 12 h et fait une sieste d'une heure environ après déjeuner. Il ne participe pas aux animations mais manifeste de la satisfaction à y assister et à être avec les autres participants. Les animations ont lieu trois fois par semaine à 15 h 30.

Prise en charge financière :

APA : 8,33 € par jour

Hébergement : 51,95 €

Dépendance : 11,68 €

Par jour, ses frais d'hébergement (et un peu de dépendance) s'élèvent à 55 € à sa charge.

➲ 2e étape : Organiser les informations recueillies

Les informations recueillies sont de natures différentes. Le premier travail consiste à les rassembler par catégories. On propose en général des catégories « préfaites » : informations administratives, présentation physique, psychologique, environnementale, traitements, antécédents, besoins perturbés, etc. (voir exemple de démarche de soins à la fin de ce module).

➲ 3e étape : Analyser les informations recueillies

L'analyse des informations suppose que soient mobilisées des connaissances médicales, en sciences humaines et en soins en lien avec les informations recueillies et la spécificité de la personne.

Cas clinique

Exemple des liens à faire avec des « connaissances » à partir des mots clés du cas clinique M. A :
Les mots clés issus du cas clinique sont aussi des repères pour les épreuves d'évaluation du module car ils peuvent faire l'objet de questions de la part du jury.

Mots clefs du cas clinique	Liens avec les fiches des savoirs associés du module 1
91 ans (Lien à faire avec l'hydratation [vieillissement physiologique])	**Fiche 1** : Point sur la vieillesse
Veuf, sans enfant, un petit-neveu	**Fiche 2** : Le lien social
GIR 2 APA Tutelle Dépendance (Savoir définir et expliquer)	**Fiche 5** : L'autonomie
Actes essentiels de la vie quotidienne	**Fiche 4** : Les besoins fondamentaux et les actes essentiels de la vie quotidienne
Accompagnement Soins Habitudes de vie, rituels Montre au poignet	**Fiche 7** : Le soin, l'accompagnement, **Fiche 9** : Règles d'hygiène, de sécurité et de confort dans les activités de la vie quotidienne
Toilette	**Fiche 10** : Aide à l'hygiène corporelle
Gilet (habitude de vie)	**Fiche 10** : Aide à l'habillage et au déshabillage
Besoin d'aide lors du transfert ou des déplacements hors de la chambre	**Fiche 11** : Aide à la mobilisation, à l'installation de la personne
Sieste	**Fiche 14** : Aide au sommeil
Incontinence si non prise en charge de l'élimination Tendance à la constipation Légère insuffisance rénale	**Fiche 12** : Aide à l'élimination
Aime assister aux animations	**Fiche 15** : Mise en place d'activités de stimulation, maintien du lien social
Régime alimentaire, aide au repas	**Fiche 13** : Aide à l'équilibre alimentaire, les différents régimes alimentaires
Bas de contention Problèmes de santé	**Fiche 6** : La santé La prévention

Mots clés du cas clinique	Liens avec les savoirs associés des autres modules
Antécédents, syndrome démentiel, diabète, complications des pathologies, escarres, phlébite, surveillance des traitements	Module 3
Fracture humérale	Module 2

A noter

Précisions : Le module 1 est centré sur une prise en charge visant surtout à maintenir, voire à restaurer, l'autonomie de la personne. Les connaissances liées à ce module sont communes avec d'autres catégories d'intervenants à domicile ou en structure auprès des personnes dépendantes.

Le module 3 se centre aussi sur l'autonomie de la personne mais en y ajoutant la pathologie, les traitements, la prise en compte des antécédents médicaux et chirurgicaux, la surveillance des complications potentielles des pathologies ou de l'état de santé de la personne et la surveillance des dispositifs médicaux. Les connaissances et savoir-faire du module 3 représentent un des « cœurs » du métier de l'aide-soignant.

Ces liens entre différentes informations se font grâce au raisonnement.

« Le raisonnement est une activité mentale qui consiste à produire de nouvelles informations à partir de connaissances acquises et d'informations données par une situation. »[1]

Le raisonnement aboutit à :
– Identifier des problèmes de santé actuels ou potentiels de la personne, leur cause principale.

Cas clinique

Exemple pour M. A :

• **Autonomie** cognitive et psychique dégradée car syndrome démentiel, autonomie partiellement conservée sur le plan physique (a besoin d'être guidé et stimulé).

Risque : perte progressive de l'autonomie restante

Tous les besoins fondamentaux sont perturbés.

• **Risques** liés à :

– ses habitudes (reste souvent au fauteuil) : risque de phlébite, voire d'escarres (car incontinence aussi) ;

1. Thérèse Psiuk, *op. cit.*, p. 20.

– ses pathologies ou antécédents ;
➡ insuffisance rénale qui peut s'aggraver ;
➡ les complications du diabète peuvent apparaître ;
➡ les complications de l'HTA peuvent apparaître.

– Formuler les objectifs de soins de l'équipe en tenant compte des ressources de la personne.

Cas clinique

Exemple pour M. A :

Les objectifs de l'équipe soignante sont de :

- Maintenir son autonomie actuelle, autant que possible, en l'accompagnant et en le stimulant dans les actes de la vie quotidienne, et en particulier pour l'élimination.
- Surveiller son élimination car il a tendance à la constipation et il a une légère insuffisance rénale liée à son diabète.
- Maintenir autant que possible ses capacités à communiquer et à se situer dans le temps et l'espace.
- Prévenir les complications potentielles engendrées par ses problèmes de santé actuels et les détecter si présentes : phlébite, escarre à cause de sa mobilité réduite, poussée d'hypertension artérielle, complications liées au diabète.
- Surveiller les effets secondaires possibles liés à ses traitements.

➲ 4e étape : Envisager les actions à réaliser pour atteindre les objectifs

Les actions sont envisagées à partir de l'identification du besoin perturbé, de l'objectif de soin correspondant, en tenant compte de l'autonomie, des habitudes de vie, des particularités, des désirs de la personne.

Cas clinique

Exemple pour un besoin perturbé chez M. A, celui d'éliminer :

Besoin d'éliminer	Buts des actions	Actions
Informations recueillies : Syndrome confusionnel : ne pense pas à aller aux toilettes. Porte une protection anatomique. Tendance à la constipation.	Maintien de l'autonomie partielle – en favorisant des mictions ou défécations dans les toilettes, – en réduisant les risques d'irritations cutanées, d'infection urinaire.	Accompagner M. A à heures régulières aux toilettes. Contrôler l'état de la protection régulièrement et la changer quand nécessaire.

Légère insuffisance rénale. (Liens à faire avec hydratation et alimentation)	**Prévenir et/ou déceler** un fécalome ou une aggravation de l'insuffisance rénale.	Surveiller la fréquence et la consistance des selles et noter sur diagramme de soins. Surveiller la fréquence des urines, leur couleur (peser éventuellement la protection anatomique).

➲ 5e étape : Évaluer les résultats des actions réalisées.

Et, si besoin, revoir les objectifs ou les moyens mis en œuvre pour les atteindre s'ils ne le sont pas.

Cas clinique

Exemple pour le besoin d'éliminer de M. A :

Résultats des actions : M. A a été accompagné aux WC à 7 h, 11 h, 14 h.

– selles de consistance normale ce matin à 7 h ;

– présence d'urine à 7 h dans la protection. A uriné aux WC à 14 h 30 (urines claires) ;

– peau saine au niveau du fessier.

3. Exemple de démarche de soins complète et remarques pédagogiques : le cas de M. A

Rubriques de la démarche		**Remarques et aides pédagogiques**
Nom et prénom	M. A, Pierre.	L'anonymat est respecté : à l'écrit, on ne met ni le nom, ni l'adresse du patient car, si la démarche était perdue et trouvée par quelqu'un, le secret professionnel serait transgressé. À l'oral, le jury étant soumis au secret professionnel, vous pouvez dire le nom.
Adresse	EHPAD X.	
Âge	91 ans.	Avoir le réflexe de penser au vieillissement physique (ex. : centre cérébral de la soif) , psychologique et social.
Situation professionnelle	Retraité, ancien commerçant.	Connaître la profession d'un patient permet d'avoir un point de départ pour communiquer avec lui.
Situation familiale	Veuf, sans enfant, un petit-neveu.	Penser au maintien du lien social.
Prise en charge financière	Il a 55 € à sa charge par jour ; il bénéficie de l'APA.	
Date d'entrée	Il y a 5 ans.	Les objectifs de soins ne seraient pas les mêmes s'il était entré depuis peu dans cet EHPAD (intégration).

Motif de l'entrée	Chutes à répétition à domicile + dénutrition rendant impossible le maintien à domicile.	Parfois les problèmes sont encore d'actualité au moment où la démarche est faite. Ici, ce n'est pas le cas pour M. A.
Présentation physique	1,75 m, 76 kg. IMC = 24,8 Porte des lunettes. Bracelet d'identification (à droite). Montre (à gauche).	Si l'IMC n'était pas dans les normes, la question d'un contrôle des apports caloriques pourrait se poser au niveau de l'équipe. Lunettes : il faudra penser à vérifier l'état de propreté et à lui donner le matin.
Présentation psychologique et comportementale	Syndrome démentiel. M. A parle peu, est très confus, a du mal à comprendre ce qu'on lui dit. Souriant et coopératif. A besoin d'un certain rituel pour sa prise en charge.	Le besoin de communiquer sera forcément perturbé. Les rituels sont à prendre en compte en tant qu'habitudes de vie dans les actions (le rituel a toujours une fonction de contrôle de l'angoisse).
Environnement	Chambre X, double, lit côté porte. Lit à hauteur variable, fauteuil. Salle de bains + WC.	Il pourrait aussi être noté ce qui singularise la chambre de M. A, si portraits de famille, etc.
Antécédents médicaux et chirurgicaux	Médicaux : HTA, diabète type II. Légère insuffisance rénale. Chirurgicaux: fractures (bras gauche).	Les antécédents chirurgicaux : interventions chirurgicales subies. Bien noter la date de l'intervention quand elle est connue. La prise en compte des antécédents ne sera pas la même si l'opération est très ancienne ou au contraire récente. Ici, M. A a eu des fractures au bras gauche : on peut se demander s'il n'a pas de difficultés ou de douleurs à la mobilisation du bras gauche (par exemple, s'habiller, se coiffer...). Les antécédents médicaux : les maladies que la personne a eues. Parfois, ces maladies sont encore actuelles (ex. : HTA, diabète... pour M. A).
Traitements	Bas de contention. Régime (diabète). Médicaments *per os* pour les pathologies.	Penser à intégrer la pose des bas de contention dans vos actions. Penser à intégrer cette donnée dans le besoin de boire et manger (voir fiche 13, L'aide à l'alimentation et à l'hydratation). Les traitements seront à détailler pour le module 3.
Problèmes de santé actuels	Syndrome démentiel (communication, repères, cognition perturbés). Risques liés aux antécédents médicaux et aux complications potentielles. Risque de perte d'autonomie.	Les complications potentielles (qui ne sont pas encore présentes mais qui pourraient advenir) sont à traiter dans « éviter les dangers ». Elles seront à développer dans le module 3. Les risques déjà présents comme les escarres.

	Risques liés à ses habitudes de vie (escarres car reste souvent au fauteuil + double incontinence et phlébite car se mobilise peu seul). Risque de constipation et complications potentielles. Dépendance pour les gestes de la vie quotidienne.	
Bilan de l'autonomie actuelle	GIR 2, APA, tutelle (petit-neveu) liés au syndrome démentiel. M. A a besoin d'être guidé et stimulé pour tous les actes de la vie quotidienne. M. A est en capacité physique de les réaliser avec aide. Incontinence double car ne pense pas à aller aux WC.	Lors de l'exposé oral de la démarche, le jury peut vous poser des questions pour vérifier vos connaissances (GIR, APA, tutelle, autonomie, dépendance, etc.).
Objectifs de l'équipe soignante	Maintenir son autonomie actuelle autant que possible en l'accompagnant et en le stimulant dans les actes de la vie quotidienne et en particulier en ce qui concerne son élimination. Surveiller son élimination. Maintenir autant que possible ses capacités à communiquer, à coopérer avec l'équipe. Prévenir les complications liées à son état de santé (phlébite, escarres) et déceler les complications potentielles si ses pathologies s'aggravaient.	Ce sont des objectifs d'équipe car l'aide-soignant travaille toujours en collaboration avec l'IDE.

Tableau de la DDS

Besoin perturbé (et données correspondantes)	**Objectifs**	**Actions**	**Résultats (des actions)**
Besoin d'éliminer : M. A est incontinent urinaire et fécal car il ne pense pas à aller aux WC (syndrome démentiel). Capable de se déplacer seul.	Maintien de l'autonomie partielle : – en favorisant des mictions ou défécations dans les toilettes ;	Je lui propose de l'accompagner aux WC plus souvent et à heures régulières. Je commence à 7 h, avant la toilette. J'en profite pour vérifier l'état de la protection et la change si besoin en observant l'état cutané (si irritations).	7 h : selles de consistance normale + présence d'urines.

Porte un change anatomique complet. Tendance à la constipation et légère insuffisance rénale qui pourrait s'aggraver, à cause de son diabète.	– en réduisant les risques d'irritations cutanées, d'infection urinaire. Prévenir et/ou déceler une constipation, un fécalome ou une aggravation de l'insuffisance rénale.	Je vérifie et je note la présence et la consistance des selles ainsi que la présence + couleur des urines. J'établis une fiche de suivi pour l'accompagnement à l'élimination en accord avec l'IDE pour assurer une continuité des soins. J'observe son comportement et le non-verbal pour évaluer comment il réagit à ces changements.	A uriné dans les WC à 11 h et à 14 h 30. Urines claires. N'a pas été déstabilisé par ces changements.
Besoin de boire et manger : Mange seul avec aide partielle (installation à sa place, aide pendant le repas). A un régime pour son diabète. A 91 ans donc ne ressent pas nécessairement la soif (le centre cérébral a vieilli). A tendance à la constipation et a une légère insuffisance rénale.	Maintenir son degré d'autonomie actuelle pour la prise des repas en respectant ses habitudes. Surveiller la prise alimentaire (pour que le diabète ne se déséquilibre pas s'il ne mange pas les aliments prévus pour son régime). Adapter l'alimentation en fonction de son transit. Vérifier qu'il boive suffisamment.	Après la toilette, à 8 h, je l'accompagne à la table pour qu'il prenne son petit déjeuner. Je vérifie la composition du petit déjeuner par rapport à son régime et s'il mange bien. Je lui mets un verre d'eau à disposition sur sa table puis sur l'adaptable près de son fauteuil. Je le ressers à chaque visite dans sa chambre ou l'incite à boire s'il ne l'a pas fait. Je l'accompagne au restaurant pour 12 h et l'installe à sa place. Je l'aide pendant le repas (couper sa viande, ouvrir les opercules des barquettes...), je vérifie la présence de fibres dans la composition du repas puisqu'il a tendance à la constipation. Après le repas, je le raccompagne dans sa chambre et le guide afin qu'il s'installe au lit pour la sieste.	Régime respecté, a terminé tous ses repas. A bu 500 ml environ de 7 h à 14 h 30.
Besoin de communiquer : M. A parle peu, il est très confus, il a du mal à comprendre ce qu'on lui dit. Il est souriant et coopératif.	Maintenir la coopération actuelle avec l'équipe soignante.	J'explique tout ce que je fais à M. A, en utilisant des phrases courtes. J'utilise les gestes pour lui désigner les lieux ou objets ou pour le guider lors des soins. J'observe tous les signaux non verbaux (ses expressions du visage, si son corps est tendu ou décontracté...). Je lui nomme les objets qu'il utilise. Je lui rappelle la date le matin.	Pas d'évolution : maintien du même degré de communication.
Besoin d'être propre, soigné et protéger ses téguments : Coopérant. A besoin d'être guidé et stimulé. Porte un change anatomique complet et se mobilise peu (risques cutanés et phlébite).	Maintenir le degré d'autonomie actuelle pour son hygiène corporelle. Maintenir les repères corporels actuels. Déceler des anomalies physiques.	À 7 h, je commence l'aide à la toilette. J'installe une chaise devant le lavabo et lui demande de commencer sa toilette en lui préparant un gant avec de l'eau tiède et en mimant le geste de laver le visage. Je n'utilise pas de savon pour le visage car M. A exprime de la peur si on en met. Je lui nomme les parties du corps qu'il lave. je le guide aussi pour la petite toilette. Je veille à ce que son corps soit bien rincé pour qu'il n'y ait pas d'irritations. J'observe son état cutané. Je le rase moi-même car il a tendance à se couper s'il le fait lui-même et je lui tends ensuite son après-rasage pour qu'il en mette.	État cutané sain. A bien participé à sa toilette.

A besoin du respect des horaires et d'un certain rituel dans la prise en charge.		Je n'oublie pas de lui remettre sa montre. Après la toilette, M. A se coiffe. Et je lui tends, en les nommant, les vêtements préparés avant, qu'il met lui-même. Je n'oublie pas son gilet. Je lui nettoie ses lunettes et les lui donne. Il se lave les dents après le petit déjeuner et avant de s'installer dans son fauteuil.	
Besoin d'éviter les dangers : Risques liés à l'HTA. Risques liés à son diabète. Risque de phlébite (reste souvent au fauteuil. Il porte des bas de contention en prévention).	Déceler les éventuels signes de complications liées à ses pathologies. Participer à la prévention de risques identifiés.	Lors de tous les soins, j'ai en tête les signes possibles à observer en cas de complications et je suis vigilante en observant l'état clinique de M. A. et son comportement. (Pour le module 3, il faut détailler) Je lui fais la toilette des pieds au lit afin de mettre les bas de contention avant qu'il se lève pour la toilette à 7 h. J'observe l'état de ses mollets afin de déceler d'éventuels signes de phlébite.	État des mollets sain.
Besoin de se mouvoir et de se maintenir en bonne posture : M. A se déplace seul mais a besoin d'aide pour le lever du lit et besoin d'être guidé dans les déplacements hors de sa chambre.	Maintenir son autonomie actuelle. Favoriser ses déplacements en toute sécurité, dans sa chambre et à l'extérieur.	Après la toilette des pieds au lit, je l'aide à se lever. Je baisse le lit au maximum, je me mets en face de lui et lui tends les mains pour qu'il se lève ; puis je me mets à son côté en lui montrant la salle de bains et l'accompagne à son rythme. Comme je viens plusieurs fois dans la matinée pour son élimination urinaire, à chaque fois je le fais marcher un peu en observant s'il se sent fatigué ou pas, s'il manifeste du plaisir ou pas. En fonction de son état, je le stimule pour marcher plus. Je l'accompagne pour tous ses déplacements à l'extérieur de sa chambre car il ne se repère pas. Je lui nomme à chaque fois les lieux où il se trouve.	A marché un peu plus pour aller aux WC sans manifester de fatigue ou de déplaisir.
Besoin de se divertir.	Maintenir un lien social.	J'accompagne M. A à l'animation et l'installe sur une chaise pour qu'il puisse voir les autres participants, à côté des mêmes personnes pour qu'il ne se sente pas perdu. En le raccompagnant dans sa chambre, je lui parle de ce qu'il vient de voir, de la présence des personnes à côté de lui et observe ses réactions.	A manifesté du plaisir à assister à l'animation.

Conseils

Les besoins perturbés à traiter sont ceux du moment (ceux présents quand vous exposez votre démarche). Les besoins non perturbés ne sont pas à traiter. Parfois, si l'état de la personne a changé au dernier moment, vous devez réajuster votre présentation. Bien souvent, ce changement implique une priorité du jour (on appelle cela une « cible » = le problème de santé le plus actuel, celui du jour). Par exemple : si M. A avait eu une hyperthermie le matin, le besoin à traiter en premier aurait été: « Maintenir sa T° dans les limites de la normale ».

- **Éviter toute répétition inutile :** exemple de M. A : le syndrome démentiel perturbe tous les besoins. Les actions pour favoriser l'hydratation de M. A peuvent être notées en face du besoin de boire et manger ou de celui d'éliminer, à vous de choisir.

- **Être capable de synthèse et d'analyse :** pour les objectifs de l'équipe, les problèmes de santé, le bilan d'autonomie, on demande une synthèse (formuler les grands points, ce qui est important en résumant ou synthétisant vos informations).

Pour le tableau besoins/objectifs/actions/ résultats, on vous demande d'être dans le **concret**, dans une **description très précise**, comme si vous expliquiez, en **détails**, à une autre soignante comment vous vous y prenez pour cette personne en particulier. Par exemple : ne pas décrire la technique de la toilette – un aide-soignant est censé savoir faire une toilette – mais ce qui, pour la toilette de cette personne, est particulier, spécifique à cette personne.

- **Les résultats des actions :** ce sont des données chiffrées, observées, les plus précises possibles, permettant un bilan ou ayant anticipé un questionnement. Ex. : dans la case « Résultats » il est noté :

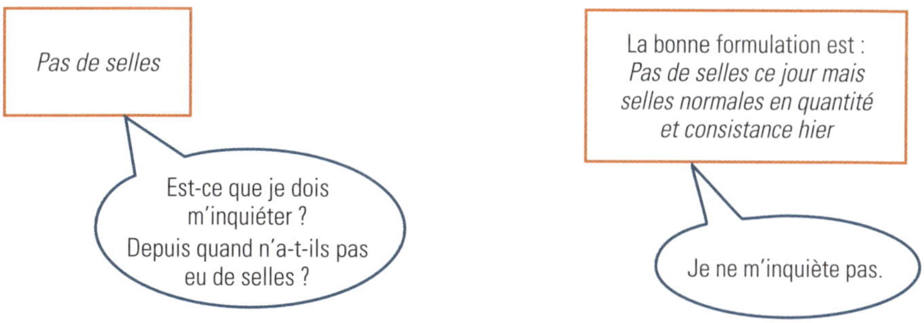

Les difficultés les plus fréquentes	Conseils pédagogiques
Mettre les informations dans les bonnes catégories de besoins	La difficulté à catégoriser se repère généralement à partir d'une : – confusion sur la nature de l'information (entre une action, un résultat ou une information sur le besoin) : voir solutions ci-après. – **incohérence entre une information et la nature du besoin** : aller à l'essentiel, sans couper les cheveux en quatre. Prendre la liste des besoins, comparer l'information et choisir le plus logique, le plus cohérent. S'entraîner avec des exercices jusqu'à percevoir la cohérence de nature entre information et besoin.

Confondre actions et autres catégories	Les actions peuvent toujours être formulées par : « Je ... ». Si vous ne pouvez utiliser une reformulation avec « je », c'est que vous n'êtes pas dans la bonne catégorie « Actions ». À l'inverse, si vous pouvez reformuler une information que vous avez notée dans d'autres cases par « je », c'est que cette information n'est pas dans la bonne catégorie et qu'il faut la mettre dans la catégorie « Actions ». Exemple : dans la case « Résultats », vous avez écrit : « Noter le résultat de la diurèse. » Vous pouvez reformuler par « Je note le résultat de la diurèse » : une action, donc, à mettre dans la case « Actions ».
Prioriser les besoins perturbés	Vous posez la question suivante : « Si je devais dire en quelques mots, à la collègue qui travaille après moi et qui ne connaît pas ce patient, que dirais-je pour être certaine qu'il soit bien pris en charge ? » En répondant à cette question, vous aurez identifié vos besoins prioritaires
Repérer ce qui entre dans « Éviter les dangers » et ce qui peut être mis dans d'autres besoins	Tous les risques ne sont pas à mettre dans ce besoin car vous risqueriez de surcharger ce besoin aux dépens des autres et de la clarté de la démarche. Quand un besoin est déjà perturbé, vous pouvez intégrer les risques liés à ce besoin dans le traitement de ce besoin. Exemples : – La surveillance et la prévention des risques d'escarres sont déjà incluses dans la formulation du besoin « Être propre, soigné et **protéger ses téguments** ». Donc c'est dans ce besoin que vous traiterez les risques d'escarres. – Si une personne a de la fièvre, le besoin de « maintenir sa température dans les limites de la normale » convient pour traiter les actions face à l'hyperthermie. – Si un patient est porteur d'une sonde vésicale (facteur de risque d'infection), vous allez décrire vos actions de surveillance et de soins dans le besoin d'éliminer. Et vous pouvez y ajouter le risque infectieux car il est dû à la sonde déjà présente. Vous traitez en une seule fois tout ce qui concerne le besoin d'éliminer. – Si un patient est porteur d'une perfusion (facteur de risque infectieux), vous pouvez vous demander à quoi sert la perfusion : est-ce pour l'hydrater ? (vous traiterez le risque infectieux dans boire et manger) ; est-ce pour garder la voie d'abord (la veine pour passer des médicaments) ? (risque infectieux dans « Éviter les dangers » pour ne pas surcharger le besoin d'éviter les dangers. – Si le besoin de se mouvoir et se maintenir en bonne posture est perturbé pour x raisons, vous pouvez traiter le risque de chute au regard de ce besoin-là. – Si le besoin d'éliminer est déjà perturbé par un épisode diarrhéique, vous pouvez traiter des risques liés à la diarrhée en même temps (irritation locale et déshydratation potentielle). Dans « Éviter les dangers », on peut noter en particulier : – les complications possibles des pathologies en nommant le risque (risque de phlébite, par exemple) ; – les effets secondaires des traitements en nommant le ou les risques : (risque hémorragique lié à la prise d'anticoagulants, par exemple).
Formuler des objectifs pour chaque besoin perturbé	Éviter de formuler des objectifs trop généraux face à chaque besoin. Exemple : dans le besoin d'être propre, éviter l'objectif général de propreté ou d'hygiène. Définissez ce que vous souhaitez vraiment atteindre à travers ce soin, pour la personne en particulier (conforter le schéma corporel, conserver l'image de soi, améliorer l'estime de soi, maintenir la mémoire quant à l'utilisation des objets, etc.).

FICHE 9

Règles d'hygiène, de sécurité et de confort dans les activités de la vie quotidienne

1

Les précautions « standard »

Elles représentent la base de toute prise en charge. Elles ont pour objectif d'assurer la protection systématique de l'ensemble des patients – ou résidents – et des soignants vis-à-vis des risques infectieux, avérés ou potentiels, liés au contact avec tout produit biologique d'origine humaine, quel que soit le lieu et le type de prise en charge. C'est un ensemble de recommandations à appliquer par tous les acteurs de santé, envers toutes les personnes prises en charge, quel que soit leur statut infectieux.

Elles regroupent les règles professionnelles élémentaires auxquelles doivent se soumettre tout professionnel de santé. Elles concernent l'hygiène des mains, la tenue professionnelle, les équipements de protection individuelle (gants, masque, tablier, lunettes), la gestion des déchets, les règles d'hygiène des locaux et des matériels, la conduite à tenir en cas d'accident d'exposition au sang (AES) ou liquide biologique.[1]

Quelques règles d'hygiène sont à maîtriser dès le module 1.

Hygiène des mains pour les soignants

C'est une des principales mesures pour lutter contre les infections associées aux soins. Les gestes doivent être précis et rigoureux, comme sur le schéma page suivante :

1. Les précautions standard sont traitées en détails dans le module 6.

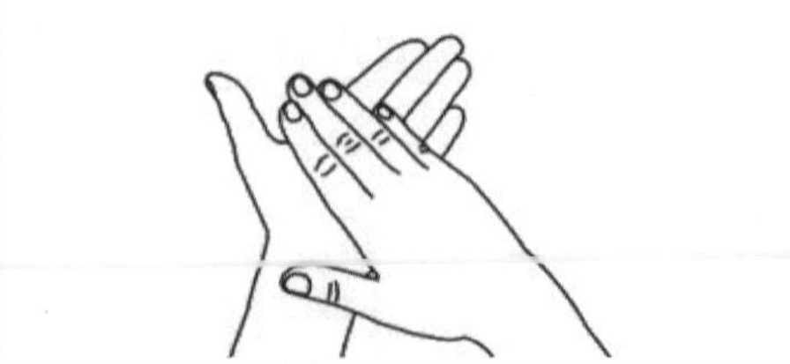

1. Paume sur paume
Désinfection des paumes

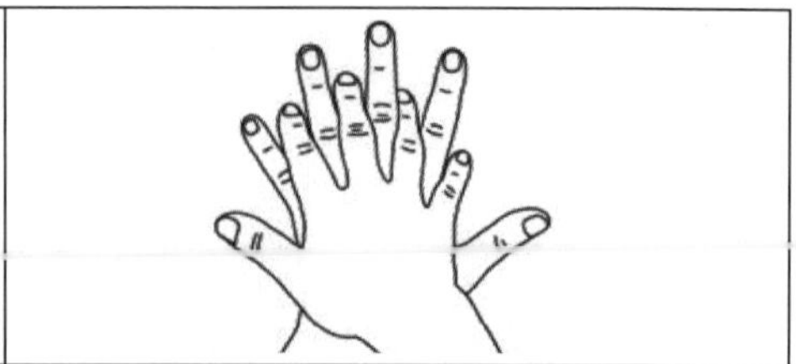

2. Paume sur dos
Désinfection des doigts et des espaces interdigitaux

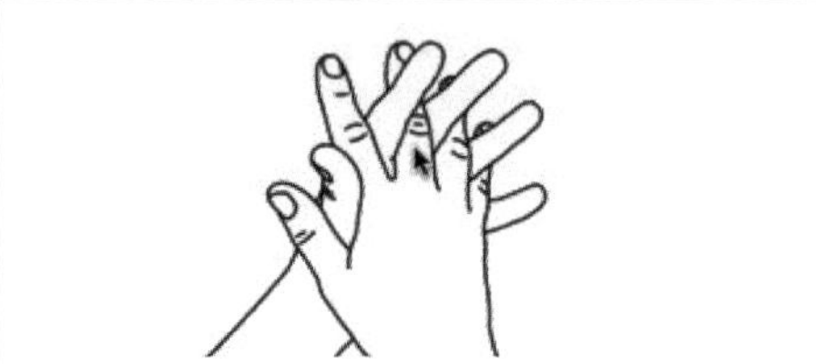

3. Doigts entrelacés
Désinfection des espaces interdigitaux et des doigts

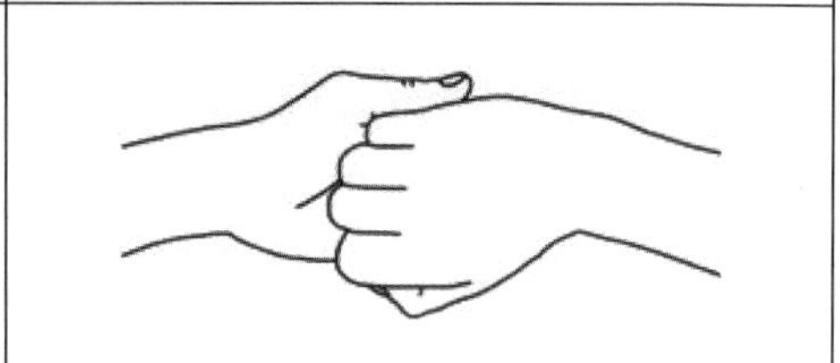

4. Paume/Doigts
Désinfection des doigts

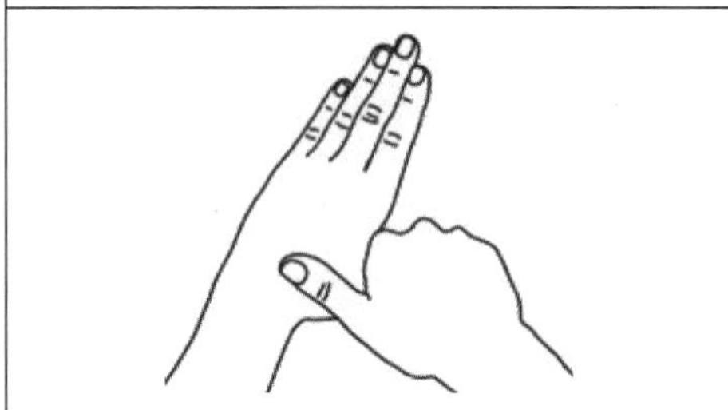

5. Pouces
Désinfection des pouces

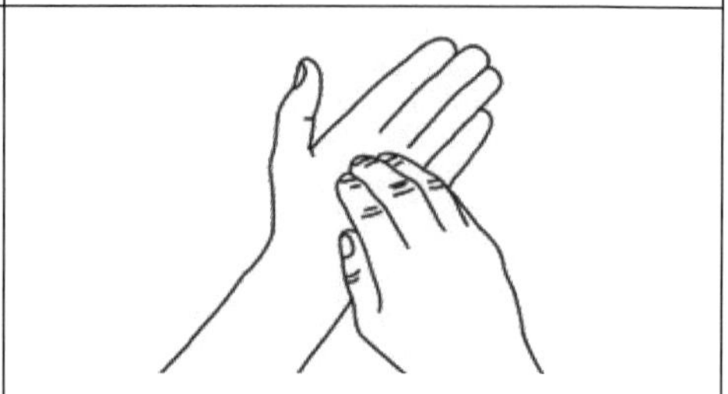

6. Ongles
Désinfection des ongles

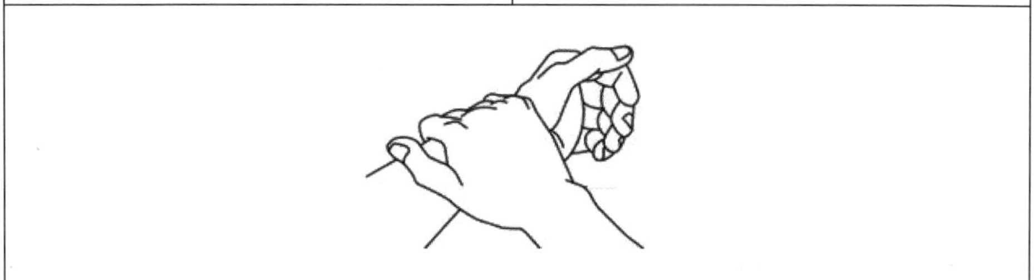

7. Poignets

(source : www.grephh.fr)

Deux méthodes sont possibles suivant les situations :

- **Le lavage simple des mains :** élimine les salissures et réduit la flore transitoire ; il est réalisé avec de l'eau et du savon doux qu'il est nécessaire de bien rincer ; l'essuyage soigneux est également requis avec un essuie-mains à usage unique. Il dure 1 minute.

Indications : à la prise de service, lorsque les mains sont visiblement sales, humides ou moites.

La friction avec solution hydro-alcoolique : désinfecte les mains et élimine la flore transitoire ; elle est réalisée avec un produit hydro-alcoolique. Elle dure 30 secondes.

Indications : lorsque les mains sont visuellement propres et sèches.

Quand réaliser un geste d'hygiène des mains ? Avant de prendre son poste de travail, avant un contact avec le patient, avant tout geste aseptique, avant et après l'utilisation de gants de soins, entre un soin propre et un soin « sale », entre deux soins sur une même personne, après un contact avec le patient ou son environnement, après un accident d'exposition au sang (AES) ou à un liquide biologique, avant de quitter son poste de travail.

La tenue professionnelle

– Hygiène personnelle rigoureuse, cheveux propres et attachés s'ils sont longs ou mi- longs.

– Ongles courts, sans vernis, ni faux ongles ou soins équivalents type « *french manucure* ».

– Mains sans bijou, ni bague, ni alliance (même lisse), ni montre, ni bracelet.

– Certains bijoux sont autorisés, sous réserve qu'ils ne constituent pas un danger soit pour la personne prise en charge, soit pour le soignant (ne pas porter de boucles d'oreilles pendantes, colliers longs...).

– Tenue à manches courtes, changée tous les jours, permettant des mouvements aisés, protégée par un tablier pour tout soin mouillant.

– Chaussures lavables, réservées à l'usage professionnel, silencieuses.

– Tenue neutre respectant les règles de la laïcité.

Les gants à usage unique

L'utilisation raisonnée des gants UU concourt à la lutte contre les infections associées aux soins. L'AS doit apprécier si les situations de soins requièrent l'usage des gants UU ou non. De même, il doit être capable d'identifier les moments où il doit changer de gants.

Principes de l'utilisation des gants UU :

– Une paire de gants UU pour un soin (UU signifiant « usage unique », ne l'oublions pas).

– Une paire de gants UU pour un patient (là aussi, UU signifiant Usage Unique).

– Respecter l'ordre d'exécution des soins : du plus propre au plus sale.

– Respecter le temps d'efficacité des gants (usage limité : environ 20 minutes, pas plus de 30 minutes).

– En cas d'interruption du soin, changement de gants et hygiène des mains impératifs.

– Élimination des gants immédiatement après usage dans la poubelle requise.

Le tableau ci-dessous récapitule les situations de soins qui justifient (ou pas) le port de gants UU, selon le principe des précautions standard.

Indications du port de gants UU	Port inapproprié des gants UU
– contact avec du sang, – contact avec une muqueuse et/ou une peau lésée, – suspicion de germes hautement transmissibles et pathogènes, – situation épidémique ou d'urgence, – évacuation d'excrétions, – manipulation et nettoyage d'instruments, – manipulation de déchets, – nettoyage de surfaces et objets souillés par des liquides biologiques, – contexte de précaution complémentaire « Contact » (voir module 6).	Lorsqu'il n'y a aucun risque d'exposition à du sang, à des liquides biologiques ou à un environnement contaminé : – mesure de la tension artérielle, – prise de la température, – prise du pouls, – toilette (hors toilette génito-anale) et habillage du patient, – effleurages anti-escarres, – accompagnement et transport du patient, – soins des yeux et oreilles (en l'absence d'écoulement), – utilisation du téléphone, – distribution ou collecte de plateau repas, – réfection du lit et changement de la literie, – mise en place d'un équipement de ventilation non invasif et d'oxygénation, – déplacement du mobilier du patient.

Précautions lors de la prise des gants pour éviter de contaminer l'intérieur de la boîte :

1. Préparer tout le matériel nécessaire à la réalisation du soin programmé.
2. Faire un geste d'hygiène des mains (SHA ou lavage des mains suivant les circonstances).
3. Prendre un gant de son emballage en veillant à ne toucher que l'extrémité du poignet.
4. Enfiler ce premier gant.
5. Prélever le second gant avec la main non gantée selon la même technique.
6. Enfiler le second gant en veillant à ce que la main gantée ne touche pas la peau et soit en contact uniquement avec le gant.
7. Le soin doit commencer immédiatement (d'où la nécessité d'avoir préparé son matériel avant de mettre les gants).

Technique de retrait des gants UU pour ne pas se contaminer

1. Attraper le manchon (au niveau du poignet) d'un des gants, sans toucher l'avant-bras. **2.** Tirer dessus pour le retourner en l'enlevant, ainsi la face qui se trouvait en contact avec la peau se retrouve à l'extérieur et inversement, la face externe (celle qui a servi à réaliser le soin) se retrouve à l'intérieur.	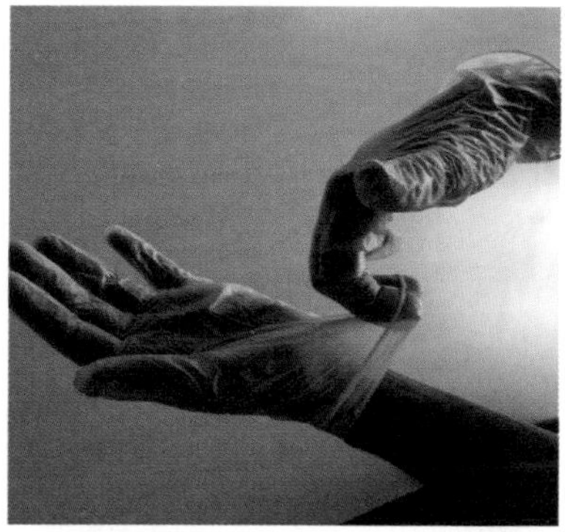
3. Garder ce premier gant retiré tenu du bout des doigts. **4.** Glisser le bout des doigts de la main dégantée entre le gant et le poignet de la main gantée.	
5. Retirer le gant en le retournant et en enveloppant ainsi le premier gant enlevé (il se retrouve à l'intérieur) ; les doigts de la main ne sont en contact qu'avec la face interne des gants et jamais avec l'une ou l'autre des faces ayant permis la réalisation du soin à risque.	
6. Jeter les gants usagés immédiatement à la poubelle en fonction de son risque de contamination (DASRI ou ordure ménagère). **7.** Se laver les mains si elles sont visuellement sales ou sinon friction hydroalcoolique.	

Risques pour les soignants liés à l'usage intensif de gants UU :

- risque d'allergie ;
- risque de dermatose ;
- risque d'infection associée aux soins (sous les gants, avec la chaleur dégagée et l'humidité, les microorganismes trouvent un environnement parfait pour se multiplier très vite) ;
- mauvaise observance de l'hygiène des mains.

Le chariot de soin

Règles :

- Connaître le protocole du service (entrée ou non d'un chariot de soin individuel dans la chambre d'un patient).
- Si entrée dans la chambre possible : doit toujours être propre et désinfecté (y compris les roues), et ne comporter que le matériel nécessaire pour le soin.
- Le matériel propre est disposé sur la tablette supérieure, le sale sur l'étagère inférieure.

Les haricots

Règles :

- Ne servent que pour le sale.
- Doivent toujours être éloignés du propre.
- Éviter de « mélanger » différentes catégories de déchets (à jeter ou à laver) pour ne pas avoir à manipuler ce qui est à l'intérieur afin de trier.

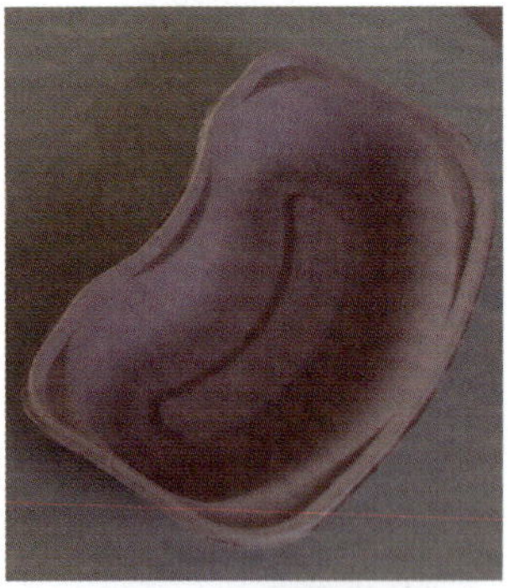

Les plateaux

Ils sont destinés à accueillir le matériel propre. Ils se rangent sur l'étage supérieur du chariot.

Utilisation des chiffonnettes

– Le nettoyant désinfectant est vaporisé directement sur les chiffonnettes, pas sur les surfaces.
– Les chiffonnettes sont pliées en 4 de manière à pouvoir utiliser chaque face.
– On imbibe bien la chiffonnette de produit (on ne l'essore pas).
– Il y a des couleurs différentes de chiffonnette en fonction de leur utilisation.
– Elles sont mises à part au niveau du linge sale pour être lavées.
– Une chiffonnette ne sert que pour une chambre (ne pas la réutiliser dans une autre chambre).

Chariots de nursing

– Ils sont réapprovisionnés en fin de matinée
– Les surfaces des tiroirs et les poignées sont nettoyées/désinfectées chaque jour
– Les produits de soins (flacons, crème, solutions hydroalcoolique) utilisés dans une chambre sont toujours nettoyés/désinfectés avant d'être remis sur le chariot collectif

Chariots de ménage

Le seau contenant la dilution nettoyante/désinfectante ne reçoit que du matériel propre. Il doit rester propre.

FICHE

10 Soins d'hygiène corporelle

Les stages sont les lieux d'excellence pour apprendre à faire les soins d'hygiène auprès de personnes qui en font tous les jours et il y a ainsi une transmission possible du « métier ».

L'alternance entre IFAS et stages permet d'analyser avec les élèves les soins réalisés et d'identifier les invariants de leur qualité. Ainsi, chaque élève pourra se « construire » sa fiche pour les techniques de soins, en étant plus proche de la réalité. C'est la raison pour laquelle nous ne présentons pas de technique décrite de A à Z dans cette fiche. En effet, il n'existe pas une « bonne technique » unique. Chaque situation est spécifique, comme chaque personne (soignant ou soigné) l'est aussi. Ainsi, classiquement, la toilette se fait du haut vers le bas (on commence par le visage par exemple). Mais, pour certaines personnes (atteintes d'une maladie d'Alzheimer par exemple), cela peut être trop intrusif et il faut mieux commencer par d'autres parties du corps.

Si la technique n'existe pas en tant que telle, en revanche, il existe des invariants de la qualité des soins qu'il convient de repérer à partir des analyses de pratiques au regard des recommandations de bonnes pratiques de l'HAS.

1. Les invariants de qualité des soins

- Analyse de situation : pour anticiper la manière dont vous allez procéder en fonction des objectifs à atteindre et préparer juste le matériel nécessaire.
- Hygiène : respect des précautions standard.
- Confort.
- Communication avec la personne.
- Sécurité physique et psychologique.

2. Principes d'organisation pour la réalisation d'un soin

Avant le soin	– Dégager l'espace du plan de travail – Décontaminer le plan de travail (adaptable, table...) – Préparer le matériel juste nécessaire au soin – Réaliser une friction hydroalcoolique des mains
Pendant le soin	– Procéder du plus propre au plus sale – Hygiène des mains entre une activité sale et une activité propre – Ports de gants à UU en cas de présence de liquide biologique

Après le soin	– Trier les déchets. – Nettoyer, désinfecter et ranger le matériel. – Se laver les mains ou friction hydroalcoolique des mains suivant la situation.
Ne pas croiser le propre et le sale	
Jamais de linge au sol ni contre son uniforme	
Tout matériel introduit dans une chambre et non utilisé doit être considéré comme sale.	

3. Principes généraux pour les soins d'hygiène

– Vérifier l'état des ongles (signaler si besoin d'être coupés).
– Vérifier l'état des cheveux (programmer coiffeur ou capiluve si besoin).
– Vérifier l'état cutané (si rougeur sous les seins, aux plis du corps, sur les zones de compression, si signes de déshydratation au niveau de la muqueuse buccale et de la peau des bras) et signaler si anomalie.
– Réaliser effleurages pour prévenir les escarres sur les zones à risque.
– Utiliser des gants à usage uniquement pour la petite toilette.
– Toujours bien sécher les plis cutanés.
– Toujours bien sécher sous les seins, au niveau des aisselles.
– Penser coiffure, rasage, maquillage, parfum selon les habitudes de vie de la personne.
– Toujours laisser un moyen d'appel en cas de besoin.

Respecter la pudeur

– Fermer rideaux si vis-à-vis.
– Fermer porte de la chambre.
– Rhabiller les parties dénudées dès que possible.
– Se positionner de manière à tourner le dos à la personne voisine dans une chambre à deux lits pour masquer la vision du corps de l'autre par son propre corps.
– Utiliser des paravents quand c'est l'habitude du service.

La réfection du lit fait partie de l'hygiène corporelle

– Mettre le lit à bonne hauteur.
– Respecter le protocole du service pour changer les draps sauf s'ils sont souillés.
– Bien tirer sur les draps pour éviter les plis.
– Vérifier qu'il n'y ait pas de miettes sur le drap du dessous.

4. Le lit

– Nettoyer chaque jour le tour du lit, la tête du lit.
– Désinfecter le matelas dès que souillé et au changement de personne dans le lit (dessus et dessous, côtés).

- Tirer sur le drap du dessous pour qu'il n'y ait pas de plis (favorisent les escarres).
- Vérifier qu'il n'y ait pas de corps étranger dans le lit (miettes, bouchons d'outils de soins...).
- Vérifier que le poids de la couverture n'écrase pas les talons dans le lit (risque escarre si la personne est à mobilité réduite).
- Changer les draps, taies d'oreiller dès que salis ou souillés, ou humides (si sueurs ++). Faire le lit à blanc de manière systématique au moment prévu par le protocole (sauf s'il a été fait la veille et qu'il est propre).
- Prévoir une barrière de soutien si la personne reste dans le lit pendant la réfection pour qu'elle puisse se tenir quand elle est retournée sur le côté.
- Soigner la présentation visuelle du lit refait (équilibrer ce qui pend de chaque côté...).
- Faire les coins au carré pour assurer un bon maintien en place des draps.
- Border selon le désir de la personne (si matelas plot = ne pas border les côtés).

5. Les soins d'hygiène corporelle

L'aide-soignant participe aux soins d'hygiène corporelle des personnes qui ne peuvent le faire elles-mêmes. Il répond à la dépendance face au besoin d'être propre, soigné et de protéger ses téguments mais les soins d'hygiène contribuent à la permanence du schéma corporel, à l'image de soi et à l'estime de soi. De plus, il s'agit du support d'un temps relationnel important.

« Si la toilette a pour fidèle alibi l'hygiène, elle trouve aussi son indication dans les situations de soins où les mots ne sont plus d'aucun secours. La toilette devient alors un long et lent travail d'apprivoisement qui permet d'abord à une relation de prendre corps puis de prendre sens.[1] »

L'hygiène corporelle implique le corps, son dénuement. La manière dont l'AS va inviter à ce dénuement et va toucher le corps de l'autre, aura des répercussions sur l'image de soi, l'estime de soi et le sentiment d'identité de la personne. La toilette n'a pas qu'un objectif d'hygiène mais participe à une restauration de l'individu quand elle est faite avec tact et respect de la dignité humaine.

Les soins d'hygiène ont tendance à morceler le corps sur le plan symbolique et psychologique. Il est important de « réunifier le corps » à la fin du soin. Il suffit d'appliquer de petites pressions sur les zones du corps qui ont été lavées, par-dessus les vêtements ou la serviette et de déborder sur l'ensemble de la partie concernée.

Par exemple, si vous lavez les bras et le torse par « morceaux », après avoir essuyé l'ensemble, sur la serviette, faite des pressions douces sur les deux bras simultanément, en remontant, sur les épaules puis sur le haut du torse et enfin

1. Marie Rajablat, *Voyage au cœur du soin, la toilette*, Masson, 1999.

sur le ventre en descendant. Terminer par des pressions simultanées sur les hanches (de chaque côté).

Cette « réunification » du corps permet aussi de faire ressentir à la personne les frontières de son corps, agit sur le schéma corporel, redonne un contenant et contribue à majorer l'estime de soi.

Pour les soignants, les soins d'hygiène représentent une confrontation avec ce que des sociologues appellent « Dirty work » (sale-boulot) et peuvent être des situations difficiles à vivre pour les « novices ».

Le « sale boulot » désigne la prise en charge des activités perçues comme dégradantes, peu dignes car dégoûtantes, ainsi que celles qui côtoient les « tabous » de notre société et sont considérées comme impures et sales. Ex. : les selles, les urines, le vomi, les règles, les pertes vaginales, les odeurs infectes...

Témoignage

« L'aide-soignant soulève la couette et la replie jusqu'aux pieds. Une chaleur intense se dégage. Je découvre alors un corps vieilli, usé par le temps, d'une maigreur extrême. L'aide-soignant enlève la protection et alors une odeur indescriptible et épouvantable envahit la pièce.
Je me suis senti perdu, bouleversé par la vision de ce corps vieux. J'avais l'impression presque d'un corps mort avec une partie vivante. Je me suis demandé si je serai pareil un jour. J'avais l'impression d'avoir l'odeur qui restait au fond de ma gorge. Je n'avais jamais senti une odeur aussi infecte chez une personne. Avant, je travaillais dans les parfums. Et voir cette personne nue devant moi, sans lui avoir demandé son autorisation, autant que le dégoût que j'avais honte de ressentir, m'ont fait me sentir coupable. »
Marc, élève aide-soignant, premier stage

L'expérience, au-delà des premières fois, permet de dépasser ce qu'il y a de gênant dans la situation. L'identification à la vulnérabilité de l'être humain, profondément ressentie par les soignants, fait que l'on regarde ensuite d'abord la personne avant ses propres réactions.

La toilette génitale non stérile (ou « petite toilette »)

Représentation symbolique de la vulve

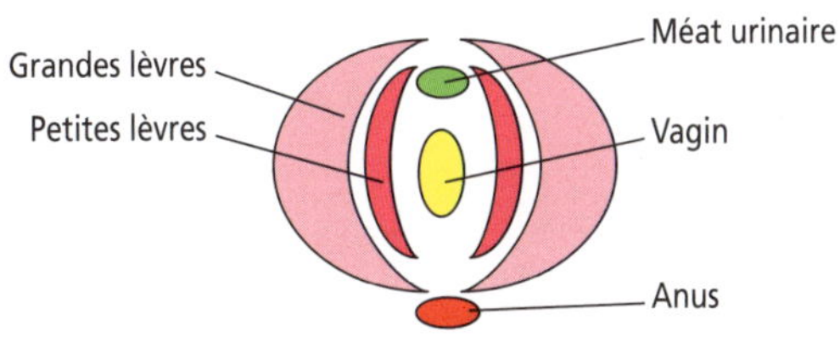

Procéder des parties les plus extérieures vers les plus intérieures en changeant la face utilisée du gant et en rinçant entre chaque partie.

– **Au niveau de l'anus :** on trouve des selles ou traces de selles avec présence potentielle de germes (bactéries Escherichia coli principalement) ; ces germes vivent de manière normale dans l'intestin mais deviennent pathogènes (capables de provoquer une maladie, une infection) quand ils se retrouvent à un autre endroit.
– **Au niveau du vagin :** on trouve une flore vaginale normale mais pas d'Escherichia coli.
– **Au niveau du méat urinaire :** l'urine est stérile. Elle ne contient pas de germe. En cas d'infection urinaire, le germe le plus fréquent est l'Escherichia coli.
– Sens du lavage : du pubis vers l'anus.

Ce soin représente un moment délicat aussi bien pour le soignant que pour le soigné. Les « débutants » doivent surmonter la gêne de ces premiers gestes, gêne majorée par la différence de sexes ou par l'âge des personnes soignées (même tranche d'âge que le soignant ou âge du père ou de la mère du soignant).

Ces facteurs de gêne existent aussi pour les soignés, majorés par la possible réaction physiologique chez l'homme (érection).

Témoignage

« Je me souviens des premières toilettes. Au départ, ça a été un petit peu difficile… c'est pas… Surtout, bon, je ne suis pas non plus une jeune fille quoi, mais les toilettes des hommes, j'ai mis… enfin ça faisait bizarre. » **Lilou**, aide-soignante

Les « anciennes » aides-soignantes ont développé des « savoir-agir » et « savoir-réagir », face à ces situations et leurs conseils sont précieux pour les débutantes.

Ce soin est rarement prétexte à sollicitation sexuelle de la part des soignés. En général, les messieurs sont très gênés par leur érection.

ZOOM SUR

Quelques conseils face à une érection ou des sollicitations sexuelles :

– Choisir du savon plutôt que du produit moussant pour ne pas avoir à rincer +++.
– Mettre des gants à usage unique.
– Choisir un gant de toilette ni trop rêche, ni trop doux. (Éviter les gants de toilette à usage unique qui obligent plus de passages pour rincer qu'un gant en coton).
– Procéder avec des gestes rapides, efficaces qui seront perçus comme techniques par le soigné (ne jamais avoir de gestes brusques ou qui puissent faire mal).
– Voir avec le service si l'habitude est de décalotter ou pas car les avis médicaux divergent quant à cette pratique.
– Détourner les yeux, stopper le soin et faire autre chose en bavardant en attendant que l'érection se passe ou expliquer que c'est naturel et physiologique et que vous allez attendre un peu (ne pas ajouter à la gêne du patient mais le rassurer).
– Ne pas avoir d'attitude ou de propos de jugement si vous percevez la gêne du patient.
– En cas de sollicitation sexuelle, utiliser l'humour pour remettre fermement la personne à sa place, si votre personnalité s'y prête et si la sollicitation ne présente pas de degré d'agression. Sinon, répondre fermement sur ce manquement de respect vis-à-vis de vous, en fonction du type de sollicitation, de la personne en face de vous et de votre propre ressenti. Si cela va trop loin pour vous ou si cela se répète avec vous ou avec d'autres, en parler à votre cadre de santé et faire un signalement d'incident.
– **En parler** : soit à l'équipe soit au cadre de santé si vous préférez ne pas en parler à l'équipe. Ces temps de parole et d'échanges sont aussi des manières de travailler le métier ; chacun peut faire part des solutions expérimentées (les « ficelles » du métier) et validées sur le plan éthique.

Le pédiluve

C'est un soin d'hygiène des pieds qui est aussi un soin de détente.

– **Principe** : faire reposer les pieds une dizaine de minutes dans une bassine d'eau tiède ou chaude selon le souhait de la personne et les impératifs médicaux. (Éviter l'eau chaude pour les personnes sous anticoagulants.)
– Laver du dessous des genoux jusqu'aux pieds, rincer.
– **Attention** : Bien essuyer entre les orteils (utiliser la serviette si l'espace interdigital est suffisant, sinon, s'il est trop serré, utiliser les quatre bords d'une compresse non stérile.
– Pratiquer un modelage des orteils en pinçant délicatement l'orteil de la racine à la pointe) et du pied (en remontant vers la cheville) à la fin du soin pour la détente et le confort.
– **Attention** : Bien essuyer l'excès de crème ou d'huile, s'il y en a, entre les espaces interdigitaux.

– À la fin du soin, réunifier pieds et jambes par des pressions douces en remontant simultanément des deux côtés jusqu'aux hanches par-dessus les vêtements.

Le capiluve ou shampoing

– Utiliser les bacs à shampoing comme chez le coiffeur quand il y en a, avec une serviette autour du cou. Sinon, confectionner une protection des vêtements à l'aide d'une alèse imperméable ou d'un sac poubelle propre coupé et d'une serviette.

– Soigner l'installation pour qu'elle soit confortable.

– **Attention** : à la douleur de la nuque : adapter la position la plus confortable pour la personne et utiliser un coussin pour le confort si besoin (soit au lavabo tête penchée en avant ou en arrière ou au lit).

– **Attention** : au confort en évitant de mettre de l'eau et du shampoing dans les yeux (proposer un gant de toilette que la personne maintient si besoin).

– **Attention** : ne pas gratter le cuir chevelu avec les ongles (désagréable en général pour la personne).

– Profiter de ce temps pour réaliser un modelage délicat de détente[1], au niveau des tempes et du cuir chevelu.

– Changer les vêtements de la personne s'ils ont été mouillés.

– Penser à demander si la personne veut sécher ses cheveux avec un sèche-cheveux (attention à la température pour les personnes sous anticoagulant ; elle doit être tiède vers froid mais pas chaude car la chaleur dilate les petits vaisseaux).

Les soins des dents et de la bouche

Schéma d'une dent (mâchoire inférieure)

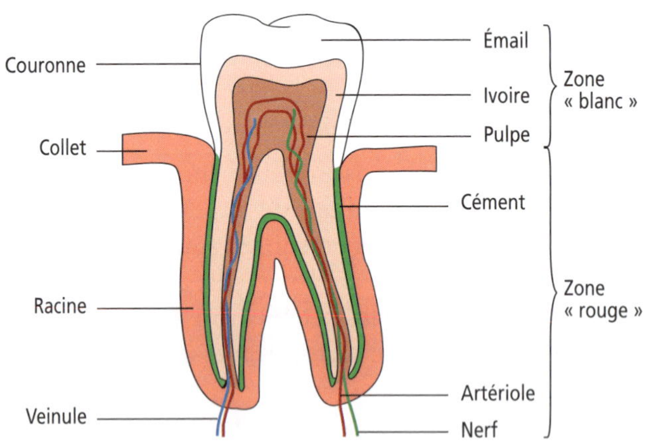

1. Les « modelages » pour l'aide-soignant sont des massages de détente et de bien-être qui ne sont en aucun cas des massages thérapeutiques réservés aux kinésithérapeutes.

Brossage des dents : le **sens du brossage** doit être **vertical**, des gencives vers les dents (du rose vers le blanc : de haut en bas pour les dents de la mâchoire supérieure et de bas en haut pour celles de la mâchoire inférieure).

Hygiène du dentier : le faire tremper le temps préconisé avec le produit habituel utilisé par la personne, le rincer et le donner à la personne.

Soin de bouche non médicamenteux : les soins de bouche nécessitant des produits médicamenteux ne sont pas du ressort de l'aide-soignant.

- Le faire à un moment éloigné du repas pour éviter d'éventuelles nausées.
- Se fait en position demi-assise.
- Ne pas trop imbiber le tampon pour éviter le risque de fausse-route.
- Pratiquer du haut vers le bas, de l'intérieur vers l'extérieur.
- Changer de face du tampon entre les différentes parties.

L'entretien des ongles

Tout ongle atteint d'une pathologie relève de l'activité d'un pédicure (sinon il s'agit d'un exercice illégal de la profession de pédicure/podologue). De même chez un patient diabétique ou sous anticoagulant, le soin des ongles nécessitent l'intervention d'un professionnel pour en limiter les risques.

Pour les ongles sains : préférer limer plutôt que couper. Si on les coupe, le faire au carré pour éviter les ongles incarnés.

Ne pas oublier : tout soin d'hygiène est tracé (coché sur diagramme de soins par exemple) et les observations importantes sont transmises par écrit et par oral.

6. L'aide à l'habillage et au déshabillage

Les fonctions des vêtements :

En plus du fait de protéger des agressions extérieures (pluie, soleil, froid, chaleur), les vêtements constituent de multiples repères pour soi et les autres :

- Être identifié par d'autres en indiquant son groupe d'appartenance ou de référence : si l'on choisit de se vêtir en « gothique », cela ne signifie pas la même chose que d'être vêtu de manière « classique ».
- Se repérer temporellement : nous portons des vêtements de jour et des vêtements destinés à la nuit. Les vêtements d'hiver ne sont pas les mêmes que les vêtements d'été.
- Repérer un statut social et une fonction de manière à adapter son comportement : c'est le cas des uniformes. Selon que l'on est en présence d'un pompier, d'un gendarme ou d'une infirmière, nos représentations sont différentes et nous ne nous comportons pas de la même façon.
- Repère de situation : si je vois une femme avec une longue robe très élégante, ou si je la vois en jogging, je peux me faire une idée de ce qu'elle va faire.

L'aide-soignant a un rôle à tenir pour maintenir les « bons repères » des personnes par ce soin et contribuer à leur image.

Invariants de la qualité de l'aide à l'habillage et au déshabillage

Analyse de situation	Capacité de la personne, goûts et habitudes de la personne. Particularités (arthrose ou difficulté à lever les bras, par exemple).
Hygiène	Vérifier l'état de propreté des vêtements et assurer leur entretien, les changer quand besoin et/ou régulièrement.
Confort	Adapter les vêtements à la température ambiante, aux souhaits des personnes, voire à l'activité prévue.
Sécurité	Physique : vêtements ni trop serrés ni trop larges pour éviter qu'ils ne compriment le corps, entravent les mouvements ou qu'ils ne glissent et provoquent une chute. Commencer l'habillage par le bras le plus raide, le plus douloureux ou paralysé et faire l'inverse pour le déshabillage (d'abord le bras sain). Psychologique : vêtements assortis, bien mis, sans plis… (image de soi).

FICHE 11

Aide à la mobilisation et à l'installation d'une personne en bonne position

1

1. Aide à la mobilisation et au déplacement

Le lever et la mobilisation présentent de nombreux avantages :
- éviter les complications de décubitus et le syndrome de glissement ;
- faciliter la circulation sanguine, en particulier le retour veineux ;
- faciliter le transit intestinal et les mictions ;
- permettre un retour progressif à l'autonomie.

L'AS intervient auprès des personnes ne pouvant réaliser les transferts seules, en mobilité réduite, dont l'équilibre est instable ou qui ont peur de chuter.

Règles générales

Analyser la situation : évaluer les capacités de la personne afin de lui apporter de l'aide uniquement dans ce qu'elle ne peut pas faire. Les déplacements envisagés doivent être réalistes compte-tenu des capacités objectives de la personne.

Attention :
- Se conformer à la prescription médicale (lever autorisé, appui interdits, etc.) ;
- Avant d'agir, il est important de réfléchir pour anticiper le déroulement et la fin du soin (faire suivre le matériel, mettre des chaussons adaptés, prévoir le siège de la fin du trajet).

Favoriser le sentiment de sécurité pour la personne :
- Sécuriser (ôter les obstacles).
- Encourager l'activité et faire participer la personne.
- Se positionner à côté de la personne et se calquer sur son rythme de déplacement.
- Expliquer clairement à la personne ce qui va être fait, ce qu'elle doit faire.
- Respecter les techniques de manutention.

Organiser l'espace et de l'environnement pour faciliter l'autonomie et la sécurité :
- Le matériel est toujours laissé à portée de la personne.
- Les espaces sont dégagés, la chambre rangée.
- Vérifier que la personne porte des chaussures ou des chaussons qui maintiennent bien les pieds.

- Vérifier que la personne sache utiliser correctement le matériel, l'éduquer si besoin.
- Vérifier que le matériel soit à la bonne hauteur.
- Vérifier régulièrement l'état des embouts en caoutchouc des cannes ou déambulateur.
- Respecter le rythme de déplacement de la personne. Encourager avec tact l'activité de déplacement.
- Évaluer si progression, stable ou régression, les causes si possible et transmettre.

Utiliser le matériel à disposition du soignant : il est possible d'utiliser le lit à hauteur variable, un lève-personne, un verticalisateur, un disque de transfert pour aider la personne dans ses mouvements.

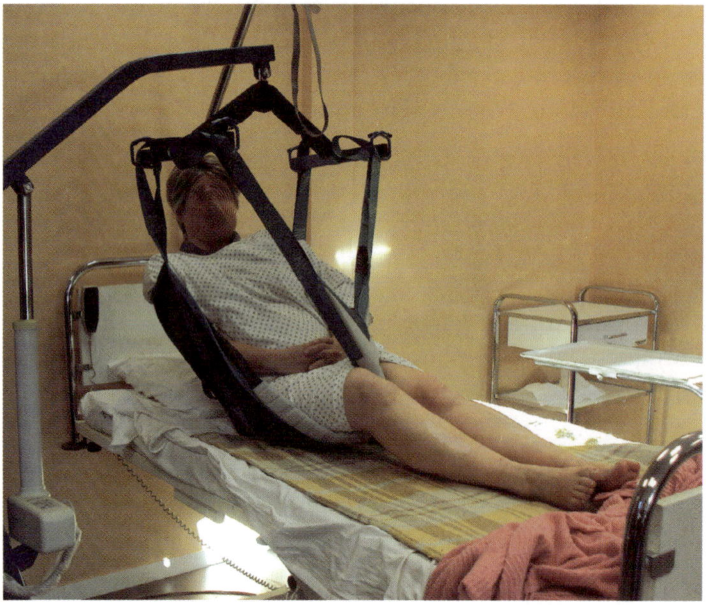

Vérifier l'état du matériel d'aide aux déplacements et assurer l'hygiène quotidienne :

- Laisser le matériel à portée de la personne.
- Nettoyer l'assise du fauteuil roulant quotidiennement.

Tableau récapitulatif du matériel existant et de son type d'utilisation

Les cannes	Cannes anglaises (béquilles)	destinées aux personnes qui **ne doivent pas poser un pied à terre** (par exemple : après plâtre sur fracture). C'est une aide qui demande une force physique importante. Utilistion temporaire. Le réglage de la hauteur est important.
	Canne simple	destinée aux personnes qui ont besoin d'un peu d'**assurance pour la marche**.
	Canne tripode	destinée aux personnes dont **l'équilibre est un peu précaire**. Cette canne assure une plus grande stabilité et ne peut « glisser ».
Les déambulateurs 	Déambulateur fixe	destiné aux personnes à **forte dépendance** (marche et équilibre), **se déplaçant dans un espace réduit, un couloir**, etc. Il doit être décollé du sol lors de la marche (s'assurer que la personne en ait la force).
	Déambulateur articulé	destiné aux **personnes plus mobiles mais toujours pour un déplacement à l'intérieur**. Il accompagne la marche.
	Déambulateur avec roues	destiné aux **personnes plus mobiles et aux déplacements à l'extérieur**.
Les fauteuils roulants	Il en existe de toutes sortes. L'AS assure l'hygiène et la sécurité : Mettre les freins lors des transferts (lit-fauteuil, fauteuil-lit). Veiller au suivi de l'entretien du fauteuil roulant. Mettre les cale-pieds qui permettent de conserver une position fonctionnelle Demander à la personne transportée de garder ses bras à l'intérieur.	

2. Aide à l'installation de la personne en position adaptée

Installation au lit

La personne peut être installée allongé dans son lit, c'est-à-dire en **décubitus** :

– Décubitus dorsal : le patient est allongé sur le dos (contre-indiquée pour les patients ayant des troubles cardiaques et respiratoires).
– Décubitus ventral : la personne est allongée sur le ventre (contre-indiquée pour les patients ayant des troubles cardiaques et respiratoires).
– Décubitus latéral : la personne est allongée sur le côté, droit ou gauche. Penser à caler le dos avec un traversin ou autre moyen à disposition.

Elle peut être aussi installée en position **assise ou demi-assise dans le lit**. Cette position est indiquée en cas de problème respiratoire (facilite la respiration et l'expectoration) ou cardiaque ; elle est contre-indiquée en cas d'inconscience du patient. Pour les personnes installées de la sorte, penser à leur donner la potence.

Installation au fauteuil

Il existe de nombreux modèles de fauteuils, du plus simple au plus sophistiqué. La personne doit être installée de façon confortable et sécurisée :

- Installer une protection sans plis sur le fauteuil si la personne est en chemise de nuit ou en pyjama.
- Bien installer la personne au fond du fauteuil.
- Installer coussin dans le dos si besoin.
- Penser au maintien des pieds en position fonctionnelle (à 90°).
- Vérifier l'installation très régulièrement et réinstaller si la personne a glissé (risque d'escarres par cisaillement).
- Protéger la pudeur si nécessaire.
- Veiller au confort thermique (couverture sur les genoux par exemple).

Installation à la table

Elle doit être favorisée pour la prise des repas et à chaque fois que des activités occupationnelles le nécessitent.

FICHE 12

L'aide à l'élimination

1

Généralités

Avec le vieillissement, les fonctions sphinctériennes peuvent s'altérer rapidement. Il est essentiel que les AS participent au maintien de l'autonomie et des capacités des personnes. L'assistance de l'AS peut être requise en cas d'incontinence, mais aussi en cas d'impossibilité de la personne à se rendre aux toilettes.

1. Installation de la personne continente pour permettre l'élimination urinaire et fécale

On peut utiliser une chaise garde-robe, un plat-bassin ou un urinal.

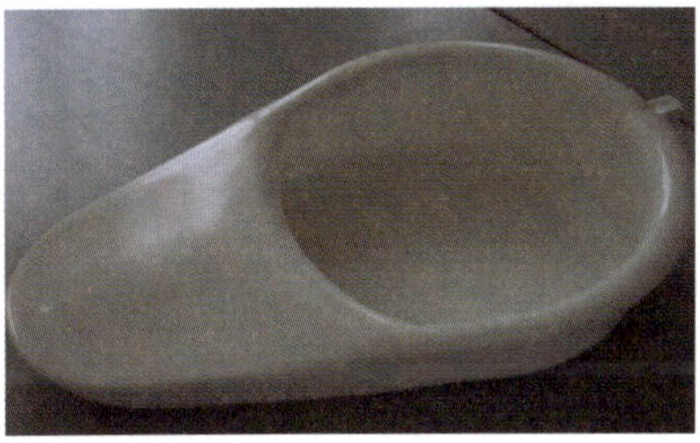

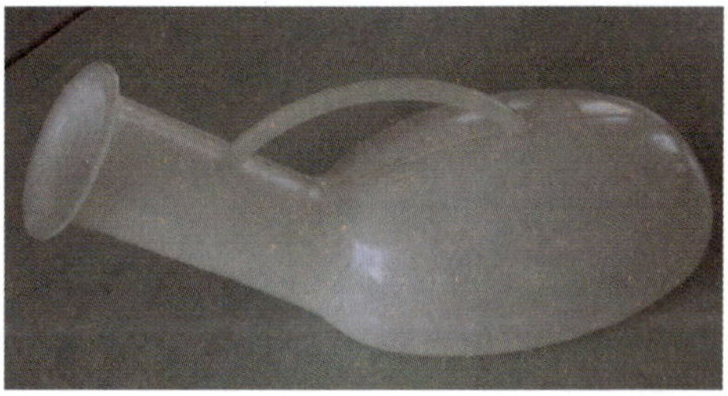

L'entretien du seau de la chaise garde-robe, du plat-bassin et de l'urinal est fait dans la mesure du possible par un lave-bassin automatique ; sinon, le nettoyage se fait avec des gants de ménage ; après avoir vidé le récipient de son contenu et l'avoir rincé, le mettre à tremper dans une solution de détergent-désinfectant en suivant les instructions du fabricant (dilution, temps de trempage, rinçage éventuel, etc.), puis le ranger.

2. L'incontinence

L'incontinence fécale correspond à une incapacité à retenir l'expulsion des selles.

L'incontinence urinaire est la perte involontaire du contrôle des mictions vésicale.

Il existe différents degrés d'incontinence urinaire :

Type d'incontinence urinaire	Commentaires
Incontinence urinaire d'**effort**	Perte de quelques gouttes d'urine lors d'efforts physiques, en particulier la toux, l'éternuement, le rire...
Incontinence urinaire par **impériosité**	Envie d'uriner soudaine et ultrapressante, sans signes annonciateurs. La personne n'a pas le temps d'arriver aux toilettes.
Incontinence urinaire **modérée**	La perte des urines varie suivant le moment de la journée (plus importante la nuit que dans la journée).
Incontinence urinaire **totale**	La personne n'a plus aucune capacité de contrôle sur sa vessie.

Des traitements existent pour éviter ou retarder l'incontinence totale : médicamenteux, rééducation sphinctérienne, chirurgie.

Répercussions psychologiques de l'incontinence

Les personnes (en particulier les femmes) vont avoir tendance à dissimuler aussi longtemps que possible leur incontinence. Ce problème entraîne une modification de l'image de soi, avec une baisse de l'estime de soi, un sentiment possible de honte et d'humiliation.

Pose de protection pour les personnes incontinentes

Il existe différents modèles de protection à usage unique. Ces dispositifs permettent de maintenir les personnes incontinentes dans un état de confort et d'hygiène optimum, d'éviter de souiller le linge (vêtements, linge de lit, etc.), de limiter les odeurs et ainsi de leur permettre de mieux vivre leur incontinence.

Le choix du modèle de protection se fait en fonction :
- du degré d'autonomie de la personne ;
- du niveau de l'incontinence (légère, moyenne ou importante) ;
- de la corpulence de la personne.

La décision de port d'une protection n'exclut pas la possibilité de proposer à la personne de l'emmener aux toilettes régulièrement.

Tableau des différents modèles de protection et de leurs indications

Protections droites (type protège-slip)	Pour les incontinences d'effort ou par impériosité. Elles présentent l'avantage d'être discrètes et faciles d'installation, mais ne peuvent pas s'utiliser chez les hommes.
Changes anatomiques	Utilisés pour les incontinences modérées ; leur positionnement est assuré par un slip filet.
Slips absorbants	Également utilisés pour les incontinences modérées ; elles sont facilement utilisables par les personnes elles-mêmes.
Changes anatomiques complets	Pour les incontinences totales, urinaires et/ou fécales. Ils présentent l'inconvénient de ne pas être discrets et d'être infantilisants.

Rappel

Mettre un change anatomique complet à une personne, quand cette personne n'est pas incontinente ou sans autre motif médical, relève de la maltraitance. Or, cet acte est encore trop souvent réalisé, quelques rares fois pour le confort des équipes soignantes mais surtout à cause de l'organisation du travail (une seule AS de nuit pour 80 résidents par exemple).

ZOOM SUR

Technique de soins : la pose d'un change anatomique complet chez un adulte

– Procéder avec tact, c'est un soin qui peut être mal vécu par une personne se sentant humiliée…
– Procéder à un geste d'hygiène des mains avec une solution hydro-alcoolique.
– Choisir une taille adaptée à la personne, ni trop grande, ni trop petite.
– Choisir la position (debout ou couché) en fonction des possibilités de la personne et de l'environnement (salles de bains parfois exiguës).
– Mettre des gants à usage unique.
– Ôter la protection à changer et la mettre à la poubelle.
– Faire une toilette génito-anale soigneuse ; sécher.
– Observer l'état cutané local (dépistage de mycose, d'escarre…).
– Enlever les gants à usage unique et se laver les mains.
– Réaliser un effleurage préventif des escarres si besoin.
– Positionner le change tant au niveau du dos qu'au niveau du ventre et coller les adhésifs.
– Être attentif à l'aspect esthétique.
– Vérifier régulièrement les capteurs signalant le degré de saturation.
– Changer dès que nécessaire.
– Réaliser les transmissions dans le dossier de soins.

- **La pose des étuis péniens :** un étui pénien est un dispositif externe, non invasif, contrairement à la sonde vésicale, en matière synthétique (latex ou autre), relié à un sac à urines, permettant l'évacuation des urines en cas d'incontinence chez l'homme. Il se change quotidiennement.

ZOOM SUR

Technique de soins : la pose d'un étui pénien

– Procéder avec tact et délicatesse
–Procéder à un geste d'hygiène des mains avec une solution hydro-alcoolique
– Mettre des gants à usage unique
– Réaliser une toilette génitale soigneuse ; sécher correctement
– Observer l'état cutané local (inflammation, mycose, paraphimosis…)
– Choix de la taille de l'étui pénien en fonction de la morphologie de la personne
– Dérouler l'étui pénien sur la verge de la personne (comme un préservatif)
– Si l'étui pénien dispose d'un système de fixation : suivre le mode d'emploi du fournisseur
– Raccorder l'embout avec le sac collecteur d'urines
– Il est possible de fixer le sac à urines à une jambe de la personne, à l'intérieur du pantalon, grâce à un système d'élastique, qui le rend invisible
– Réaliser les transmissions dans le dossier de soins

Risques liés aux étuis péniens :

– œdème de la verge,
– escarre si la tubulure du sac à urines est coincée sous la jambe de la personne,
– irritation et érythème au niveau du méat urinaire,
– ne jamais fixer un étui pénien en réalisant une circulaire avec un adhésif non prévu à cet effet par le fabriquant : il y a risque de garrot.

FICHE 13

L'aide à l'alimentation et à l'hydratation

1

1. L'équilibre alimentaire

L'alimentation a pour objectif de nous apporter tout ce dont le corps a besoin pour fonctionner de manière optimale. Une alimentation équilibrée et variée est indispensable afin de couvrir les besoins, quel que soit l'âge de la personne. Les carences (apports insuffisants) en l'un ou l'autre des nutriments ont des conséquences sur la santé.

Dans le tableau ci-dessous sont récapitulés les principaux nutriments, sels minéraux et oligoéléments apportés par l'alimentation, les aliments qui les contiennent et leurs effets sur le corps.

Nutriments	Sources	Utilité
Les protéines	– végétales : céréales, légumineuses (soja, lentilles, haricots secs, pois cassés…) – animales : viandes, poissons, crustacés, mollusques, œufs, lait, produits laitiers	Éléments de construction et de réparation de l'organisme (renouvellement des cellules). Elles participent au renouvellement quotidien de la peau, des ongles, des cheveux et des tissus musculaires.
Les lipides	– végétales : huile, olives, fruits secs – animales : beurre, viandes, poissons, œufs, lait entier	Principale réserve d'énergie. Les amas graisseux de la peau jouent le rôle de protection et d'isolant thermique pour l'organisme. Certaines graisses sont vitales pour la formation des hormones. Véhiculent les vitamines liposolubles (ADEK). Indispensables à la croissance du cerveau.
Les glucides	– sucres lents : féculents (pain, pâtes, riz…) – sucres rapides : sucre, confiture,fruits, miel, chocolat…	Fournissent de l'énergie à l'organisme. Indispensables à la fonction cérébrale. En excès, sont transformés sous forme de graisses. Différents noms suivant leur provenance (glucose, fructose, lactose, amidon…).
Les fibres	– légumes verts, salade, fruits frais, céréales	Intérêt principal : favoriser le transit intestinal.

Les vitamines hydrosolubles – vitamine C – vitamine H (B8) – vitamine B	 – agrumes, kiwis, goyaves – foie, œuf, saumon – abats	 Système immunitaire. Cellule, cheveux, ongles. Cerveau, cellules.
Les vitamines liposolubles – vitamine A – vitamine D – vitamine E – vitamine K	 – carottes, melon, abricots – poissons – huiles végétales, fruits secs – œufs, fromages	 Vision, peau. Fixe le calcium sur les os. Antioxydant. Système cardio-vasculaire.
Les sels minéraux : – calcium – fer – sodium – phosphore – magnésium – potassium	 – laitages – légumes secs, abats – aliments préparés – poissons, fruits secs – céréales – pruneaux, avocats, bananes	 Os et dents, coagulation, cœur. Globules rouges. Influx nerveux, muscles. Énergie des cellules. Os et influx nerveux. Cœur.
Les oligoéléments – fluor – zinc – cuivre – sélénium	 – eau – viande rouge – foie, huîtres, chocolat – abats, ail, poissons.	 Anticarie dentaire. Immunité. Formation de l'hémoglobine. Anti-inflammatoire.

Groupes alimentaires : les aliments sont classifiés en 7 groupes :

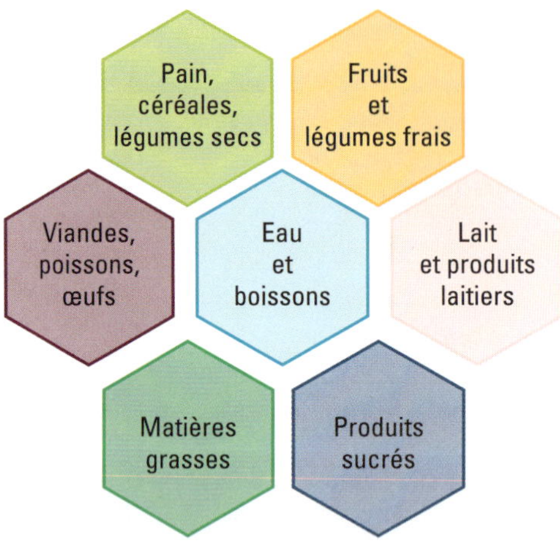

La ration alimentaire quotidienne d'une personne dépend de son métabolisme de base. Elle varie suivant le sexe, l'âge, le poids, la taille, l'état physiologique et l'activité physique de chacun. Chaque jour, elle doit comporter : 15 % de protéines, 30 % de lipides et 55 % de glucides. La ration alimentaire quotidienne doit apporter, en quantité suffisante, de tous les groupes d'aliments, de façon équilibrée et variée.

La répartition de cette ration alimentaire est conseillée sur trois repas :

- le petit déjeuner (25 % de la ration journalière),
- le déjeuner (30 à 40 % de la ration journalière),
- le dîner (15 à 35 % de la ration journalière).

Du point de vue des apports hydriques, il est recommandé de boire 1,5 litre d'eau (seule boisson nécessaire à la vie) par jour.

2. Les régimes alimentaires

Il arrive que l'état de santé de certaines personnes nécessite de limiter, d'ajouter ou de supprimer certains éléments présents dans l'alimentation. On parle alors de régime. Un régime est prescrit par un médecin. Il comporte généralement une liste d'aliments autorisés et d'aliments à éviter ou à proscrire. Le suivi d'un régime concourt à améliorer l'état de santé de la personne ; il doit être pris en compte et surveillé comme un traitement médicamenteux. Il nécessite une démarche éducative envers la personne soignée.

Voici quelques exemples des principaux régimes rencontrés :

Le régime sans sel ou hyposodé

Indications	Aliments autorisés	Aliments restreints
Insuffisances cardiaque ou rénale, HTA, œdèmes, traitements par corticoïdes	– lait, yaourts et fromages blancs – pain et les biscottes sans sel – œufs, viandes et poissons frais – jambon sans sel – pâtisseries et confitures faites maison en limitant l'ajout de sel – fruits frais – légumes, frais ou surgelés, nature	– sel de table – moutarde, ketchup, cornichons – fromages (sauf s'ils sont sans sel) – beurre salé ou demi-sel – pain et biscottes classiques – crustacés – charcuteries (y compris le jambon) – viandes ou poissons fumés ou séchés – conserves de poissons à l'huile ou au naturel – poissons ou viandes panés – soupes industrielles, plats cuisinés, confitures, pâtisseries du commerce – fruits secs – eau gazeuse

Le régime sans sucre ou diabétique

Indications	Aliments autorisés	Aliments à restreindre
Hypoglucidique Diabète	– viandes maigres : (veau, volaille sans la peau, bifteck) – poissons, œufs – avec modération : – céréales, – riz, – pâtes	– sucre et produits sucrés – viandes en sauce – charcuteries industrielles – potages industriels – fruits secs – sirops, pâtisseries, bonbons, chocolat, glaces, – alcool – jus de fruits

Le régime sans résidus

Indications	Aliments autorisés	Aliments à restreindre
Certaines chirurgies digestives, préparation à des examens du tube digestif, diarrhées, maladie de Crohn, rectocolite hémorragique	– viandes blanches grillées ou rôties – jambon blanc maigre – poissons grillés, au four ou au court-bouillon – graisses crues, beurre, margarine au tournesol, huile – œufs durs, coque ou mollets – pâtes, riz blanc, semoule – potages maison – fromages à pâte cuite : gruyère, cantal, édam, comté, beaufort, gruyère, hollande, Bonbel, Saint-Paulin, Port-Salut, tomme – le beurre cru	– lait – yaourts, fromages blancs – fromages à pâte molle : camembert, brie, munster, maroilles, reblochon, tous les bleus – toutes les préparations contenant du lait : sauce béchamel par exemple – graisses cuites, fritures, – crème fraîche – légumes secs et verts (crus ou cuits), les pommes de terre – fruits (crus ou cuits), les confitures, les noix, les noisettes – charcuteries – omelettes et œufs au plat – pain les céréales complètes – eaux gazeuses – boissons alcoolisées

Le régime hypolipidique

Indications	Aliments autorisés	Aliments à restreindre
Hypercholestérolémie, insuffisance pancréatique, insuffisance biliaire	– viandes (veau, volaille sans la peau, bifteck) et poissons maigres (cabillaud, lieu, colin, sole, brochet, dorade, rascasse) – fromages à 0 % – graisses végétales crues – fruits frais	– viandes (saucisse, gigot et épaule d'agneau, entrecôte) et poissons gras (thon, saumon, maquereau, sardine, lotte, rouget) – œufs – lait – alcool – graisses cuites – sucres

Le régime hypocalorique

Indications	Aliments autorisés	Aliments à restreindre
Surcharge pondérale, obésité, diabète type II	– viandes (veau, volaille sans la peau, bifteck) et poissons maigres (cabillaud, lieu, colin, sole, brochet, dorade, rascasse), grillés ou cuits au court-bouillon – légumes verts et fruits – produits pauvres en graisses et en sucres	– graisses – féculents – sucres – viandes en sauce

Le régime anti-diarrhéique

Indications	Aliments autorisés	Aliments à restreindre
Épisodes diarrhéiques	– riz – tapioca, semoule, pâtes – bananes mûres et compotes pomme-banane ou pomme-coing – carottes et pommes de terre cuites – eau, infusions, eau de cuisson du riz – poissons et volaille	– tous les aliments complets (riz, pain, etc.) – fèves, haricots secs, lentilles, pois secs, pois cassés, pois chiches, pois entiers – tous les légumes crus ou cuits, sauf carottes et pommes de terre – jus de fruits

Le régime anti-constipation

Indications	Aliments autorisés	Aliments à restreindre
Constipation chronique	– légumes riches en fibres et cellulose : lentilles, haricots blancs, pois cassés, pois chiche, fèves, tous les légumes verts (haricots verts, épinards, petits pois, céleri, fenouil, endives…) – fruits et jus de fruits, en particulier les pruneaux, les abricots secs, les figues – pain complet, riz complet, du pain au son.. – viandes blanches – boire 2 litres d'eau par jour	– féculents – chocolat – pain – banane – riz – eaux gazeuses

Tous ces exemples sont une trame de base, ils peuvent être modulés au cas par cas suivant la prescription médicale et l'avis du diététicien.

3. Aide à l'alimentation

Le rôle de l'AS dans l'aide à l'alimentation des personnes prises en charge doit répondre à un besoin de la personne. Pour apporter une aide judicieuse, la mise en œuvre de la méthode des 3 QOCP peut être une bonne solution, afin que l'aide proposée soit personnalisée et au plus près des besoins de chaque personne.

- à QUI donner à manger ?
- QUAND donner à manger ?
- QUE donner à manger ?
- Où donner à manger ?
- COMMENT donner à manger ?
- POURQUOI donner à manger tel ou tel autre plat ?

De plus, quelques règles professionnelles sont à respecter :

Le confort	– Installation confortable, si possible à table au restaurant. – Inciter la personne à manger seule. – Aide éventuelle (couper, ouvrir opercule, tartiner, etc.). – Accessoires ergonomiques (couverts, assiettes). – Attention aux fausses routes (voir fiche 13, L'aide à l'alimentation et à l'hydratation). – Eau à portée de main et utilisable (parfois, les bouteilles ou carafes trop lourdes sont un obstacle à l'autonomie de la personne car elle ne peut se servir seule).
L'hygiène	– Se laver les mains avant la distribution des plateaux repas. – Hygiène pour la distribution repas (chaîne du froid/liaisons chaudes) (voir fiche 13, L'aide à l'alimentation et à l'hydratation). – Revêtir un vêtement de protection. – Poser le plateau sur une table propre et débarrassée. – Ne pas mettre les doigts dans les verres ou les assiettes. – Prendre les couverts par le manche. – Proposer à la personne de se laver les mains avant et après le repas.
Le régime éventuel	– Respecter le régime prescrit (ou le jeûne) et les horaires prescrits. – Respect des préceptes religieux (voir fiche 3, Valeurs, croyances, religions et laïcité). – Respect des goûts alimentaires. – Conseils diététiques. – Adapter la texture aux capacités masticatoires (coupé fin, haché, mixé...).
L'efficacité	– Surveiller le poids et calcul de l'IMC. – Surveiller les signes de déshydratation (voir fiche 13, L'aide à l'alimentation et à l'hydratation). – Surveillance du transit intestinal.
La traçabilité	– Établir une fiche de surveillance de l'alimentation et/ou de l'hydratation. – Rendre compte du moindre problème à l'IDE.

Plusieurs enquêtes récentes ont démontré que la dénutrition est un problème majeur de santé publique même dans nos sociétés d'abondance, en particulier chez les personnes âgées dépendantes, à domicile, mais surtout en institution[1]. La sensibilisation des personnels soignants doit faire évoluer cet état des lieux.

1. http://www.sante.gouv.fr/IMG/pdf/brochure_denutrition.pdf

4. L'hygiène en restauration

Objectif

Assurer la sécurité vis-à-vis du risque infectieux lié à l'alimentation.

Infection et alimentation

Les microorganismes se multiplient très rapidement dans ce milieu favorable que représentent les denrées alimentaires. De surcroît, plus les produits alimentaires sont découpés, fractionnés, plus les risques de contamination sont importants. Certains aliments sont plus propices encore au développement de microorganismes, comme par exemple les laitages, les œufs, la viande.

Contamination des denrées alimentaires

– Soit par les microorganismes contenus dans les matières premières
– Soit par les microorganismes présents dans l'air, les surfaces, les machines et les mains des manipulateurs.

Les microorganismes à redouter sont les **salmonelles**, les **staphylocoques dorés**, les **Escherichia coli** en particulier. La symptomatologie peut aller du simple désagrément abdominal à un tableau d'intoxication alimentaire majeur, avec risque de déshydratation sévère et parfois décès très rapide.

Les risques : la toxi-infection alimentaire collective (TIAC)

Elle est avérée si deux cas au moins d'une symptomatologie similaire sont recensés dans une même unité de temps et de lieu, et dont les causes peuvent être rapportées à une même origine alimentaire. Cette infection est provoquée par l'absorption de micro-organismes pathogènes ou des toxines qu'ils ont produites.

La prévention

Toutes les étapes, de l'entrée des denrées alimentaires au service aux personnes, en passant par leur transformation, doivent répondre à des règles d'hygiène extrêmement rigoureuses, en particulier le principe de la marche en avant.

Le principe de la marche en avant vise à distinguer les zones propres et les zones dites sales et à veiller à ce que le propre ne rencontre jamais le sale, qu'il n'y ait jamais de croisement entre les deux circuits.

Quelques règles essentielles pour les aides-soignantes :

Les manipulateurs	Toute personne amenée à manipuler les denrées alimentaires – **Hygiène des mains** par lavage simple des mains ou friction par solution hydroalcoolique avant et après avoir toucher des denrées alimentaires, aussi bien pour le soignant que pour le patient. – **En cas d'interruption dans la distribution des repas, hygiène des mains** par lavage simple des mains ou friction par solution hydroalcoolique avant et après.

	– **Tenue professionnelle propre**, n'ayant pas servi à d'autres activités, voire utilisation d'un tablier sur la tenue. – Pour les personnels de restauration, coiffe enveloppant la chevelure.
L'office alimentaire	– Pièce dédiée uniquement à la gestion de l'alimentation des patients, aménagée suivant le principe de la marche en avant ; conçue avec des matériaux faciles à nettoyer et à désinfecter. – Les fours micro-ondes : entretien quotidien avec un détergent-désinfectant agréé « contact alimentaire ». – Les carafes d'eau : nettoyées tous les jours, si possible en machine et détartrées régulièrement. – Ne jamais réchauffer de repas.
Le réfrigérateur	– Exclusivement réservé pour les aliments des patients (donc pas de médicaments, ni de produits sanguins, ni d'alimentation du personnel). – Ôter tous les emballages carton et sacs plastique. – Contrôler chaque jour la température qui ne doit pas être supérieure à 4 °C dans la partie la plus froide. – Nettoyer et désinfecter régulièrement (deux fois par mois), aussi bien à l'intérieur qu'à l'extérieur, en démontant toutes les parties amovibles qui doivent être immergées dans un bac de solution détergente désinfectante agréée contact alimentaire. – Dégivrage porte fermée. – Assurer la traçabilité de l'entretien. – Vérifier les dates limites de consommation des produits entreposés.
Organisation de la distribution des repas	– Tables et adaptables propres et débarrassés avant le service et après le repas. – Les patients nécessitant une aide au repas doivent être servis en dernier ou la personne qui distribue n'est pas la même que celle qui installe la personne. – Pour les patients absents lors de la distribution des repas, l'établissement adapte le système en respectant la gestion de ce risque. – Ne pas débarrasser les assiettes des restes de repas dans le couloir (les laisser sur le plateau). – Ne pas stocker de vaisselle sale dans le service.

5. Les dysphagies

Définition

Difficulté à avaler.

Causes

Elles peuvent être très diverses, liées au mécanisme de la déglutition mais, en pratique, on la rencontre le plus souvent en cas d'hémiplégie, de cancer de la bouche, de la langue ou du pharynx, de maladie de Parkinson, de maladie d'Alzheimer, mais aussi liées aux effets des traitements sédatifs.

Les conséquences

À plus ou moins long terme, lorsqu'elles sont très fréquentes, elles peuvent provoquer un amaigrissement et une déshydratation. C'est surtout le risque de fausse route qui est à craindre, c'est-à-dire le passage du contenu de la bouche dans les voies aériennes qui peuvent se trouver obstruées et conduire au décès de la personne si elle n'est pas dégagée suffisamment rapidement.

Signes	Complications possibles ou effets secondaires des traitements	Répercussions physiques et psychologiques
– Quinte de toux expulsive – Dyspnée – Cyanose	Détresse respiratoire qui peut être mortelle.	– Amaigrissement – Déshydratation – Infections bronchiques à répétition – Perte du plaisir de manger (peur de la fausse route)

Le rôle de l'AS est avant tout préventif, c'est-à-dire qu'il doit tout mettre en œuvre pour éviter que cette situation se produise :
- adapter l'alimentation (couper menu, hacher ou mixer les aliments) ni trop solide, ni trop liquide ;
- prendre le temps de faire manger la personne en position assise ;
- présenter de petites bouchées et attendre que la bouche soit vide avant d'en proposer une autre ;
- proposer de l'eau gélifiée, de l'eau pétillante ou de boire avec une paille ;

Utile à savoir : toutes les boissons, même les boissons alcoolisées (vin, cidre, bière, etc.), peuvent être gélifiées.

- poser la cuillère délicatement sur la langue et appuyer légèrement dessus (cela déclenche le réflexe de déglutition) ;
- écraser les comprimés qui peuvent l'être (à voir avec l'IDE) ou les couper lorsque c'est possible.

ZOOM SUR

Conduite à tenir en cas de fausse-route :

L'AS doit agir rapidement ; le pronostic vital de la personne est en jeu.

Stopper l'alimentation, dégager les voies respiratoires en appliquant cinq claques vigoureuses dans le haut du dos (entre les deux omoplates) de la personne ; si le geste n'a pas permis de dégager les voies respiratoires, réaliser une libération des voies respiratoires par la méthode de Heimlich :

- Se placer derrière le patient.
- Passer ses bras sous ceux du patient.
- Mettre un poing au creux de l'estomac, juste au-dessous du sternum.
- Placer l'autre main sur la première (les avant-bras doivent appuyer sur les côtes).
- Tirer brusquement vers soi en remontant les mains et les avant-bras.

Dans cette situation, il est important de ne pas paniquer, de garder tout son sang-froid pour effectuer les gestes d'urgence ; c'est la raison pour laquelle la formation AFGSU niveau II est intégrée à la formation du DEAS.

Devant une telle situation d'urgence, il ne faut pas hésiter parallèlement à appeler les secours.

6. Prévention de la déshydratation

Définition de la déshydratation

La déshydratation est un manque d'eau et de sel dans l'organisme.

La déshydratation concerne plus particulièrement les individus dits fragiles (enfants et personnes âgées) et peut s'avérer redoutable et même mortelle.

Causes

- Diarrhée ;
- Vomissements ;
- Hyperthermie (corporelle et/ou environnementale) ;
- Hypersudation ;
- Diabète insipide (élévation de la diurèse +++ jusqu'à 7 litres) ;
- Polyurie (si non compensée par des apports suffisants) ;
- Brûlures étendues ;
- Insuffisance d'apports hydriques.

Les signes	**Les complications possibles ou effets secondaires des traitements**
– Persistance du pli cutané – Langue sèche, rôtie, cartonneuse – Lèvres sèches et fendillées – Peau sèche qui desquame – Constipation – Oligurie – Confusion mentale, convulsions – Tachycardie – Hyperthermie – Hypotension artérielle	– Confusion – Décès qui peut intervenir très rapidement – Risque infectieux si perfusion

Rôle de l'AS

- Évaluer les risques (âge, troubles digestifs, chaleur, comportements) et adapter l'apport hydrique en conséquence.
- Être attentif au niveau d'eau dans les bouteilles (faire des repères et dater).
- Établir une fiche de surveillance des apports liquidiens.
- Pour les personnes âgées ne manifestant plus le désir de boire, leur présenter très régulièrement dans la journée un verre d'eau.
- Proposer des alternatives à l'eau (yaourts, eau aromatisée, infusions, fruits, etc.).
- Surveiller la peau et la bouche et prévenir au moindre signe.
- Appliquer de la pommade sur les lèvres, effectuer soins de bouche 3 fois par jour, appliquer de la crème hydratante sur le corps.
- Adapter la tenue vestimentaire à la température extérieure (dévêtir, chapeaux, sortie aux heures plus fraîches de la journée, etc.).

FICHE

14 L'aide au sommeil

1

1. Physiologie du sommeil

Le cycle du sommeil

Nous dormons avec une succession de cycles pendant la nuit. Chaque cycle dure environ 90 minutes. Un cycle se compose de 5 stades caractérisant deux types de sommeil, le sommeil lent et le sommeil paradoxal.

Sommeil lent	Description des phénomènes
4 Stades **Stade 1** : endormissement **Stade 2** : sommeil léger **Stade 3** : sommeil de plus en plus profond **Stade 4** : sommeil profond	Au fur et à mesure de l'endormissement et du sommeil, le corps se relâche peu et à peu et de plus en plus profondément. La fréquence cardiaque ralentit ainsi que toutes les fonctions vitales. Fonction : récupération physique et reconstitution de l'énergie physique psychologique, sécrétion de l'hormone de croissance pendant le sommeil profond
Sommeil paradoxal	Le tracé de l'encéphalogramme présente les caractéristiques d'une personne bien réveillée alors qu'elle dort profondément, que le corps est mou. Mais sous les paupières, les globes oculaires présentent des mouvements très rapides. Fonction : le rêve, la consolidation des apprentissages, des souvenirs.

Le besoin de sommeil quotidien

Il varie selon les âges

Bébés	16 H sur 24.
Enfants	10 H
Adultes	8 H
Personnes âgées	6 H + sieste

Les effets de privation de sommeil

Les effets sont : stress, irritabilité, anxiété, difficulté pour faire face aux situations, manque de concentration, pouvant aller jusqu'à des hallucinations, une désorientation et la mort.

2. Les facteurs agissant sur l'endormissement et le sommeil

Facteurs	Exemples	Commentaires
Facteurs extérieurs larges	Comportement du voisin de chambre Température de la chambre Environnement sonore Luminosité de la chambre	L'AS va agir sur tous ces facteurs pour favoriser l'endormissement et la qualité du sommeil en respectant les habitudes de vie (telle personne dort avec une petite lumière, telle autre dans le noir, etc.
Facteurs extérieurs proches	État de sa literie Proximité des objets usuels	L'AS peut aussi agir sur ces facteurs en favorisant une bonne installation au lit, avec un lit rafraîchi. Les habitudes de vie sont aussi à prendre en compte (telle personne dort avec une couverture, telle autre n'aime pas avoir du poids sur ses jambes, etc.).
Facteurs internes à la personne	Habitudes de vie	Le respect des habitudes en matière de sommeil facilite le sentiment de sécurité nécessaire à l'endormissement ; il est nécessaire de les repérer et d'agir pour les respecter.
	Le sentiment de sécurité	Il peut être favorisé en prenant un peu de temps avec la personne pour la rassurer si elle est anxieuse. On peut pratiquer un modelage délicat des doigts, des mains pour procurer une détente. La sonnette à portée de main favorise le sentiment de sécurité.
	La perception de son corps (si douleur, etc.)	La prise en charge de la douleur fait partie de la mission des soignants.

FICHE 15

Mise en place d'activités de stimulation, maintien du lien social

1

La perte de lien social s'accompagne du risque de dépression voire de suicide : la personne a l'impression de ne plus exister pour d'autres êtres humains, elle ne communique plus avec d'autres individus. Le sentiment d'isolement peut être très fort.

Par le biais d'activités de stimulation et d'animation, elle peut se sentir à nouveau objet d'attention de la part d'autres personnes, retrouver une meilleure estime de soi, mieux se situer dans son environnement géographique, temporel et social.

Tout soin est un moment où l'aide-soignant peut contribuer au maintien ou à l'amélioration des repères dans le temps et dans l'espace. Il stimule aussi l'autonomie et grâce à l'attention qu'il porte à l'autre, il contribue au sentiment d'exister pour autrui de la personne soignée.

L'animation

L'aide-soignant peut mener des animations auprès d'un groupe de personnes ou d'une personne en particulier même si souvent il est fait appel à un professionnel de l'animation.

Celui-ci participe par exemple, à des ateliers mémoires, à des ateliers de jeux, de dessins, de collages, de chants qui, sous une forme ludique contribuent, au maintien du lien social, des capacités cognitives, des repères et d'un bien-être.

De récentes recherches montrent qu'il existe des possibilités d'apprentissages implicites de nouvelles connaissances auditives et visuelles chez des personnes atteintes de la maladie d'Alzheimer. Ces personnes ont été en mesure de chanter spontanément seules des chants appris et répétés précédemment[1].

1. Voir article U1077 sur Internet : « Apprentissage implicite de nouvelles connaissances auditives et visuelles chez les patients atteints de la maladie d'Alzheimer », responsables : Hervé Platel, Karine Lebreton et collaborateurs.

A noter

Il faut :

– Adapter l'activité aux capacités de la personne afin de favoriser le sentiment de réussite et d'efficacité de la personne (ne pas choisir une activité en dessous des capacités (sentiment d'infantilisation), ni au-dessus (sentiment d'échec). Si besoin, constituer des « groupes » de niveaux pour ne mettre personne en position d'échec assuré.

– Encourager, valoriser chaque personne de manière individualisée et adaptée.

– S'adresser à toutes les personnes présentes à l'atelier à la fois par la voix, l'interpellation et les yeux.

– Observer la communication non verbale de chaque participant pour intervenir si besoin.

– Respecter la non-participation « active » d'une personne tout en maintenant son inclusion dans le groupe (voir exemple de M. A qui apprécie de se retrouver avec les autres, aime « regarder » sans participer, voir fiche 7, Le soin, Méthodologie de la démarche de soins).

> QCM

Cochez la (les) bonne(s) réponse(s) possible(s).

1

1. M. Roger, 73 ans, GIR 4, a laissé tout son plat principal sans y toucher :

☐ **a.** Tant pis pour lui, il n'avait qu'à finir dans les temps.

☐ **b.** Je prends sa fourchette et le fais manger vite fait avant de débarrasser les plateaux.

☐ **c.** Je m'assois auprès de lui et lui demander ce qui se passe ; je lui propose autre chose à manger.

☐ **d.** Je lui donne double dessert pour compenser son plat principal.

2. Mme Augustine, 68 ans, GIR3 du fait d'un problème d'arthrose qui la handicape dans les gestes de la vie quotidienne, vous appelle pour l'emmener aux WC :

☐ **a.** Je l'accompagne à son rythme jusqu'aux WC.

☐ **b.** Je lui dis que je lui ai mis une protection anatomique ce matin et qu'elle n'a qu'à uriner dedans, que je repasserai plus tard.

☐ **c.** Je la fais patienter le temps que je finisse la toilette de sa voisine.

☐ **d.** Je la stimule et lui dis que pour son bien, elle doit y aller toute seule.

Identifier le type d'autonomie qui n'est pas présent chez les personnes suivantes :

3. Adrien est lycéen et vit chez ses parents. Il a 17 ans.

☐ **a.** Autonomie physique.

☐ **b.** Autonomie juridique.

☐ **c.** Autonomie sociale.

☐ **d.** Autonomie psychologique.

4. Mme Lucienne est atteinte de la maladie d'Alzheimer depuis deux ans et ses fonctions intellectuelles sont très perturbées.

☐ **a.** Autonomie physique.

☐ **b.** Autonomie juridique.

☐ **c.** Autonomie sociale.

☐ **d.** Autonomie psychologique.

5. M. Louis a eu un accident de voiture qui l'a laissé paraplégique (paralysie des 4 membres)

☐ **a.** Autonomie physique.

☐ **b.** Autonomie juridique.

☐ **c.** Autonomie sociale.

☐ **d.** Autonomie psychologique.

6. Les précautions standard sont des mesures d'hygiène à prendre :

☐ **a.** Quand il y a un risque de contagion.

☐ **b.** Pour tout type de soin et tout type de personne soignée.

☐ **c.** Uniquement par les infirmiers.

☐ **d.** Par tous les professionnels de santé.

7. Le bébé, de sa naissance à 2 ans environ, explore le monde et apprend à le connaître à travers la sphère buccale et les activités de succion. On parle de stade :

☐ **a.** Anal. ☐ **b.** Oral.

☐ **c.** Génital. ☐ **d.** Œdipien.

8. La déficience est :

☐ **a.** La perte ou le dysfonctionnement d'une partie du corps (souvent du fait d'une maladie).

☐ **b.** La difficulté ou l'impossibilité à réaliser des actes élémentaires, nécessitant une aide technique ou humaine.

☐ **c.** Une difficulté rencontrée dans l'exercice de son rôle social résultant de l'environnement social et des caractéristiques individuelles.

☐ **d.** Une difficulté à avoir confiance dans les autres.

9. La petite toilette :

☐ **a.** Je peux aller dans n'importe quel sens pourvu que la personne soit propre.

☐ **b.** Je dois respecter un sens pour ne pas faire courir de risques infectieux à la personne soignée.

☐ **c.** Je vais de l'anus vers le méat urinaire.

☐ **d.** Je vais du méat urinaire vers l'anus.

Corrigé

1. c.

M. Roger, 73 ans, GIR 4, a laissé tout son plat principal sans y toucher :

Je m'assois auprès de lui et lui demander ce qui se passe ; je lui propose autre chose à manger.

2. a.

Mme Augustine, 68 ans, GIR3 du fait d'un problème d'arthrose qui la handicape dans les gestes de la vie quotidienne, vous appelle pour l'emmener aux WC :

Je l'accompagne à son rythme jusqu'aux WC.

3. b.

Adrien :

Autonomie juridique.

4. d.

Mme Lucienne :

Autonomie psychologique.

5. a.

M. Louis :

Autonomie physique.

6. b., c.

Les précautions standard sont des mesures d'hygiène à prendre :

Pour tout type de soin et tout type de personne soignée.

Par tous les professionnels de santé.

7. b.

Le bébé, de sa naissance à 2 ans environ, explore le monde et apprend à le connaître à travers la sphère buccale et les activités de succion. On parle de stade : oral

8. a.

La déficience est :

La perte ou le dysfonctionnement d'une partie du corps (souvent du fait d'une maladie).

9. b., c.

La petite toilette :

Je dois respecter un sens pour ne pas faire courir de risques infectieux à la personne soignée.

Je vais du méat urinaire vers l'anus.

> Entraînement

Répondez aux questions qui suivent.

1

Exemple de devoir de validation du module 1

Un cas clinique : celui de M. A

Identifier les besoins perturbés chez M. A, ses ressources, et envisager des actions adaptées pour suppléer à sa dépendance.

Questions à réponses développée, avec ou sans rapport avec le cas clinique

QUESTION 1

M. A est en GIR 2.

– Que mesure un GIR ?

– Combien existent-ils de GIR ? Quel est celui qui indique la plus forte perturbation de l'état de santé de la personne ?

– À partir de quel GIR, les personnes peuvent-elles bénéficier de l'APA ?

QUESTION 2

M. A est sous tutelle.

– Expliquer ce qu'est une tutelle

QUESTION 3

M. A présente des problèmes d'incontinence urinaire.

– Qu'est-ce que l'incontinence urinaire ?

– Identifier des causes à cette incontinence.

QUESTION 4

M. A a un régime antidiabétique.

– Qu'est-ce qu'un régime alimentaire ?

– Quel type d'aliments est à contrôler dans ce régime ? Pourquoi ?

QUESTION 5

M. A doit être stimulé pour s'hydrater suffisamment.

– Qu'est-ce que la déshydratation ?

– Quels en sont les signes ?

– Quels sont les risques encourus pour une personne déshydratée ?

QUESTION 6

M. A a tendance à la constipation.

- Quels sont les aliments à privilégier ?

Corrigé

Un cas clinique : celui de M. A

La réponse à cette question se trouve dans le point 2, consacré à la démarche de soins de la fiche 8.

Questions à réponses développées, avec ou sans rapport avec le cas clinique

QUESTION 1

– Un GIR mesure le degré d'autonomie d'une personne.

– Il existe 6 GIR ; le GIR 1 est celui qui indique la plus grande dépendance.

– À partir du GIR 4, une personne peut prétendre à l'allocation personnalisée d'autonomie.

QUESTION 2

– M. A, du fait de son syndrome démentiel qui le prive en partie de ses capacités cognitives, n'est plus en mesure d'assurer les prises de décision et les actes de la vie quotidienne. Il doit donc être protégé de lui-même et des autres. La tutelle est une mesure légale de protection ordonnée par un juge. M. A ne peut plus accomplir d'actes civils (comme voter), ni faire d'achats lui-même, etc.

QUESTION 3

– L'incontinence urinaire est l'incapacité à contrôler ses mictions.

– Cause : le syndrome démentiel. M. A ne se rend plus compte de son besoin d'uriner ou ne sait plus comment le satisfaire. Il a 91 ans, le sphincter vésical peut aussi présenter une défaillance.

QUESTION 4

– Un régime antidiabétique est une façon de s'alimenter comportant des modifications quant aux groupes alimentaires, ou portant sur la quantité habituellement absorbée, de manière à atteindre un meilleur état de santé. Le régime alimentaire est le plus souvent un traitement prescrit par un médecin.

– L'apport en sucre (glucides) doit être contrôlé car le diabète indique un problème de régulation du sucre dans le sang: souvent, il y a trop de sucre dans le sang, il ne faut donc pas en apporter trop par l'alimentation, mais ne pas le supprimer complètement car les cellules du corps en ont besoin. Il faut donc apporter des glucides lents (féculents, légumineuses, etc.) en quantité modérée et bannir les sucres rapides (confiture, bonbons, miel, etc.).

QUESTION 5

– La déshydratation est l'état d'un organisme en manque d'eau et de sels minéraux.

– Les signes en sont :

- – persistance du pli cutané,
- – langue sèche, rôtie, cartonneuse,
- – lèvres sèches et fendillées,
- – peau sèche qui desquame,
- – constipation,
- – oligurie,
- – confusion mentale, convulsions,
- – tachycardie,
- – hyperthermie,
- – hypotension artérielle.

– Risques encourus pour une personne déshydratée :

- – confusion,
- – décès pouvant intervenir très rapidement,
- – risque infectieux si perfusion.

QUESTION 6

– Pour lutter contre la constipation, il faut privilégier les aliments riches en fibres et en cellulose, qui permettent une bonne consistance des selles et leur évacuation, par exemple : salade, potage de légumes, légumes verts cuits, crudités.

Partie 2

M2 État clinique d'une personne

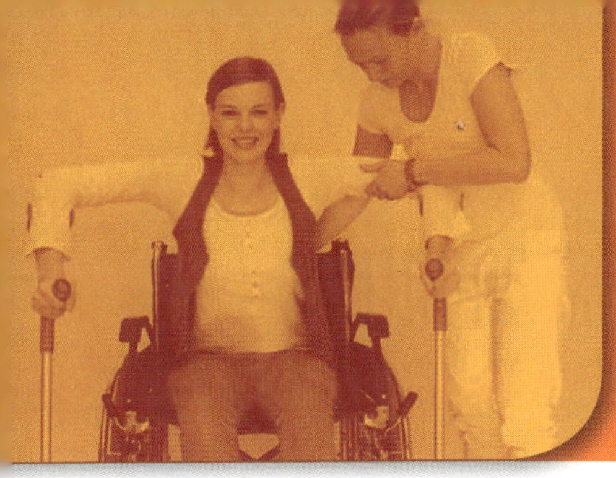

Présentation du module 2

→ **Compétence :** Apprécier l'état clinique d'une personne.

→ **Durée :** 70 heures

→ **Objectifs de formation :** Dans le cadre du rôle propre de l'infirmier, en collaboration avec lui et sous sa rcsponsabilité, être capable de :

- Observer la personne et apprécier les changements de son état clinique.
- Identifier les signes de détresse et de douleur.
- Mesurer les paramètres vitaux en utilisant les outils spécifiques et réaliser les courbes de surveillance.
- Identifier les anomalies au regard des paramètres habituels liés aux âges de la vie.
- Identifier les risques liés à la situation de la personne.
- Discerner le caractère urgent d'une situation et alerter.

→ **Évaluation :** Une épreuve écrite et anonyme d'une durée de 1 h 30 composée d'une série de questions QROC ou QCM. Il faut obtenir au moins 10/20 pour valider cette épreuve. En cas de non-validation, une épreuve de rattrapage est organisée.

La compétence 2 est évaluée en stages. Il faut obtenir la moyenne sur la compétence 2 pour la valider.

Anatomie et physiologie du corps humain

Ce module vise à apporter les connaissances nécessaires pour comprendre le fonctionnement général du corps humain en favorisant une compréhension globale. Il est abordé à partir des appareils du corps humain. Il vise aussi l'acquisition d'un vocabulaire professionnel commun aux différents membres de l'équipe soignante (vocabulaire médical). Les racines de certains mots à connaître sont précisées entre parenthèses.

Ces connaissances sont indispensables pour comprendre les pathologies du module 3.

FICHE 1

Cellule, tissus, organes, appareils

1. La cellule

Définition

Une cellule (**racine *cyto***) est la plus petite unité vivante, structurelle et fonctionnelle constituant le corps humain. La cellule est microscopique.

Elle est vivante c'est-à-dire que :

- elle naît et grandit ;
- elle produit de l'énergie par la transformation des nutriments qui lui parviennent ;
- elle respire ;
- elle excrète des déchets ;
- elle se reproduit. Une cellule donne naissance à deux cellules identiques à la première : c'est la mitose ;
- elle meurt : les cellules se renouvellent ainsi régulièrement (sauf les cellules nerveuses appelées aussi neurones).

Constitution d'une cellule

Si les cellules ont des formes variables selon leur localisation dans le corps humain et selon le type de tissus qu'elles composent (avec des fonctions différentes selon leur type), elles possèdent pour la plupart des caractéristiques communes :

La cellule

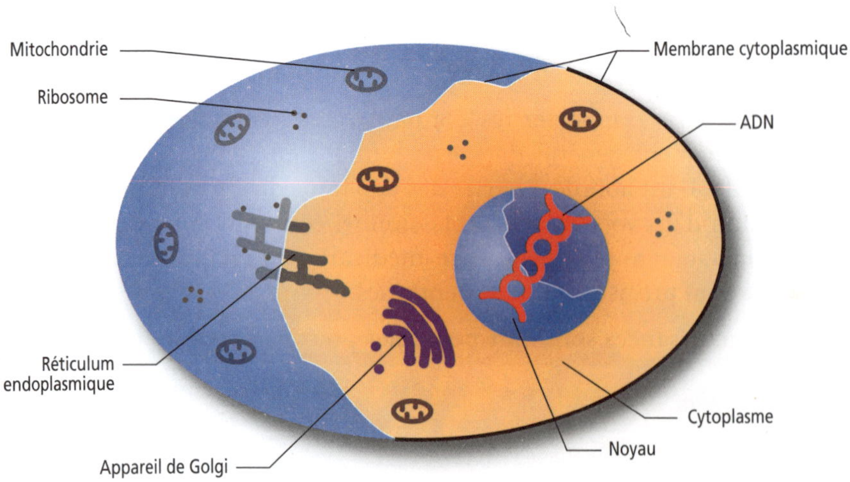

La membrane cellulaire : elle enveloppe la cellule mais n'est pas totalement hermétique ; elle a une perméabilité spécifique. Elle possède de nombreux pores qui permettent les échanges entre intérieur de la cellule (milieu intracellulaire) et extérieur de la cellule (milieu extracellulaire), entre plusieurs cellules ; parfois encore, elle peut se déformer et cela permet ainsi son déplacement (ex. : globules blancs et diapédèse).

Le noyau : Il est entouré par une membrane nucléaire qui le délimite et le protège. À l'intérieur se trouvent les chromosomes, composés d'ADN (acide désoxyribonucléique), support des informations génétiques de l'être auquel il appartient. Il gère le fonctionnement entier de la cellule (comme un minicerveau ou un ordinateur). L'être humain possède 23 paires de chromosomes dont une paire pour le genre masculin (XY) ou pour le genre féminin (XX).

Le cytoplasme : c'est une substance visqueuse formée de 75 % d'eau et de sels minéraux qui contient de nombreux organites nécessaires au fonctionnement de la cellule. Parmi les organites, on trouve :
- les mitochondries : centrales énergétiques ;
- les ribosomes : synthétisent les protéines ;
- le réticulum : transmet les protéines transformées par les ribosomes vers l'appareil de Golgi ;
- l'appareil de Golgi : permet l'évacuation des protéines et de leurs déchets hors de la cellule ;
- les lysosomes : effectuent la digestion intracellulaire ;
- les vacuoles : réserves.

Composition chimique d'une cellule :
- eau et sels minéraux (principalement chlorure de sodium, de potassium, de magnésium, etc.) ;
- protides sous forme d'acides aminés ;
- lipides sous forme d'acides gras ;
- glucides sous forme de glucose.

} principalement constitués d'atomes de carbone, d'oxygène, d'azote et d'hydrogène.

Fonctions d'une cellule

Nutrition	La cellule reçoit du système sanguin les nutriments dont elle a besoin pour son entretien (renouveler ses constituants), sa croissance (fabriquer de nouveaux éléments) et son activité (disposer de l'énergie nécessaire pour travailler). Ces principaux éléments sont le glucose et l'oxygène.
Respiration	C'est grâce aux mitochondries (organites contenus dans le cytoplasme de la cellule) que se réalisent la consommation d'oxygène et le rejet de gaz carbonique.
Reproduction	Les cellules naissent et meurent régulièrement (sauf les neurones). Une cellule mature a la capacité de se reproduire, c'est-à-dire qu'elle va se diviser et donner naissance à deux autres cellules identiques. Ce phénomène s'appelle la **mitose**. Cette division cellulaire se fait en 4 phases.

	Il existe une autre forme de « reproduction » cellulaire appelée la **méiose**, mais elle ne concerne que les cellules sexuelles (spermatozoïde mâle et ovule féminin). De deux cellules (une mâle, une femelle) ne naîtra qu'une seule autre cellule (futur être humain) qui aura des particularités issues de la combinaison des deux autres.
Excrétion	La cellule rejette des déchets qui s'évacuent par le système sanguin.

2. Les tissus

Définition

Un tissu est un ensemble composé de cellules semblables.

Le tissu

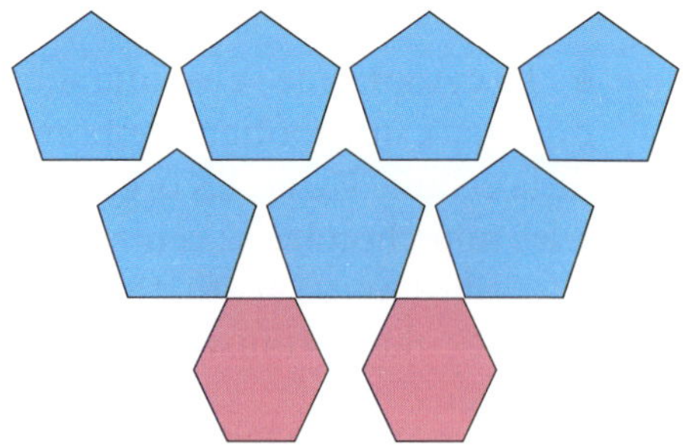

Exemples

– Le tissu épithélial : c'est un tissu de revêtement et de protection (ex. : au niveau de l'épiderme de la peau, des muqueuses).
– Le tissu conjonctif : c'est un tissu de remplissage qui permet de faire tenir les organes à leur place.

3. Les organes

Définition

Un organe est une composition de différents tissus présents pour réaliser une même fonction en un seul élément.

Exemples

– L'estomac (organe dont la fonction générale est la digestion) est un organe constitué de l'assemblage de tissus épithéliaux, glandulaires, conjonctifs, musculaire, nerveux, etc., participant tous à la fonction de digestion de l'estomac.
– La peau, qui est constituée de tissu épithélial (épiderme), conjonctif (derme et hypoderme) et de tissu graisseux.

4. Les appareils

Définition

Ensemble d'organes participant tous à la même fonction générale.

Exemple

L'appareil digestif se compose de différents organes (œsophage, estomac, intestin grêle, colon, etc.) qui fonctionnent ensemble pour assurer la digestion.

Appareils	Fonctions principales
Cardio-vasculaire	Circulation sanguine, échanges gazeux entre sang et cellules
Digestif	Nutrition (transformation des aliments en nutriments) et élimination fécale des déchets
Génital	Reproduction
Urinaire	Élimination urinaire des déchets
Système nerveux	Vie de relation et vie végétative
Organes des sens	Oreille : audition – Yeux : vision – Nez : olfaction – Langue : goût – Peau : toucher
Locomoteur	Mobilisation, mouvement
Respiratoire	Assurer l'oxygénation du sang et éliminer le CO_2 provenant du sang

Attention : au niveau anatomique, un organe appartient à **UN** appareil et pas à d'autres ! Ex. : le méat urinaire relève de l'appareil urinaire et non de l'appareil génital.

FICHE 2

La peau et les muqueuses

1. Anatomie, physiologie

La peau (**racines *dermo, dermato***) se compose de trois grandes parties :

- l'épiderme ;
- le derme ;
- l'hypoderme ;
- et d'annexes[1] : les phanères (ongles, poils, cheveux) et les glandes exocrines : glandes sudoripares et glandes sébacées.

La peau

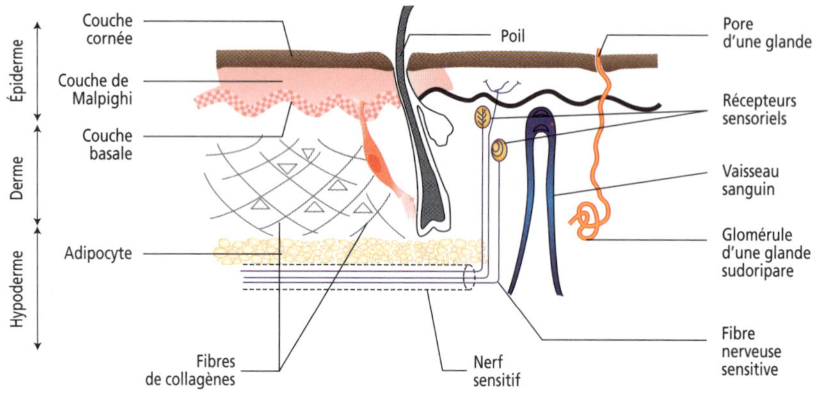

L'épiderme (tissu épithélial)

C'est la partie la plus superficielle de la peau composé de couches de cellules épithéliales formant un tissu épithélial. Ces cellules fabriquent une substance appelée **kératine** ayant la propriété de durcir les cellules et qui joue un rôle de protection.

L'épiderme se compose lui-même de trois couches. En allant de l'extérieur vers l'intérieur on trouve :

- la couche cornée formée par des cellules ayant beaucoup de kératine, mortes ou en fin de vie (desséchées, durcies) qui vont partir avec la desquamation. Ces cellules sont sans cesse renouvelées grâce à la couche en dessous ;

1. On appelle « annexes » des éléments qui participent à la fonction d'un organe ou d'un appareil mais qui présentent une nature différente. Exemple de l'appareil digestif : les aliments passent dans les organes du tube digestif mais ne passent pas dans le foie ou le pancréas qui sont des glandes annexes à l'appareil digestif car elles participent aussi à la digestion.

– la couche de Malpighi, dont l'activité assure le renouvellement des cellules ;
– la couche basale se termine par une membrane sinueuse[1], en contact avec le derme.

Le derme (tissu conjonctif + fibres élastiques)

C'est la partie médiane de la peau, entre les deux autres grandes couches. Il est essentiellement constitué de tissu conjonctif avec des fibres élastiques. Il contient les vaisseaux sanguins qui irriguent la peau et des terminaisons sensorielles dont le rôle est de recueillir des sensations (douleur, chaleur, pression, etc.)

Le derme contient aussi les « muscles horripilateurs du poil ». Ces muscles permettent aux poils de se redresser (« chair de poule »).

On trouve aussi dans le derme les glandes sudoripares.

Le derme assure une certaine résistance et élasticité à la peau.

L'hypoderme (tissu conjonctif + cellules graisseuses ou adipeuses)

C'est la partie la plus profonde de la peau. Il est fait de tissu très riche en graisses (présence de cellules adipeuses).

Il joue le rôle d'amortisseur en cas de chute, d'isolant face aux variations de la température extérieure et constitue aussi une réserve énergétique.

Les annexes (phanères + glandes sébacées et sudoripares)

Les ongles, les poils, les cheveux constituent les **phanères** de la peau.

L'ongle : Il recouvre la partie distale et supérieure de la dernière phalange des doigts et orteils. Il est composé de cellules avec beaucoup de kératine.

Le poil : Il est composé de deux parties, une tige qui ressort à l'extérieur de la peau et une racine. Avec chaque poil, on trouve une glande sébacée.

Les cheveux sont des sortes de poils, comme eux formés de cellules avec de la kératine et un pigment qui leur donne leur couleur.

Les glandes sébacées : ce sont des glandes exocrines qui sécrètent du sébum. Celui-ci (produit gras) lubrifie le poil ou le cheveu, et empêche le dessèchement de la peau[2].

Les glandes sudoripares : ce sont des glandes exocrines qui sécrètent la sueur. Celle-ci sort du corps par de petits orifices de l'épiderme appelés pores de la peau. La sueur protège contre les infections[3], et permet de refroidir le corps quand il a trop chaud.

---

1. Sinueuse : qui n'est pas droite, qui fait comme des virages.
2 La sueur et le sébum forment une pellicule ayant une propriété bactéricide (qui tue les bactéries).
3. La peau possède une flore microbienne naturelle qui la protège. L'utilisation mal appropriée de savon (hygiène excessive par exemple) enlève à la fois la flore, le sébum et la sueur, et fragilise la peau.

Caractéristique d'une glande exocrine : Elle sécrète un produit qu'elle déverse à l'extérieur d'elle-même grâce à un canal excréteur.

La glande exocrine

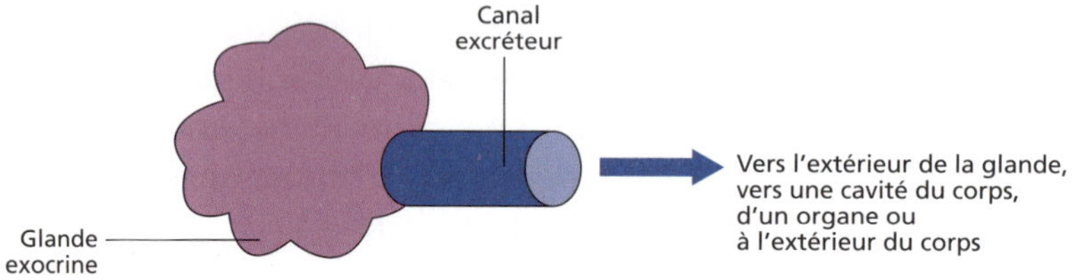

Exemple de glandes exocrines

Glandes	sudoripares	sébacées	lacrymales
Produit secrété	Sueur	sébum	larmes

Les fonctions de la peau : tableau récapitulatif

Fonctions	Commentaires
Protection	**Contre les microbes** : La peau forme une barrière naturelle entre l'intérieur et l'extérieur du corps. Les microbes ne peuvent donc pas pénétrer à l'intérieur du corps sauf si cette barrière est rompue ou fragilisée. **Contre les chocs** : en particulier grâce à son épaisseur et à l'hypoderme. **Contre la pénétration** de l'eau à l'intérieur du corps : le sébum et la kératine imperméabilisent la peau qui se trouverait en contact avec l'eau. En revanche, les corps gras peuvent pénétrer (exemple des pommades, des patchs, etc.). **Contre la nocivité du rayonnement solaire.** L'intérieur du corps n'est pas exposé directement à la lumière du soleil. Il convient néanmoins de ne pas exposer sa peau au soleil de manière inconsidérée.
Régulation thermique	Le corps maintient une température dans une certaine constance : autour de 37 °C malgré une production de chaleur en continu liée à l'activité cellulaire. C'est la thermorégulation, qui permet à la température de rester relativement constante. La peau y participe en produisant la sueur. Les vaisseaux se dilatent quand il fait trop chaud et se contractent quand il fait froid.
Respiration	La surface de la peau évacue du CO_2.
Excrétion	Par la sueur (production entre 700 mL et 1 L en 24 heures), la peau élimine des déchets (l'urée par exemple), des toxines et de l'eau.
Absorption	La peau absorbe certaines solutions grasses comme les pommades. Cette propriété est utilisée comme voie d'absorption de certains médicaments.
Sensorielle	La peau est l'organe du toucher. Elle nous permet la prise de conscience de **sensations douloureuses**, **thermiques** (chaud ou froid) ou **tactiles** (doux, rugueux, lisse, etc.).
Réserve	Sous forme de graisses dans l'hypoderme. En cas de manque, l'organisme peut puiser dans ces réserves.
Synthèse de la vitamine D	La peau synthétise la vitamine D sous l'action du soleil (UV). La vitamine D (antirachitique) est nécessaire pour la croissance et la solidité des os (par assimilation du calcium). Elle permet la fixation du calcium sur l'os.

2. Muqueuses et séreuses

Ce sont des types de tissus particuliers situés à des endroits particuliers et qui ont des fonctions particulières.

- **Les muqueuses :** ce sont les tissus qui tapissent l'intérieur des organes creux (ex. : intérieur des cavités du cœur, intérieur de l'estomac) ou l'intérieur des cavités naturelles du corps (ex. : intérieur de la bouche – muqueuse buccale ; intérieur du vagin – muqueuse vaginale ; intérieur du rectum – muqueuse rectale).

- **Les séreuses :** ce sont les tissus qui recouvrent un organe pour assurer sa protection, son soutien et parfois son mouvement (comme la plèvre pour les poumons). Elle est composée de deux feuillets : l'un appliqué sur l'organe, l'autre à un élément extérieur à l'organe, ex. : le péricarde pour le cœur, la plèvre pour les poumons, le péritoine pour les organes digestifs.

3. Exemples d'anomalies de la peau (et vocabulaire médical)

Anomalies portant sur :	Exemples	Définitions
l'intégrité de la peau	Ulcère	Perte de substance de la peau ou d'une muqueuse
	Escarre	Lésion ischémique provoquée par l'écrasement des parties molles des tissus cutanés entre deux plans durs entraînant une nécrose
	Phlyctène	Soulèvement de l'épiderme rempli de sérosités transparentes (ampoule)
	Nécrose	Mort tissulaire
	Brûlure	Atteinte cutanée plus ou moins profonde causée par une exposition à une chaleur trop forte ou à un acide
	Coupure	Perte de l'intégrité d'une surface de la peau plus ou moins profonde et provoquant un saignement due à un objet coupant.
la coloration	Érythème	Rougeur de la peau
	Ictère	Coloration jaune de la peau et des muqueuses
	Cyanose	Coloration bleuâtre de la peau due à un manque d'O_2
l'état de la peau	Dermatose	Affection de la peau
	Prurit	Démangeaison
	Mycose	Maladie de la peau, des muqueuses ou des phanères due à un champignon

FICHE 3

L'appareil respiratoire

La vie n'existe pas sans oxygène. La fonction de l'appareil respiratoire est d'approvisionner les globules rouges en oxygène et de les débarrasser du gaz carbonique qu'ils transportent. Cela s'appelle l'hématose.

1. Anatomie

Les poumons sont deux organes élastiques et spongieux, placés à l'intérieur du thorax et contenus dans une enveloppe à double paroi : la plèvre. Ils ont une forme pyramidale et sont divisés en compartiments appelés lobes. Il y a trois lobes pour le poumon droit et deux lobes pour le poumon gauche. Entre les deux poumons se trouve le médiastin, qui est l'emplacement du cœur. Pour pénétrer à l'intérieur des poumons, l'air doit emprunter divers conduits répartis dans les voies aériennes supérieures et inférieures. Tous ces conduits sont tapissés d'une muqueuse et de cils vibratiles.

Les voies aériennes supérieures

– Le nez (**racine *rhino***) et les fosses nasales préparent l'air avant qu'il ne pénètre dans les poumons.
– Le pharynx (**racine *pharyngo***) est le carrefour aérodigestif, c'est-à-dire le lieu où les voies aériennes et digestives se séparent.
– Le larynx(**racine *laryngo***) est l'organe de la phonation (renferme des cordes vocales qui vibrent au passage de l'air et produisent des sons).

Les voies aériennes inférieures

Elles font suite au larynx à l'intérieur du thorax :
– La trachée (**racine *trachéo***) est un long tube d'environ 12 cm, maintenu ouvert grâce à des anneaux cartilagineux. En sa partie inférieure, elle se divise en deux.
– Les bronches (**racine *broncho***) sont au nombre de deux au départ, les bronches souches, chacune pénétrant dans un poumon (**racine *pneumo***). Elles se séparent ensuite en bronches lobaires (une pour chaque lobe), puis en bronches de plus en plus petites au fur et à mesure de leur avancée dans les poumons. Elles se terminent par les bronchioles, qui sont de toutes petites bronches qui s'ouvrent sur de petits sacs, les vésicules.
– Les vésicules forment la partie terminale de ce système de conduits. Elles sont constituées de nombreuses petites bosses appelées alvéoles. Chacune des alvéoles est reliée à un capillaire artériel et à un capillaire veineux.

L'appareil respiratoire

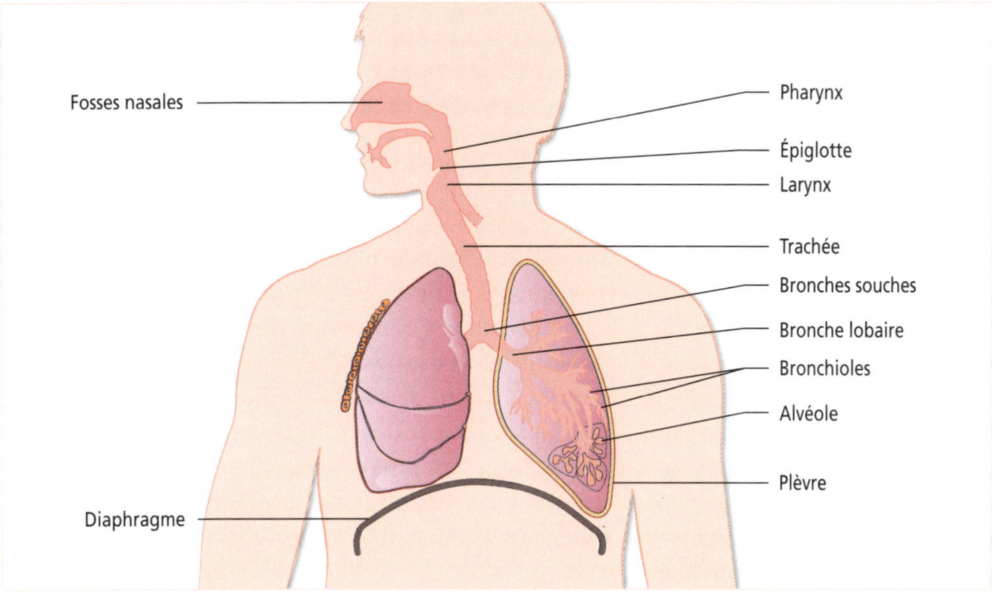

2. Physiologie

L'appareil respiratoire (**racine *pnée***) permet d'oxygéner le sang et de le débarrasser du gaz carbonique, déchet émis par les cellules. Cette activité s'appelle l'hématose. L'hématose se passe à travers la paroi des alvéoles pulmonaires. Les globules rouges, qui transportent les gaz, arrivent aux poumons par les artères pulmonaires. Ils sont chargés de gaz carbonique. Au niveau des capillaires artériels pulmonaires, le gaz carbonique passe la paroi alvéolaire par un phénomène de différence de pression. Les globules rouges ainsi libérés vont recevoir l'oxygène qui est présent dans les alvéoles et qui à son tour va passer à travers la paroi alvéolaire.

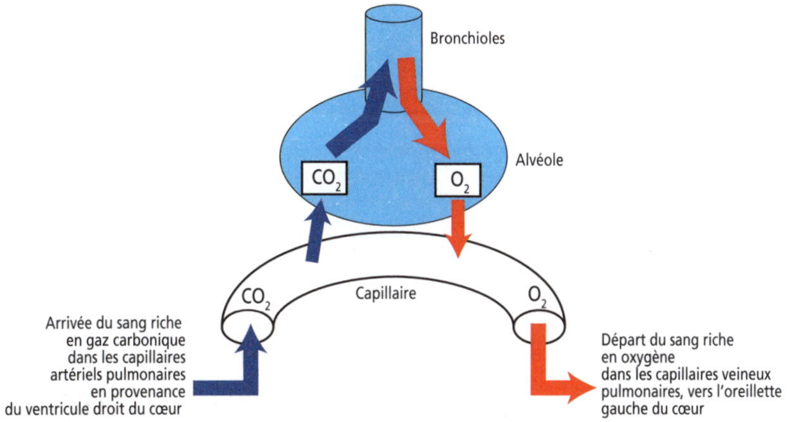

L'oxygène arrive jusqu'aux alvéoles grâce à l'inspiration et le gaz carbonique est rejeté vers l'extérieur lors de l'expiration. L'alternance entre l'inspiration et l'expiration constitue la ventilation. La ventilation est sous la dépendance du système nerveux végétatif ; il est indépendant de la volonté. Une ventilation normale pour un adulte au repos se situe entre 16 à 18 mouvements par minute.

▌ **L'inspiration :** elle est possible grâce à la capacité du thorax à se déformer. Lors de l'inspiration, le diaphragme (muscle très puissant qui sépare le thorax de l'abdomen) se contracte, repoussant le contenu abdominal. De plus, les côtes se soulèvent grâce à leurs points d'attache avec le sternum qui sont élastiques et aux muscles intercostaux. Ainsi la cage thoracique augmente de volume tout en permettant une modification de pression à l'intérieur des poumons favorisant l'entrée de l'air atmosphérique dans les poumons. Cet air est filtré (poussières et germes), humidifié et réchauffé dès le début de son parcours grâce aux cils vibratiles et à la muqueuse qui tapissent l'intérieur des différents conduits empruntés. Toutes les impuretés sont alors agglomérées puis évacuées par la toux.
L'air atmosphérique est composé d'un mélange de gaz, en particulier 78 % d'azote et 21 % d'oxygène. Seul l'oxygène se fixe sur les globules rouges et est utilisé par les cellules du corps.

▌ **L'expiration :** c'est un phénomène passif, c'est-à-dire qu'il ne demande pas d'effort. C'est en fait le relâchement des muscles inspiratoires qui fait reprendre sa forme initiale à la cage thoracique et qui occasionne le rejet du gaz carbonique et des autres constituants de l'air atmosphérique qui avaient été inspirés vers l'extérieur.

La respiration normale varie en fonction de l'âge, de la taille et de l'activité de l'individu. La fréquence respiratoire normale au repos est de 16 à 18 mouvements par minute (un mouvement = une inspiration + une expiration). Elle ne demande pas d'effort, doit être silencieuse et nasale.

Il est possible de quantifier les différents volumes d'air mobilisés lors de la respiration par la spirométrie. Elle permet d'évaluer la capacité respiratoire d'un individu.

Air courant (air inspiré lors d'une inspiration de repos)	soit 0,5 L
+	
Air complémentaire (air inspiré lors d'une inspiration forcée)	soit 1,5 L
+	
Air de réserve (air expiré lors d'une expiration forcée)	soit 1,5 L
=	
Capacité vitale	soit 3,5 L

Il faut rajouter à cette capacité vitale un volume d'air non mobilisable (en effet les poumons ne se vident jamais totalement), c'est **l'air résiduel,** qui occupe 1,5 L.

Capacité vitale + air résiduel correspondent à la capacité totale, soit 5 L.

La qualité de la respiration peut aussi s'évaluer en mesurant le rythme respiratoire et en observant la coloration des téguments au niveau des extrémités, c'est-à-dire les ailes du nez, les lèvres, les lobes des oreilles et les extrémités des doigts. Une coloration rosée prouve que la respiration est efficace ; si elle tend vers le bleu, on parle de cyanose, cela signifie que la respiration apporte une quantité d'oxygène insuffisante.

3. Exemple d'anomalies de l'appareil respiratoire (et vocabulaire médical)

Anomalies portant sur :	Exemples	Définitions
la respiration	**Dyspnée**	Difficulté à respirer
	Apnée	Arrêt respiratoire plus ou moins prolongé, volontaire ou non
	Bradypnée	Ralentissement de la fréquence respiratoire
	Polypnée	Respiration rapide et superficielle
les voies respiratoires	**Bronchite**	Inflammation des bronches
	Broncho-pneumopathie	Maladie des bronches et des poumons
	Bronchiolite	Inflammation des bronchioles
	Laryngite	Inflammation du larynx
	Pharyngite	Inflammation du pharynx
	Trachéite	Inflammation de la trachée
les sécrétions bronchiques	**Toux**	Réflexe naturel permettant d'expulser les secrétions de l'appareil respiratoire par une succession de mouvements expiratoires brusques et bruyants
	Expectorations	Rejet par la bouche de sécrétions provenant des voies respiratoires
	Hémoptysie	Rejet par la bouche d'expectorations sanglantes provenant des voies respiratoires
des pathologies	**Pneumonie**	Infection du poumon
	Pneumothorax	Épanchement d'air entre les 2 feuillets de la plèvre
la muqueuse nasale	**Rhinite**	Inflammation de la muqueuse nasale
	Rhinorrhée	Écoulement non sanglant par le nez
	Rhinorragie	Écoulement sanglant par le nez = épistaxis
exemples de chirurgie ORL	**Laryngectomie**	Ablation chirurgicale du larynx
	Rhinoplastie	Chirurgie réparatrice du nez
	Trachéostomie	Abouchement à la peau de la trachée
	Trachéotomie	Incision chirurgicale de la trachée

FICHE 4

L'appareil cardio-vasculaire (cœur et vaisseaux sanguins)

Fonction principale de l'appareil

Le sang contient des éléments nutritifs (en particulier glucose et oxygène) nécessaires à la vie des cellules. L'appareil cardio-vasculaire apporte, grâce à la circulation sanguine, ces éléments nourrissants à toutes les cellules de l'organisme. Il permet aussi l'évacuation des déchets liés au métabolisme cellulaire (entre autres le gaz carbonique). Renouvellement et épuration se font de manière cyclique, sans interruption.

1. Le cœur

Le cœur

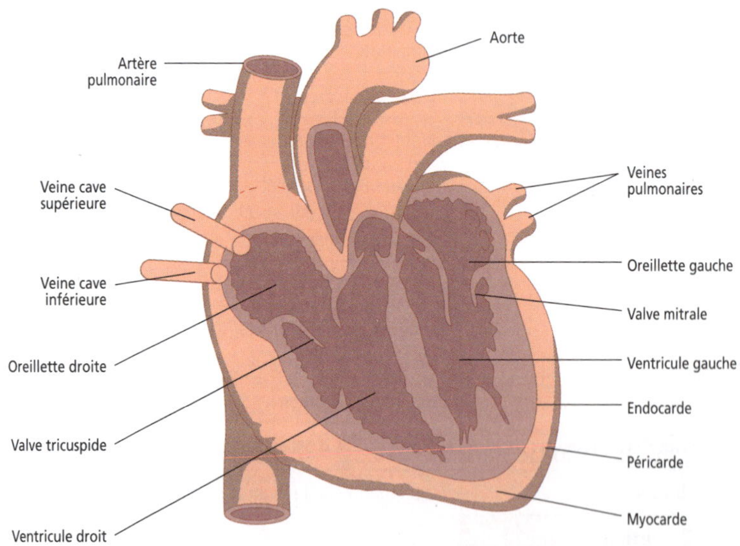

Le cœur (**racine *cardio***) est un muscle strié qui fonctionne indépendamment de la volonté. Ce muscle (**racine *myo***) s'appelle le myocarde Il propulse environ 5 litres de sang dans les vaisseaux à chaque battement. Il est situé entre les deux poumons dans une loge appelée **médiastin**. Il est protégé par une séreuse appelée **péricarde**. Le cœur bat à une certaine fréquence (normes pour un adulte : entre 60 et 80 pulsations/min) de manière régulière.

Le cœur est constitué de deux parties : le « cœur droit » et le « cœur gauche ».

Les deux parties sont indépendantes, séparées l'une de l'autre par une épaisse cloison appelée **septum**. Il n'y a pas de communication entre la partie droite et la partie gauche.

On représente la partie droite en bleu parce que cette partie s'occupe du sang chargé en CO_2. La partie gauche est représentée en rouge car elle gère le sang riche en 0_2.

Chaque partie comprend deux cavités, tapissées par une muqueuse appelée endocarde : une partie un peu ronde, supérieure, l'**oreillette** ; et une partie plus ventrue, en dessous, le **ventricule**.

Le sang circule de l'oreillette vers le ventricule. Entre les deux se trouvent une valve.

Cette valve s'ouvre pour laisser passer le sang de l'oreillette vers le ventricule et se referme une fois le sang passé pour qu'il ne reparte pas en arrière.

À chaque oreillette arrivent des veines.
De chaque ventricule sort une artère.

- **Cœur droit (partie droite du cœur) :** sang avec CO_2 (symbolisé en bleu).

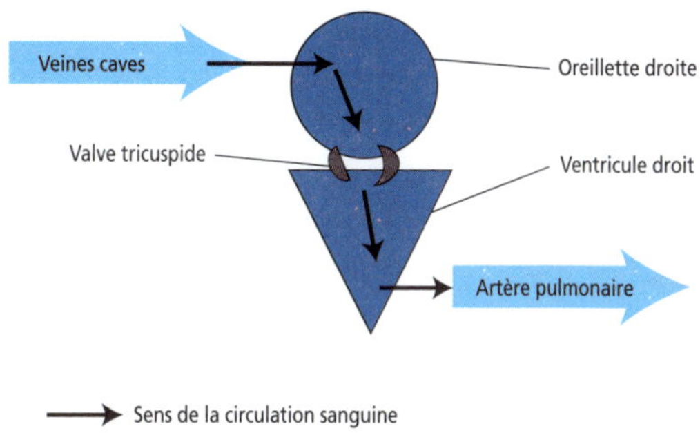

Le sang provenant des veines (**racine *phlébo***) de l'organisme arrive à l'oreillette droite grâce aux veines caves. La veine cave supérieure draine le sang du haut du corps et la veine cave inférieure draine celui du bas du corps (en dessous du cœur à peu près). Le « cœur droit » joue alors un rôle d'aspiration du sang veineux. Le sang passe ensuite la valve tricuspide pour se retrouver dans le ventricule droit puis, lors de la contraction du ventricule, il passe dans l'artère (**racine *arterio***) pulmonaire qui se divise en deux branches : l'une va aller au poumon droit, l'autre au poumon gauche.

- **Cœur gauche (partie gauche) :** sang riche en oxygène, symbolisé en rouge.

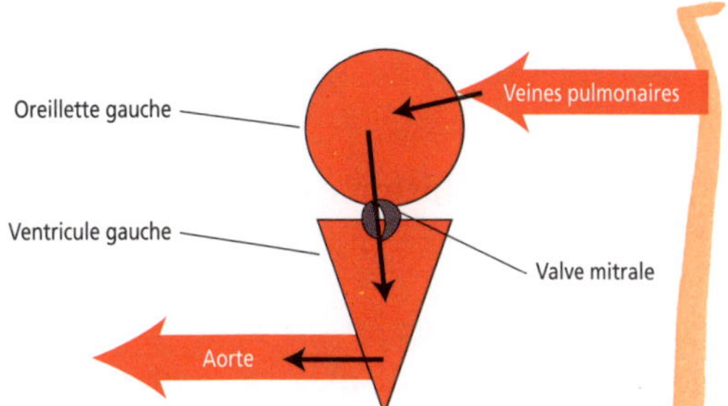

L'oreillette gauche reçoit le sang oxygéné des quatre veines pulmonaires, provenant des poumons.

Quand l'oreillette gauche se contracte, le sang oxygéné passe par la valve mitrale pour aller dans le ventricule gauche. Quand le ventricule se contracte, il envoie le sang oxygéné dans l'aorte qui le transporte vers tous les organes du corps.

2. La petite et la grande circulation

On appelle **petite circulation** le trajet réalisé par le sang entre le cœur et les poumons.

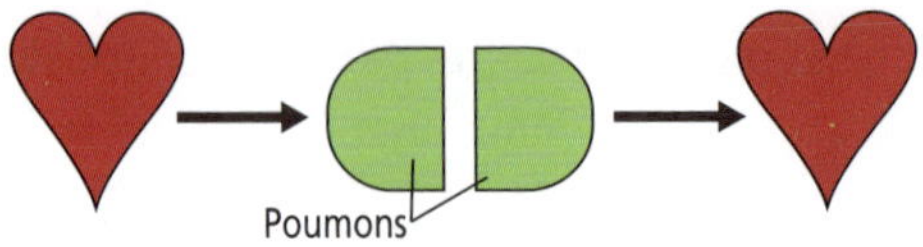

Fonction hématose

On appelle **grande circulation** le trajet réalisé par le sang entre le cœur et les organes.

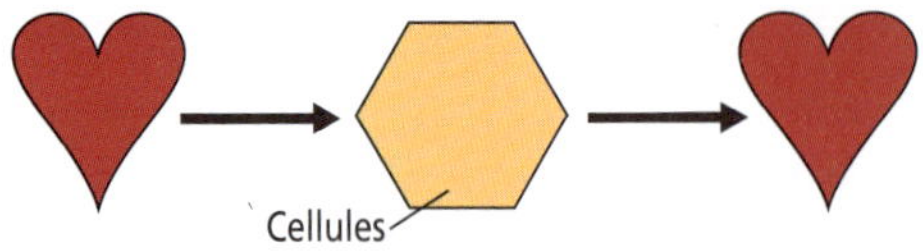

Fonction nutrition des cellules
et épuration des déchets

Petite circulation

Elle a pour but l'hématose c'est-à-dire la transformation du sang chargé en CO_2 en un sang riche en O_2. L'hématose a lieu au niveau des poumons. Grâce à des jeux de différence de pression entre l'air contenu dans les alvéoles pulmonaires et la pression intracapillaire, le CO_2 contenu dans les vaisseaux artériels issus de l'artère pulmonaire peut passer la barrière capillaire, aller dans l'alvéole et ressortir du corps pendant l'expiration. L'oxygène, lors de l'inspiration, va franchir la paroi de l'alvéole et aller se fixer sur les globules rouges du capillaire qui va aboutir aux veines pulmonaires. Du sang oxygéné arrive donc à l'oreillette gauche.

Grande circulation

Le sang oxygéné est envoyé dans tout le corps grâce à la contraction du ventricule gauche qui le propulse dans l'aorte. Cette artère se divise ensuite en plusieurs branches : par exemple, en artère rénale pour aller s'occuper du rein, en artère fémorale pour irriguer les jambes.

Au niveau des organes et des cellules, le capillaire artériel va être en grande proximité avec la paroi des cellules et des échanges vont avoir lieu : l'O_2 va quitter l'hémoglobine des globules rouges pour entrer dans la cellule.

En échange, la cellule va donner son gaz carbonique et ses déchets qui vont passer dans le sang. Le gaz carbonique va se fixer sur l'hémoglobine des globules rouges.

Le cycle recommence. On appelle ce cycle **la révolution cardiaque** qui comprend trois temps :
- la contraction des oreillettes ou systole auriculaire ;
- la contraction des ventricules ou systole ventriculaire ;
- un temps de repos appelé diastole pendant lequel les oreillettes se remplissent passivement de sang.

Schéma général de la circulation

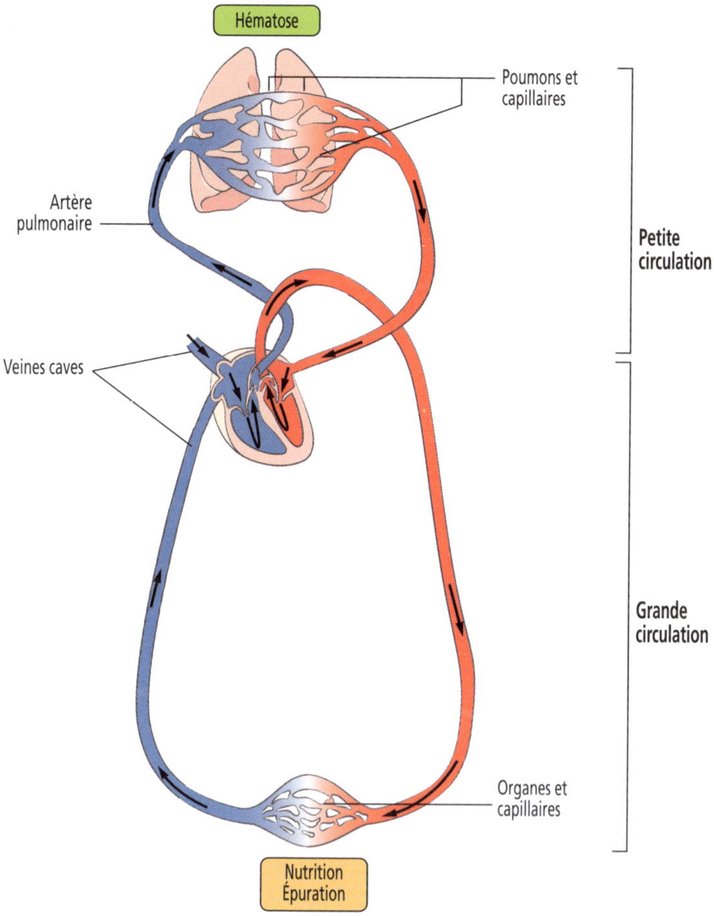

3. Innervation du cœur

Le cœur reçoit des informations des systèmes sympathique et parasympathique (système nerveux végétatif) qui permettent une accélération ou une diminution de sa fréquence. Mais il possède aussi dans sa composition, un tissu particulier appelé **tissu nodal**. Ce tissu se compose de cellules excitables qui permettent les contractions ordonnées du cœur (d'abord les oreillettes puis les ventricules) à une certaine fréquence de base, toujours la même.

Ce système nerveux intrinsèque (à l'intérieur du cœur) permet de comprendre certaines pathologies nécessitant la pose d'un pacemaker par exemple.

4. Le sang

Le sang (environ 5 litres chez un adulte) est composé d'un liquide, le **plasma,** dans lequel on trouve des éléments dissous (ex. : sels minéraux, glucose, etc.) et des éléments appelés figurés (car ils ont une forme qui se voit au microscope). Les globules rouges font partie de ce que l'on appelle les éléments figurés du sang. Ils sont formés d'une protéine particulière appelée **hémoglobine** (**racines *hémo, hémato***) qui donne sa couleur rouge au sang. L'hémoglobine a la propriété de fixer l'oxygène et de le transporter. Quand elle libère l'oxygène, elle peut se charger du transport du gaz carbonique.

Le sang est composé d'éléments que l'on peut contrôler lors d'une prise de sang.

Composants du sang

Élément liquide	Plasma	Eau, gaz dissous, cholestérol, triglycérides, glucose, sels minéraux (potassium, sodium, calcium...), hormones, urée, acide urique, etc.
Éléments figurés	Globules rouges	Fonction principale : assurer le transport de l'O_2 et du CO_2
	Globules blancs	Fonction principale : défense de l'organisme
	Plaquettes	Fonction principale : participent à la coagulation du sang

Fabrication des éléments figurés du sang

– Les érythrocytes (globules rouges, environ 5 millions par mm^3 de sang) et les thrombocytes (plaquettes, environ 300 000) prennent naissance dans la moelle rouge osseuse.
– Les leucocytes (globules blancs, environ 7 000) prennent naissance dans la moelle rouge osseuse et dans les organes lymphoïdes.

Durée de vie des éléments figurés du sang

– Globules blancs : quelques semaines (important à retenir pour comprendre une sérothérapie suivie d'une vaccination).
– Globules rouges : 1 à 3 mois.
– Plaquettes : quelques jours.

5. Exemples d'anomalies de l'appareil cardio-vasculaire (et vocabulaire médical)

Anomalies portant sur :	Exemples	Définitions
les artères	Artériopathie	Maladie des artères
	Artérite	Inflammation des artères
	Athérosclérose	Dégénérescence de la paroi d'une artère : elle devient moins souple, plus fragile à cause de plaques de lipides durcis qui vont peu à peu rétrécir la lumière artérielle.
les veines	Phlébite	Inflammation d'une veine liée à la présence d'un thrombus
	Thrombose	Obstruction d'une veine par un caillot sanguin (appelé aussi thrombus)
les vaisseaux	Hématome	Amas de sang collecté dans une zone tissulaire
le cœur	Cardiopathie	Maladie du cœur
	Endocardite	Inflammation de la tunique interne du cœur
	Péricardite	Inflammation de la tunique externe du cœur
	Myocardite	Inflammation du myocarde
le sang	Anémie	Diminution du nombre des globules rouges
	Septicémie	Présence de microorganismes circulants dans le sang
	Thrombopénie	Manque de plaquettes dans le sang
	Leucopénie	Manque de globules blancs dans le sang
	Hypokaliémie	Insuffisance du taux de potassium dans le sang
	Hyponatrémie	Insuffisance du taux de sodium dans le sang
	Hypercalcémie	Excès du taux de calcium dans le sang

FICHE 5

L'appareil digestif

1. Anatomie, physiologie

Fonction principale

Transformation par la digestion, des aliments (grosses molécules) en nutriments (très petites molécules) afin qu'ils puissent franchir les villosités intestinales et passer dans le sang.

L'appareil digestif

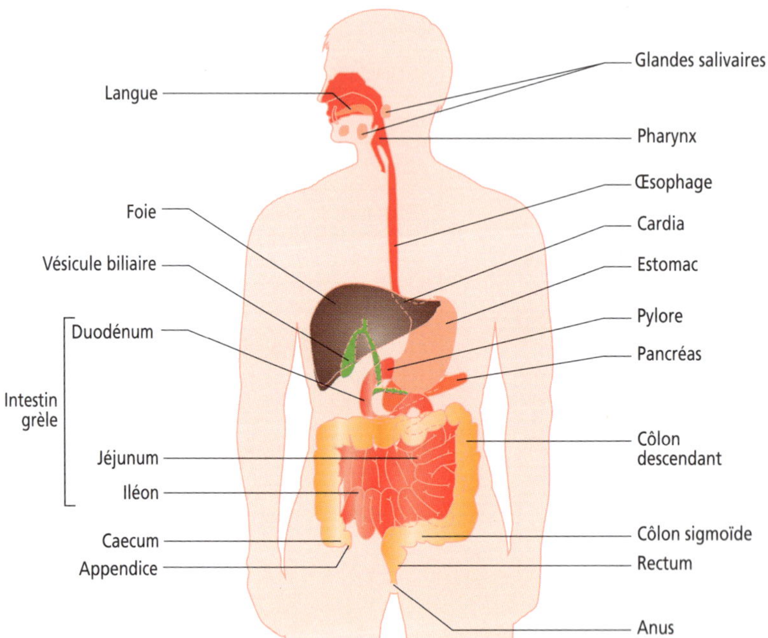

Les organes abdominaux du tube digestif sont enveloppés dans une séreuse[1] : le **péritoine.**

➲ 1re étape. De la bouche à l'estomac

Dans la cavité buccale, plusieurs éléments travaillent ensemble pour transformer les aliments que nous mangeons en une sorte de bouillie pâteuse appelée bol alimentaire.

1. Rappel : une séreuse est une enveloppe à deux feuillets ; l'un est appliqué sur l'organe, l'autre sur une autre surface. Exemple de séreuse : le péricarde au niveau du cœur, la plèvre au niveau des poumons.

Les dents

L'être humain a une dentition définitive qui comporte 32 dents réparties au niveau des mâchoires supérieure et inférieure.

Il possède quatre types de dents :

- 8 incisives : elles coupent les aliments.
- 4 canines : elles déchirent les aliments.
- 8 prémolaires : elles permettent de broyer les aliments.
- 12 molaires : elles écrasent et broient les aliments.

Les glandes salivaires

Elles sont au nombre de trois (sous-maxillaire, sublinguale et parotide). Ce sont des glandes exocrines, c'est-à-dire qu'elles secrètent de la salive en continu, qu'elles déversent dans la cavité buccale grâce à un canal excréteur.

Lorsque nous mangeons, il y a une sécrétion plus importante de salive pour que, grâce à la mastication, les aliments soient imprégnés de salive. La salive contient un enzyme particulier appelé amylase qui s'attaque aux grosses molécules de glucides (contenues dans les féculents) pour commencer leur dégradation en molécules plus petites.

La langue

C'est un muscle qui va pouvoir, grâce à ses mouvements, tourner et retourner le bol alimentaire dans la bouche et l'expulser vers l'œsophage.

La langue (**racine *glosso***) contient des « papilles » gustatives qui recueillent les sensations d'amer, de sucré, d'acide, de salé, transmises au cerveau pour identification. La langue est donc aussi l'organe sensoriel du goût.

Il y a donc action mécanique sur la bouchée alimentaire, grâce aux dents et à la langue, et action chimique, grâce à l'amylase contenue dans la salive. Ces deux phénomènes, mécanique et chimique, vont transformer la bouchée alimentaire (grosses molécules de protides, lipides, glucides) en ce que l'on appelle le bol alimentaire.

Progression dans l'œsophage du bol alimentaire

Le bol alimentaire expulsé par la langue arrive dans l'œsophage. Au niveau du pharynx se situent à la fois la voie digestive (représentée par l'œsophage) et la voie respiratoire (représentée par le larynx). Il est donc important que le bol alimentaire se dirige bien dans la voie digestive et non dans la voie respiratoire (sinon cela crée une « fausse-route » qui parfois peut être mortelle). Des mécanismes permettent la fermeture de la voie respiratoire quand on avale de manière à ce que le bol alimentaire aille bien dans la bonne direction, l'œsophage.

L'œsophage est un long tube (25 cm) ayant des fibres musculaires capables de se contracter et de se dilater. Le bol alimentaire progresse grâce aux mouvements péristaltiques de l'œsophage (contraction puis dilatation). Les liquides suivent directement la voie de l'œsophage pour arriver dans l'estomac (pas de mouvements péristaltiques).

➲ 2e étape. L'estomac : transformation du bol alimentaire en chyme

Le bol alimentaire pénètre dans l'estomac (**racines *gastro, gastéro***) par le cardia, sorte de sphincter[1] qui s'ouvre pour laisser entrer le bol alimentaire et se referme pour que ce dernier ne remonte pas lors des mouvements de l'estomac. Parfois, ce cardia fonctionne moins bien et la personne peut souffrir de reflux gastro-œsophagiens.

Le bol alimentaire va subir des phénomènes mécaniques (brassage, comme le linge dans une machine à laver) et chimiques (actions des sucs gastriques contenant des enzymes, en particulier des pepsines qui s'attaquent aux protéines, et de l'acide chlorhydrique sécrété par des cellules de l'estomac) qui vont le transformer en chyme (sorte de bouillie encore plus pâteuse et plus liquide).

Quand le chyme atteint un certain degré d'acidité, le pylore va s'ouvrir et permettre son évacuation dans le duodénum, mais pas dans sa totalité d'un seul coup. Il va en effet s'ouvrir et se fermer rythmiquement et ne laisser passer qu'un peu de chyme à chaque fois.

➲ 3e étape. L'intestin grêle : transformation du chyme en chyle et réabsorption des nutriments par les villosités intestinales

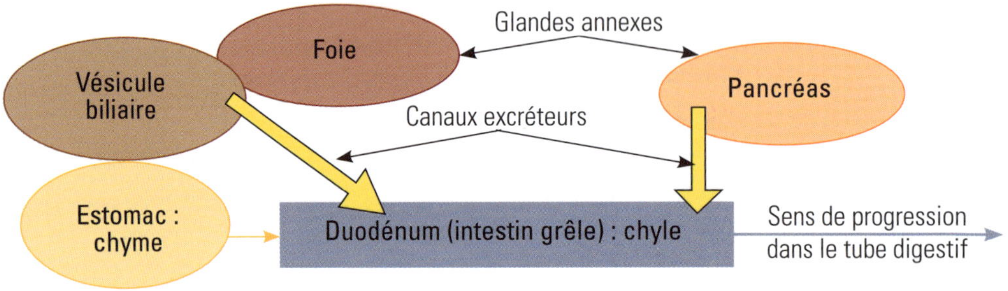

L'intestin grêle mesure environ 7 mètres et se divise en trois parties :
- le **duodénum**, qui fait suite à l'estomac ;
- le **jéjunum** ;
- l'**iléon**, qui débouche dans le colon.

Il est capable de mouvements péristaltiques pour la progression de son contenu (phénomène mécanique).

Les phénomènes chimiques se déroulent principalement au niveau du duodénum :
- le duodénum sécrète un suc digestif ;
- certaines cellules du **pancréas** produisent un suc digestif appelé suc pancréatique (c'est-à-dire composé d'enzymes capables de continuer à détruire les

1. Un sphincter est une sorte d'anneau musculaire qui a pour fonction de s'ouvrir et de se refermer selon les besoins. L'exemple type en est l'anus.

grosses molécules des protides, lipides, glucides) qu'elles évacuent grâce à un canal excréteur dans le duodénum ;
– et, enfin, le **foie** (**racine *hepato***) fabrique la bile en continu. Cette bile s'évacue grâce à un petit canal qui la conduit dans un organe de stockage : la **vésicule biliaire** (**racine *cholescysto***). Au moment de la digestion, la vésicule se contracte et éjecte la bile dans un canal (le cholédoque) qui la conduit jusque dans le **duodénum**. La bile sert à émulsionner les graisses (un peu comme du liquide vaisselle).

Le chyme provenant de l'estomac est transformé en chyle. Le chyle est un liquide verdâtre composé d'eau, de sel et de nutriments. Les nutriments sont le produit final de la digestion des aliments.

Les aliments sont composés de grosses molécules de protides, lipides, glucides ; les nutriments, eux, sont de très petites molécules issues de ces grosses molécules.

Catégories d'aliments (grosses molécules)	Nutriments (produits de la digestion, les plus petites molécules)
Protides (protéines)	Acides aminés
Lipides	Acides gras + éthanol (alcool)
Glucides	Glucose

Les nutriments vont pouvoir franchir la paroi intestinale pour se retrouver dans la circulation sanguine (et lymphatique) et aller nourrir les cellules de l'organisme.

Ce phénomène de franchissement de la paroi intestinale s'appelle l'absorption intestinale. Elle est rendue possible au niveau de l'intestin grêle grâce à une structure particulière de sa paroi qui est composée de villosités intestinales, replis microscopiques des cellules de la paroi intestinale qui multiplient considérablement la surface d'échange entre vaisseau sanguin et intestin grêle.

Réabsorption des nutriment dans le sang

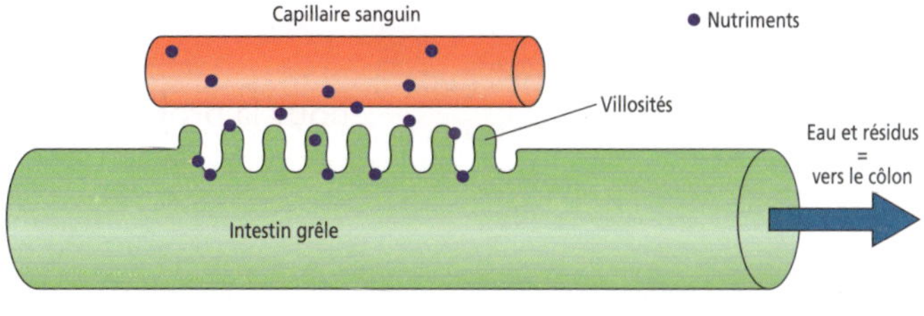

➲ 4e étape. Le côlon : réabsorption de l'eau (et sels minéraux) et transformation des résidus en selles et défécation

Pour décrire le côlon (ou gros intestin ; **racine *colon***), on parle de cadre colique. En effet, le côlon débute par le cæcum et comporte plusieurs parties qui formeraient comme un cadre qui les contiendraient.

Sens de circulation des selles dans le cadre colique

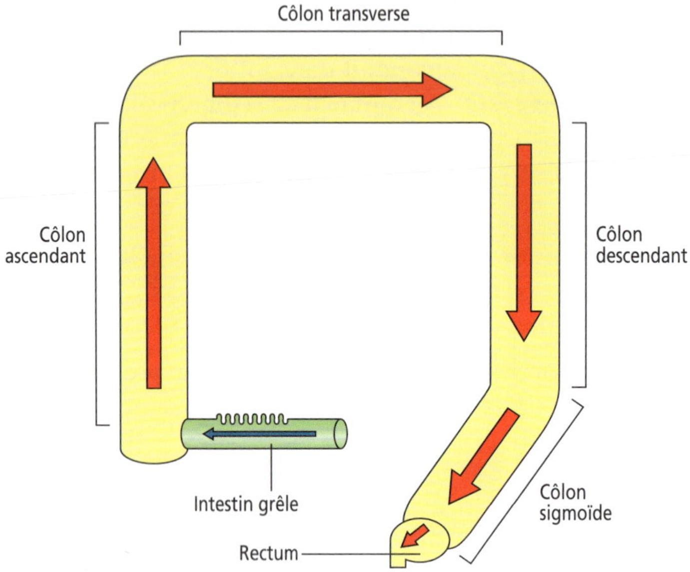

Le sens de circulation des selles est indiqué par les flèches.

Le côlon atteint une longueur de près de 2 mètres. Il a un diamètre plus important que celui du grêle.

Au niveau du côlon ascendant se produit une réabsorption d'eau et de sels minéraux, ce qui déshydrate les résidus de la digestion composés essentiellement de cellulose (résultat de la digestion des légumes verts, salades, etc.). Des bactéries naturellement présentes dans le côlon[1] travaillent sur ces résidus pour donner les selles.

Quand les selles atteignent l'ampoule rectale (**racine *recto***), elles produisent une distension de cette ampoule qui transmet au cerveau l'information sensorielle. Nous ressentons alors le besoin de déféquer (aller à la selle). L'anus, sphincter normalement fermé, va alors s'ouvrir pour permettre l'évacuation des selles. Parfois, avec l'âge ou des problèmes neurologiques, ce sphincter reste ouvert ou s'ouvre indépendamment de la volonté. C'est ce que l'on appelle l'incontinence fécale.

1. Flore microbienne indispensable à la bonne santé.

2. Tableau récapitulatif des phénomènes mécaniques et chimiques de l'appareil digestif

Zone	Phénomènes mécaniques	Phénomènes chimiques	Résultats
Cavité buccale	Mastication Imprégnation de la salive	Action de l'amylase contenue dans la salive sur les glucides lents (féculents)	Bol alimentaire
Œsophage	Progression par mouvements péristaltiques jusqu'au cardia de l'estomac		
Estomac	Brassage	Action acide chlorhydrique + suc gastrique (enzymes)	Chyme
Intestin grêle	Progression par mouvements péristaltiques jusqu'au côlon Imprégnation avec suc. pancréatique, du grêle + bile secrétée par le foie et stockée dans la vésicule biliaire	Action du suc intestinal + suc pancréatique + bile secrétée par le foie	Chyle
Côlon	Progression par mouvements péristaltiques jusqu'au rectum réabsorption eau + sel	Actions des bactéries	Selles

3. Anomalies les plus fréquentes de l'appareil digestif (et vocabulaire médical)

Anomalies portant sur :	Exemples	Définitions
l'inflammation d'un organe	Gastrite	Inflammation de l'estomac
	Colite	Inflammation du côlon
	Cholécystite	Inflammation de la vésicule biliaire
	Gastroentérite	Inflammation de l'estomac et des intestins
	Rectocolite	Inflammation du rectum et du colon
	Glossite	Inflammation de la langue
	Hépatite	Inflammation du foie
	Stomatite	Inflammation de la bouche
	Pancréatite	Inflammation du pancréas
la douleur au niveau d'un organe	Gastralgie	Douleur à l'estomac

la fréquence des selles et leur consistance	Constipation	Ralentissement du transit intestinal se caractérisant par un retard d'évacuation de selles dures
	Diarrhée	Accélération du transit intestinal se caractérisant par l'émission de selles trop fréquentes et liquides
	Occlusion intestinale	Arrêt du transit intestinal (gaz + selles) dans une portion de l'intestin
la présence anormale de sang	Rectorragie	Émission de sang rouge provenant du rectum
	Méléna	Présence de sang digéré (noir) dans les selles provenant du haut de l'appareil digestif
	Hématémèse	Vomissement de sang provenant des voies digestives
la faim ou de la soif	Polydipsie	Soif intense
	Polyphagie	Faim exagérée
autres difficultés	Dyspepsie	Difficulté à digérer
	Régurgitation	Retour dans la bouche des aliments peu après leur déglutition
	Dysphagie	Difficulté à déglutir

4. Traitements et surveillance spécifiques les plus courants de l'appareil digestif

Traitements	Exemples	Commentaires
Régime diététique	Sans résidus	L'objectif est d'obtenir un intestin propre ou de le laisser au repos. On évite alors tous les aliments qui font favoriser les selles ou qui les composent.
Médicaments	Laxatifs	Médicaments favorisant l'élimination intestinale
	Antidiarrhéiques	Médicaments luttant contre la diarrhée
	Émétiques	Médicaments favorisant le vomissement
	Antiémétiques	Médicaments luttant contre les vomissements
Chirurgie	Cholécystectomie	Ablation de la vésicule biliaire
	Colostomie	Abouchement du côlon à la peau
	Colectomie	Ablation d'une partie du côlon
	Gastrectomie	Ablation totale ou partielle de l'estomac
	Gastrostomie	Abouchement de l'estomac à la peau

Examens	Coloscopie	Examen réalisé à l'aide d'un fibroscope introduit par voie rectale afin de visualiser l'intérieur du côlon.
	Gastrofibroscopie	Examen réalisé à l'aide d'un fibroscope introduit par voie nasale ou buccale afin de visualiser l'intérieur du côlon.
	Coproculture	Prélèvement non stérile pour mise en culture des selles : recueillir un peu de selles à l'aide d'une spatule (port de gants à UU), mettre dans un flacon destiné à cela avec étiquette patient.
Surveillances	**Commentaires**	
Alimentation entérale	Alimentation par voie digestive soit par la bouche (*per os*) soit par une sonde.	
Transit	Gaz et selles ; à surveiller en post-op surtout si intervention viscérale. Fréquence et consistance des selles : transmettre à IDE si trois jours sans selles.	
IMC et poids	La surcharge pondérale est un facteur de risque pour la santé.	
Appétit	Vérifier l'état des plateaux après le repas.	
Autonomie	À vérifier pour apporter une aide si nécessaire aux moments des repas.	
Si à jeun	Vérifier avant toute distribution de repas si la personne ne doit pas rester à jeun (prise de sang, examens, interventions, etc.).	
Si autres signes	Nausées, vomissements, douleurs : à signaler.	

FICHE 6

L'appareil urinaire

Fonctions principales

– Fabrication de l'urine pour éliminer les déchets et les substances toxiques en épurant le sang.

– Maintien constant des caractéristiques du milieu intérieur.

L'appareil urinaire

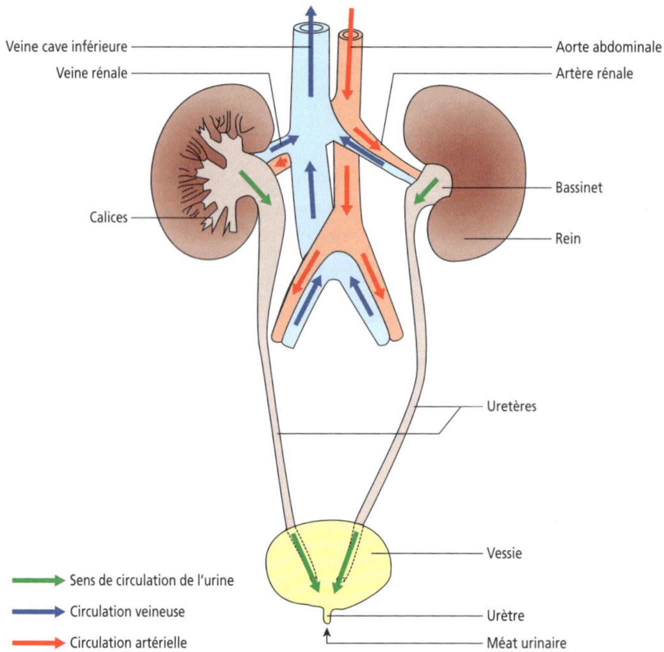

1. Les reins

Il y a deux reins (racine *nephro*). Ils sont situés de part et d'autre de la colonne vertébrale, ont une forme en haricot (12 cm de haut, 6 cm de large et 3 cm d'épaisseur), et sont enveloppés dans une capsule de graisse qui les protège.

L'artère rénale est une branche de l'aorte abdominale qui pénètre le rein par le hile et vient exercer sa fonction nourricière de l'organe (apport de nutriments et d'O_2).

La veine rénale ressort du rein par le hile et exerce sa fonction d'épuration de l'organe (déchets + CO_2). Elle se jette ensuite dans la veine cave inférieure.

Le rein

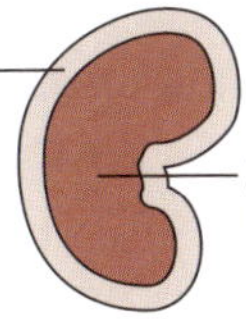

Le rein comporte deux zones qui se distinguent par des couleurs différentes, liées à leur constitution interne :

– La zone corticale (comme une écorce) en périphérie, de couleur jaune rosée : c'est l'endroit où se trouvent les glomérules des néphrons (éléments qui produisent l'urine).

– La zone médullaire, de couleur rouge foncé : c'est l'endroit où se trouvent certaines parties des tubes urinifères des néphrons.

2

Le néphron

C'est l'unité fonctionnelle qui fabrique l'urine ; on en compte environ 1 million par rein. Les néphrons forment des masses tissulaires qu'on appelle pyramides.

On distingue :
- une zone de filtration : le glomérule ;
- une zone d'échange et de sécrétions : le tube urinifère.

Le glomérule se compose de plusieurs parties (voir schéma) :

– On trouve la capsule de Bowmann au contact de laquelle se trouve un peloton de vaisseaux artériels émergeant d'une artériole afférente et duquel ressort une artériole efférente.

Le sang du peloton vasculaire va être filtré par la capsule de Bowmann sous l'effet d'une certaine pression artérielle (comme quand on met de l'eau dans un filtre pour faire du café). L'eau et les éléments contenus dans le sang vont passer ce filtre. L'urine se rapprochera donc de la composition du sang.

Seuls vont rester dans le sang les grosses molécules protéiques comme l'albumine et les éléments figurés du sang (hématies, globules blancs, plaquettes), ce qui explique que dans l'urine définitive on ne doit pas retrouver physiologiquement ces éléments.

Le glomérule

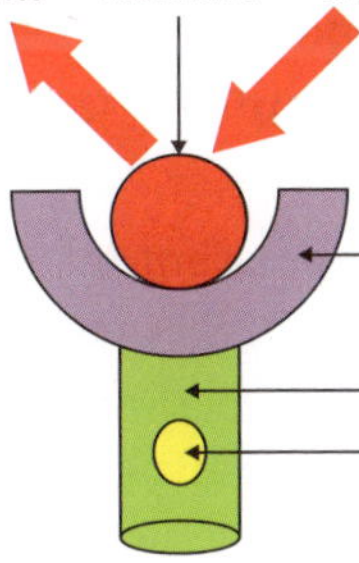

Ce premier filtrage donne ce que l'on appelle l'**urine primitive**, résultat d'un premier temps de production d'urine appelé **filtration glomérulaire**. Cette filtration se fait de manière passive, sous l'effet de la pression artérielle. Il faut donc qu'elle soit suffisamment forte pour faire passer les éléments du sang par le filtre (supérieure à 6 de maxima) mais pas trop forte pour que les protéines ne passent pas.

Le glomérule va ainsi produire 180 litres d'urine primitive par jour. Comme la quantité qu'un humain urine est d'environ 1,5 litre par jour, il y a donc réabsorption plus loin dans le néphron.

Le tube urinifère ou tubule comprend :

– le tube contourné proximal – c'est un prolongement de la capsule de Bowmann qui recueille l'urine primitive et la fait cheminer plus loin. Il s'agit d'un lieu d'échanges intenses entre capillaires sanguins et paroi du tube : réabsorption par les capillaires de l'eau et des sels minéraux entre autres. La paroi du tube sécrète de l'ammoniaque. Il y a aussi passage des substances présentes dans le sang comme des antibiotiques ou les produits de contraste pour les examens dans le tube qui va ainsi les excréter du corps ;

– l'anse de Henlé – lieu d'échanges d'ions (K+, NA+, etc.)[1] pour maintenir constant le milieu intérieur ;

– le tube distal collecteur – à ce niveau des capteurs permettent le déclenchement d'une hormone hypophysaire, l'hormone antidiurétique, en cas de déshydratation. L'urine définitive va s'en écouler.

Synthèse des temps de fabrication de l'urine

1er temps	Filtration glomérulaire : urine primitive
2e temps	Réabsorption tubulaire
3e temps	Sécrétion : urine définitive

L'urine définitive va sortir des néphrons par une papille et se déverser dans un conduit en forme d'entonnoir qu'on appelle petit calice. La réunion de plusieurs petits calices va former un grand calice (on en compte normalement trois par rein : un supérieur, un médian, un inférieur). Les grands calices se prolongent par le bassinet (**racine *pyélo***).

2. Les voies urinaires

Le bassinet donne naissance au niveau du hile à l'**uretère** (**racine *uretéro***). Il y a deux uretères ; un par rein. Ce sont de longs conduits (environ 25 cm) qui conduisent l'urine à la vessie dans laquelle ils débouchent.

La vessie

La vessie (**racine *cysto***) un réservoir composé de fibres musculaires lui permettant sa contraction et sa dilatation. Elle se termine par un sphincter qui garde les urines dans la vessie tant qu'il n'est pas ouvert.

Quand un certain niveau de remplissage est atteint, nous ressentons l'envie d'uriner. La miction est l'acte d'uriner. Le sphincter va s'ouvrir, l'urine passe par l'**urètre** (**racine *uretro***) et s'évacue à l'extérieur. La miction est donc un acte volontaire tant que l'on est continent (capacité à maîtriser son sphincter).

1. K+ : potassium, NA+ : sodium. Ces ions composent les milieu intérieur et extérieur cellulaire, indispensables aux échanges.

3. Les urines

- **Les normes** : émission de 1,5 litres par 24 heures. Liquide stérile, limpide, jaune claire, avec une légère odeur ammoniaquée.
- **Comparaison de la composition simplifiée du sang et de l'urine**

Composants	Sang (en g/L)	Urine (en g/L)
Créatinine	0,01	1 à 2
Acide urique	0,05	0,50
Urée	0,25	25
Glucose	1	0
Lipides	4 à 8	0
Protéines	75	0

n **Commentaires**

Le sang contient moins de déchets provenant du travail cellulaire (créatinine, acide urique, urée). Il est purifié et les déchets sont rejetés par les urines.

Le glucose, les lipides et les protéines ne passent pas physiologiquement dans les urines.

Exemple : une substance à seuil, le glucose

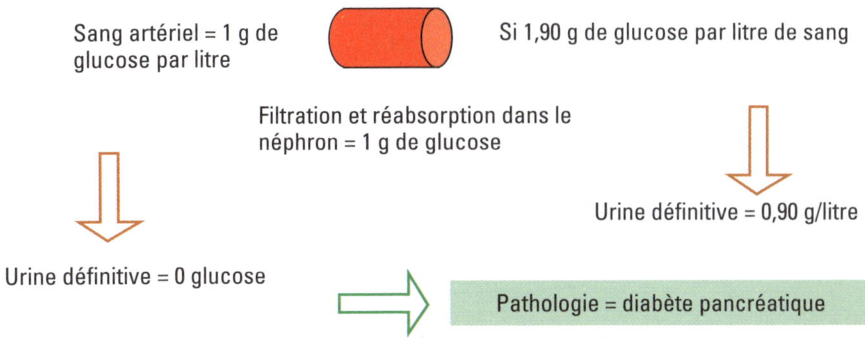

4. Synthèse des fonctions du rein

– Rôle dans l'équilibre hydroélectrolitique (régulation du milieu intérieur par régulation des ions et du volume d'eau éliminé).
– Rôle dans l'épuration du sang : il élimine, *via* les urines, les résidus du travail cellulaire (comme l'urée, la créatinine), des toxines provenant du foie, certains médicaments…

– Rôle endocrinien par le déclenchement de certaines hormones impliquées dans la tension artérielle, dans la sensation de soif.
– Il a également un rôle dans la transformation de la vitamine D.

5. Exemples d'anomalies de l'appareil urinaire (et vocabulaire médical)

Anomalies portant sur :	Exemples	Définitions	Quelques causes possibles
le volume urinaire émis sur 24 heures	Oligurie	Volume trop peu abondant de la diurèse	Manque d'hydratation
	Polyurie	Excès de la diurèse	Diabète insipide
les mictions	Dysurie	Difficulté à uriner	Adénome de la prostate
	Incontinence urinaire	Non-maîtrise du sphincter vésical	Causes neurologiques locales ou générales (ex. : maladie d'Alzheimer, hémiplégie), vieillissement du sphincter
	Rétention urinaire	impossibilité d'uriner malgré la Présence d'urine dans la vessie	Adénome de la prostate, post-anesthésie générale causes neurologiques
	Pollakiurie	Mictions très fréquentes et très peu abondantes à chaque fois	Cystite
la fabrication d'urine	Anurie	Absence de production d'urine	TA<6 en maxima, insuffisance rénale aiguë, chronique
la composition de l'urine	Glycosurie ou glucosurie	Présence de glucose dans les urines	Diabète pancréatique
	Albuminurie	Présence d'albumine dans les urines	
	Protéinurie	Présence de protéines dans les urines	
	Hématurie	Présence de sang dans les urines	
	Pyurie	Présence de pus dans les urines se traduisant par un aspect trouble des urines	Infection urinaire, manque d'hydratation
L'absence de germes dans l'appareil urinaire	Infection urinaire	Présence de germes dans les urines	Présence de germes entre autres : *Escherichia coli* au niveau de l'appareil urinaire
	Pyélonéphrite	Inflammation du bassinet et du rein	
	Néphrite	Inflammation du rein	
	Cystite	Inflammation de la vessie	

La perception des reins	Coliques néphrétiques	Douleur importante au niveau des reins	Calculs rénaux, pyélonéphrite, ou tout obstacle sur l'écoulement des urines entre le rein et la vessie

6. Traitements et surveillance spécifiques les plus courants de l'appareil urinaire

Traitements	Exemples	Commentaires
Régime diététique	Sans sel strict ou élargi	Le sel dans l'organisme retient l'eau. En diminuant le sel absorbé, on diminue la rétention d'eau (les œdèmes, par exemple). (voir module 1 fiche 13, L'aide à l'alimentation et à l'hydratation)
	Diète hydrique	Elle consiste à ne pas apporter de liquide et à en limiter l'apport suivant la prescription médicale.
Médicaments	Diurétiques	Médicaments qui favorisent l'élimination urinaire. (voir module 3 fiche 9, Notions de pharmacologie)
Chirurgie	Néphrectomie	Ablation d'un rein
	Cystectomie	Ablation de la vessie
	Uretérostomie	Abouchement des uretères à la peau
Examens	ECBU	Prélèvement stérile d'urine pour une recherche de micro-organisme avec mise en culture

Surveillance	Commentaires
Diurèse horaire **Diurèse des 24 h**	Volume d'urine émise sur une heure Volume d'urine émise sur 24 heures (voir fiche 11, Les paramètres vitaux : mesure, transcription et signes d'alerte)
boissons	Prise hydrique : toute prise de liquide est notée sur une feuille de surveillance et le tout est comptabilisé sur 24 heures.
Bilan des entrées et des sorties	Calcul du volume liquidien entré dans le corps (boissons, perfusion, etc.) et calcul du volume liquidien sortant du corps ; différence entre les deux chiffres obtenus (bilan).
Poids	Une rétention d'eau dans le corps se traduit par une prise de poids. La pesée permet de vérifier l'efficacité des traitements.
Couleur, aspect, odeur des urines	Toute anomalie doit être signalée.
Analyse par bandelette réactive	Prélever des urines fraîches, y tremper la bandelette colorimétrique et lire le résultat à l'aide du flacon en respectant les temps de pause indiqués.

7. Schéma de synthèse

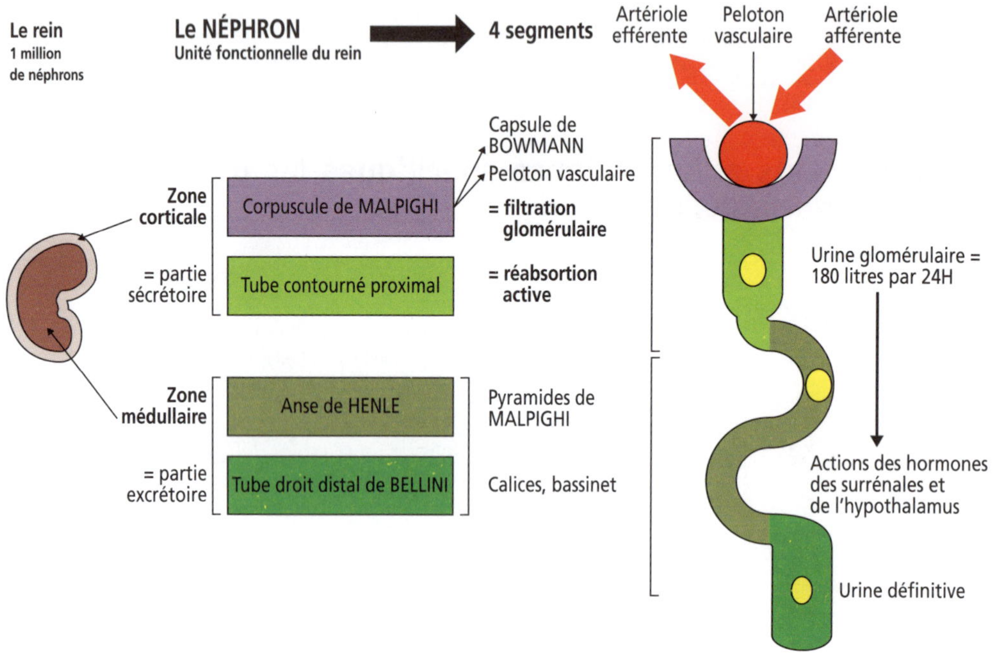

Une insuffisance de pression artérielle (à partir d'une TA à 6 pour la maxima) ne permet plus la fabrication d'urine (il y a anurie).

La diurèse est d'environ 1,5 L/24 h. L'urine est stérile, limpide, d'une couleur jaune claire. Elle ne contient ni glucose, ni protéines.

FICHE 7 L'appareil génital

2

1. Appareil génital féminin

Définition

L'appareil génital est l'ensemble des organes destinés à la reproduction humaine. Chez la femme, ils sont à la fois externes et internes : la vulve, le vagin, l'utérus, les trompes de Fallope et les ovaires.

Anatomie

L'appareil génital féminin

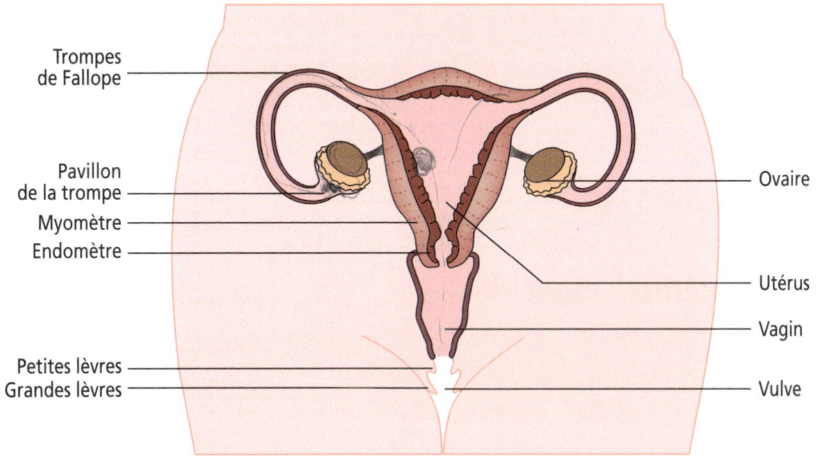

Physiologie : le cycle menstruel

L'appareil génital féminin commence à fonctionner à la puberté (12-14 ans) et cesse toute activité à la ménopause (45-50 ans). Le cycle menstruel commence au 1er jour des règles, continue jusqu'au 1er jour des règles suivantes et dure en moyenne 28 jours.

Il est divisé en trois étapes principales.

	Nom de la phase	commentaires
1re étape	Phase œstrogènique	Débute du 1er jour des règles et se poursuit jusqu'à l'ovulation. Elle dure en moyenne 14 jours. Cette période prépare à l'ovulation. C'est l'hypophyse qui la dirige en secrétant une hormone : la FSH. Celle-ci agit sur l'ovaire (**racine** ***ovario***) en provoquant la maturation d'un ovocyte dans le follicule de de Graaf et en induisant la sécrétion d'œstrogène qui permet au muscle utérin de s'épaissir peu à peu et de se préparer ainsi à accueillir l'ovule fécondé.
2e étape	L'ovulation	Sous l'action d'une hormone hypophysaire, la LH, le follicule de Graaf se rompt et libère l'ovule qui est happé par le pavillon de la trompe de Fallope (**racine** ***salpingo***) et commence son parcours vers l'utérus (**racine latine** ***uterus***, du **grec** ***hustera***). L'ovulation se produit toujours 14 jours avant le début des règles suivantes. C'est au cours de ce voyage vers l'utérus que l'ovule peut être fécondé.
3e étape	Phase lutéale ou postovulatoire	La LH hypophysaire agit sur l'ovaire et provoque la formation du corps jaune dans le follicule rompu qui va sécréter à son tour une hormone : la progestérone. La température corporelle augmente de 0,5 °C. La muqueuse utérine, sous l'effet des œstrogènes et de la progestérone, va continuer à se développer s'il n'y a pas fécondation. Le 28e jour, la production œstroprogestative s'arrête brutalement, ce qui va provoquer le détachement de la paroi de l'utérus de la partie de l'endomètre qui s'était préparée à la nidation, entraînant la rupture de quelques vaisseaux sanguins. Ce sont les débris de cette muqueuse mélangés à du sang et évacués en passant par le vagin (**racine** ***vagino***) qui constituent les règles et donc le début du cycle suivant.

2. Appareil génital masculin

L'appareil génital masculin est en grande partie externe. Il comprend les testicules, les voies spermatiques et la verge.

Anatomie

L'appareil génital masculin

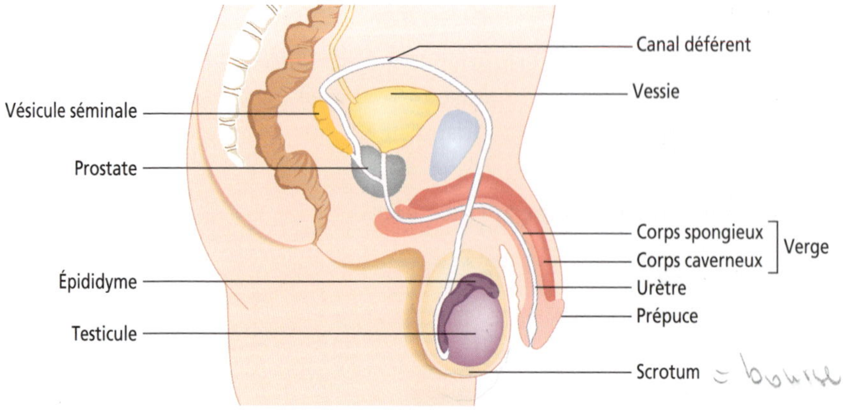

Physiologie

L'appareil génital masculin entre en fonction à la puberté (vers 13 ans) et fonctionne tout au long de la vie (contrairement à la femme).

Les testicules ont une double fonction : la spermatogenèse et la production d'une hormone : la **testostérone**. La production de testostérone est sous la dépendance de l'hypophyse et stimule la spermatogenèse. Le sperme, qui est l'amalgame des spermatozoïdes avec le liquide séminal et le liquide prostatique, est stocké dans l'ampoule déférentielle.

Lors de l'excitation sexuelle, également dépendante de la testostérone, les corps spongieux et caverneux se gorgent de sang, alors que par un système réflexe la voie de retour veineux est bloquée. C'est l'accumulation de ce sang qui fait augmenter de volume le pénis et lui donne sa rigidité.

L'éjaculation est due à la contraction réflexe de différents muscles qui va envoyer sous pression le sperme mis en réserve dans le canal éjaculateur. Après l'éjaculation, il y a réouverture du système veineux, donc les corps spongieux et caverneux se vident du sang accumulé, entraînant ainsi la détumescence du pénis.

L'érection est nécessaire à la pénétration et à l'éjaculation. Le sphincter de la vessie se ferme hermétiquement lors de l'érection, ainsi les deux fonctions ne se mélangent jamais.

3. Exemples d'anomalie de l'appareil génital masculin et féminin et vocabulaire médical

Anomalies portant sur :	Exemples	Définitions
les règles (menstruations)	Aménorrhée	Absence anormale de menstruations ou absence de règles liée à la ménopause
	Ménorragie	Règles trop importantes
	Métrorragie	Saignements utérins importants en dehors des règles
	Dysménorrhée	Règles difficiles et douloureuses
le vagin	Leucorrhée	Pertes blanches par le vagin
	Vaginite	Inflammation du vagin
les trompes de Fallope	Salpingite	Inflammation *L'ablation chirurgicale s'appelle une salpingectomie.*
l'ovaire	Kyste	Tumeur bénigne de l'ovaire *L'ablation d'un ovaire s'appelle une ovariectomie.*
l'utérus	Fibrome	Tumeur bénigne de la paroi utérine *L'ablation de l'utérus s'appelle une hystérectomie.*
la prostate	Adénome	Tumeur bénigne de la prostate

FICHE

8 Le système nerveux

Fonctions

Assurer la vie végétative et la vie de relation

Définition de la vie végétative : c'est la vie des organes et des appareils du corps humain, leur fonctionnement, indépendant de la volonté.

Définition de la vie de relation : c'est celle qui nous met en relation avec l'extérieur (qui nous permet de percevoir l'extérieur, d'agir sur l'extérieur, d'en avoir conscience) et avec les sensations corporelles (ex. : la douleur).

1. La cellule nerveuse (neurone)

La cellule composant le système nerveux s'appelle un **neurone**. Les neurones sont présents toute notre vie ; ils peuvent dégénérer et mourir mais ne sont pas remplacés. D'autres circuits neuronaux peuvent prendre le relais pour certaines fonctions dans une certaine mesure.

La cellule nerveuse a deux propriétés : **excitabilité** et **conductibilité**, ce qui permet la propagation de l'influx nerveux d'un neurone à l'autre ou d'un neurone à un organe (on parle alors de l'**innervation de l'organe**, c'est-à-dire des nerfs qui viennent influencer le fonctionnement de l'organe). Le sens de propagation de l'influx nerveux est indiqué par la flèche rouge sur le schéma. L'articulation d'un neurone avec un autre s'appelle une **synapse**.

Les axones

Un axone est le prolongement unique d'une cellule nerveuse. La longueur des axones peut varier de 1 mm à plus de 1 m. Ils présentent des constitutions différentes. Certains axones sont pourvus d'une **gaine de myéline** (composée de lipides qui permettent une conduction plus rapide de l'influx nerveux). Dans la sclérose en plaques, c'est cette gaine de myéline qui est attaquée.

Les nerfs

Un nerf est un cordon composé de plusieurs axones entourés de fibres et de tissus, comportant des vaisseaux sanguins. Sa fonction est de permettre le cheminement de la transmission d'influx nerveux vers divers autres tissus ou organes de l'organisme. La propagation de l'influx nerveux se fait à partir d'un potentiel d'action électrique.

Exemple : le nerf optique va permettre le recueil des informations recueillies par la rétine de l'œil et les transmettre au cerveau pour qu'il puisse les interpréter, les traduire et nous en faire prendre conscience.

Le neurone

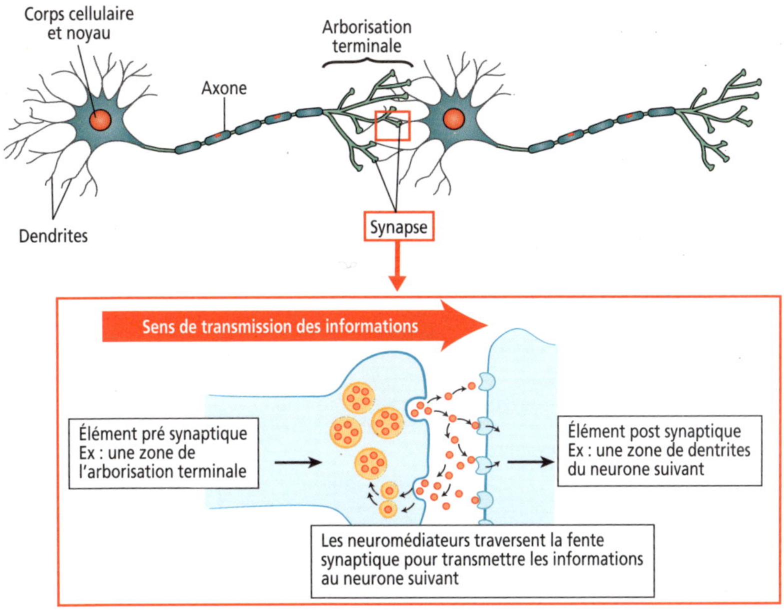

La synapse

C'est la zone de jonction entre deux neurones, entre une branche de l'arborisation terminale d'un neurone 1 et la dendrite d'un neurone 2. Entre les deux existe un infime petit espace que l'on appelle la fente synaptique. Des molécules du neurone 1 vont traverser ce minuscule espace pour aller dans le neurone 2. C'est ainsi que les messages contenus dans ces molécules vont pouvoir être transmis d'un neurone à l'autre.

Ces molécules chimiques porteuses d'un message chimique s'appellent des **neurotransmetteurs**. Exemples de neurotransmetteurs : l'adrénaline[1], la dopamine[2], l'acétylcholine.

2. Organisation du système nerveux

Nous n'avons qu'un système nerveux mais, pour en faciliter la compréhension, on distingue deux organisations qui permettent chacune d'assurer en particulier une fonction (fonction de la vie végétative ou fonction de la vie de relation).

1. L'adrénaline peut provoquer, par exemple en cas de stress ou d'émotion forte, une accélération du rythme cardiaque.
2. La dopamine est impliquée dans la maladie de Parkinson. Elle y est déficiente et les messages sont donc moins bien, voire plus du tout, transmis. On donne un traitement consistant à apporter de la dopamine par voie extérieure.

Organisation générale du système nerveux

Système nerveux cérébrospinal		Système nerveux végétatif	
Vie de relation		Vie végétative	
Système nerveux central	Encéphale et moelle épinière	Centres de traitements de la vie végétative	Dans le tronc cérébral, l'hypothalamus...
Système nerveux périphérique	Nerfs crâniens et nerfs rachidiens	Système nerveux végétatif	Nerfs sympathiques et parasympathiques

Le système nerveux cérébro-spinal

Récapitulatif de l'organisation du système nerveux cérébro-spinal

Système nerveux cérébrospinal : vie de relation		
Système nerveux central	encéphale	cerveau
		cervelet
		tronc cérébral
	moelle épinière	
Système nerveux périphérique	nerfs crâniens	
	nerfs rachidiens	

Le système nerveux central se compose de :

- l'encéphale, comprenant le cerveau, le cervelet et le tronc cérébral,
- la moelle épinière.

Le cerveau

C'est la partie la plus volumineuse et pèse chez l'être humain adulte environ 1,2 kg. Le cerveau gère entre autres :

- le cognitif (pensée, réflexions, apprentissage, mémoire, etc.) ;
- le langage ;
- le sensoriel (perceptions, sensations) ;
- le conatif (tout ce qui donne envie de faire quelque chose, la motivation, etc.) ;
- l'expression motrice.

Le cerveau est constitué de deux hémisphères cérébraux (un droit, un gauche) qui ne s'occupent pas des mêmes fonctions (par exemple, la zone du cerveau qui traite le langage est située dans le « cerveau gauche » ; si cette zone est endommagée, il y aura des troubles du langage). L'hémisphère droit chez les droitiers a plutôt une fonction artistique, émotionnelle, intuitive. L'hémisphère gauche s'occupe surtout des raisonnements scientifiques et du langage.

Chaque hémisphère présente des **lobes** (zones du cerveau délimitées par des sillons appelés scissures) :

Les quatre lobes cérébraux

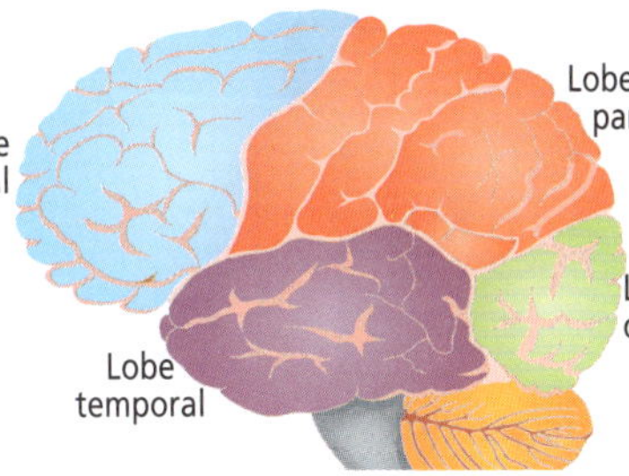

– le lobe frontal (zone où se trouve la gestion du comportement moteur et psychoaffectif) ;
– le lobe pariétal (sensitif) ;
– le lobe temporal (audition et langage) ;
– le lobe occipital (vision).

Une atteinte des neurones de ces zones viendra perturber les fonctions correspondantes.

À l'intérieur du cerveau, on trouve :

– des cavités emplies de liquide céphalo-rachidien (produit par les méninges), les ventricules cérébraux. Si ce liquide ne peut pas s'évacuer pour quelque raison que ce soit, il va s'accumuler dans le ventricule, pousser les limites de la cavité en comprimant des neurones. Beaucoup de fonctions seront alors perturbées (ex. : l'hydrocéphalie, produite par une trop grande quantité de liquide dans l'encéphale) ;

– des noyaux gris centraux (amas constitué de corps cellulaire de neurones) dont le thalamus avec juste en dessous et en correspondance avec lui, l'hypothalamus[1].

Le cervelet

Il assure trois fonctions :

Équilibre du corps en mouvement ou non	Le cervelet traite en permanence les informations qui le renseignent sur la position du corps dans l'espace et sur la position des différentes parties du corps les unes par rapport aux autres. Il régule ainsi les messages à envoyer aux parties du corps pour que l'équilibre soit maintenu, tant quand le corps est immobile (équilibre statique) qu'en mouvement (équilibre dynamique).
Tonus musculaire	Le cervelet nous permet de ne pas avoir de muscles qui suivent la Pesanteur (tombant vers le sol). Pour cela, il permet d'avoir un certain tonus musculaire toujours en action même au repos qui permet les bonnes postures.
Coordination des mouvements	Le cervelet apporte la coordination et de la fluidité aux ordres moteurs donnés par le cerveau pour que les mouvements ne soit pas rigides et hachés (comme ceux d'un mime, d'un robot ou un automate).

Dans la maladie de Parkinson, ces fonctions sont atteintes.

1. L'hypothalamus règle la vie végétative.

Le tronc cérébral

Il comprend le bulbe rachidien et la protubérance annulaire.

C'est l'endroit d'où sortent les nerfs crâniens et les grandes voies motrices et sensitives. À ce niveau, il y a **décussation,** c'est-à-dire croisement. Ce qui sort de l'hémisphère droit va s'occuper de la moitié gauche du corps et ce qui sort de l'hémisphère gauche va gérer la moitié droite du corps.

La décussation

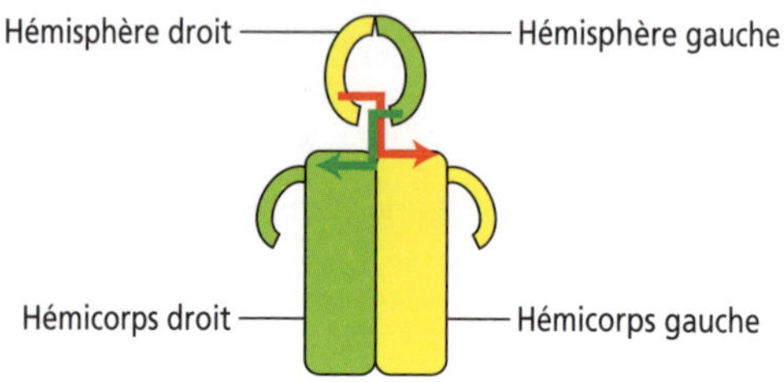

Ceci explique pourquoi, dans une hémiplégie droite (paralysie de la moitié droite du corps), c'est l'hémisphère gauche qui a été touché par un accident vasculaire cérébral ou par une tumeur.

Le tronc cérébral renferme aussi de nombreux centres gérant la vie végétative.

La moelle épinière

Bien protégée à l'intérieur de la colonne vertébrale formée par les vertèbres, dans le canal rachidien, se trouve un long cordon blanc (de la base du crâne jusqu'à la deuxième vertèbre lombaire) : la moelle épinière. Elle est :

– un lieu où passent les grandes voies motrices et sensorielles reliant encéphale et organes et muscles ;

– un centre de réceptions sensorielles et de déclenchement d'ordres moteurs particuliers appelés réflexes. En cas d'urgence, le réflexe présente une caractéristique de protection. Si on se brûle, on retire aussitôt sa main de la source de chaleur. La réaction est plus rapide que si on attendait que l'information sensorielle aille au cerveau, qu'on en prenne conscience, qu'on veuille retirer sa main et que l'information motrice redescende vers le muscle de la main.

L'arc réflexe

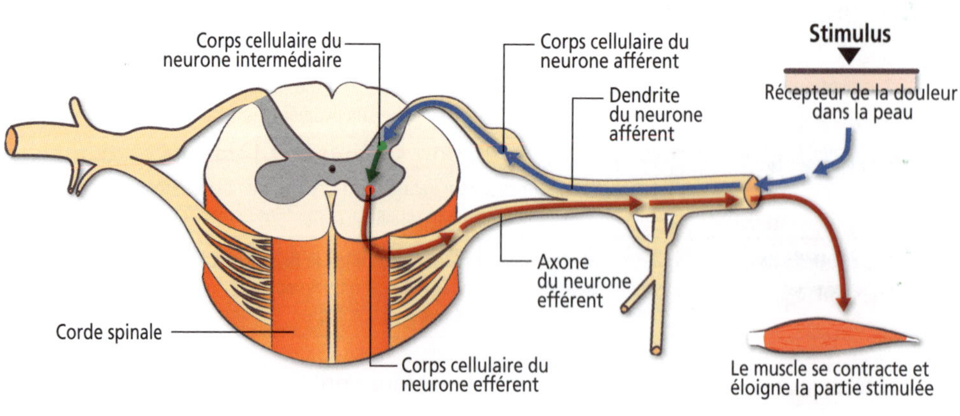

Parallèlement, la voie nerveuse sensitive conduit l'information au cerveau, ce qui fait que nous allons prendre conscience de ce problème mais, grâce à l'activité réflexe de la moelle épinière, la main est déjà hors de contact avec la source de brûlure.

Le système nerveux périphérique

Il est composé de deux sortes de nerfs :

– les nerfs crâniens, dont l'origine se situe dans la boîte crânienne (12 paires – ex. : nerfs optiques, nerfs olfactifs, nerfs auditifs, nerfs faciaux) ;
– les nerfs rachidiens, dont l'origine se situe au niveau de la moelle épinière (31 paires).

Ces nerfs ont la propriété de conduire les messages selon trois modes :

– Ils recueillent l'information sensorielle au niveau des organes des sens et la conduisent vers l'encéphale : ce sont les **nerfs sensitifs**.
– Ils transmettent des ordres donnés par l'encéphale jusqu'aux organes, tissus qui vont les recevoir et les exécuter : ce sont les **nerfs moteurs**.
– Ils peuvent faire les deux : ce sont les **nerfs mixtes**.

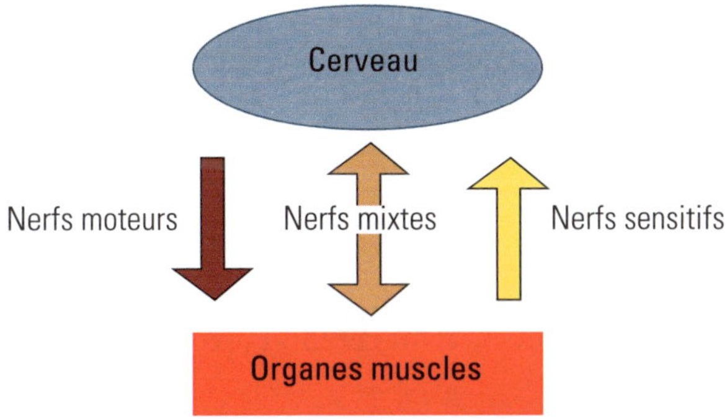

Pour la vie végétative : le système nerveux végétatif

Il se compose :

– de centres de traitement de la **vie végétative** (zones du système nerveux où se trouvent des neurones dont la fonction est de s'occuper de la vie végétative). Ils contrôlent la respiration, la circulation sanguine et l'activité cardiaque, la digestion. Ils régulent la glycémie (taux de sucre dans le sang), la faim, la soif, la température corporelle, etc. (ex. : l'hypothalamus, le tronc cérébral) ;
– d'un système de nerfs végétatifs : le système **sympathique** et le système **parasympathique** qui ont des actions antagonistes (l'un sert à accélérer, l'autre à ralentir) mais complémentaires (l'un fonctionne plus, l'autre moins, quand on en a besoin). Ils agissent dans un certain équilibre. Les informations sont données par des neurotransmetteurs chimiques : la noradrénaline pour le système sympathique et l'acétylcholine pour le système parasympathique.

Exemples :

Organes	Action du sympathique	Actions du parasympathique
Pupille	Dilatation	Contraction
Cœur	Accélération de la fréquence	Ralentissement de la fréquence
Intestin	Ralentissement du mouvement intestinal	Accélération du mouvement intestinal

3. Les méninges et le liquide céphalo-rachidien

Les **méninges** sont des éléments (comme de fins feuillets) qui entourent les tissus du système nerveux. Elles sont au nombre de trois :

- la dure-mère, appliquée sur les os, c'est la plus résistante ;
- l'arachnoïde, où circule le LCR ;
- la pie-mère, appliquée contre le tissu nerveux, qui contient des vaisseaux sanguins servant à nourrir les tissus nerveux.

Les méninges secrètent le **liquide céphalo-rachidien**. C'est un liquide clair « comme de l'eau de roche », sans germes, qui baigne le tissu nerveux et destiné à être réabsorbé dans le système veineux plus tard. On peut le prélever quand on fait une ponction lombaire. Un adulte en a environ 150 cm^3.

Le LCR a principalement un rôle de protection et de soutien du tissu nerveux. Il participe aussi à l'épuration de ce tissu.

Parfois, le LCR peut ne pas s'écouler correctement le long du tissu nerveux. Il peut alors faire pression sur le tissu cérébral (exemple de l'hydrocéphalie) et provoquer des lésions.

4. Anomalies les plus fréquentes du système nerveux (et vocabulaire médical)

Anomalies portant sur :	Exemples	Définitions
l'encéphale	Encéphalite	Inflammation de l'encéphale
les méninges	Méningite	Inflammation des méninges
l'irrigation cérébrale	Accident vasculaire cérébral	Souffrance du tissu cérébral brutale liée à une ischémie due à une artère bouchée ou due à une hémorragie artérielle cérébrale
	Hémorragie cérébrale	Rupture de la paroi d'une artère cérébrale (ex. de causes : anévrisme, HTA, traumatisme, etc.)
le langage	Aphasie	Perte de la capacité à communiquer avec un langage adapté
	Dysphasie	Difficulté à communiquer avec un langage adapté

les facultés cognitives	Amnésie	Perte totale ou partielle de la mémoire
	Apraxie	Perte de la capacité à réaliser des mouvements volontaires coordonnés dans le but d'une action pratique
	Désorientation temporo-spatiale	Perte des repères au niveau du temps et de l'espace
le système nerveux en général	Hémiplégie	Paralysie de la moitié droite ou gauche du corps
	monoplégie	Paralysie d'un membre
	Paraplégie	Paralysie de la moitié basse du corps
	Tétraplégie	Paralysie des quatre membres
	Névralgie	Douleur sur le trajet d'un nerf

5. Les organes des sens

Les sens sont le toucher (peau), la vue (œil), l'audition (oreille), l'odorat (nez) et le goût (langue).

L'œil. Fonction : la vue

L'œil

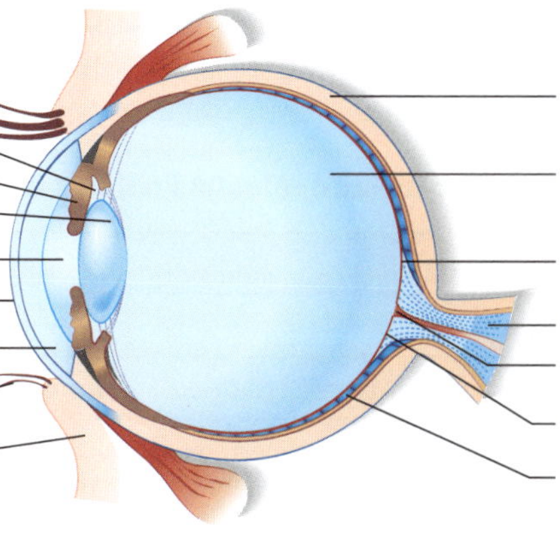

L'œil (**racine latine *oculo*** et **racine grecque *ophtalmo***) est logé dans une **orbite** tapissée de tissu graisseux très vascularisé. Sa paroi est formée par **trois** membranes :

La sclérotique la plus extérieure	Fonction : protéger l'œil en formant comme une coque. Vers l'avant, elle se prolonge par une membrane transparente, la cornée.
La choroïde entre les deux autres	Mince, vascularisée (pour la fonction nourricière de l'œil). À l'avant, elle se poursuit par **l'iris**, percé d'un orifice appelé **pupille**. La pupille est capable de se contracter (myosis) ou de se dilater (mydriase).

La rétine la plus interne	Fonction nerveuse. Elle a une zone particulière, la **fovéa** ou **tache jaune**, où les impressions visuelles sont les plus nettes (il y a de nombreuses cellules nerveuses à ce niveau, les bâtonnets pour une vision crépusculaire et les cônes pour les couleurs).

Les **glandes lacrymales** sécrètent les larmes (**racine *lacrima***) en continu pour maintenir l'œil humide. Elles s'écoulent dans un canal qui, parfois, peut se boucher. Ce non-écoulement entraîne une hyperpression à l'intérieur de l'œil (glaucome) et doit être traité rapidement.

On trouve aussi **trois** corps dits « transparents » :

L'humeur aqueuse, entre la cornée et l'iris	Fluide comme de l'eau (*aqua* en latin).
Le cristallin, contre l'iris	C'est une lentille déformable, élastique dont la fonction est l'**accommodation**.
L'humeur vitrée, la plus interne	C'est une masse gélatineuse qui remplit la cavité interne de l'œil.

Physiologie

La lumière pénètre par l'iris jusqu'à la fovéa de la rétine. Cette zone est riche de cellules sensorielles captant les couleurs et les différences de gris quand la luminosité est faible.

À ce niveau, il y a transformation des influx lumineux en impulsions nerveuses (informations) qui vont être transmises par le nerf optique à la zone cérébrale traitant les images.

Vocabulaire relatif à l'œil et à la vue

Terme médical	Définitions
Cécité	Perte de la vue
Cataracte	Opacification du cristallin pouvant mener à la perte de la vue
Collyre	Médicament liquide destiné à l'œil
Conjonctivite	Inflammation de la conjonctive
Kératite	Inflammation de la cornée
Mydriase	Dilatation de la pupille
Myosis	Contraction de la pupille
Myopie	Anomalie de la vision : bonne vision de près mais vision trouble des objets éloignés
Hypermétropie	Anomalie de la vision : bonne vision de loin mais moins bonne de près
Presbytie	Anomalie de la vision liée à l'âge : bonne vision de loin mais moins bonne de près

L'oreille. Fonctions : audition et équilibre (pour l'oreille interne)

L'oreille

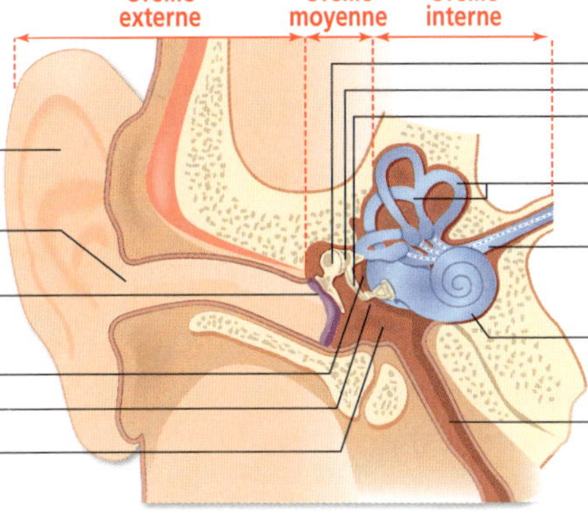

Les sons pénètrent le conduit auditif et font vibrer le tympan. Ces vibrations sont transmises à l'oreille (**racine *oto***) interne grâce aux trois osselets. Le nerf auditif transmet toutes les informations à la zone cérébrale correspondant à l'audition. Dans l'oreille interne se trouvent des récepteurs qui transmettent au cerveau des informations sur la position du corps dans l'espace et qui permettent ainsi le maintien de l'équilibre.

Vocabulaire relatif à l'oreille et à l'ouïe (audition)

Terme médical	Définitions
Otorrhée	Écoulement de liquide non sanguin par l'oreille
Otorragie	Écoulement de sang par l'oreille
Otite	Inflammation au niveau de l'oreille (tympan)
Hypoacousie	Baisse de l'audition
Acouphène	Bruits intérieurs perçus en continu
Presbyacousie	Baisse de l'audition liée à l'âge

Le nez. Fonction : odorat et filtration des particules de l'air

Il est à la fois organe des sens (odorat) et organe de l'appareil respiratoire. Sa muqueuse contient des cellules sensorielles et des cils vibratiles.

La langue. Fonction : goût et muscle jouant un rôle dans l'appareil digestif et dans la phonation

Pour sa fonction sensorielle, la langue (**racine *glosso***) est recouverte de papilles permettant l'appréciation des différents goûts : salé, sucré, amer, acide. Les informations sont transmises à la zone cérébrale correspondante par le nerf glosso-pharyngien.

FICHE 9

Processus pathologiques, maladies et répercussions sur l'individu

1. Les principaux processus pathologiques

Le terme de processus contient une idée de mouvement. Quelque chose vient empêcher le fonctionnement normal du corps, de manière lente et insidieuse (ex. : les maladies chroniques) ou de manière brutale (ex. : les maladies aiguës ou les urgences).

Souvent, des facteurs de risques (génétiques ou liés au mode de vie) sont présents avant que la maladie ne soit observable à travers des signes (symptômes).

Les **signes ou symptômes :** ce sont des manifestations observables, voire mesurables ou bien ressenties par la personne atteinte.

Exemple de signes objectifs : hyperthermie à 40 °C, sueurs abondantes.

Le **syndrome** est un ensemble de symptômes regroupés. Ce regroupement oriente les médecins vers un diagnostic correspondant.

Exemple : hyperthermie + sueurs abondantes + douleurs musculaires + fatigue intense (asthénie) = syndrome grippal.

Le médecin fera d'autres explorations lui permettant de confirmer ou non son diagnostic. Le **diagnostic** correspond à l'identification d'une maladie. Selon le type de maladie, le médecin peut aussi envisager un **pronostic** (envisager l'évolution de la maladie).

Les maladies ou pathologies (**racines *patho* : maladie ; *logie* : étude ou science de...**) peuvent se regrouper dans des catégories différentes selon leur mode d'apparition et d'évolution. Ces catégories forment les processus pathologiques.

Pour chaque processus se retrouvent un mode d'apparition, des facteurs favorisants, un mécanisme physiopathologique particulier et des étapes spécifiques qui seront les mêmes pour toutes les maladies relevant du processus.

Type de processus	Mécanisme central	Maladies
Processus* infectieux Ce processus est couplé avec des réactions inflammatoires	Dû à la présence d'un agent infectieux : virus, bactéries, etc.	Rougeole, grippe, tuberculose (suffixe *-ose* : indique la dégénérescence), VIH SIDA
et parasitaire	Présence de parasites	Gale, parasitose due aux poux, etc.

Processus oblitératif	Présence d'un élément (thrombus, lithiase : calcul) qui vient boucher un conduit du corps humain (ex. : artère, canal excréteur d'une glande exocrine).	Angor, infarctus du myocarde, artérite des membres inférieurs, embolie pulmonaire Coliques néphrétiques Lithiase biliaire
Processus traumatique	Dû à un choc qui vient endommager des organes du corps.	Fractures des os, traumatisme crânien, éclatement de la rate, escarre, etc.
Processus dégénératif	Un ou plusieurs organes dégénèrent plus ou moins rapidement et les fonctions correspondant aux organes sont plus ou moins rapidement perturbées.	Arthrose : dégénérescence d'une articulation Coxarthrose : dégénérescence de la hanche Athérosclérose : dégénérescence de la paroi artérielle Démence sénile : dégénération des fonctions cérébrales liée à l'âge Maladies de Parkinson, d'Alzheimer, insuffisance rénale, respiratoire, cardiaque, etc.
Processus tumoral	Prolifération anormale de cellules saines ou malignes pouvant détruire les tissus voisins	Tumeurs bénignes, fibrome, adénome prostatique, tumeurs malignes (cancers), cancer de la prostate, etc.
Processus inflammatoire Couplé souvent avec processus infectieux	Présence d'une inflammation, d'une réaction inflammatoire (tout germe pénétrant dans le corps déclenche une réaction inflammatoire)	Arthrite (suffixe *-ite* indique une inflammation) : inflammation d'une articulation Phlébite : inflammation d'une veine due à la présence d'un caillot

* Les processus sont détaillés à partir de l'étude de pathologies emblématiques en M3.

2. Les maladies

Les maladies peuvent donc se classer en fonction du type de processus pathologique auquel elles appartiennent. Exemple : une maladie infectieuse s'intègre dans le processus infectieux.

Il existe aussi d'autres types de classement des maladies selon que l'on considère la durée de leur survenue, les impacts qu'elles peuvent avoir sur la vie ou leur cause. Ainsi, une maladie peut se classer dans plusieurs catégories. Exemple : la tuberculose est une maladie infectieuse mais aussi à incidence sociale. La rougeole est une maladie infectieuse et aiguë.

Type de maladie	Définition	Exemples
Maladie aiguë	Maladie de survenue brutale	Infarctus du myocarde, embolie pulmonaire
Maladie chronique	Maladie installée dans le temps dont l'évolution est plus ou moins lente	SEP, rhumatismes, diabète, Insuffisances rénales, cardiaques, respiratoires

Maladie à incidence sociale	Maladie inquiétant la santé publique	Tuberculose, éthylisme, diabète
Maladie bénigne	Maladie considérée comme non grave *a priori*	Maladies infantiles
Maladie maligne	Maladie mettant en jeu le pronostic vital	Cancers
Maladie métabolique	Maladie affectant le plus souvent le fonctionnement d'un organe en rapport avec un trouble des hormones	Diabète Hyper ou hypothyroïdie Œdèmes généralisés
Maladie invalidante	Maladie entraînant une perte d'autonomie, voire un handicap	AVC avec hémiplégie SEP Maladie d'Alzheimer
Maladie mentale	Maladie d'origine mentale, psychologique	Névrose, psychose, états limites
Maladie somatique	Maladie affectant le corps	Toutes les maladies sauf les maladies mentales
Maladie psychosomatique	Maladie affectant à la fois le corps et le mental dont l'origine est psychologique avec des facteurs externes déclenchant.	Asthme, psoriasis
Affection longue durée (ALD)	Il existe une trentaine de maladies prise en charge à 100 %.	Toutes les insuffisances invalidantes, les cancers, le diabète, etc.

3. Situations de soins et répercussion sur la personne et son entourage

Les répercussions des problèmes de santé sur la personne seront en lien avec :

- l'urgence ou non de la situation ;
- le degré de menace vitale pour l'individu ;
- les conséquences physiques pour l'individu (perte d'autonomie ou non) ;
- les conséquences psychologiques pour l'individu (image du corps, en tant que support du narcissisme[1], estime de soi) ;
- la qualité de la prise en charge (rapidité, efficacité, informations données, etc.) ;
- la confiance de la personne envers l'équipe soignante.

Toute atteinte corporelle a son écho au niveau psychologique. La prise en charge dans les situations se préoccupe des deux niveaux.

Exemple : M. Jean a dû être pris en urgence au bloc à la suite d'une coronarographie, pour un pontage coronarien. L'urgence de la situation a fait que peu d'informations lui ont été données et qu'il n'a pas eu le temps de se préparer

1. Selon Françoise Dolto.

« psychologiquement » à l'intervention. Il a par la suite développé un ulcère gastrique de stress lors de son séjour en réanimation.

Le degré d'anxiété des familles vis-à-vis de leur proche est aussi à prendre en considération.

Tableau de synthèse : types de maladies, situations de soins et répercussions sur la personne

	Situations de soins en lien avec le problème de santé de la personne			
	Maladies chroniques	**Maladies aiguës**	**Urgences**	**Fin de vie**
Définition	Maladies permanentes, souvent évolutives, sujettes à des complications, à une diminution potentielle de l'autonomie.	Maladies à survenue rapide, généralement de courte durée et d'origine infectieuse, dont l'évolution est soit la guérison, soit la chronicité, soit la mort.	Situations de survenue brutale, impliquant souvent la vie ou l'intégrité de la personne.	Situation encore appelée « de phase terminale ». L'état de santé de la personne évolue vers une mort proche qui peut survenir de manière brutale ou à la suite d'une agonie.
Caractéristiques	La personne acquiert au fil du temps un savoir sur sa maladie, elle en a souvent sa représentation, repère vite les petits signes qui, à ses yeux, ne lui semblent pas normaux. Elle doit être le premier acteur de la gestion de sa maladie (si elle le peut et/ou le désire).	État de fatigue générale pendant la maladie avec modification possible du caractère et de l'humeur.	En fonction de la cause de l'urgence, la personne va être l'objet de soins techniques invasifs, d'examens, d'une hospitalisation.	La personne éprouve souvent un état d'extrême fatigue, des douleurs à la mobilisation.
Répercussions psychologiques sur la personne	Angoisse sur le risque d'évolution négative de la maladie, image de soi, estime de soi modifiées. Angoisse de mort possible. Anxiété quant à la perte d'autonomie. Risque de dépression.	En fonction de la gravité de la maladie et de son évolution.	La personne peut développer un haut niveau d'angoisse pour sa vie et pour une hospitalisation sans « préparation psychologique » Elle peut se sentir « abandonnée » par les soignants quand les soins urgents ont été faits.	La personne peut traverser tous les stades du mourir dans l'ordre ou non ou encore en vivre plusieurs selon les moments.

Exemples	Diabète, SEP, maladie de Charcot, SIDA, polyarthrite, arthrose, cancers, insuffisances respiratoire, rénale, cardiaque, etc.	Grippe, pneumonie, rougeole, méningite, otite, etc.	OAP, infarctus du myocarde, AIT, AVC, coma diabétique, traumatismes, fractures, blessures graves, etc.	Phases terminales de cancers, d'insuffisances respiratoires, rénales, cardiaques, de maladies neurodégénératives, etc.
Objectifs généraux de soins	– Réaliser une éducation thérapeutique. – Surveiller régulièrement l'état de santé et les complications potentielles. – Maintenir aussi longtemps que possible l'autonomie et l'état de santé. – Accompagner la personne dans toutes les phases de sa maladie.	– Participer à l'établissement du diagnostic médical. – Réaliser des soins liés à la pathologie et aux signes cliniques (ex. : face à l'hyperthermie). – Accompagner la personne selon son degré d'autonomie et l'évolution de celle-ci.	– Traiter le plus rapidement possible le problème médical pour assurer la survie ; – Informer, rassurer la personne et son entourage.	– Assurer confort physique, psychologique. – Évaluer et soulager la douleur. – Accompagner la personne dans les différentes phases jusqu'à la mort. – Accompagner l'entourage de la personne.

FICHE 10

La démarche d'observation aide-soignante

2

1. L'observation clinique

Le mot « démarche » implique que l'observation attendue pour la fonction aide-soignante ne se fait pas « naturellement ». Il y a l'idée d'un processus (un cheminement) et d'un but (observer).

L'environnement qui nous entoure se perçoit à l'aide des cinq sens. Ces sens transmettent des « signaux » au cerveau. Ce dernier va les traduire en quelque chose qui a une signification pour nous. Cette signification dépend de ce que nous avons connu, appris, compris. Il y a donc des « filtres et des tris » entre toutes les informations reçues par le cerveau et la conscience de ce que nous avons perçu.

Pour l'aide-soignant, cela signifie que l'observation dont il doit faire preuve est orientée par des filtres ou tris particuliers qui permettent de donner un sens à ce qui est observé. Ces tris vont former des catégories significatives au niveau de l'observation. Et ces tris ou catégories s'apprennent, s'expérimentent, s'intègrent, jusqu'à faire partie d'un mode naturel, systématique, instinctif d'interprétation de l'environnement. L'observation est alors de plus en en plus fine dans ces catégories.

L'observation dans ce cadre s'appelle une **observation « clinique »**. À l'origine, le mot « clinique » signifiait « au lit du malade ». L'aide-soignant observe donc la personne soignée et l'environnement proche dans lequel elle évolue (son lit et sa chambre).

2. La démarche

La méthode des 3QOCP peut s'appliquer à toute démarche.

Q	Qui observer	La personne soignée.
Q	Quoi observer	Son comportement, son état physique (clinique), ce qu'elle dit, ce qu'elle manifeste en non-verbal. Son environnement : objets particuliers, appareillage médicaux, état de la chambre, état du lit, présence de la sonnette…
Q	Quand observer	À chaque fois que je suis en présence de la personne soignée.

O	Où observer	À tout endroit où se trouve la personne (chambre, couloir, restaurant, etc.).
C	Comment observer	À partir des connaissances acquises sur ce qui est à observer : les paramètres vitaux et les signes potentiels d'alerte (pour le module 2).
P	Pourquoi observer	Pour évaluer un état clinique, pour déceler un changement de l'état clinique afin de transmettre et d'alerter si besoin, pour adapter les soins à apporter.

3. Indicateurs significatifs de l'état clinique d'une personne

L'état clinique d'une personne est l'état de santé que l'on peut estimer quand on est avec elle.

Il existe des indicateurs qui permettent d'évaluer l'état de santé par l'observation, par la mesure objective de certains paramètres ou par l'écoute de symptômes subjectifs.

Les paramètres vitaux	Ce sont des données qui mesurent les principales fonctions vitales du corps, par exemple : la température, le pouls, la TA (tension artérielle), la diurèse. Cette mesure permet une comparaison avec des chiffres qui ont une norme. Tout écart avec cette norme doit être signalé et analysé.
Les signes ou symptômes observables sur la personne	Il s'agit de toute manifestation qui traduit que quelque chose ne va pas, par exemple : des sueurs profuses, une coloration bleutée des lèvres, une pâleur inhabituelle, une agitation, une confusion dans les propos.
Les signes décrits par la personne (non observables directement)	C'est ce qu'on appelle des symptômes subjectifs, par exemple : le degré de fatigue, une douleur diffuse et sourde, l'impression de ne pas se sentir bien, d'avoir comme de l'eau dans les oreilles.

Durant sa formation, l'élève aide-soignant va acquérir une connaissance sur ces indicateurs significatifs, connaissance fondamentale que l'expérience professionnelle viendra enrichir.

A noter

La capacité à observer permet de signaler aussitôt que possible tout changement anormal et de donner l'alerte. L'aide-soignant est la catégorie de soignant qui passe le plus de temps « au lit du malade », ce qui en fait un pilier incontournable dans la prise en charge de la personne. L'observation clinique fait partie du cœur de métier de l'aide-soignant.

FICHE 11

Les paramètres vitaux : mesure, transcription et signes d'alerte

2

Les **paramètres vitaux :** ce sont des éléments qui permettent d'apprécier le fonctionnement des grandes fonctions vitales que sont : la fonction cérébrale (la conscience), la fonction respiratoire (la respiration), la fonction digestive (les selles), la fonction urinaire (les urines) et la fonction cardiaque (pouls, TA), la fonction de thermorégulation (la température).

Dans le vocabulaire courant, on utilise le terme de constantes pour désigner le pouls, la TA, la température, entre autres.

Ces éléments sont observables ou mesurables. Les observations ou les chiffres obtenus peuvent être compris dans les normes c'est-à-dire ce que les médecins ont défini comme bons indices d'un bon fonctionnement. Ils peuvent aussi être hors norme et deviennent alors des signes d'alerte d'un dysfonctionnement d'une fonction vitale.

1. La fréquence respiratoire

Définition

La fréquence respiratoire correspond au nombre de mouvements respiratoires (une inspiration + une expiration = un mouvement respiratoire) sur une minute.

Réalisation du soin

Cette mesure a la particularité de devoir se faire à l'insu de la personne (sinon elle risque inconsciemment de modifier sa façon de respirer). Voici la procédure à suivre :

- Se munir d'une montre avec trotteuse.
- Effectuer un geste d'hygiène des mains avant et après le soin.
- Veiller à ce que le patient soit au repos physique et psychologique depuis au moins 15 minutes.
- Poser la main sur le thorax de la personne ou compter le nombre de soulèvements observables
- Prendre un repère de temps avec la trotteuse.
- Compter le nombre de mouvement respiratoire sur une minute ; ceci n'est pas toujours facile à réaliser car le rythme est relativement lent et il ne faut pas être distrait par autre chose pendant ce temps.

Les normes

Normes au niveau des résultats		
Respiration selon l'âge	**Fréquence**	**Qualité**
Adulte	16 à 18 mouvements respiratoires par minute	Aisée, silencieuse, nasale Coloration rosée de la peau, des ongles, lèvres et ourlets d'oreille : indique une bonne oxygénation des tissus.
Jeune adolescent	12 à 20	
Enfant de 4 ans	20 à 30	

Anomalies

En cas de signes d'alerte, il faut avertir l'IDE aussitôt et faire les transmissions écrites.

Signes d'alerte :

- chiffre de la fréquence respiratoire plus rapide que la norme (polypnée, tachypnée) ou plus lent (bradypnée) ;
- difficultés à respirer (dyspnée), respiration bruyante, expectoration, toux ;
- coloration bleutée de la peau et des extrémités (cyanose).

2. La prise du pouls

Définition

Le pouls est la perception des battements cardiaques au niveau d'une artère distale.

Objectif de la prise du pouls

Mesurer et vérifier la fréquence cardiaque, le rythme cardiaque et l'intensité du pouls.

Les normes

La fréquence se situe entre 60 et 80 pulsations par minute avec des variations physiologiques possibles (sportifs), le rythme doit être régulier (le pouls est perceptible à intervalle régulier) et nettement ressenti.

Conditions à respecter pour que le résultat de la prise soit fiable

- Patient au repos physique et psychologique depuis 15 minutes.
- Prise du pouls sur 1 minute (pour ne pas passer à côté d'une arythmie).

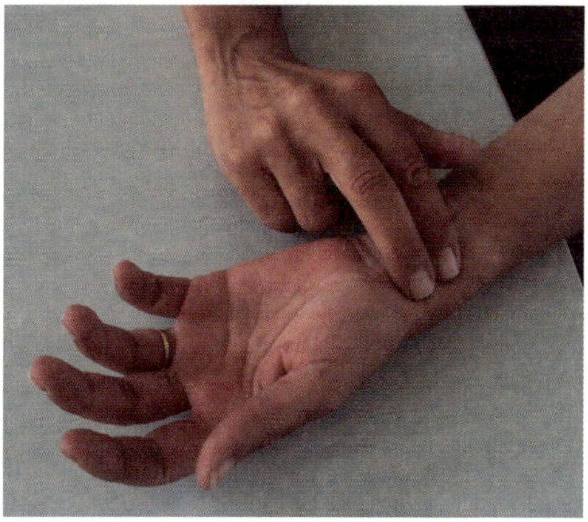

Technique de prise du pouls

– Le matériel : une montre avec trotteuse.
– Le soin : réaliser un geste d'hygiène des mains (c'est un soin comme les autres).
– Le pouls ne se prend jamais avec le pouce, mais avec deux doigts (généralement l'index et le majeur).
– Il faut comprimer légèrement en regard de l'artère radiale (poignet côté pouce du patient) ; il peut se prendre également au niveau de la carotide ou en fémoral.
– Prendre un repère de temps avec la trotteuse.
– On compte le nombre de pulsations ressenties sous les doigts sur une minute entière (afin d'éviter de passer à côté d'un trouble du rythme) ; attention, il faut éviter au maximum de garder le regard fixé sur la trotteuse (sinon, automatiquement, on finit par compter l'avancée de l'aiguille et non la perception du pouls).

Résultats : critères à apprécier et à transmettre

Critères	Définition du critère
La fréquence	C'est le nombre de pulsations sur une minute.
Le rythme	C'est la régularité, ou non, avec laquelle vous percevez le pouls.
L'intensité	C'est la force avec laquelle vous percevez le pouls.
Comparaison avec le pouls de référence	Le pouls de référence est le pouls moyen habituel de la personne. Toujours avertir l'IDE s'il y a une différence notable avec le pouls de référence de la personne.

Transcription du résultat sur la feuille de température

– Le pouls se note en rouge sur la feuille de température.
– La courbe du pouls est naturellement parallèle à celle de la température.
– Transmettre oralement toutes les informations utiles à l'infirmière.

Les signes d'alerte

Toute anomalie de fréquence, de rythme ou d'intensité par rapport aux normes est à signaler à l'infirmière.

Anomalies portant sur	Terme médical	Définition
la fréquence	Tachycardie	Accélération de la fréquence cardiaque au-dessus des normes et/ou du pouls de référence du patient
	Bradycardie	Ralentissement de la fréquence cardiaque au-dessous des normes et/ou du pouls de référence du patient

le rythme	Arythmie	Irrégularité des pulsations cardiaques
la fréquence et le rythme en même temps	Tachyarythmie	Accélération et irrégularité des pulsations cardiaques
	Bradyarythmie	Ralentissement et irrégularité des pulsations cardiaques
l'intensité de la perception	Pouls filant	Pouls difficilement perceptible, sensation d'une grande accélération comme s'il était en continu (ex. : lors d'une hémorragie interne).

Pour apprécier l'urgence et/ou la gravité des signes d'alerte à transmettre

Il faut connaître les normes du pouls et le pouls de référence de la personne pour pouvoir comparer et identifier le degré d'urgence.

Si un patient a un pouls qui bat à 86 pulsations/min (donc au-dessus de la norme), comme d'habitude, vous n'avez pas besoin d'alerter en urgence l'infirmière ; vous l'en informerez lors des transmissions orales. En revanche, pour un patient dont le pouls habituel est de 56 pulsations/min, il faudra alerter immédiatement l'infirmière si ce jour il est de 86.

3. La prise de la tension artérielle

Définition

C'est la mesure de la pression du sang circulant dans les artères. La tension artérielle dépend de la force de contraction du cœur, de la capacité de résistance des vaisseaux et de la masse sanguine.

Objectif

Participer à l'appréciation de la fonction cardio-vasculaire en mesurant :
- la pression systolique ou maxima (traduisant la contraction ventriculaire) ;
- la pression diastolique ou minima (traduisant la résistance des vaisseaux).

Modalités de la prise de la tension artérielle

À quel moment prendre la tension ?

– Suivant les habitudes du service, en milieu hospitalier, elle est généralement prise matin et soir et plus si nécessaire alors qu'en institution elle peut être prise une fois par semaine.

– À tout moment selon l'état clinique de la personne (signes d'hypertension, malaise, etc.).

Avec quoi ?

– Un tensiomètre et un stéthoscope (prise manuelle de la tension)

– Un « dynamap » ou un tensiomètre de poignet
– Un cardioscope muni d'un brassard à tension

Comment ?

– Vérifier qu'il n'y ait aucune contre-indication (chirurgie mammaire, chirurgie du bras, fistule artério-veineuse, etc.) ;
– Comme pour tout soin, réaliser un geste d'hygiène des mains avant et après ;
– En dehors des situations d'urgence, le patient doit être au repos depuis environ 15 minutes, ce qui permet de comparer avec sa tension artérielle de référence.

Technique : prise de la tension artérielle avec un manomètre et un tensiomètre

– Appliquer le brassard sur le bras tendu (paume vers le haut) à environ 2 cm au-dessus du pli du coude et le fixer.
– Vérifier que l'aiguille du manomètre est bien sur le zéro.
– Mettre les embouts du stéthoscope dans les oreilles (attention au sens), puis la membrane de l'autre bout du stéthoscope en regard de l'artère humérale.

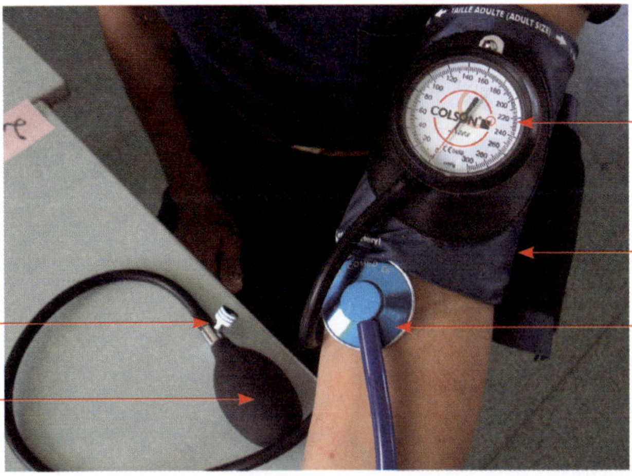

– Visser la vis de la poire puis gonfler le tensiomètre (inutile de dépasser de plus de 2 la tension maximale habituelle du patient).
– Dégonfler progressivement le brassard en ouvrant la vis très doucement.
– Tout en dégonflant, surveiller l'aiguille sur le cadran ; dès que l'on entend un premier bruit, il faut le garder en tête, c'est le chiffre de la maxima. Continuer de dégonfler doucement et, à la disparition des bruits du cœur, repérer l'emplacement de l'aiguille qui indique le chiffre de la minima.
– Finir de dégonfler le brassard et noter aussitôt les chiffres de la tension sur la feuille de surveillance prévue à cet effet.
– Au moindre doute, ne pas hésiter à la reprendre éventuellement en changeant de bras.

Technique : prise de la tension artérielle avec un dynamap ou un brassard relié à un cardioscope

La mise en place du brassard est identique que pour la méthode manomètre/stéthoscope. Ensuite, il s'agit d'appuyer sur le dispositif de mise en marche pour lire le résultat affiché. Il faut être vigilant car le brassard peut occasionner des lésions au niveau du bras (irritations, plaies, hématomes).

Les résultats

À l'état normal chez l'adulte jeune, la tension est en général de l'ordre de 12/7 ; chez l'adulte après 60 ans, les chiffres peuvent augmenter et une tension à 15/9 peut être considérée comme la limite maximale de la normale. Chez les enfants, la maxima se situe autour de 10.

Pression artérielle : Norme OMS chez l'adulte de moins de 18 ans (chiffres en mmHg)		
Classification	**Pression systolique**	**Pression diastolique**
TA optimale	< 120	< 80
TA normale	< 130	< 85
TA normale haute	130-139	85-89
HTA légère	140-159	90-99
HTA modérée	160-179	100-109
HTA sévère	180	110

Les **signes d'alerte :** chiffres de l'hypertension artérielle ou de l'hypotension artérielle

4. La prise de la température

Définition

La température est le degré de chaleur de l'organisme.

Généralités

La température est maintenue constante grâce à un système de thermorégulation (**racine *thermo***) régi dans une partie du cerveau (hypothalamus). L'équilibre est assuré par des phénomènes de thermogenèse (production de chaleur principalement par le travail des cellules) ou de thermolyse (déperdition de chaleur par la peau – transpiration – et par la respiration).

Normes

La température moyenne d'un individu adulte sain se situe aux alentours de 37 °C. Elle peut varier de manière physiologique de quelques dixièmes de degré. La personne est dite apyrétique.

Les variations physiologiques (variations naturelles, normales)

– **Suivant l'âge :** la température des nouveau-nés est souvent très fluctuante car leur système de thermorégulation n'est pas encore suffisamment mature ; de même, les personnes âgées ont souvent une température moindre (36,5 °C).

– **Suivant le sexe :** la température est plus élevée chez la femme durant la seconde partie du cycle menstruel (après l'ovulation).

– **Suivant l'heure de la journée :** la température corporelle du matin est naturellement moins élevée que celle du soir.

– **Suivant l'activité physique :** le sport mais aussi la digestion font monter de quelques dixièmes de degré la température ; de même que le repos et le sommeil la font baisser.

La prise de la température

L'objectif est de surveiller la température corporelle du patient par l'intermédiaire d'un thermomètre afin de savoir si la personne a de la fièvre (**racine *pyro***) ou non.

Il existe différentes méthodes :
– par voie rectale (danger en cas d'hémorroïdes) de moins en moins utilisée ;
– par voie buccale (avec un thermomètre spécifique), peu utilisé en France;
– par voie axillaire ou inguinale ;
– par voie frontale ;
– par voie transtympanique.

Les différents matériels

– Les thermomètres à alcool. Ils s'utilisent différemment suivant la voie utilisée : rectal ou buccal avec 3 minutes de pose, axillaire ou inguinale avec 10 minutes de pose ; ils doivent alors être individuels.

– Les thermomètres électroniques, mêmes conditions d'utilisation mais temps de pose réduit à 60 secondes (parfois 90)

– Les thermomètres électroniques à sonde infrarouge, pour la voie tympanique. De plus en plus utilisés, ils nécessitent l'emploi d'un couvre-sonde à usage unique. Le délai de prise de température est quasi immédiat (2 secondes).

– Les thermomètres frontaux (lecture instantanée mais fiabilité discutée).

Réalisation

– Connaître le protocole du service pour l'organisation de la prise de la température (matin, soir, toutes les 3 heures).

– Suivre les règles d'utilisation du thermomètre employé (attention pour les voies axillaire et inguinale il faut rajouter un demi-degré à la température affichée).

Hygiène du matériel

– Le thermomètre à alcool doit être immergé dans un produit détergent-désinfectant (en ayant au préalable nettoyé les résidus de selles si besoin).

– Pour les thermomètres électroniques, utiliser les chiffonnettes imprégnées du produit nettoyant désinfectant. Penser à le présenter au patient dans une compresse.

▮ **Sécurité :** tenir le thermomètre chez les enfants, les personnes agitées, désorientées ou dans le coma.

▮ **Confort :** prévenir la personne, lui expliquer le mode de prise.

▮ **Fiabilité**

– Respecter le temps de pose.

– Respecter les préconisations d'emploi du fabricant pour les thermomètres électroniques.

– Si le patient le fait lui-même, se faire confirmer la voie de prise avant de noter le résultat sur la feuille de température.

▮ *Les variations pathologiques (variations anormales en lien avec une maladie, un problème de santé)*

▮ **L'hyperthermie** : c'est l'élévation de la température corporelle au-delà de 37,8 °C. C'est un symptôme qui indique le plus souvent un processus infectieux. L'hyperthermie peut avoir de graves conséquences si elle s'accentue : convulsions, déshydratation, coma, décès.

L'hyperthermie s'accompagne souvent de **signes associés** :
- asthénie ;
- alternance sueurs et froid ;
- sécheresse de la bouche ;
- soif ;
- tachycardie ;
- oligurie et urines concentrées ;
- rush cutané (rougeur du faciès) ;
- yeux brillants ;
- céphalées ;
- myalgies ;
- troubles de la conscience (agitation, incohérence ou somnolence, convulsions chez les enfants en particulier).

▮ **Rôle de l'aide-soignant face à une personne ayant une hyperthermie (en collaboration avec l'IDE) :** dès que l'hyperthermie est détectée (par prise systématique de la température ou devant des signes pouvant l'évoquer), prévenir l'IDE et noter sur feuille de température.

Veiller au confort et à la sécurité de la personne de la personne :

– Changer le lit et les vêtements aussi souvent que nécessaire.

– Ne lever la personne qu'avec l'autorisation de l'IDE ou du médecin.

– Faire boire (si pas de contre-indication) car possibilité de déshydratation très rapide et grave (personnes âgées et enfants) + rafraîchir le visage et les lèvres.
– Découvrir le patient, c'est-à-dire enlever les couvertures, mais aussi arrêter le chauffage, baisser les stores s'il y a du soleil.
– Surveiller les urines : couleur, diurèse, aspect.
– Surveiller l'état de conscience du patient.
– Favoriser le repos et l'aider pour les gestes de la vie quotidienne (repas, toilette, prise des traitements).
– Proposer une alimentation légère et fraîche (avec vitamine C car elle stimule les défenses).
– Participer à la surveillance de la température et du pouls prescrite par le médecin, en les prenant aussi souvent que prescrit, noter et transmettre.
– Transmettre à l'IDE toute modification (conscience, transpiration, troubles digestifs, frissons).

2

L'hypothermie : c'est la diminution de la température corporelle en dessous de 36 °C. Elle peut aussi être mortelle (cas de SDF par exemple).

Vocabulaire médical correspondant	
Apyrexie	Absence de fièvre
Apyrétique	Qui n'a pas de fièvre
Antipyrétique	Substance médicamenteuse contre la fièvre

5. La surveillance de la diurèse

Sur prescription médicale, l'AS peut être amené à participer à la surveillance de la diurèse. Il s'agit de comptabiliser le volume des urines émis sur un temps donné ; généralement, la diurèse est relevée sur 24 heures mais, dans certains cas (surveillance en réanimation par exemple), elle peut être évaluée sur un temps plus restreint (une heure, trois heures…). Le principe, quel que soit le temps, reste toujours le même.

La surveillance de la diurèse permet d'évaluer la fonction rénale, de surveiller l'efficacité de certains traitements, de réaliser certains examens de laboratoire, etc.

La technique

– Si possible, obtenir la collaboration de la personne qui est en fait indispensable pour collecter toutes les urines émises.
– Mettre dans les toilettes de la chambre un bocal à urines gradué avec un couvercle, identifié au nom et prénom de la personne.
– Noter également sur le bocal la date et l'heure de début et de fin d'examen.

Principe général

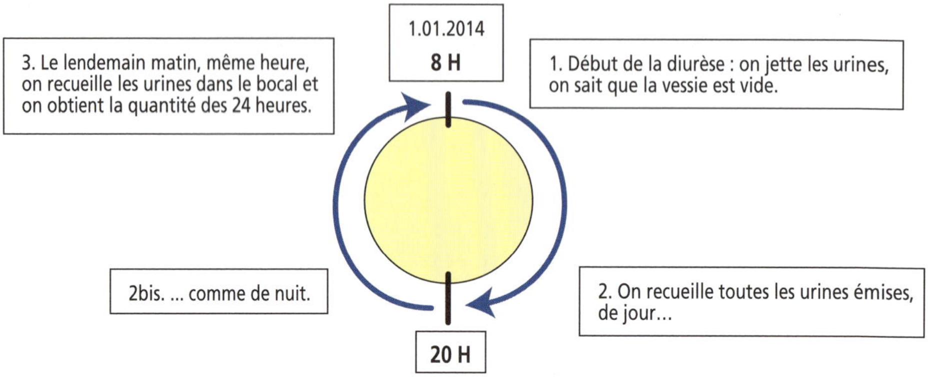

Détails de la méthode

À l'heure prévue de début d'examen (dans l'exemple ci-dessus le 1er janvier 2014 à 8 h), demander à la personne d'uriner, même si elle n'en ressent pas l'envie, et **JETER** ces urines.

– Ensuite, recueillir tout au long des 24 heures suivantes, de jour comme de nuit, toutes les urines sans exception. C'est la raison pour laquelle la coopération de la personne est très importante afin d'éviter que certaines urines soient vidées dans les toilettes par exemple.
– À l'heure prévue de fin d'examen (dans l'exemple ci-dessus, le 2 janvier 2014 à 8 h), demander à la personne d'uriner, même si elle n'en ressent pas l'envie et mettre ces urines dans le bocal.
– À l'aide des graduations du bocal, relever le volume des urines en ayant soin de poser le bocal sur une surface plane.
– Noter la quantité relevée sur le dossier de soins du patient. Généralement les relevés de diurèse se notent en vert. Faire des transmissions orales à l'IDE et après son avis, jeter les urines.
– Procéder au nettoyage et au rangement du matériel.

Les causes d'erreur

Les urines perdues : en cas d'émission de selles et d'urines simultanément, ou si malencontreusement un recueil d'urines a été jeté, le résultat n'est plus aussi fiable. Dans ce cas, prévenir l'IDE et noter sur le dossier du patient « UP », ce qui signifie « urines perdues ».

Cas particuliers

– Pour les patients porteurs d'une sonde vésicale, le recueil se fait en vidangeant la poche à urines dans le bocal, en respectant les mêmes consignes (vider la poche à l'heure de début et jeter les urines ; vider la poche à l'heure de fin et mettre ce dernier recueil dans le bocal à urines).

– Pour les personnes incontinentes : pour les hommes, possibilité d'utiliser un étui pénien ; pour les personnes porteuses d'une protection anatomique, il faut alors peser les protections lors du change et additionner le poids de chaque change.

6. La surveillance des selles

Les normes

La défécation survient **au moins** une fois tous les trois jours. Au-delà, on parle de **constipation**. Les selles sont naturellement de couleur marron plus ou moins foncé. Leur consistance n'est ni trop molle ni trop dure et elles sont « moulées », c'est-à-dire qu'elles ont une forme cylindrique.

La défécation peut se contrôler et elle n'est pas douloureuse. Le transit s'accompagne naturellement de gaz.

Anomalies ou signes d'alertes – à transmettre à IDE et par écrit :

– Consistance des selles trop liquide (diarrhée) ou trop dure (constipation).

– Fréquence des défécations trop grande (diarrhée) ou trop rare (constipation).

– Couleur des selles :

- blanchâtres, décolorées : risque anomalie de la fonction hépatique ;
- noires (risque de présence de méléna, qui est du sang digéré provenant de plus haut dans l'appareil digestif) ;
- rouges (risque de rectorragie, qui est un écoulement de sang par le rectum en même temps).

– Difficulté à la défécation, par exemple envie de déféquer mais impossibilité d'y parvenir (risque de présence d'un fécalome, qui est un amas de selles durcies dans l'ampoule rectale) ou douleur (en cas d'hémorroïdes par exemple).

– Absence d'émission de gaz (comme dans l'occlusion intestinale, qui consiste en un arrêt du transit des selles et des gaz dans une portion de l'intestin).

– Présence de matières glaireuses autour des selles.

7. Autres éléments d'appréciation

La pesée

Les circonstances où le poids peut jouer un rôle important sont les suivantes : en cas de diarrhée persistante, d'œdèmes, de régime (hyper ou hypocalorique) ou pour le calcul de dose de médicaments (chimio, anticoagulants, anesthésiants, etc.).

Pour qu'une pesée soit fiable, certaines règles sont à respecter :

- Utiliser toujours la même balance.
- Tarer la balance (c'est-à-dire vérifier que l'aiguille soit bien sur le zéro).
- Peser la personne dans les mêmes circonstances, à la même heure, de préférence déshabillée ou avec toujours la même tenue, de préférence le matin à jeun, après être allé aux toilettes.
- Veiller à ce que la personne ne s'appuie pas sur quelque chose ou quelqu'un.
- Inscrire le poids sur le dossier de soins et faire le bilan (+, –, =).

La taille

La mesure de la taille se fait en utilisant une toise. Les pieds de la personne doivent être bien à plat et doivent toucher le mur.

L'IMC : indice de masse corporelle

Le calcul de l'IMC permet d'évaluer la corpulence d'une personne. Il se calcule en divisant le poids par la taille de la personne au carré.

Selon les normes de l'OMS, voici résumées dans le tableau ci-dessous les correspondances entre le résultat de l'IMC et la corpulence de la personne :

IMC	Interprétation
Moins de 16,5	Dénutrition
Entre 16,5 et 18,5	Maigreur
De 18,5 à 25	Corpulence normale
De 25 à 30	Surpoids
De 30 à 35	Obésité modérée
De 35 à 40	Obésité sévère
Plus de 40	Obésité morbide

L'IMC au-dessus de la norme constitue un facteur de risque de maladies cardio-vasculaires.

8. Notation des constantes sur une feuille de température et réalisation de courbes

Les constantes se repèrent sur une feuille de températures à l'aide d'un code couleur et d'une forme spécifique.

Constante	Code couleur	Notation sur feuille de température
Température	Un point **bleu ou noir**	On repère le 37 °C dans la marge puis chaque ligne correspond à 0,2 °C ; les points ainsi créés sont reliés les uns aux autres, de proche en proche.
Pouls	Un point **rouge**	On repère le chiffre de référence dans la marge. Généralement, chaque ligne correspond à 4 pulsations/minute (cela peut changer suivant les modèles, donc il faut bien vérifier avant de noter) ; les points ainsi créés sont reliés les uns aux autres, de proche en proche.
Tension artérielle	En **bleu ou noir**	Par des bandes hachurées ou directement écrite avec des chiffres
Diurèse	En **vert**	Notée soit par un chiffre dans une case spécifique soit par un trait en regard de la quantité correspondante (mesure dans la marge).

Exemple

Le premier matin, la personne a une température à 37,2 °C, une TA à 12/8 et un pouls à 68.

Le premier soir, la personne a une température à 37,6 °C, une TA à 13/7 et un pouls à 80.

Le deuxième matin, la personne a une température à 37,4 °C, une TA à 14/6 et un pouls à 72.

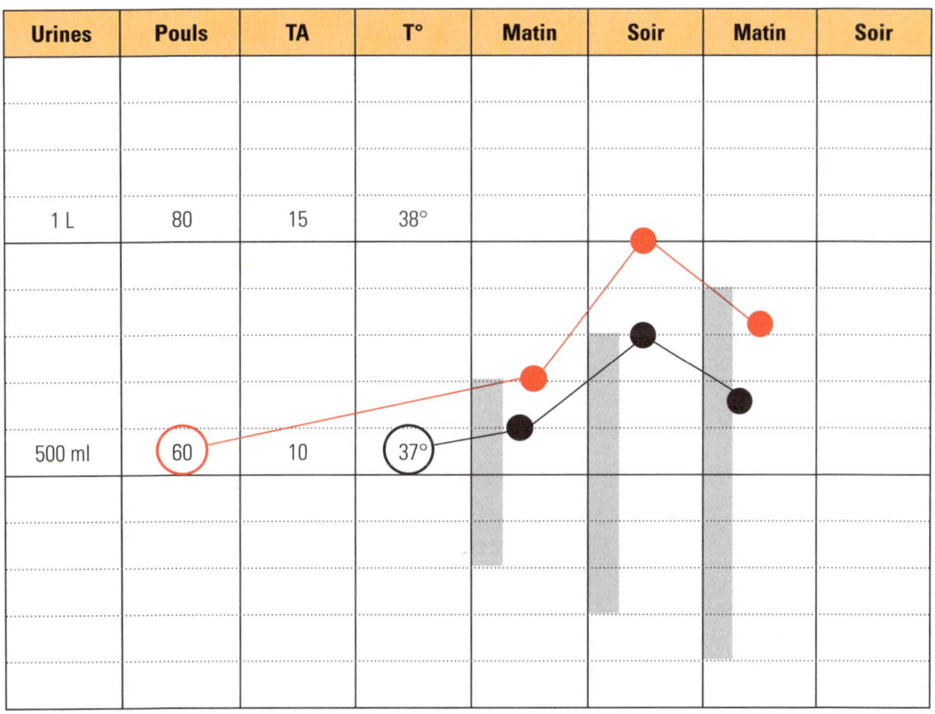

Remarque : la courbe du pouls et celle de la température sont parallèles.

9. Tableau récapitulatif de synthèse

Paramètres	Normes	Signes d'alerte
T°	37 °C	T° inférieure à 36,5 °C (hypothermie) ou supérieure à 37,6 °C.
Pouls	60-80 régulier	Chiffres au-dessus ou au-dessous du pouls de référence de la personne. Chiffres au-dessus ou au-dessous des normes. Irrégularité des pulsations.
TA	Inférieure à 16 pour la maxima. Inférieure à 9 pour la minima.	Hypertension (chiffres de la maxima et/ou de la minima au-dessus des normes). Hypotension (chiffres en dessous des normes).
Respiration	16 à 20 sans bruits	Plus rapide ou plus lente. Bruyante. Peau et extrémités (doigts, lèvres, nez) cyanosées.
Conscience	Lucidité, éveil	Confusion. Endormissement, perte de conscience.
Urines	Jaune clair, limpides. 1,5 L/24 heures. Mictions indolores. Mictions toutes les 4 ou 5 heures	Couleur de l'urine anormale. Aspect trouble de l'urine. Volume d'urine anormal. Brûlure ou gêne à la miction. Absence d'envie d'uriner ou de mictions pendant plus de 6 heures.
Selles	Nuance de brun ocre. Tous les deux jours environ. Consistance ni trop dure ni trop molle.	Coloration des selles anormales. Pas de selles pendant trois jours. Selles dures. Selles molles ou liquides.

FICHE 12

Observation de la douleur et du comportement

2

1. Généralités

La douleur est aujourd'hui une préoccupation de santé publique et les progrès accomplis dans sa prise en charge sont indéniables, mais toujours perfectibles. L'évolution des connaissances nous donne aujourd'hui des moyens importants permettant de la réduire dans des proportions considérables.

La lutte contre la douleur est inscrite dans la loi : article L. 1110-5 du Code de la santé publique, repris par la loi du **4 mars 2002** relative aux droits des malades et à la qualité du système de santé : «... *Toute personne a le droit de recevoir des soins visant à soulager sa douleur. Celle-ci doit être en toute circonstance prévenue, évaluée, prise en compte et traitée...*»

Au niveau international, la journée mondiale de la douleur est fixée tous les ans, le 3e lundi d'octobre.

Définition de la douleur : la douleur est une expérience désagréable, sensorielle et émotionnelle, associée ou non à des lésions tissulaires. Ceci signifie que celui qui se plaint d'une douleur peut présenter des lésions visibles à l'œil nu ou visualisables par examens, ou encore des lésions guéries (membres fantômes), voire pas de lésion du tout (crampes).

▌ **Physiologie de la douleur :** toute agression tissulaire stimule les terminaisons de petites fibres nerveuses sensorielles présentes dans la peau, les muscles, les articulations et la paroi des viscères. Des substances dites « algogènes » vont envoyer un signal de douleur de nerf en nerf jusqu'à la moelle épinière et le cerveau.

▌ **Composantes de la douleur :** la douleur est toujours localisée dans le corps ; elle est perçue au niveau cérébral et modulée par l'affect (charge émotionnelle, affective, personnalité), la mémoire, la connaissance, la compréhension et la culture de l'individu. Elle s'exprime par des comportements verbaux et/ou non verbaux.

Les différents types de douleur

Douleurs périphériques appelées aussi « douleurs par excès de nociception[1] »	Elle sont dues à une stimulation par la lésion ; (chocs, plaies, infarctus, inflammations, infections, etc.). Elles représentent 80 % des douleurs.
Douleurs centrales (neuropathiques)	Elles sont dues à une lésion nerveuse (compressions ou destruction) ou à des lésions du territoire nerveux central (douleur d'amputation, zona, hémiplégie, neuropathies alcooliques ou diabétiques, lombosciatique, etc.). Elles peuvent survenir longtemps après la lésion.
Douleurs d'origine psychologiques (psychogènes)	Ce sont des douleurs physiques sans cause organique que l'on retrouve chez les hypochondriaques, les hystériques ou chez les personnes stressées ou déprimées ou face à un traumatisme socioprofessionnel.
Douleurs induites par les soins	Se sont des douleurs de courte durée, causées par le médecin, le soignant ou une thérapeutique dans des circonstances de survenue prévisibles et susceptibles d'être prévenues par des moyens adaptés. Certaines techniques simples peuvent être utilisées pour diminuer ce type de douleur : dans tous les cas, l'information du déroulement du soin est indispensable ; la qualité de la relation soignant-soigné favorisant l'échange, autorisant la parole, le regroupement des soins, le choix du matériel (lits, fauteuils en hôpital de jour, choix des aiguilles, etc.), l'utilisation de technique de relaxation… jouent un rôle important dans cet objectif.

Classement des douleurs : les douleurs sont aussi classées selon leur mode d'apparition et leur durée d'existence.

Douleurs aiguës	Elles durent moins de 6 mois et correspondent à un événement précis (accouchement, traumatisme, période post-opératoire, etc.). Elle apparaissent au même moment que l'événement déclenchant et, bien souvent, s'estompent rapidement. Il s'agit d'un mécanisme de défense et de protection.
Douleurs chroniques	Elles durent depuis 3 à 6 mois, elles sont soit séquellaires (suite à un handicap consécutif à des blessures, lombalgies, intervention chirurgicales dont on ne s'est jamais remis, etc.), soit de fin de vie (cancer, artérite, rhumatismes, etc.). La douleur chronique détruit l'individu physiquement, psychologiquement et socialement. Elle peut modifier l'ensemble de son comportement. Le traitement est plutôt réadaptatif.

Expressions de la douleur : la douleur est une donnée tout à fait subjective et individuelle.

Seul celui qui a mal peut parler de sa douleur.

Il n'y a pas de parallélisme entre l'intensité de la douleur et l'importance de la lésion. De même, un malade peut avoir mal et ne pas se plaindre.

1. La nociception est le processus sensoriel à l'origine du message nerveux qui provoque la douleur.

Mode d'expression	Explications
Expression verbale	Elle se fait avec des mots, mais aussi par des cris, des gémissements ou des pleurs. Il est très souvent difficile pour celui qui souffre de trouver le mot juste pour exprimer ce qu'il ressent (échelle verbale simple).
Expression non verbale	Elle peut être visuelle (mimiques, grimaces, postures), mais aussi neurovégétative (tachycardie, polypnée, pâleur, sueur, dilatation des pupilles, etc.), témoignant des réactions compensatrices de l'organisme. De même, la position du corps (position antalgique), les mouvements de protection, l'agitation, l'agressivité peuvent être liés à la douleur.

2. Évaluation de l'intensité de la douleur

Il paraît primordial d'évaluer l'intensité de la douleur et d'en reconnaître les caractéristiques en cause pour pouvoir agir.

L'évaluation de la douleur se fait bien sûr quand la personne se plaint, mais aussi lors des soins, en surveillance de l'efficacité du traitement antalgique, en fait à tout moment de la journée ou de la nuit.

Des échelles de mesure et un questionnement

– **EVA** : échelle visuelle analogique. Le soignant dispose d'une réglette et le patient déplace le curseur en fonction de la douleur ressentie. La face visible par le soignant est graduée de 0 à 10.

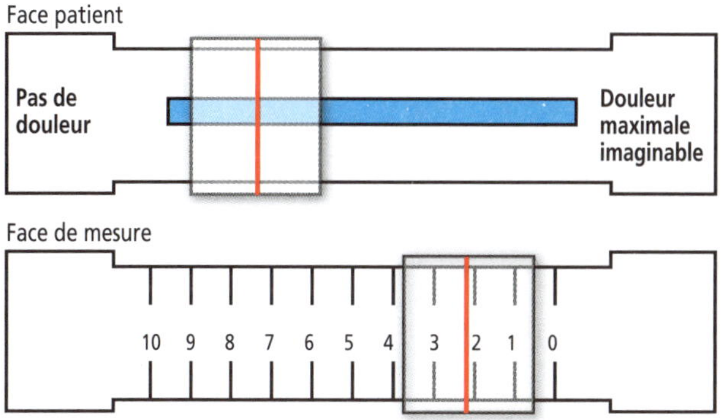

Source : http://www.sfetd-douleur.org

– **ENS** : échelle numérique simple. Le patient attribue lui-même une note (entre 0 et 10) à sa douleur.
– Certaines techniques s'adressent spécifiquement aux enfants (**Pédiadol**), aux adultes ayant des troubles cognitifs (**Doloplus**) et aux personnes âgées (**ECPA** – échelle comportementale de la douleur chez les personnes âgées) par exemple.

3. Le recueil d'informations sur la douleur

Éléments de questionnement sur les caractéristiques de la douleur

Le siège	L'endroit de la douleur peut correspondre ou non à une lésion connue.
L'irradiation possible	Par exemple, dans l'infarctus, la douleur thoracique se propage au bras et à la mâchoire.
Le rythme	Il peut être continu ou non, diurne ou nocturne.
La durée	Elle peut être plus ou moins longue.
Le type	Pesanteur, brûlure, crampe, décharge électrique, coup d'aiguilles, coup de poignard, etc.
Les signes d'accompagnement	Sueurs, moiteur, tachycardie, etc. Ils correspondent à la réaction du système sympathique face à la douleur.

Moyen mnémotechnique pour évaluer toutes les composantes de la douleur

- T comme temps : quand la douleur apparaît-elle (à quel rythme, après quelles circonstances) ?
- I comme intensité : combien avez-vous mal (EN, EVA, EVS) ?
- L comme localisation : où avez-vous mal ?
- T comme type : comment avez-vous mal ?

Il existe une autre échelle : l'**EVS**, l'échelle verbale simple. Elle consiste à mettre des mots sur la douleur afin de la décrire. Cette échelle propose simplement de donner des adjectifs pour qualifier la douleur : absente, faible, modérée, intense, extrêmement intense ; ou d'utiliser des comparatifs : comme une brûlure, une piqûre, un coup de poignard, etc.

Cette évaluation doit impérativement être retranscrite dans le dossier de soin du patient et transmise à l'IDE et au médecin prescripteur.

4. Prise en charge de la douleur

Elle doit être globale et multidisciplinaire, et concerner tous les acteurs de santé : médecins, infirmiers, aides-soignants, agents hospitaliers, kinésithérapeutes, ergothérapeutes, psychologues, bénévoles, etc. Prendre en charge un patient douloureux nécessite d'entendre la plainte de la personne, d'admettre la réalité de la douleur (aucun jugement n'est porté), d'évaluer cette douleur, et de connaître les moyens de son soulagement en considérant la personne dans sa globalité.

Les solutions non médicamenteuses

– L'écoute et la présence en premier lieu : savoir écouter et entendre que le patient souffre, c'est-à-dire le reconnaître, ne pas minimiser (« ce n'est rien », « ça va passer »), ne pas juger (« vous êtes douillet ») et faire remonter l'information au prescripteur.

– Les massages permettent au patient de se détendre, de prendre confiance. Au niveau de la colonne vertébrale, des stimulations comme la chaleur, la fraîcheur et le massage vont être prioritaires dans les messages véhiculés jusqu'au cerveau, parasitant ainsi celui de la douleur. Un massage, quel qu'en soit l'endroit, apporte beaucoup et peut considérablement atténuer une douleur, ne serait-ce que parce qu'un muscle détendu envoie moins d'influx excitateur et donc douloureux.

– Rassurer juste par sa présence (la solitude face à la douleur l'amplifie) ; tenir une main peut sembler futile, pourtant c'est un geste très réconfortant, parfois bien plus fort que des paroles.

– La relaxation et la sophrologie peuvent être très utiles en particulier chez les patients tendus ou anxieux.

– Les thérapies de groupe de patients souffrant de douleur chroniques de diverses origines peuvent permettre à la personne d'évoluer, de modifier ses comportements.

– L'hypnose : il existe des équipes chirurgicales qui interviennent sous hypnose.

– L'acupuncture.

– Les **stimulations transcutanées**, les stimulations **thermiques** par le froid (vessie de glace, linge froid, spray réfrigérant) ou par la chaleur (lampe chauffante, ultrasons) constituent aussi des techniques face à la douleur.

Les médicaments

Les **antalgiques**[1] sont classés en trois catégories appelées paliers. L'attitude thérapeutique habituelle consiste à procéder par étapes.

Antalgiques	Indications	Molécules et exemples	Effets secondaires possibles
Palier 1	Douleurs légères à modérées (inflammation, dysménorrhées, douleurs osseuses, musculaires, céphalées)	**Paracétamol** : Efferalgan®, Doliprane®, Klipal®, Dafalgan®, etc. **Anti-inflammatoires non stéroïdiens** (AINS) : Profénid®, Voltarène®, Brufen®, etc.	Éruption cutanée, nausées, vomissements, allergie, prurit, érythème, hépatotoxicité, etc. Les AINS et l'aspirine ne peuvent pas être utilisés en cas d'antécédent d'ulcère gastrique, ni chez les femmes enceintes. Ils sont contre-indiqués en cas d'allergie connue et d'insuffisance hépatique.

1. Définition : substance médicamenteuse luttant contre la douleur.

Palier 2	Médicaments utilisés quand ceux du palier 1 perdent de leur efficacité	Médicaments du palier 1 auxquels on a ajouté un dérivé morphinique, c'est- à-dire la **codéine** ou le **tramadol** : Codoliprane®, Efferalgan codéiné®, Lindilane® , Topalgic®, Ixprim®, etc.	Mêmes effets secondaires que ceux du palier 1 avec, en plus : somnolence, constipation, risque faible de dépendance, parfois hallucinations et convulsions. Mêmes contre-indications que ceux du palier 1, mais ils sont aussi contre-indiqués en cas d'insuffisance respiratoire ou rénale.
Palier 3	Hyperalgie, en particulier néoplasique, per et postopératoire mais aussi contre les douleurs de fin de vie	**Morphine** : Moscontin®, Skénan®, Durogésic®, Actiskénan®, Kapanol®, etc.	Constipation +++ (il faut prévoir : hydratation, régime alimentaire, noter les selles) ; nausées, vomissements, sécheresse de la bouche, hallucinations et confusion en particulier chez les personnes âgées, dépression respiratoire et troubles de la conscience.
L'aide-soignant vérifie l'efficacité du traitement mis en place (évolution de la douleur) et vérifie s'il y a des effets secondaires liés au traitement. Il transmet ses observations.			

Autres thérapeutiques antalgiques

– Certains antidépresseurs et antiépileptiques, aussi prescrits dans un but antalgique.

– Les corticoïdes (il faut leur adjoindre un régime sans sel s'ils sont utilisés à long terme).

– Les infiltrations (injection d'anesthésiques locaux ou d'anti-inflammatoires dans la zone douloureuse ou sur le trajet nerveux).

– L'implantation de neurostimulateurs.

– Le cannabis et ses dérivés.

– La section chirurgicale de nerf.

– La prise en charge dans les centres antidouleur.

– Le MEOPA : mélange équimolaire d'oxygène et de protoxyde d'azote (gaz qui agit sur la douleur et l'anxiété).

Conclusion

Tous les personnels soignants des services doivent être à même de participer activement à la lutte contre la douleur en sachant la prévenir, la détecter, la surveiller et l'inclure dans chaque soin (y compris la surveillance des traitements).

FICHE 13

Vocabulaire médical

L'abord de l'état clinique d'une personne nécessite l'utilisation de termes précis, relevant du champ médical[1]. Cette acquisition est aussi nécessaire pour aborder le module 3 ; elle est indispensable pour exercer en tant qu'aide-soignant et participe à la professionnalisation de l'aide-soignant, à son identité professionnelle.

2

Conseils

– Pour chaque schéma présenté, relever la liste des racines correspond à chaque organe et « jouer » avec les préfixes et suffixes *hyper-*, *hypo-*, *dys-*, *-ite*, *-ectomie*, etc.

– Reprendre le vocabulaire médical défini dans les différentes fiches des modules et les noter dans un répertoire.

Tableau des principaux préfixes et suffixes[2]

Préfixes, suffixes	Significations	Exemples	Définitions
dys-	difficulté, gêne	dysurie	difficulté à uriner
		dysphagie	difficulté à déglutir
-ectomie	ablation (on enlève chirurgicalement un organe ou un morceau d'organe)	néphrectomie	ablation d'un rein
		colectomie	ablation d'une portion du côlon
-stomie	abouchement d'un organe à la peau (le chirurgien fait en sorte que l'organe débouche au niveau de la peau)	colostomie	abouchement du côlon à la peau (anus artificiel)
		gastrostomie	abouchement de l'estomac à la peau
-ose	indique une dégénérescence	coxarthrose	dégénérescence de l'articulation de la hanche
-rhée	indique un écoulement non sanglant	otorrhée	écoulement de liquide non sanglant par l'oreille
-rragie	indique un écoulement sanglant	otorragie	écoulement de sang par l'oreille
-ite	indique une inflammation	artérite	inflammation d'une artère
		arthrite	inflammation d'une articulation
endo-	à l'intérieur	endocarde	muqueuse interne du coeur
anti-	contre	antalgique	médicament luttant contre la douleur
		antiémétique	médicament contre les vomissements
hyper-	en excès	hyperthermie	fièvre (ou température corporelle excessive)
hypo-	en dessous d'une norme	hypoglycémie	taux de sucre dans le sang en dessous de la normale

1. Nous avons choisi de « disperser » le vocabulaire médical sur l'ensemble des modules 2 et 3 pour un objectif pédagogique de cohérence avec les thèmes.
2. Les racines sont énoncées avec chaque appareil.

> QCM

Cochez la (les) bonne(s) réponse(s) possible(s).

1. La cellule du corps humain :

☐ **a.** Il existe des mécanismes de maintien de l'équilibre hydroélectrique entre milieu intérieur de la cellule et milieu extérieur à la cellule.

☐ **b.** Les gamètes sont les cellules sexuelles (ovule chez la femme et spermatozoïde chez l'homme).

☐ **c.** La membrane cytoplasmique isole totalement le milieu intérieur de la cellule par rapport au milieu extérieur à la cellule.

☐ **d.** Le noyau de la cellule contient des chromosomes, support de l'information génétique de la cellule.

2. Cellules, tissus, organes, appareils :

☐ **a.** Les cellules de même type forment un tissu particulier.

☐ **b.** Un organe peut être constitué de différents tissus.

☐ **c.** Un appareil a une fonction principale.

☐ **d.** L'anatomie est la science qui décrit le fonctionnement naturel des organes.

3. Les globules rouges :

☐ **a.** Sont fabriqués dans la moelle osseuse « rouge ».

☐ **b.** Se chargent du transport du CO_2 et de l'O_2 grâce à l'hémoglobine qu'ils contiennent.

☐ **c.** Participent à la défense naturelle du corps contre les agents pathogènes extérieurs.

☐ **d.** Ont une durée de vie de plusieurs années.

4. L'hématose :

☐ **a.** Est un phénomène d'échanges gazeux au niveau pulmonaire.

☐ **b.** Les alvéoles pulmonaires ne sont pas concernées par l'hématose.

☐ **c.** Fait partie des phénomènes ayant lieu dans ce que l'on appelle « la grande circulation ».

☐ **d.** C'est un vaisseau veineux qui apporte les globules chargés de CO_2 aux poumons pour se décharger de ce gaz et reprendre de l'oxygène.

5. Les vaisseaux :

☐ **a.** Une hémorragie veineuse se stoppe plus rapidement et facilement qu'une hémorragie artérielle.

☐ **b.** Les artères possèdent des fibres élastiques et musculaires.

☐ **c.** Les artères sont capables de se dilater et de se resserrer (on appelle cette capacité la vasoconstriction ou vasodilatation).

☐ **d.** Le sang exerce sur les parois des veines une pression plus importante que sur la paroi des artères.

6. La digestion :

☐ **a.** Peut se définir comme la transformation des aliments en nutriments avec passage de ces nutriments dans le sang et évacuation des déchets sous forme de selles.

☐ **b.** Les acides gras sont des nutriments issus de la digestion des protides.

☐ **c.** C'est au niveau du côlon que les nutriments peuvent traverser la paroi intestinale et être réabsorbés au niveau du sang.

☐ **d.** On parle de constipation quand une personne ne va pas à la selle pendant deux jours.

7. La tension artérielle :

☐ **a.** Est la pression qui règne dans les veines.

☐ **b.** On parle d'hypertension artérielle quand la maxima est à 16 ou plus et le minima à 9 ou plus.

☐ **c.** L'hypertension artérielle ne contribue pas à abîmer les vaisseaux.

☐ **d.** On peut prendre la mesure de la tension artérielle en appliquant le stéthoscope et le brassard au niveau de la veine au creux entre le bras et l'avant-bras.

8. La température corporelle :

☐ **a.** Peut varier de manière physiologique.

☐ **b.** On parle d'hyperthermie à partir de 37,6 °C.

☐ **c.** Seules les maladies infectieuses peuvent faire monter la température corporelle.

☐ **d.** Ce sont les antalgiques qui permettent de faire baisser la température corporelle en cas de besoin.

9. L'urine :

☐ **a.** Ce sont les néphrons qui constituent les plus petites unités fonctionnelles du rein pour la fabrication de l'urine.

☐ **b.** L'urine permet l'évacuation de certains déchets hors de l'organisme.

☐ **c.** Il est normal d'avoir de temps en temps du sang dans les urines.

☐ **d.** On retrouve toujours un peu de glucose dans les urines.

Corrigé

Certaines précisions sont apportées sur les mauvaises réponses. Pour d'autres, aller voir les fiches correspondantes pour comprendre l'erreur.

1. a., b. et d.

La cellule du corps humain :

– Il existe des mécanismes de maintien de l'équilibre hydroélectrique entre milieu intérieur de la cellule et milieu extérieur à la cellule.

– Les gamètes sont les cellules sexuelles (ovule chez la femme et spermatozoïde chez l'homme).

– Le noyau de la cellule contient des chromosomes, support de l'information génétique de la cellule.

La membrane cytoplasmique n'isole pas totalement le milieu intérieur de la cellule par rapport au milieu extérieur à la cellule car sinon il ne pourrait y avoir d'échanges entre intérieur et extérieur de la cellule et donc pas de vie cellulaire.

2. a., b. et c.

Cellules, tissus, organes, appareils :

– Les cellules de même type forment un tissu particulier.

– Un organe peut être constitué de différents tissus.

– Un appareil a une fonction principale.

C'est la physiologie qui décrit le fonctionnement naturel des organes et non l'anatomie.

3. a., b.

Les globules rouges :

– Sont fabriqués dans la moelle osseuse « rouge ».

– Se chargent du transport du CO_2 et de l'O_2 grâce à l'hémoglobine qu'ils contiennent.

4. a.

L'hématose :

– Est un phénomène d'échanges gazeux au niveau pulmonaire.

5. a., b. et c.

Les vaisseaux :

– Une hémorragie veineuse se stoppe plus rapidement et facilement qu'une hémorragie artérielle.

– Les artères possèdent des fibres élastiques et musculaires.

– Les artères sont capables de se dilater et de se resserrer (on appelle cette capacité la vasoconstriction ou vasodilatation).

Le sang exerce sur les parois des veines une pression plus importante que sur la paroi des artères : c'est l'inverse.

6. a.

La digestion :

– Peut se définir comme la transformation des aliments en nutriments avec passage de ces nutriments dans le sang et évacuation des déchets sous forme de selles.

7. b.

La tension artérielle :

– On parle d'hypertension artérielle quand la maxima est à 16 ou plus et le minima à 9 ou plus.

On peut prendre la mesure de la tension artérielle en appliquant le stéthoscope et le brassard au niveau de la veine au creux entre le bras et l'avant-bras : faux car c'est au niveau d'une artère que l'on prend la tension artérielle.

8. a.

La température corporelle :

– Peut varier de manière physiologique.

9. a. et b.

L'urine :

– Ce sont les néphrons qui constituent les plus petites unités fonctionnelles du rein pour la fabrication de l'urine.

– L'urine permet l'évacuation de certains déchets hors de l'organisme.

> Entraînement

Répondez aux questions qui suivent.

Exemple de devoir de validation du module 2

QUESTION 1

Système nerveux

L'hydrocéphalie (hydro- : eau ; -céphal : encéphale) se caractérise par une augmentation du volume de liquide céphalo-rachidien dans les cavités de l'encéphale. Cette augmentation peut avoir de multiples causes mais la pression exercée sur le tissu cérébral peut entraîner des pertes de fonction de tout genre et conduire à la mort si l'on ne peut évacuer le LCR.

– Quel est l'élément qui secrète le LCR au niveau de l'encéphale ?

– À quoi sert le LCR ?

– L'encéphale se compose de deux parties dont le nom commence par un C : lesquelles ?
En utilisant vos connaissances sur les fonctions de ces parties, déduisez au moins un exemple de perte de fonction pour chacune de ces parties. Renseigner le tableau pour répondre.

Nom des parties de l'encéphale commençant par un C	Fonctions	Exemples indiquant une déficience de la fonction

– Quel est le terme médical correspondant à une hydrocéphalie par inflammation ?

– Quel terme médical utilise-t-on pour indiquer la mort d'un tissu en général ?

– Comment s'appelle la cellule nerveuse ?

– Dans la maladie de Parkinson, un neurotransmetteur, la dopamine, est en déficit. À quoi sert un neurotransmetteur ?

QUESTION 2

M. X a eu un accident vasculaire cérébral (artère bouchée dans l'hémisphère cérébral gauche) qui a eu pour séquelle une hémiplégie droite.

– Combien le cerveau possède-t-il d'hémisphères ?

– Comment expliquer la perte de la mobilité et de la sensibilité du côté opposé à celui de la lésion cérébrale ?

QUESTION 3

Mme X veut saisir la cafetière qui chauffe sur la plaque électrique mais touche la partie brûlante. Avant même qu'elle ne ressente la douleur, elle retire sa main.

– Comment s'appelle le mécanisme qui permet de retirer la main dès qu'il y a brûlure ?

– Quel est le centre nerveux régissant cette activité ?

– Dans quelle couche de la peau se situent principalement les récepteurs sensoriels ?

– Quels sont, dans ce cas, les deux types principaux d'informations sensorielles transmises à ce centre nerveux ?

QUESTION 4

Reliez le terme médical à sa définition.

Définitions
Mictions anormalement fréquentes, avec peu d'urine à chaque fois
Ablation partielle de l'estomac
Ablation d'un rein
Abouchement du côlon à la peau
Douleur de l'estomac
Inflammation des trompes de Fallope
Perte de l'appétit
Maigreur extrême

Termes médicaux
salpingite
colostomie
pollakiurie
néphrectomie
gastrectomie
gastralgie
cachexie
anorexie

QUESTION 5

Situations :

– Vous entrez ce matin dans la chambre de Mme A et elle tient des propos confus alors que d'habitude elle est cohérente. Qu'allez-vous vérifier d'autre avant de prévenir l'infirmier ?

– Vous entrez ce matin dans la chambre de Mme B qui vous dit qu'elle a mal. Qu'allez-vous lui demander avant de prévenir l'infirmier ?

– Vous entrez ce matin dans la chambre de Mme C que vous trouvez en train de tousser et de cracher. Qu'allez-vous faire et dire à l'infirmier ?

QUESTION 6

Reliez les manifestations au problème de santé correspondant.

Manifestations
Pli cutané persistant, peau sèche
Frissons, sueurs, T° élevée
Mouches devant les yeux, bourdonnements d'oreilles, pression dans les artères trop élevée
Membre inférieur chaud, enflé, rouge, douloureux

Problème de santé
phlébite
hypertension artérielle
hyperthermie
déshydratation

QUESTION 7

Donnez deux mots qui vous semblent indispensables et prioritaires pour assurer l'exactitude et la fiabilité des résultats des actions de soins suivantes.

– Prise du pouls

– Instauration d'une diurèse

Entraînement

QUESTION 8

Annotez le schéma de l'appareil digestif :

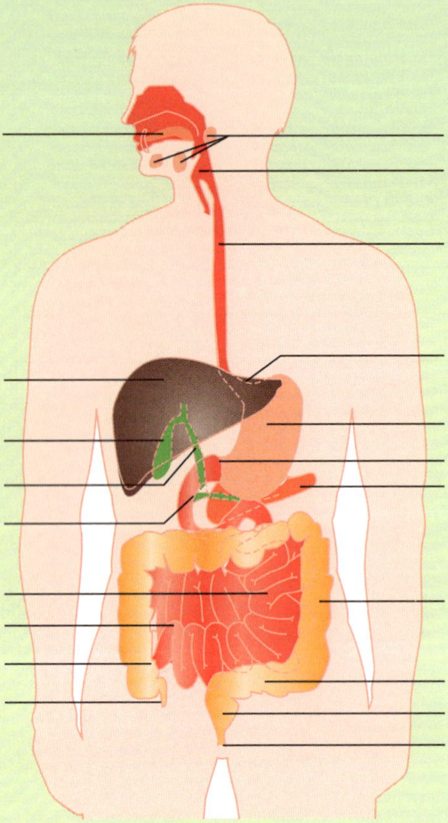

QUESTION 9

Définissez ce qu'est une muqueuse et donner deux exemples de muqueuses.

QUESTION 10

Donnez deux exemples de séreuse en indiquant leur localisation.

QUESTION 11

Complétez le tableau suivant :

Glande	Un exemple	Nom de ce qu'elle produit
avec fonction endocrine		
avec fonction exocrine		

Corrigé

QUESTION 1

Système nerveux

– Élément qui secrète le LCR au niveau de l'encéphale : les méninges.

– Le LCR sert à protéger le système nerveux central.

Nom des parties de l'encéphale commençant par un C	Fonctions	Exemples indiquant une déficience de la fonction
Cerveau	Ex. dans la vie de relation : cognition, mémoire, langage, décisions, ordres moteurs pour aller où l'on veut, etc.	Aphasie, amnésie…
Cervelet	Équilibre, coordination des mouvements, tonus musculaire	Vertiges, pertes de l'équilibre, akinésie ou dyskinésie

– Terme médical correspondant à une hydrocéphalie par inflammation : hydrocéphalite.

– Terme médical indiquant la mort d'un tissu en général : nécrose.

– La cellule nerveuse se nomme neurone.

– Un neurotransmetteur permet la transmission des informations d'un neurone à un autre.

QUESTION 2

– Le cerveau possède 2 hémisphères.

– La perte de la mobilité et de la sensibilité du côté opposé à celui de la lésion cérébrale est due au fait qu'au niveau du tronc cérébral, il y a décussation des fibres nerveuses. Celles issues de l'hémisphère cérébral droit vont aller innerver le côté gauche du corps et vice versa.

QUESTION 3

– Le mécanisme qui permet de retirer la main dès qu'il y a brûlure est un réflexe.

– Le centre nerveux régissant cette activité est la moelle épinière.

– Les récepteurs sensoriels se situent principalement dans le derme.

– Les deux types principaux d'informations sensorielles transmises à ce centre nerveux sont : l'information thermique et celle sur la douleur.

QUESTION 4

Définitions	Termes médicaux correspondants
Mictions anormalement fréquentes, avec peu d'urine à chaque fois	Pollakiurie
Ablation partielle de l'estomac	Gastrectomie
Ablation d'un rein	Néphrectomie
Abouchement du côlon à la peau	Colostomie

Douleur de l'estomac	Gastralgie
Inflammation des trompes de Fallope	Salpingite
Perte de l'appétit	Anorexie
Maigreur extrême	Cachexie

QUESTION 5

Situations

Se demander : qu'est-ce qui peut souvent provoquer une confusion non habituelle ? On peut penser à l'hyperthermie, à la déshydratation et à l'infection urinaire : je vais vérifier rapidement par l'observation si je perçois des signes, puis prendre la T°, vérifier son état cutané à la recherche de signes de sécheresse et je pourrai vérifier la couleur des urines s'il y en a (foncées, troubles, d'odeurs plus fortes que d'habitude…).

– Réflexe « TILT ».
– Je vais questionner Mme B : « Cela fait mal comment ? Où précisément ? Montrez-moi. Depuis quand vous avez mal ? C'est arrivé comment ? Vous utiliserez une échelle verbale pour l'intensité. »
– Je vais observer s'il y a des signes accompagnateurs : sueurs, nausées, position antalgique particulière…
– Enfin, j'alerterai l'IDE.

– Je vais m'informer des circonstances de la toux, depuis quand, etc.
– Je vais vérifier s'il y a hyperthermie et coloration des téguments (recherche si cyanose).
– Je vais observer les expectorations (couleurs, aspect).
– Je vais donner mouchoir et crachoir.
– Je vais transmettre à l'IDE tous les éléments recueillis.

QUESTION 6

Manifestations	Problèmes de santé correspondants
Pli cutané persistant, peau sèche	Déshydratation
Frissons, sueurs, T° élevée	Hyperthermie
Mouches devant les yeux, bourdonnements d'oreilles, pression dans les artères trop élevée	Hypertension artérielle
Membre inférieur chaud, enflé, rouge, douloureux	Phlébite

QUESTION 7

– Prise du pouls : 15 minutes de repos avant (le pouls s'accélère avec l'activité) et prise sur 1 min (pour ne pas risquer de passer à côté d'une arythmie).
– Instauration d'une diurèse : départ sur vessie vide (sinon on risque de compter plus d'urines que celles émises pendant 24 h) et transmettre si urines perdues (sinon le résultat sera faussé).

QUESTION 8

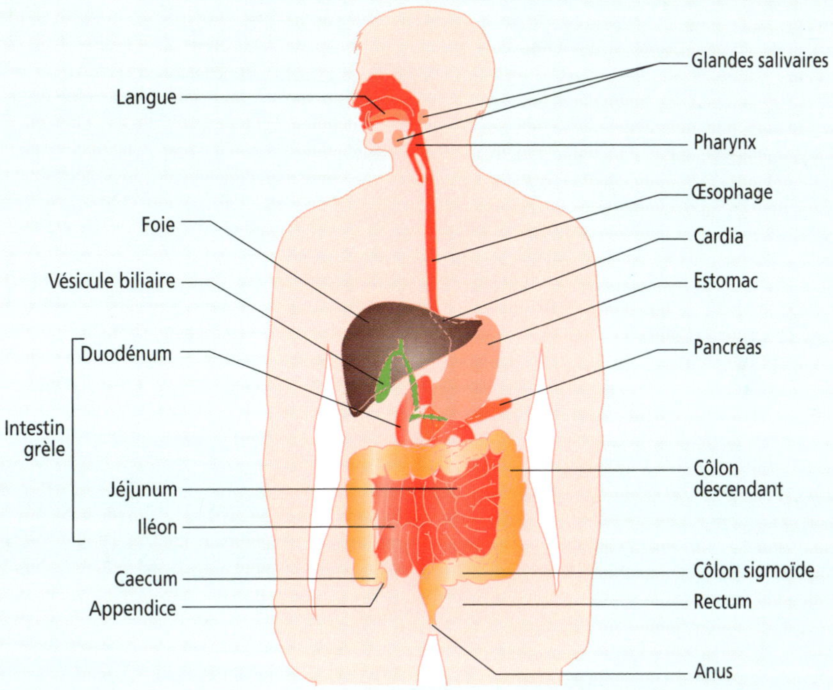

QUESTION 9

Muqueuse : membrane tapissant les cavités naturelles du corps ou des organes creux.
Exemples : endocarde, endomètre, muqueuse buccale, intestinale, anale, vaginale, etc.

QUESTION 10

Exemples de séreuse : péricarde (cœur), péritoine (organes digestifs), plèvre (poumons).

QUESTION 11

Glandes	**Un exemple**	**Nom de ce qu'elle produit**
Avec fonction endocrine	Pancréas Thyroïde	Hormone (insuline ou glucagon) Hormone thyroïdienne
Avec fonction exocrine	Glande Lacrymale Glandes sébacées	Larmes Sébum

Partie 3

M3 Soins

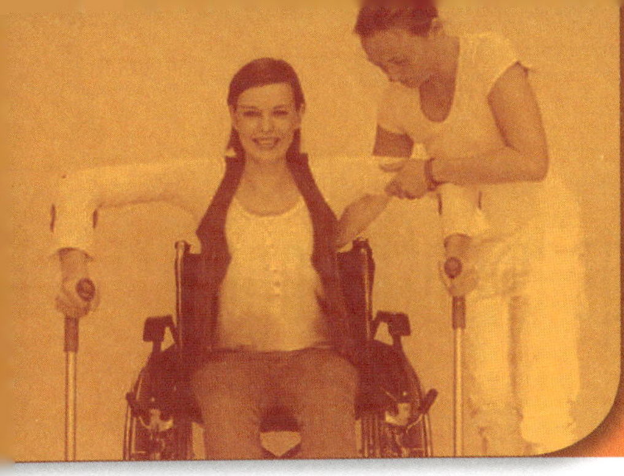

Présentation du module 3

→ **Compétence :** Réaliser des soins adaptés à l'état clinique de la personne.

→ **Durée :** 175 heures

→ **Objectifs :** Dans le cadre du rôle propre de l'infirmier, en collaboration avec lui et sous sa responsabilité, être capable de :

– rechercher les informations sur les précautions particulières à respecter lors du soin.

– identifier et appliquer les règles d'hygiène et de sécurité associées aux soins à la personne.

– organiser l'activité de soin en fonction de l'environnement et de la personne.

– choisir le matériel approprié au soin.

– réaliser les soins dans le respect de la personne, de son autonomie, de son intimité et en tenant compte des appareillages et matériels d'assistance médicale : soins liés à l'hygiène corporelle et au confort, à l'alimentation, à l'élimination, au sommeil et aide de l'infirmier à la réalisation de soins[1].

– adapter les modalités de réalisation du soin à l'état de la personne et à ses habitudes de vie.

– évaluer la qualité du soin réalisé et réajuster le cas échéant.

→ **Évaluation :**

– Mise en situation professionnelle (épreuve pratique sur le terrain) avec prise en charge d'une personne et réalisation d'un ou plusieurs soins.

– Évaluation réalisée sur le terrain de stage par un formateur permanent de l'institut et un professionnel du service (AS, IDE ou cadre de santé).

– Notation sur 30 points (DDS sur 10 points et réalisation des soins sur 20 points) : obtenir une note égale ou supérieure à 15 sur 30, sans note inférieure à 8 sur 20 à la réalisation des soins.

– Validation de la compétence 3 en stages.

– Autre condition d'obtention du module : Disposer de l'attestation AFGSU niveau 2.

---

1. Cf. le référentiel d'activités du DEAS, activités 1 et 3.

FICHE 1 Présentation de quelques pathologies chroniques

1. Le diabète

Définition

Maladie chronique liée à une insuffisance de sécrétion d'insuline (ou à l'inefficacité de l'insuline secrétée sur la glycémie sanguine) provoquant une hyperglycémie permanente s'il n'y a pas de traitement.

Le pancréas secrète de l'insuline qui va permettre au sucre d'entrer dans les cellules des organes pour que ces derniers puissent l'utiliser.

Situation physiologique

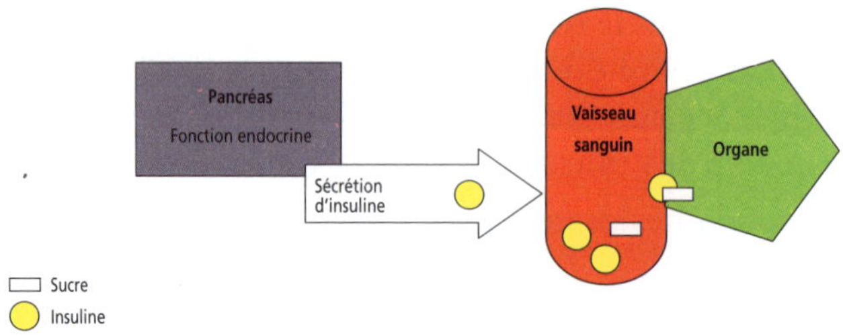

Situation physiopathologique

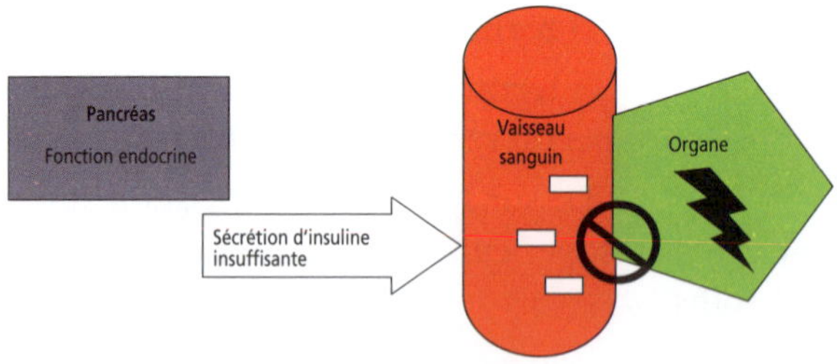

Dans le diabète, le pancréas ne secrète plus assez d'insuline pour que le sucre contenu dans le sang puisse passer dans les organes. La glycémie est donc trop élevée et les organes peuvent souffrir d'un manque d'apport en glucose.

Les deux types de diabète

Le type 1, insulino-dépendant, dit « maigre » : ce type de diabète peut atteindre des personnes jeunes. Il est nécessaire d'introduire dans le corps l'insuline que le pancréas ne produit pas. La personne est donc dépendante de cet apport extérieur d'insuline (par injection sous-cutanée). La dose d'insuline à injecter est calculée à partir d'un contrôle de la glycémie capillaire (fait avant les repas).

Le type 2, non insulino-dépendant, dit « gras » : il survient généralement chez des personnes plus âgées, à partir de la quarantaine ; la fonction pancréatique est fatiguée et l'insuline fabriquée manque d'efficacité. La personne n'a pas besoin d'un apport extérieur d'insuline mais d'un autre type de traitement (per os) qui va agir soit sur la fonction pancréatique, soit sur la sensibilité des organes à l'insuline sécrétée.

Les complications liées au diabète

Complications circonstancielles : urgences		
Malaise	**Malaise hyperglycémique**	**Malaise hypoglycémique**
Signes	Glycosurie + cétonurie	Palpitations cardiaques
	Douleurs abdominales	Sueurs
	Nausées, vomissement	Sensation de faim douloureuse
	Polydipsie	Troubles de la vue
	Polyurie	Tremblements
	Dyspnée bruyante	Difficultés à se réveiller, endormi
Causes	Manque d'insuline	Excès d'insuline
	Régime non suivi	Régime mal ou non suivi
	Infection, fièvre	Exercice physique non adapté
	Stress	Prise de boissons alcoolisées
Complications	Coma hyperglycémique, mort	Coma hypoglycémique, mort

Conduite à tenir :

– alerter au plus vite IDE et médecin :

– donner un sucre rapide (aura un effet salvateur si hypoglycémie et ne sera pas trop néfaste en cas d'hyperglycémie).

Complications chroniques		
	Processus	**Complications**
Atteintes des vaisseaux artériels	Microangiopathie (atteinte des petits vaisseaux) Artériosclérose, oblitération	Atteinte de l'œil avec risque de cécité Atteinte rénale avec risque d'insuffisance rénale
	Macroangiopathie (atteinte des grosses artères) Athérosclérose, oblitération	Artérite (plus fréquente : des membres inférieurs) Thrombose artérielle (artère cérébrale, coronaire, etc.)
Conséquences		Mauvaise défense contre les infections
		Difficulté de cicatrisation des plaies
Atteinte cutanée et neurologique	Perte de la sensibilité au niveau des extrémités	Mal perforant plantaire (lésion dermatologique sous le pied, qui se creuse et peut s'infecter sans ressenti de la douleur) Risque de brûlures

Règles d'hygiène de vie pour un diabète équilibré

- Contrôle de l'apport alimentaire en graisses, en féculents (suivi du régime prescrit).
- Contrôle régulier du poids.
- Suppression des sucres rapides dans l'alimentation courante.
- Pratique d'activités physiques régulières en dosant l'intensité et en adaptant l'alimentation à l'effort.
- Suppression des boissons alcoolisées.
- Contrôle régulier de la glycémie.
- Contrôle régulier de la vue.
- Attention particulière à l'hygiène des pieds (propreté, surveiller si plaie, etc.) et à l'hygiène buccodentaire.

L'aide-soignant participe à l'éducation en hygiène de vie et alimentaire et à la surveillance des complications potentielles lors des soins d'hygiène.

2. L'athérosclérose

Définition

Dégénérescence chronique de la paroi des artères avec présence de plaques d'athérome sur lesquelles peuvent venir se constituer des thrombus.

Mécanisme physiopathologique

Le calibre intérieur (la lumière) d'une artère saine permet de favoriser le passage du flux sanguin. Les parois de l'artère, capables de vaso-constriction et de vaso-dilatation, peuvent s'adapter au besoin de l'organe irrigué. Les plaques d'athérome viennent réduire la lumière artérielle et durcir les parois artérielles qui deviennent de moins en moins souples. Puis, quand la lumière se réduit trop, un thrombus vient s'agglutiner et peut boucher la lumière artérielle.

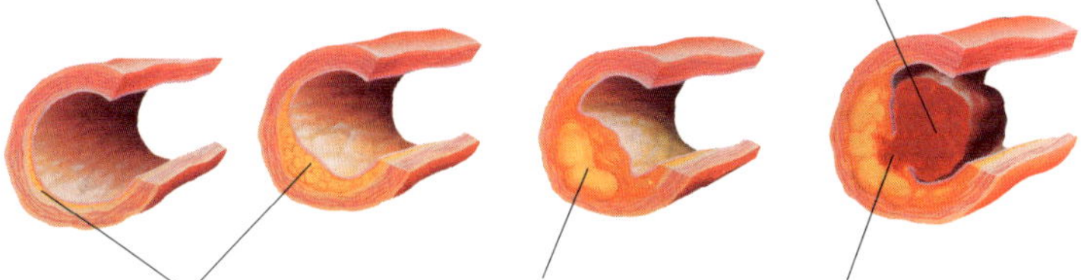

Exemples des conséquences possibles de l'athérosclérose sur des artères

– Artères cérébrales : risque d'hémorragie cérébrale ou d'ischémie cérébrale (AVC).
– Artères carotides : risque d'infarctus cérébral.
– Artères fémorales : risque d'artérite des membres inférieurs.
– Artères coronaires : risque d'infarctus myocardique.
– Toute artère : risque d'HTA.

Facteurs de risques d'athérosclérose, le plus souvent, liés au mode de vie

– Hypercholestérolémie (excès de cholestérol dans le sang).
– Hypertriglycéridémie (excès de triglycérides dans le sang).
– Hyperglycémie (excès de sucre dans le sang) ou diabète.
– Sédentarité.
– Tabagisme, alcoolisme.

3. L'angor (ou angine de poitrine)

Définition

Affection cardiaque chronique due à la dégénérescence d'une artère coronaire, ne permettant plus l'adaptation du cœur à l'effort. La principale cause est l'athérosclérose.

Mécanisme physiopathologique

Le muscle cardiaque a besoin, pour fonctionner, d'éléments nutritifs apportés par les artères coronaires ; quand il doit s'adapter à un effort, il a besoin d'un plus grand apport d'éléments nutritifs. Si la coronaire est rétrécie, durcie, le flux sanguin sera moins important qu'il ne devrait l'être. Le muscle cardiaque, pas assez « nourri », va souffrir à l'effort et cette souffrance va se traduire par une douleur. La caractéristique de cette douleur est qu'elle va s'arrêter dès que la personne est au repos.

Signes et symptômes en lien avec la pathologie	Complications potentielles liées à la pathologie et aux effets secondaires possibles des traitements	Répercussions physiques et psychologiques
Douleur thoracique, survenant à l'effort et s'arrêtant au repos accompagnée de dyspnée.	Aggravation de l'angor (douleur à un effort minime) Infarctus du myocarde.	Limitation des déplacements, des efforts, deuil de ce que l'on pouvait faire avant
	Lié à la prise d'un antiagrégant plaquettaire Lié au traitement de l'angor	Anxiété pour l'avenir Atteinte de l'estime de soi

Prise en charge

– Adaptation des soins à la capacité physique de la personne et mise en repos de la personne si douleur et/ou essoufflement.
– Surveillance des signes liés à la pathologie et aux complications possibles.

4. L'asthme

Définition

L'asthme est une maladie chronique qui correspond à une inflammation des bronches et des bronchioles. L'ouverture des bronches est réduite en raison d'une importante réaction inflammatoire et d'une contraction des muscles de la paroi des bronches. Les causes de l'asthme ne sont pas bien connues. On sait qu'elles seraient à la fois génétiques et environnementales.

Physiopathologie

L'inflammation des voies respiratoires se traduit par la production d'un mucus épais à l'intérieur des bronches, ce qui gêne la circulation de l'air. Parallèlement, les muscles autour des bronches se contractent, entraînant un bronchospasme. C'est ce qui provoque la gêne respiratoire.

Facteurs déclenchants

Ils peuvent variés suivant les personnes, mais certains sont fréquemment décrits :
– l'effort physique ;
– les allergènes (poussières, pollen, poils d'animaux, acariens, etc.) ;
– les infections respiratoires virales (rhumes, bronchites, sinusites, etc.) ;
– les gaz irritants (gaz d'échappement, pollution atmosphérique, etc.) ;
– la fumée (fumée de feu de bois, de tabac, d'encens, etc.) ;
– les émotions fortes (rires, pleurs, colère, stress, etc.).

Trois types d'asthme

Asthme allergique	Une cause allergique est retrouvée chez 70 à 80 % des adultes asthmatiques et chez 95 % des enfants atteints. Les crises sont provoquées par une réaction excessive des bronches vis-à-vis d'un agent extérieur (poussières, pollens par exemple).
Asthme chronique	Généralement présente depuis l'enfance, l'installation lente et progressive de l'inflammation peut passer inaperçue, notamment parce que le malade a le temps de s'habituer à la gêne respiratoire et perd progressivement la notion de « normalité » respiratoire, jusqu'à ce que la gêne devienne trop envahissante dans sa vie. L'évolution peut se faire vers une insuffisance respiratoire.
Asthme d'effort	L'accélération de la respiration au moment d'un effort physique suffit à déclencher les difficultés respiratoires. Cette forme d'asthme peut être déclenchée par les conditions météorologiques (froid, vent) ou la pollution atmosphérique.

La prévention

Elle repose sur un traitement adapté et bien suivi, qui permet de vivre correctement avec son asthme, mais aussi sur une bonne connaissance de sa maladie par le patient lui-même, quel que soit son âge, afin qu'il limite les facteurs déclenchant. En cas de terrain allergique, une désensibilisation ciblée peut être utile.

L'évolution de la maladie

L'asthme ne se guérit pas, mais il est possible, par une bonne prise en charge préventive et thérapeutique, de juguler les troubles et donner une bonne qualité de vie à ceux qui en sont atteints.

Tableau récapitulatif de la pathologie et de ses incidences

Signes et symptômes en lien avec la pathologie	Complications possibles liées à la maladie et aux effets secondaires potentiels des traitements	Répercussions physiques et psychologiques pour la personne
Crises d'asthme : dyspnée expiratoire, toux sèche, respiration sifflante, oppression thoracique.	– **liées à la maladie** : insuffisance respiratoire, asphyxie et mort. – **liées aux effets secondaires** possibles d'un traitement : broncho-dilatateur, anti-inflammatoire ou corticoïdes	– Anxiété du fait de la dyspnée qui peut apparaître à tout moment. – Baisse de l'estime de soi car limitation des activités.

Quelques règles pour la prise en charge d'un patient asthmatique

– Lui laisser toujours à portée de main son inhalateur (même pour aller au bloc opératoire).
– Le laisser s'exprimer sur ce qu'il ressent, il se connaît mieux que quiconque !
– En cas de crise, position demi-assise, privilégier un environnement calme et soustraire immédiatement tout élément environnemental qui pourrait accentuer la détresse respiratoire.

5. La maladie de Parkinson

Définition

Maladie neurodégénérative chronique d'évolution très lente (sur plusieurs décennies).

Physiopathologie

C'est une affection dégénérative du système nerveux central. Les zones spécifiquement atteintes sont les neurones producteurs de dopamine. La dopamine est une substance chimique élaborée dans le cerveau par les neurones dopaminergiques. Cette substance est un neurotransmetteur qui agit dans le contrôle des gestes, en particulier des mouvements automatiques (clignement des yeux, marche...). Lorsque la production ou la circulation de la dopamine est diminuée, les cellules nerveuses communiquent mal.

Les causes

À ce jour, les causes de la maladie de Parkinson sont toujours inconnues. Deux hypothèses sont privilégiées par les chercheurs : des facteurs héréditaires et des facteurs environnementaux (pesticides, métaux lourds comme le cuivre, le plomb, le manganèse...).

Tableau récapitulatif de la pathologie et de ses incidences

Signes et symptômes en lien avec la pathologie	Complications possibles et effets secondaires des traitements	Répercussions physiques et psychologiques
– Tremblement unilatéral de repos – Akinésie ou bradykinésie – Hypertonie musculaire – Douleurs musculaires	– Troubles de l'équilibre – Hypersudation – Troubles de la mastication et de la déglutition – Hypersialorrhée – Troubles du sommeil – Bradyphrénie (la personne semble comprendre ou s'exprimer difficilement) – Constipation – Horaires de prise des traitements – Perte d'efficacité des traitments Complication du décubitus	– Syndrome dépressif +++ – Grabatisation

L'évolution de la maladie :

À mesure qu'elle progresse, la maladie de Parkinson devient de plus en plus invalidante, jusqu'à la grabatisation de la personne atteinte. De nombreux patients atteints de la maladie de Parkinson se décrivent comme prisonniers de leur corps. Classiquement, on identifie trois phases :

– la « lune de miel », période variant de 3 à 8 ans, se définit par une vie pratiquement normale. C'est la période de meilleure efficacité du traitement ;

– les « fluctuations », akinésie et dyskinésies, qui affectent 60 % des patients, apparaissent après 6 ans d'évolution ;
– la 3e période, la plus handicapante, correspond à la perte d'efficacité du traitement par la L-Dopa.

Les traitements complémentaires

– Kinésithérapie : a pour objectif de lutter contre les symptômes et les douleurs, d'entretenir le tonus musculaire, la souplesse articulaire ;
– Séances d'orthophonie ;
– Ergothérapie ;
– Chirurgie : consiste en l'implantation d'un neurostimulateur pour maîtriser certains des principaux symptômes de la maladie ; des électrodes de stimulation sont positionnées en intracérébral et reliées à un boitier positionné le plus souvent en sous-claviculaire.

6. La maladie d'Alzheimer

ZOOM SUR

Cas clinique

M. Charles est âgé de 88 ans. Il est atteint de la maladie d'Alzheimer depuis 12 ans.

M. Charles reste prostré dans son fauteuil. Il y a encore quelques années, il **déambulait** sans cesse et avait tendance à fuguer involontairement car il avait perdu **ses repères spatiaux**.

Il a besoin d'aide pour s'habiller car, sinon, il peut mettre les deux jambes dans la même jambe de pantalon ou enfiler son gilet au niveau des jambes (**apraxie**). Il ne sait plus si c'est l'hiver ou l'été, ni son âge (perte des **repères temporaux**).

Il ne reconnaît plus ses enfants et, quand il est devant un miroir, il parle à l'image qu'il voit car il ne se reconnaît pas non plus (**prosopagnosie**).

Il ne reconnaît plus les objets du quotidien (**agnosie**) et ne peut donc plus les utiliser.

Il ne sait plus dans quel ordre faire les choses. Parfois il oublie ce qu'il vient de commencer. Il prend le gant de toilette que la soignante lui tend puis commence à se laver le visage et s'arrête pour toucher d'autres objets à portée de main sur le lavabo.

Il porte un change anatomique complet car il ne sait plus dire quand il a envie d'aller aux toilettes ou alors il urine derrière les portes.

Il a besoin d'être guidé et aidé pour les repas et, s'il n'est pas aidé, il peut alors manger trop de quantité à la fois avec ses doigts et risque la **fausse-route**. Il **ne pense pas à boire** si on ne lui propose pas de le faire en lui mettant le verre dans la main (en initiant le geste qu'il continue).

Il est parfois très agité et parle de manière rapide et incompréhensible (il invente des mots), surtout en début de nuit. Ces troubles du langage (**aphasie**) atteignent aussi sa compréhension ; il répond aux ordres simples, exprimés avec des mots simples et quotidiens mais ne comprend plus si les phrases sont trop longues ou trop complexes. Parfois il se met brusquement à pleurer.

De manière générale, il est coopérant pour les soins mais, parfois, brusquement, il marque une opposition par de l'**agitation**. Cela arrive aussi souvent quand les soignants sont nouveaux et qu'ils ne connaissent pas les rituels auxquels M. Charles est habitué. La musique a des effets apaisants sur lui. Il aime aussi écouter des chansons. Dans ces moments-là, il est capable d'attention et de manifester du plaisir.

Définition de la maladie d'Alzheimer

Maladie neurodégénérative chronique qui touche les fonctions cognitives et entraîne la perte progressive et irréversible des fonctions mentales.

Physiopathologie

Les symptômes n'apparaissent qu'après plusieurs années d'évolution silencieuse (au moins dix ans), car le cerveau compense un temps les lésions. C'est lorsque les capacités de compensation sont débordées que les premiers symptômes apparaissent vraiment.

Causes

Les causes exactes sont encore inconnues à ce jour, mais certains facteurs de risque ont été mis en évidence comme l'âge (au-dessus de 65 ans), le sexe (féminin) et les antécédents familiaux de la maladie d'Alzheimer.

Tableau récapitulatif de la pathologie et de ses incidences

Signes et symptômes en lien avec la pathologie	Complications possibles et effets secondaires des traitements	Répercussions physiques et psychologiques
– Déclin intellectuel progressif et continu – Amnésie – Aphasie – Agnosie – Apraxie	– Complication de décubitus – Risque de « fugue »	– Anxiété – Agressivité – Difficultés familiales – Grabatisation

– Amnésie : la capacité à se souvenir des événements récents est touchée en premier, mais peu à peu la mémoire des souvenirs anciens va s'estomper à son tour.

– Aphasie : elle commence par des manques de mots, puis de vocabulaire et la perte de la capacité à écrire.

– Agnosie : c'est une incapacité de reconnaissance. La personne n'arrive plus à faire le lien entre ce qui est perçu, par la vue, le toucher, l'audition, ou l'olfaction, et tous les objets ou les personnes qu'elle avait appris à connaître et à utiliser.

– Apraxie : progressivement, la capacité à réaliser certains gestes est modifiée alors que les fonctions motrices sont intactes.

Le diagnostic

Il est établi par un neuropsychologue en recherchant tous les symptômes de la maladie (les troubles de la mémoire ne sont pas isolés). Certains tests peuvent être réalisés comme par exemple le MMSE (mini-mental state examination). Celui-ci comporte 18 questions ou tâches et il est réalisable en 15 min environ.

L'évolution de la maladie

On distingue classiquement trois stades :

Stade léger	Des pertes de mémoire surviennent de façon occasionnelle. La mémoire à court terme, c'est-à-dire la capacité à retenir une information récente, est la plus touchée. À ce stade, il n'est pas certain qu'il s'agisse de la maladie d'Alzheimer.
Stade modéré	Les troubles de la mémoire s'amplifient. Les souvenirs de jeunesse et d'âge moyen deviennent moins précis. La désorientation temporo-spatiale devient de plus en plus évidente. Entre les stades modéré et avancé, des problèmes de comportement inhabituels surgissent parfois : par exemple, de l'agressivité, un langage atypique ou ordurier ou un changement des traits de la personnalité.
Stade avancé	Le malade perd son autonomie. Une surveillance permanente ou l'hébergement dans un centre de soins devient nécessaire. Des problèmes psychiatriques peuvent apparaître. Les patients négligent leur hygiène corporelle, deviennent incontinents et peinent à s'alimenter seuls. S'ils sont laissés sans surveillance, ils peuvent errer vainement durant des heures. À ce stade, la maladie d'Alzheimer devient mortelle du fait de la grabatisation du patient.

Les traitements

Il n'existe actuellement aucun traitement curatif de la maladie. Néanmoins, certains médicaments peuvent ralentir son évolution, traiter la dépression et améliorer la qualité de vie des patients et de leur famille. De plus, des activités de stimulation des fonctions intellectuelles, des exercices d'orientation et de la rééducation orthophonique et psychomotrice peuvent viser cet objectif.

7. L'insuffisance rénale

Définition

C'est une altération du fonctionnement des deux reins qui ne filtrent plus correctement le sang. On distingue deux formes d'insuffisance rénale :

– insuffisance chronique – la destruction du tissu rénal est irréversible, sans possibilité de guérison ;

– insuffisance aiguë – le dysfonctionnement des reins est transitoire et réversible.

Causes

Insuffisance rénale aiguë	Insuffisance rénale chronique
– Baisse brutale et transitoire de la pression artérielle (systolique inférieure à 6) – Hémorragie – Infection générale (septicémie) – Intoxication médicamenteuse – En cas d'obstruction des voies urinaires par un calcul ou un adénome prostatique.	– Diabète – Hypertension artérielle – Glomérulonéphrite : maladie inflammatoire auto-immune du glomérule – Pyélonéphrites à répétition – Certains traitements nephrotoxiques (anti-inflammatoires, antibiotiques…) – Dans 15 % des cas, la maladie est de cause inconnue.

Tableau récapitulatif de la pathologie et de ses incidences

Signes et symptômes En lien avec la pathologie	Complications possibles et effets secondaires des traitements	Répercussions physiques et psychologiques
– Sensation de mal-être – Anémie – Nausées et vomissements – Perte de l'appétit – Troubles du sommeil – Œdèmes des membres inférieurs – Oligurie avec urines foncées – HTA	– Oligurie importante pouvant aller jusqu'à l'anurie – Dialyse : – régime alimentaire +/– restriction hydrique – risque infectieux – précautions vis-à-vis de la fistule artério-veineuse – surveillance de la tension artérielle – surveillance du poids avant et après la dialyse – surveillance de la diurèse – surveillance des œdèmes – Traitement de la cause (diabète, HTA). – Complications dues à la pathologie de départ.	– Régime contraignant au quotidien et dans les situations de rencontres sociales – Répercutions socio-professionnelles dues aux contraintes liées aux séances de dialyse. – Attente de greffe du rein.

La dialyse

La dialyse fait appel à une membrane qui joue le rôle de filtre et sert à éliminer les toxines et les excès de liquide du sang. La dialyse ne guérit pas l'insuffisance rénale, elle permet de survivre tout en tentant de mener une existence aussi « normale » que possible, en attendant une éventuelle transplantation. Les séances de dialyse peuvent être réalisées en milieu hospitalier (privé ou public) mais aussi à domicile.

Deux sortes de dialyse – l'hémodialyse et la dialyse péritonéale :
– Au cours de l'**hémodialyse**, le sang du malade est mis en contact avec une solution appelée dialysat, composée d'eau et de minéraux au travers d'une membrane semi-perméable. Le sang ainsi épuré est ensuite réinjecté dans le corps du malade. Elle doit être réalisée trois fois par semaine en général, pour des séances qui durent 4 heures. Elle nécessite la création chirurgicale d'une **fistule artério-veineuse**, connectant ensembles une artère et une veine du bras.

– Pour la **dialyse péritonéale**, on utilise les propriétés filtrantes du péritoine. Un cathéter est introduit entre les deux feuillets du péritoine. La solution de dialysat est introduite par le biais du cathéter dans la cavité péritonéale. Un système de sortie permet de recueillir le liquide après dialyse. Elle doit être quotidienne, parfois nocturne sur 8 à 10 heures.

Le patient vit ainsi, au rythme des séances de dialyse autour desquelles il organise sa vie professionnelle, familiale, ses loisirs… Un espoir pour s'en sortir : la greffe de rein.

8. La BPCO – broncho-pneumopathie chronique obstructive

Définition

Maladie chronique et lentement progressive. Le plus souvent, elle n'est diagnostiquée que lorsque les dégâts sont déjà importants. Elle est caractérisée par une diminution, non ou peu réversible, du calibre des bronches.

Physiopathologie

Cette obstruction bronchique empêche peu à peu le passage de l'air et provoque une dyspnée, d'abord à l'effort, puis progressivement pour des efforts de plus en plus minimes, et enfin une gêne respiratoire au repos.

Causes

– La cause première et principale de la maladie est le **tabagisme** – dans 90 % des cas.
– Elle peut aussi être due à une exposition professionnelle à certains polluants.
– Elle peut enfin être la conséquence d'infections broncho-pulmonaires de l'enfance.

Signes et symptômes en lien avec la pathologie	Complications possibles et effets secondaires des traitements	Répercussions physiques et psychologiques
– Toux – Expectoration (bronchite chronique) – Dyspnée d'installation progressive	– Aggravation de la toux, de l'expectoration et de la dyspnée qui peuvent nécessiter une hospitalisation. – Traitements : – bronchodilatateurs corticoïdes – anti-inflammatoires – à un stade évolué, oxygénothérapie – Évolution : Insuffisance respiratoire chronique	– Limitation dans les activités de la vie quotidienne – Nécessité d'arrêter de fumer – Pathologie anxiogène du fait de la dyspnée permanente

L'évolution de la maladie se fait lentement, au fur et à mesure des épisodes aigus de surinfection bronchique, vers l'insuffisance respiratoire chronique.

9. L'insuffisance respiratoire chronique

Définition

C'est l'incapacité de l'appareil respiratoire à assumer son rôle, c'est-à-dire assurer une hématose. L'hypoxémie et l'hypercapnie imposent alors un ralentissement de l'activité cellulaire. L'insuffisance respiratoire retentit par conséquent sur l'ensemble de l'organisme.

Signes et symptômes en lien avec la pathologie	Complications possibles et effets secondaires des traitements	Répercussions physiques et psychologiques
– Dyspnée de repos, majorée à l'effort – Cyanose des extrémités – Tachycardie – Insomnie – Position assise privilégiée	– Insuffisance cardiaque droite avec œdèmes des membres inférieurs – Hypertension artérielle – Asthénie – Anorexie Traitements : – kinésithérapie respiratoire – bronchodilatateurs – corticoïdes – Oxygénothérapie continue et définitive – aérosolthérapie	– Anxiété, dépression – Altération des fonctions rénale et hépatique – Plus grande susceptibilité aux infections – Inaptitude à toute activité physique ; le moindre geste demande un effort

10. Le cancer du sein

Définition

Tumeur maligne se développant aux dépens de la glande mammaire. C'est le cancer le plus fréquent chez la femme. À noter que le cancer du sein peut concerner les hommes.

Facteurs de risque

- Âge (après 50 ans).
- Antécédents familiaux (grand-mère, mère, tante, sœur).
- Prédispositions génétiques.
- Traitement hormonal ; règles précoces avant 12 ans.
- Ménopause tardive après 50 ans.
- Absence de grossesse ou grossesses tardives après 35 ans.
- Absence d'allaitement.

Le diagnostic

Il se fait à partir des signes cliniques, associés à une mammographie, une IRM et surtout une biopsie de la tumeur. En fonction des résultats des examens, il est également pratiqué un bilan d'extension à la recherche d'atteintes ganglionnaires et/ou de métastases.

Signes et symptômes en lien avec la pathologie	Complications possibles et effets secondaires des traitements	Répercussions physiques et psychologiques
– Grosseur non douloureuse au niveau d'un sein ou d'une aisselle – Modification de la forme du sein – Rétractation du mamelon – Signes locaux au niveau du sein : rougeur, œdème ou aspect peau d'orange – Écoulement	– Métastases possibles – Risques infectieux post-opératoire – Risques de brulures (radiothérapie) – Chute des cheveux (chimiothérapie) – Risque d'aplasie médullaire (chimiothérapie) – Asthénie – Nausées, vomissements – Douleurs articulaires chroniques invalidantes – Lymphœdème du bras	– Modification de l'image de soi ; atteinte à la féminité – Perte d'estime de soi – Dépression – Baisse de la libido – Perturbation de la vie professionnelle – Difficultés au sein du couple

Les traitements

Ils sont personnalisés, au cas par cas, et parfois associés entre eux :
– La chirurgie (mastectomie ou tumorectomie associée à un curage ganglionnaire) est le traitement le plus fréquemment utilisé.
– Radiothérapie (curiethérapie et radiothérapie externe).
– Chimiothérapie.
– Hormonothérapie.

L'évolution

Plus la tumeur est détectée et traitée rapidement, et plus les chances de guérison sont importantes. Le suivi médical post-traitement se poursuit pendant plusieurs années avec une consultation tous les six mois et une mammographie tous les ans. Le taux de guérison à cinq ans est actuellement de 80 %. Néanmoins, il existe des risques de récidive, de métastases osseuses, hépatiques, pulmonaires et cérébrales.

Le dépistage

Hors cas particuliers, il est proposé une mammographie pour toutes les femmes âgées de 50 à 74 ans. De nombreuses campagnes d'information pour sensibiliser les femmes au dépistage sont organisées, comme par exemple « Octobre rose ».

La recherche

De nombreuses équipes de chercheurs travaillent sur le cancer du sein, en particulier pour trouver des médicaments plus efficaces et moins toxiques, donc avec moins d'effets secondaires. L'objectif premier est d'améliorer la qualité de vie des personnes prises en charge.

FICHE 2

Présentation de quelques pathologies aiguës

1. L'infarctus du myocarde

Définition

Nécrose[1] du myocarde due à l'arrêt brutal et permanent de son irrigation sanguine[2] parce que l'artère nourricière du cœur, la coronaire, est bouchée ou collabée[3].

Mécanisme physiopathologique

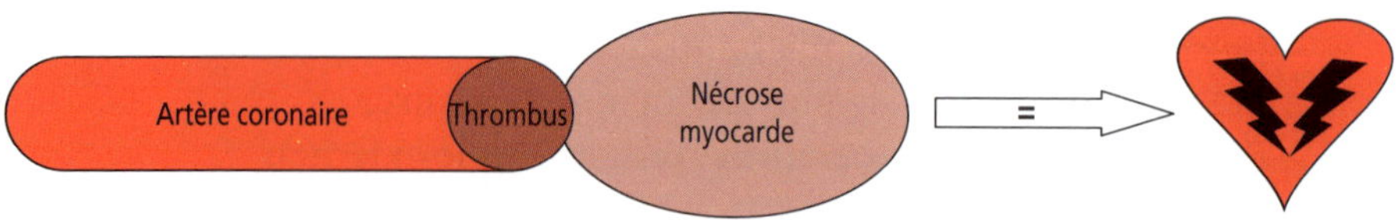

D'une manière générale : une artère apporte à l'organe les éléments nécessaires à la vie (glucose, O_2, etc.). Si sa lumière est bouchée, la zone située après le « bouchon » n'est plus irriguée, ne reçoit plus les éléments vitaux. Elle se nécrose. Des infarctus d'autres organes que le cœur existent donc.

Dans l'infarctus du myocarde, l'artère coronaire (ou une de ses branches) ne va plus pouvoir apporter les éléments vitaux à une partie du muscle cardiaque parce qu'un thrombus l'obstrue ou qu'elle est collabée. La partie du muscle cardiaque située après la zone d'ischémie va donc se nécroser.

Signes et symptômes en lien avec la pathologie	Complications possibles et effets secondaires des traitements	Répercussions physiques et psychologiques
Douleur (TILT) : – Type constrictive, comme un étau qui sert – Intensité : très forte et en continu – Localisation : le plus souvent au niveau thoracique avec irradiation dans le bras gauche et la mâchoire	Complications liées à la pathologie : – les premières heures : état de choc, OAP, mort – les jours suivants : récidive, risques thrombo-emboliques	– Mobilité très réduite les premiers jours, puis activités qui peuvent être réduites en fonction du degré de l'insuffisance cardiaque. – Angoisse +++

1. Nécrose : mort tissulaire.
2. L'arrêt brutal de la circulation sanguine dans une zone s'appelle une ischémie.
3. Les parois de l'artère se « collent » l'une sur l'autre.

– Temporalité : apparition brutale et douleur permanente Autres signes : – tachycardie avec ou sans arythmie – chute de la tension artérielle – signes accompagnateurs : nausées, vomissements, sueurs, etc.	– plus tard récidive, insuffisance cardiaque droite et/ou gauche, insuffisance rénale **Effets secondaires potentiels des traitements :** – liés aux anticoagulants – liés aux antalgiques – liés aux diurétiques – liés aux traitements pour le cœur	– Anxiété quant à son devenir personnel et professionnel

Prise en charge

Les premiers temps – urgence :

– Surveillance des paramètres vitaux : pouls, TA, T° (monitorage permanent), diurèse.

– Surveillance de la douleur.

– Surveillance du repos et de l'absence d'effort ; aide pour les gestes de la vie quotidienne ; surveillance de l'élimination fécale.

– Surveillance de l'oxygénothérapie.

– Surveillance du régime alimentaire prescrit (sans sel, sans graisse).

– Surveillance des risques liés à la mobilité réduite (escarres en particulier).

– Surveillance des effets secondaires possibles des traitements.

Par la suite :

– Réadaptation du cœur à l'effort dans un centre spécialisé.

– Éducation thérapeutique : hygiène de vie dans le but de diminuer voire supprimer les facteurs de risque, éducation par rapport aux traitements (médicaments, régimes alimentaires).

– Surveillance régulière de la fonction cardiaque.

2. L'OAP : œdème aigu du poumon

Définition

Inondation brutale des voies respiratoires par un exsudat plasmatique, liée à une hypertension des capillaires pulmonaires, entraînant une difficulté respiratoire importante.

L'OAP est souvent une complication de l'insuffisance cardiaque gauche.

Mécanisme physiopathologique

Situation physiologique (= normale)

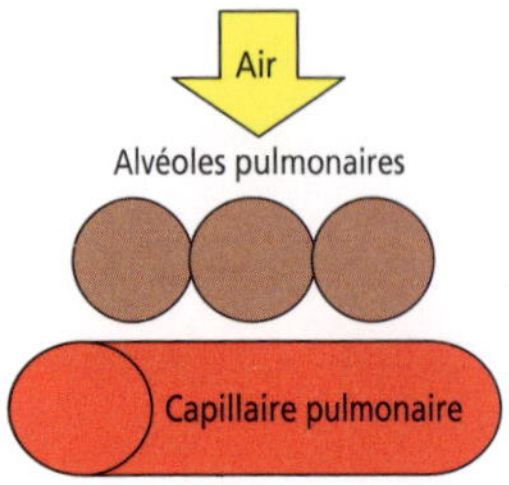

Un jeu équilibré entre pression dans les alvéoles pulmonaires et pression dans le capillaire pulmonaire.

Situation pathologique

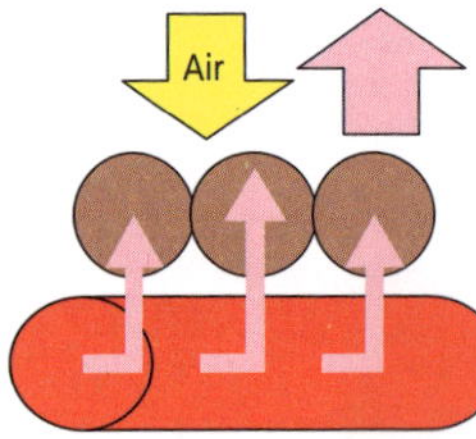

La pression dans le capillaire pulmonaire est trop forte. Du plasma franchit la barrière du capillaire, envahit l'alvéole et remonte les voies respiratoires jusqu'à ressortir, lors de la toux, sous forme de mousse rosée.

Signes et symptômes en lien avec la pathologie	Complications potentielles	Répercussions physiques et psychologiques
– Dyspnée, polypnée – Toux avec expectoration d'une mousse rosée – Râles crépitants, suffocation – Cyanose – Tachycardie – Sueurs	**Liées à la pathologie** : défaillance respiratoire, défaillance cardiaque, mort. **Liées aux effets secondaires possibles des traitements** : – aux diurétiques d'action rapide, aux vasodilatateurs ; – au traitement pour le cœur.	– Difficulté à respirer +++ – Angoisse de mort – Plus tard, appréhension d'une récidive

Prise en charge

– Premier objectif : faire baisser la tension : diurétiques.
– Second objectif : restaurer la fonction respiratoire : oxygénothérapie, surveillance, position assise.
– Apprécier les répercussions sur la fonction cardiaque (surveillance des paramètres vitaux).
– Rassurer la personne.
– Plus tard, appliquer les règles hygiéno-diététiques (ex. : régime sans sel).

A noter :

L'OAP survient généralement vers le petit matin. Un aide-soignant travaillant de nuit en EHPAD sera confronté à cette pathologie au moins une fois dans sa carrière. Les patients ayant une insuffisance cardiaque gauche sont sujets à ce type de complication. L'AS doit pouvoir identifier les signes et donner l'alerte immédiatement.

3. L'AVC : accident vasculaire cérébral

Définition

Obstruction ou rupture d'un vaisseau transportant le sang dans le cerveau. Il en résulte un manque d'apport d'oxygène mettant en danger le fonctionnement d'une ou plusieurs zones du cerveau. Les accidents vasculaires cérébraux provoquent des lésions du cerveau plus ou moins invalidantes, plus ou moins réversibles, avec des séquelles plus ou moins importantes, en fonction de la taille de l'artère touchée et de la partie du cerveau endommagée.

Physiopathologie

On distingue deux types d'AVC, l'AVC ischémique et l'AVC hémorragique.

– AVC ischémique : c'est le plus fréquent. Une artère cérébrale se bouche du fait de la présence de plaques d'athérome, en particulier à l'intérieur des carotides ou du fait de l'envoi d'un caillot, appelé embole, en provenance du ventricule gauche du cœur.
– AVC hémorragique : est dû à la rupture d'une artère cérébrale sous l'influence d'une poussée d'hypertension artérielle. À noter que le tabac et l'alcool sont des facteurs particulièrement fragilisant des vaisseaux sanguins. De plus, le risque est majoré chez les personnes ayant un traitement anticoagulant.

Les principales causes

L'insuffisance cardiaque, les troubles du rythme cardiaque et les cardiopathies valvulaires. Toutes ces causes sont dites pathologies emboligènes favorisant ainsi les AVC ischémiques.

Les atteintes sont variables suivant le côté du cerveau atteint et l'étendue de la zone en cause. Du fait du croisement des fibres nerveuses au niveau du tronc cérébral, les manifestations de l'AVC sont différentes selon que l'AVC a eu lieu dans le cerveau gauche ou dans le cerveau droit. L'atteinte est controlatérale, c'est-à-dire du côté opposé à la lésion. Ces manifestations peuvent être plus ou moins marquées et plus ou moins prolongées.

Cinq signes annonciateurs essentiels à connaître

– Faiblesse d'un hémicorps : perte soudaine de force ou engourdissement soudain au visage, à un bras ou à une jambe, même temporaire, pouvant aller jusqu'à la paralysie.
– Étourdissement : perte soudaine de l'équilibre, en particulier si elle s'accompagne d'un des autres signes.
– Céphalées : maux de tête soudains, intenses et inhabituels.
– Trouble de vision : difficulté de vision soudaine, même temporaire parfois hémianopsie.
– Aphasie : difficulté soudaine d'élocution, de compréhension ou confusion soudaine, même temporaire.

Tableau récapitulatif de l'AVC gauche et de ses incidences

Signes et symptômes en lien avec la pathologie	Complications possibles et effets secondaires des traitements	Répercussions physiques et psychologiques
– Hémiplégie droite – Aphasie de Wernicke ou aphasie de Broca – Dysphagie	– Fausses-routes – Pneumopathie – Risque thromboembolique – Risque de position vicieuse et ankylose Effets secondaires des traitements : – par anticoagulant – antihypertenseurs	– Isolement du fait de l'aphasie

– Dans l'**aphasie de Wernicke**, le patient présente une logorrhée et déforme les mots. Il faut apprendre au patient à se calmer et à s'écouter afin de l'aider à contrôler le flux de paroles et à réduire le débit.

– Dans l'**aphasie de Broca**, le patient ne peut formuler les mots, et parfois cela peut aller jusqu'au mutisme total. Il faut absolument inciter le patient à parler, à sortir de son mutisme.

Tableau récapitulatif de l'AVC droit et de ses incidences

Signes et symptômes en lien avec la pathologie	Complications possibles	Répercussions physiques et psychologiques
– Hémiplégie gauche – Troubles comportementaux – Héminégligence membre plégique – Difficultés d'orientation temporo-spatiale	– Luxation de l'épaule – Risque thromboembolique – Risque de position vicieuse et ankylose Effets secondaires des traitements : – par anticoagulant et/ou antiagrégant plaquettaire – antihypertenseurs	– Isolement du fait des problèmes comportementaux

Traitements complémentaires

– Prise en charge personnalisée des facteurs de risques cardio-vasculaires.
– Équilibration d'un diabète ou d'une hypercholestérolémie.
– Kinésithérapie.
– Orthophonie.
– Régime alimentaire.

La prise en charge d'une personne ayant fait un AVC avec une séquelle d'hémiplégie doit être personnalisée. Les principaux besoins perturbés sont résumés dans le tableau ci-dessous :

Besoins perturbés	Prise en charge spécifique
Se mouvoir et de se maintenir en bonne posture	– Ne jamais tirer sur le membre plégique, ni sur les articulations. – Pour tout changement de position, faire bloquer le bras plégique par celui qui est valide. – Surélever le membre pour faciliter le retour veineux. – Caler les membres avec un oreiller afin d'éviter les positions vicieuses. – En cas d'héminégligence (hémiplégie gauche), on stimulera la reconnaissance du côté paralysé en disposant les objets usuels de ce côté (y compris la sonnette). – Pour éviter les rétractions tendineuses au niveau des doigts de la main, certaines équipes disposent un coussin ou une balle en mousse dans le creux de la main.
Communiquer avec ses semblables	– Utiliser phrases courtes et simples. – Ne faire passer qu'un message à la fois. – Développer la communication non verbale. – Encourager les progrès. – Proposer une ardoise. – Être à l'écoute, rassurer, faire preuve de tact… – Ne pas infantiliser la personne.
Boire et manger	– Risque de fausses-routes (voir module 1). – Adapter l'alimentation aux possibilités de déglutition du patient. – Proposer de l'eau gélifiée ou des boissons gazeuses. – Risque de ralentissement du transit intestinal. – Favoriser les fibres. – Difficultés liées aux déficiences motrices. – Mettre tout à portée de main. – Préparer les aliments (couper, ouvrir opercules, beurrer, etc.).
Éliminer	– Proposer régulièrement d'aller aux toilettes (ou bassin, ou urinal). – En cas d'incontinence : voir module 1. – Surveiller si difficultés particulières. – Surveiller et noter la fréquence des selles et lutter contre la constipation.
Éviter les dangers	– Prévenir les complications de décubitus ou de la mobilité réduite (phlébite, escarres, ankylose, positions vicieuses, infections urinaires ou bronchiques). – Surveiller les effets secondaires des traitements anticoagulants éventuels. – Prévenir les chutes (dégager espace, freins du fauteuil roulant, etc.).

Le Plan national de lutte contre les AVC 2010-2014 a quatre objectifs :

– Améliorer la prévention et l'information de la population avant, pendant et après l'AVC.

– Mettre en œuvre des filières de prise en charge et les systèmes d'information adaptés.

– Assurer l'information, la formation et la réflexion des professionnels impliqués.

– Promouvoir la recherche et veiller aux équilibres démographiques.

FICHE 3

Présentation de quelques maladies infectieuses

1. La rougeole

La rougeole est la plus **contagieuse** des maladies infectieuses. Elle est souvent sous-estimée par la population car synonyme de maladie bénigne de l'enfance. Pourtant, cette maladie provoque chaque année en France des épidémies qui peuvent avoir des conséquences non négligeables. La France représente d'ailleurs un réservoir viral important du fait de la faiblesse de la couverture vaccinale. La rougeole est une maladie à déclaration obligatoire. Cette infection peut se contracter à tout âge, de la prime enfance à l'âge adulte avancé, si la personne n'a pas été vaccinée ou n'a pas contracté la maladie auparavant.

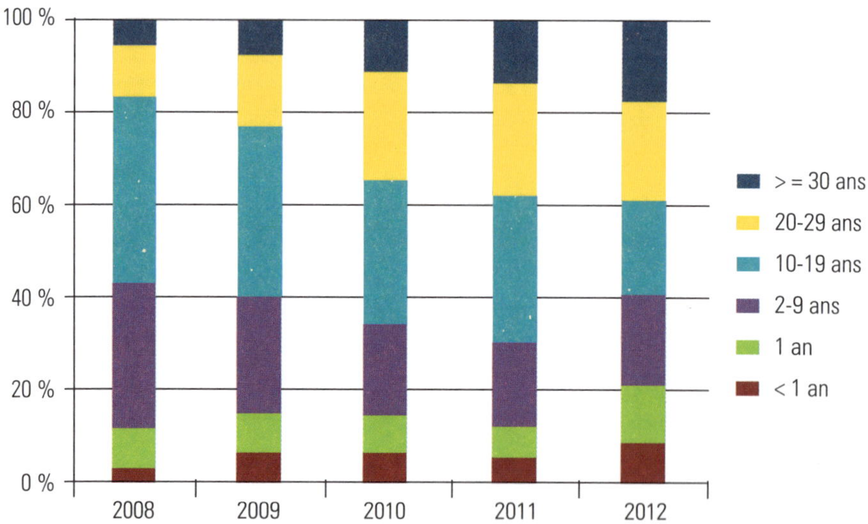

Source : InVS, déclarations obligatoires

Définition

Maladie infectieuse due à un virus qui se transmet d'humain à humain par voie aérienne.

La contagiosité de cette maladie est particulièrement importante ; en effet, une personne atteinte peut en contaminer entre 15 à 20 autres. La transmission se fait à partir des postillons, de la toux ou des éternuements et par voie manuportée (mains contaminées par les sécrétions nasales). La contagion débute dès la période d'incubation de la maladie, c'est-à-dire 5 jours avant l'apparition des symptômes.

Les différentes phases de la maladie[1]

La période d'incubation : période qui se déroule entre le moment de la contamination et l'apparition des premiers signes cliniques. Elle dure environ 10 jours.

La phase d'invasion : elle dure 4 jours pendant lesquels on observe une hyperthermie qui peut dépasser les 39,5 °C, une altération de l'état général, un écoulement nasal et oculaire. Il s'ensuit l'apparition d'un signe spécifique, le signe de Köplick, c'est-à-dire l'apparition de petites taches blanches à l'intérieur des joues.

La phase d'état : l'éruption cutanée intervient alors ; elle est dite descendante, commence derrière les oreilles, puis se déplace vers le cou, les épaules, le thorax, etc., en 3 jours. La phase éruptive disparaît en 4 à 6 jours, puis la peau desquame peu à peu.

La période de convalescence : elle peut durer jusqu'à quelques semaines car la rougeole entraîne une asthénie importante, qui est propice au développement d''autres infections concomitantes.

3

Le traitement

Il repose sur les antipyrétiques et le traitement des signes associés éventuels.

Tableau récapitulatif de la pathologie et de ses incidences

Signes et symptômes en lien avec la pathologie	Complications possibles et effets secondaires des traitements	Répercussions physiques et psychologiques
– Hyperthermie – Asthénie – Catharrhe – Éruption cutanée puis desquamation de la peau	– Otite – Broncho-pneumonie – Encéphalite – Déshydratation – Troubles de la conscience – Décès – Traitement antipyrétique	– Isolement – Contagiosité

Les nouveau-nés, les personnes âgées, les femmes enceintes et les personnes immunodéprimées sont particulièrement à risque de complications graves.

La prévention

Elle repose sur la vaccination. Celle-ci est recommandée en France et même conseillée pour les professionnels de santé. Le vaccin confère une immunité

1. Ces 4 phases sont typiques du processus infectieux (module 2).

durable et est particulièrement efficace. La vaccination permet de se protéger et protéger son entourage, notamment les plus fragiles qui ne peuvent pas être vaccinés (nourrissons, personnes immunodéprimées, etc.). Si tout le monde était vacciné, la maladie pourra disparaître.

2. La tuberculose

Définition

Maladie infectieuse contagieuse due à une bactérie dont certaines souches sont devenues multirésistantes aux antibiotiques. Elle atteint prioritairement les poumons mais peut toucher de nombreux organes.

Physiopathologie

L'agent pathogène en cause est une bactérie du groupe des bacilles, le bacille de Koch ou BK. Il se transmet par voie aérienne à l'occasion d'un épisode de toux et/ou d'expectoration, expulsant des gouttelettes contaminées, mais aussi par le fait de parler ou de chanter (situations à risque : entourage familial, soignants, transports en commun, collectivités, etc.). Après la contamination, de nombreuses personnes peuvent être porteuses du germe sans être malade.

Facteurs de risque

Les personnes les plus susceptibles d'être atteintes sont les jeunes enfants, les personnes âgées, les personnes dénutries, les personnes en situations d'immunodépression (suite à une maladie comme le SIDA ou suite à un traitement) et les personnes en situation de grande précarité et/ou dont l'organisme est fragilisé par des conduites addictives.

Les formes de la tuberculose

Cette infection peut se présenter sous plusieurs formes :
- la tuberculose pulmonaire ;
- la tuberculose urinaire ;
- la tuberculose osseuse, en particulier au niveau des vertèbres, le mal de Pott ;
- la tuberculose ganglionnaire ;
- la méningite tuberculeuse.

Nous ne traiterons ici que la plus répandue, la **tuberculose pulmonaire**.

La primo-infection

C'est la première rencontre entre le sujet et le BK. La contamination peut évoluer ou pas vers la phase de maladie.

La phase d'incubation peut durer plusieurs mois.

La phase d'état

Peu à peu, le bacille va se développer et l'état de santé de la personne se détériorer avec une toux persistante, une hyperthermie souvent nocturne, des expectorations qui peuvent devenir sanglantes (hémoptysie).

Le traitement

Il doit impérativement être suivi à la lettre, sinon le germe se réactive et, plus grave encore, développe des résistances aux antibiotiques. Le traitement repose sur une antibiothérapie spécifique et des mesures de précautions complémentaires Air (voir module 6).

Tableau récapitulatif de la pathologie et de ses incidences

Signes et symptômes en lien avec la pathologie	Complications possibles et effets secondaires des traitements	Répercussions physiques et psychologiques
– Altération de l'état général – Hyperthermie nocturne – Toux – Expectoration – Hémoptysie	– En cas de non-suivi du traitement – **Contraintes** liées aux antibiotiques : durée du traitement d'au moins 6 mois, prise à jeun, en une seule prise à heure fixe. – **Effets secondaires** importants liés aux antituberculeux : hépatite, troubles digestifs, arthralgies, allergies, atteintes rénales et neuropathiques.	– Isolement social – Image de soi – Précautions complémentaires Air

La prévention

Elle est réalisée par l'amélioration des conditions de vie, le dépistage systématique de l'entourage des patients, mais surtout par la vaccination des personnes à risque. À noter que la vaccination par le BCG (bacille de Calmette et Guérin) n'est plus obligatoire en France ; elle est recommandée pour les populations à risque et une preuve de vaccination ancienne est demandée pour tous les personnels de santé.

3. Les méningites

Définition

Inflammation des enveloppes protectrices du cerveau, les méninges, qui est le plus souvent due à une infection incriminant un virus, une bactérie ou un champignon. C'est une infection à déclaration obligatoire.

Physiopathologie

Les méningites virales sont les plus fréquentes et le plus souvent bénignes et évoluent vers une guérison spontanée en 3 à 8 jours. Les méningites bactériennes et fongiques sont moins fréquentes mais sont redoutées et peuvent être très graves, voire mortelles. L'infection est parfois foudroyante et entraîne le décès en 24 heures.

La contamination peut se faire par voie respiratoire par l'intermédiaire de gouttelettes de salive (éternuements, toux, baisers), par la proximité (collectivités), par voie sanguine, suite à un traumatisme crânien ou également être une complication post-opératoire neurochirurgicale.

Le diagnostic est réalisé par une ponction lombaire.

Signes et symptômes en lien avec la pathologie	Complications possibles et effets secondaires des traitements	Répercussions physiques et psychologiques
– Hyperthermie – Céphalées violentes – Vomissements – Raideur de la nuque – Troubles de la conscience	– Convulsions (surtout chez les enfants) – Coma – Purpura hémorragique (taches hémorragiques sous la peau étendues sur tout le corps) – Choc septique – Déshydratation – Séquelles cérébrales – Décès – Effets secondaires des antibiotiques	– Antibioprophylaxie de toutes les personnes ayant été en contact rapproché et répété avec le malade dans les 10 jours précédant l''apparition des symptômes et vaccination en urgence.

La prévention

En France depuis 2010, la vaccination est recommandée pour tous les nourrissons à l'âge d'un an et un rattrapage de vaccination est également recommandé jusqu'à l'âge de 24 ans. La vaccination est obligatoire pour les voyageurs ayant le projet d'aller en Afrique centrale.

FICHE 4

Présentation de quelques pathologies psychiatriques

Les troubles mentaux sont pris en charge par des établissements spécialisés.
Parmi les pathologies rencontrées, certaines sont emblématiques : la névrose (et ses différents formes), la psychose (et ses différentes formes), les dépressions, les états limites et les troubles du comportement (alimentaire, addiction).

Différences entre psychose et névrose

Critères	Névrose	Psychose
Stade du développement psychoaffectif	postœdipien	préœdipien La structure de la personnalité se construit sur un mode psychotique avant le stade œdipien.
Rapport à la réalité	conservé	très perturbé (hallucinations, délire)
Rapport à son identité propre	conservé	très perturbé (difficulté à percevoir ce qui est soi et ce qui est l'autre)
Reconnaissance de sa pathologie mentale	oui	non
Sensibilité à la thérapie	oui	plus difficile
Traitements médicaux nécessaires à la qualité de vie	plus légers	indispensables, sinon crise d'angoisse +++

3

1. Les névroses

Ce sont des maladies mentales qui se traduisent par un dérèglement partiel de la personnalité sur fond permanent d'angoisse.

Les troubles sont plus ou moins importants ; quand ils sont très prononcés, ils peuvent empêcher une vie sociale « normale ». La personne a conscience du caractère anormal de son trouble et en souffre. La prise en charge thérapeutique peut aider ces personnes à retrouver une vie satisfaisante.

Il existe différentes formes de névroses

Névrose phobique	Peur irrationnelle d'un objet particulier ou d'une situation particulière.	– Claustrophobie : peur des endroits clos – Agoraphobie : crainte des espaces vides et de la foule – Arachnophobie : peur irraisonnée des araignées
Névrose obsessionnelle TOC	Obsessions au niveau de la pensée ou d'une idée angoissante Compulsion.	Obligation d'un rituel pour « conjurer » l'obsession. Ex. : lavage des mains excessif ; vérifications incessantes de la fermeture du gaz, de la fermeture d'une porte à clé ; etc.
Névrose d'angoisse Crise de panique	L'angoisse prédomine.	État d'alerte permanent, tension psychologique et physique ; toujours dans la peur de quelque chose, sans savoir quoi. La crise de panique s'accompagne de manifestations somatiques : tachycardie, palpitations, difficultés à respirer, sensation de mort, sueurs, vertiges, etc.
Névrose hystérique Hystérie de conversion	Le trouble mental se traduit directement dans le corps.	Il y a atteinte d'une fonction corporelle sans qu'il n'y ait de pathologies corporelles. Ex. : être aveugle sans aucune atteinte du système nerveux et oculaire ; être paraplégique sans aucune atteinte neurologique.

2. Les psychoses

Définition

Pathologies mentales graves se traduisant par un rapport à la réalité altéré, une perception de soi et du monde erronée, une difficulté à percevoir ce qui est du dedans de soi ou du dehors. Certaines psychoses sont dangereuses pour la personne elle-même (automutilation, suicide) ou pour les autres (agression physique, meurtre).

La plupart des psychoses s'accompagnent de délire (production d'une conviction intime interprétant la réalité de manière erronée) et de certaines formes d'hallucinations (comme dans la schizophrénie, la bouffée délirante aiguë).

L'angoisse très forte des psychotiques est « jugulée » par les traitements médicamenteux mais le problème majeur de ce type de patients réside dans le fait qu'ils arrêtent leur traitement fréquemment (non-observance). Les crises recommencent alors.

Les différentes formes de psychose

Schizophrénies	Se déclarent chez des sujets jeunes. Dissociation progressive de toute la personnalité avec des **troubles cognitifs** touchant le raisonnement, l'attention, la compréhension des mots ; des **troubles de l'affectivité** (détachement, repli sur soi, indifférence ou ambivalence des sentiments amour et haine en même temps) ; des **troubles du comportement** (pas d'énergie, impulsivité, hygiène négligée) ; des **troubles au niveau des relations sociales** (isolement), **délire, hallucinations**.

Paranoïa	Se déclare plus fréquemment vers 40 ans. **Délire** paranoïaque, de type passionnel, **bien construit, fondé sur des éléments de la réalité et affirmé avec conviction.** Le plus souvent concerne la jalousie, l'idéologie, la persécution. La force de la conviction de la personne la pousse à agir +++.
Maniaco-dépression ou trouble bipolaire	Alterne cycliquement un état « maniaque » de surexcitation, très euphorique et dynamisant pour la personne, et un état de grande dépression avec une apathie et un grand risque de suicide (mélancolie). Ces troubles de l'humeur se régulent bien avec un traitement médical approprié et la personne peut mener une vie quasi normale tant qu'elle prend son traitement.
Mélancolie	C'est une forme de dépression très profonde s'accompagnant d'une grande asthénie, d'une incurie avec une très forte mésestime de soi et un grand sentiment de culpabilité. Le risque majeur est le suicide.

3. Les dépressions

Définition

Trouble de l'humeur se caractérisant par une tristesse intense, une douleur morale et un désintérêt pour soi, pour les autres et pour son environnement.

Causes

– Structure de la personnalité comme dans la mélancolie.
– Perte d'un objet très investi affectivement comme dans la **dépression réactionnelle** (état de dépression faisant suite à un évènement traumatisant tel que la perte d'un proche, la perte d'un travail, un exil forcé…).

Signes

– Incurie (ne plus prendre soin de soi au niveau de l'hygiène, de son apparence, des vêtements, etc.).
– Perte de toute forme de plaisir.
– Dévalorisation, perte de l'estime de soi.
– Troubles de l'attention, de la concentration.
– Indifférence pour tout.
– Souffrance morale.
– Apathie (perte de l'énergie nécessaire pour faire quelque chose, prendre des décisions, etc. ; activité motrice réduite +++).
– Asthénie (grande fatigue non justifiée par un effort physique ou intellectuel).
– Anorexie (perte de l'appétit).

4. Les états limites ou « border lines »

Définition

Troubles mentaux situés entre une pathologie névrotique et une pathologie psychotique.

Manifestations

– Changements d'humeur fréquents (labilité de l'humeur) : accès de rage, de pleurs, d'euphorie.

– Grand besoin d'amour et peur d'être rejeté, abandonné.

– Hyperactivité, impulsivité.

– Intolérance à la frustration.

– Angoisse (peur du caractère éphémère de la vie, de l'abandon, d'un vide existentiel, d'être différent des autres).

– Parfois symptômes psychotique associés (confusion mentale, idées délirantes, etc.).

5. Les troubles du comportement alimentaire

L'anorexie mentale

C'est le fait de ne pas vouloir s'alimenter par un besoin exacerbé de maîtrise de sa vie. L'anorexie peut avoir de graves conséquences sur l'état de santé et conduire à la mort :

– aménorrhée ;

– amaigrissement considérable ;

– déshydratation ;

– troubles du métabolisme, avitaminoses (maladies dues à un manque de vitamines) ;

– troubles cardiaques ;

– dents et tube digestif abimés (par le fait de se faire vomir).

La boulimie

C'est une pathologie qui conduit l'individu à se remplir sans cesse de nourriture (comme un puits sans fond) pour tenter d'apaiser l'angoisse, en se cachant des autres pour manger. Un sentiment de honte, de dégoût de soi accompagne cet état.

La personne atteinte de boulimie peut adopter des conduites telles que se faire vomir (acidité attaquant le haut de l'appareil digestif, troubles métaboliques, etc.).

La coprophagie

C'est le fait de manger ses selles. Cette pathologie se retrouve, entre autres, en lien avec des états de démence chez la personne âgée.

6. Les addictions

Définition

C'est le fait de ne pouvoir se passer d'une substance. Ex. : éthylisme (alcool), tabagisme (tabac), drogues (dures, douces, etc.).

Les conduites addictives peuvent avoir des conséquences sur la santé, sur le plan social (marginalisation) et juridique (infraction aux lois).

7. L'aide-soignant en psychiatrie

En psychiatrie, la notion d'équipe pluriprofessionnelle s'illustre encore mieux qu'ailleurs. La hiérarchie y est moins sensible et le travail en binôme plus fréquent. L'aide-soignant a plus de contacts avec le médecin.

Cette unité et cohérence de l'équipe est fondamentale vis-à-vis de la population prise en charge.

3

Mots clés du travail en psychiatrie	
Attitude	Neutralité bienveillante (pas de jugement, pas de négation du problème, pas de conseils moralisateurs). Juste distance relationnelle (s'acquiert avec l'expérience). Cadrage (fermeté adaptée ; ne pas se laisser menacer ou intimider). Disponibilité. Ne pas entrer dans le délire d'un patient mais ne pas tenter de le raisonner.
Attention	À la sécurité physique du patient (agression des autres patients, risque de suicide : sécuriser l'environnement du patient et toujours situer dans le temps et dans l'espace la personne). Attention et observation du corps et du non-verbal (constipation, problème de santé que la personne ne peut signaler, effets secondaires potentiels des traitements, etc.)
	À la sécurité psychologique du patient (observer son comportement, déceler toute modification et agir – relation d'aide, signaler à l'équipe). Relayer à l'équipe toute évocation de suicide.
Langage	Doit être courtois. Vocabulaire concret, précis. Propos valorisants, encourageants. Rappelant le contrat ou le cadre si besoin. Encourageant l'expression verbale du soigné.
Actions	Faire participer au maximum la personne à sa vie quotidienne. Prévoir des activités avec la personne.
Cohérence	Avec le projet de soins de la personne. Avec les objectifs de l'équipe.
Participation	Aux réunions d'équipe concernant les patients pour bien les connaître.

FICHE 5

Les soins en chirurgie

La prise en charge d'un opéré relève à la fois des problématiques inhérentes aux patients et de la technicité relative aux opérations.
Du côté du patient : ce qui caractérise le patient de chirurgie, c'est son niveau d'anxiété. Cette anxiété provient de deux sources principales : l'anesthésie et la chirurgie, l'un ne se faisant pas sans l'autre.

1. L'anesthésie

Elle englobe l'ensemble des techniques permettant de réaliser un acte chirurgical, médical ou obstétrical en supprimant la douleur.

Il existe trois grandes catégories d'anesthésie : l'anesthésie générale, l'anesthésie locorégionale et l'anesthésie locale.

– L'**anesthésie générale** ou **AG** : elle entraîne un état comparable au sommeil ; est réalisée par injection intraveineuse et/ou inhalation de produits médicamenteux et nécessite une intubation et une ventilation assistée.

– L'**anesthésie locorégionale** ou **ALR** : elle permet de n'endormir que la partie du corps sur laquelle se déroulera l'intervention (un bras, une jambe, la partie inférieure du corps). On peut citer la péridurale, la rachianesthésie, qui nécessitent une injection intra-médullaire (par une injection dans la colonne vertébrale) ; le bloc nerveux, qui permet d'endormir un bras, ou une jambe.

– L'**anesthésie locale** ou **AL** : elle s'effectue sur une petite surface, pour un acte peu profond (sutures, soins dentaires, fibroscopie…).

2. La chirurgie

L'acte opératoire peut se réaliser suivant trois techniques principales :

L'endoscopie	Utilise les orifices naturels pour atteindre l'objectif.
La cœlioscopie	Se pratique par insufflation de gaz carbonique dans la cavité abdominale par une incision réalisée au niveau de l'ombilic qui permet l'introduction d'un appareil optique et/ou d'instruments par d'autres incisions réalisées sur le ventre.
La laparotomie	Consiste à pratiquer une incision plus ou moins étendue de la peau.

3. Les trois temps opératoires et rôle de l'aide-soignant :

L'aide-soignant en chirurgie travaille en étroite collaboration avec le personnel infirmier sur tout le temps du séjour du patient opéré.

En préopératoire	En peropératoire	En postopératoire
– Accueil et présentations des lieux, des personnes, du déroulement du séjour. – Prise des constantes (pouls, tension artérielle, température). – Réponse aux questions **dans la limite de ses compétences**, sinon en référer à la personne compétente pour répondre. – Douche préopératoire suivant le protocole du service et habillage « bloc ». – Information sur le jeûne obligatoire. – Traçabilité dans le dossier de soins.	Il s'agit de la préparation de la chambre de l'opéré : – rangement, aération de la pièce et ménage ; – réfection du lit sans oreiller (protection) ; – accessoires installés prêts à l'emploi, comme le pied à sérum, le haricot, des feuille de cellulose, un support de sac à urines ou à redon, une potence, un bassin ou un urinal, en fonction des nécessités spécifiques liées à l'intervention réalisée. Tout doit être prêt **à disposition** lorsque le patient rentre de la salle de réveil.	– Aide à l'installation avec IDE et brancardier en veillant au confort du patient mais **en tenant compte des prescriptions médicales** ; en le rassurant (repères temporo-spatiaux) ; en lui proposant une couverture supplémentaire ; en plaçant la sonnette dans sa main. **Attention** : les opérés ont souvent soif ; la reprise de l'alimentation se fait sur prescription médicale.

3

La douche préopératoire

Douche avec un antiseptique ou savon (noter le nom du produit utilisé), en insistant sur les plis (aines, sous les seins, sous les bras, etc.) et ombilic. Cette douche comprend le shampoing et l'hygiène bucco-dentaire. La personne peut la faire elle-même, mais l'AS doit vérifier le résultat.

L'habillage « bloc »

Aucune affaire personnelle (slip, soutien-gorge, chaussettes, etc.) ; le patient doit revêtir une chemise de bloc à usage unique, une charlotte sur les cheveux, des surchaussures. Il ne doit pas porter de bijoux (ni montre, ni alliance, ni boucle d'oreilles, ni piercing), sauf cas particulier, pas de prothèses (dentaires, auditives, oculaires, capillaires…). Il est important de bien expliquer à quel point ces mesures sont essentielles pour limiter les risques d'infections nosocomiales.

– Informer sur le **jeûne obligatoire** : s'il n'est pas respecté, l'intervention peut être annulée ! « Jeûne » signifie « ne pas manger » (ni sucer un bonbon ou mâcher un chewing-gum), ne pas boire et ne pas fumer. Il commence au moins six heures avant l'intervention.

– La dépilation du site opératoire n'est plus recommandée de manière systématique. Si le chirurgien l'a prescrite, elle doit se faire soit en utilisant une tondeuse, soit en utilisant une crème dépilatoire.

Toutes ces activités préopératoires doivent être notifiées dans le dossier du patient par la personne qui les a réalisées. Dans certains établissements, cette traçabilité est faite grâce à une check-list à remplir.

4. Les risques en chirurgie

Le risque zéro n'existe pas. La prévention de la survenue de ces risques entre dans le cadre de la compétence de l'AS en collaboration avec l'IDE.

Risques liés à l'anesthésie :

- nausées et vomissements ;
- maux de gorge ou enrouement ;
- engourdissement voire paralysie d'un membre ;
- troubles mnésiques ou de concentration ;
- complications gravissimes avec pronostic vital engagé (allergies majeures, arrêt cardiaque…).

Les risques liés à l'intervention :

- hémorragie (urgence – pouls filant et rapide, pâleur, sueurs, angoisse, tachypnée, troubles de la conscience, pansement souillé de sang) ;
- infection (se manifeste dans les jours qui suivent par une hyperthermie et un pansement sale) ;
- phlébite (peut être très précoce ; il faut savoir en dépister les signes) ;
- embolie pulmonaire (urgence ; dyspnée, angoisse de mort, douleur base thorax, cyanose).

5. Soins et surveillance en post-op en collaboration AS/IDE

J0 (le jour de l'intervention)

La surveillance du patient, à partir de son retour de bloc, peut être nécessaire tous les quarts d'heure, puis toutes les demi-heures, enfin toutes les heures.

Au fur et à mesure du « réveil » de l'opéré, la surveillance va s'espacer peu à peu.

Les points de surveillance :

- le réveil (conscience, pouls, tension artérielle, respiration, coloration) ;
- le pansement ou la zone opérée (saignements éventuels, dépistage précoce d'une hémorragie) ;
- la douleur ;
- la perfusion ;
- la reprise de la diurèse et du transit intestinal ;
- les drains et les sondes s'il y en a.

Tous ces éléments de surveillance font l'objet de transmissions écrites sur le dossier de soins du patient et de transmissions orales auprès de l'IDE.

6. Les jours suivants

<table>
<tr><th colspan="3">Soins et surveillance généraux</th></tr>
<tr><td>Premier lever d'un opéré</td><td colspan="2">Attention : il se fait obligatoirement sur prescription médicale et en présence de l'IDE.</td></tr>
<tr><td>Reprise de l'alimentation</td><td colspan="2">Alimentation liquide puis solide ; se fait suivant une prescription médicale après estimation du retour du transit (gaz puis selles).</td></tr>
<tr><td>Reprise de la fonction urinaire</td><td colspan="2">Surveillance de l'émission d'urines dans les 6 heures suivant le retour du bloc.</td></tr>
<tr><th colspan="3">Surveillance des appareillages possibles</th></tr>
<tr><td>Perfusion</td><td>Toujours présente au retour bloc.</td><td rowspan="4">Surveillance du patient
Et du matériel</td></tr>
<tr><td>Pansement (visible ou non)</td><td>Incision + fermeture : fils, agrafes, etc.</td></tr>
<tr><td>Systèmes de drainage ou de dérivation</td><td>Ex. : drains de redon.</td></tr>
<tr><td>Sonde vésicale</td><td></td></tr>
<tr><th colspan="3">Surveillance des risques liés à l'anesthésie</th></tr>
<tr><td>Nausées, vomissements</td><td colspan="2">Surveillance, transmission et mise à disposition haricot ou bassine + mouchoirs.</td></tr>
<tr><th colspan="3">Surveillance des risques généraux liés à l'intervention</th></tr>
<tr><td>Hémorragie</td><td colspan="2">Surveillance pouls, redon, coloration des extrémités, état de conscience.</td></tr>
<tr><td>Infection du site opératoire liés aux appareillages</td><td colspan="2">Surveillance du pansement.
Surveillance de la T° 2 fois/jour minimum.</td></tr>
<tr><td>Phlébite</td><td colspan="2">Surveiller dissociation courbe du pouls et de la T°.
Surveiller mollets.</td></tr>
<tr><td>Douleur</td><td colspan="2">Évaluer régulièrement en lien avec traitements antalgiques.</td></tr>
<tr><th colspan="3">Surveillance des risques liés à la spécificité de l'intervention</th></tr>
<tr><td>Si alitement prolongé</td><td colspan="2">Risque escarre, constipation, infection urinaire (voir complications de décubitus).</td></tr>
<tr><td>Spécificité de l'intervention</td><td colspan="2">Bien connaître les complications spécifiques des interventions pour les prévenir ou en déceler les signes.
Exemple détaillé pour la PTH.</td></tr>
<tr><th colspan="3">Surveillance des risques liés aux effets secondaires possibles des traitements</th></tr>
</table>

7. Surveillance des systèmes de drainage

La surveillance des drains de Redon

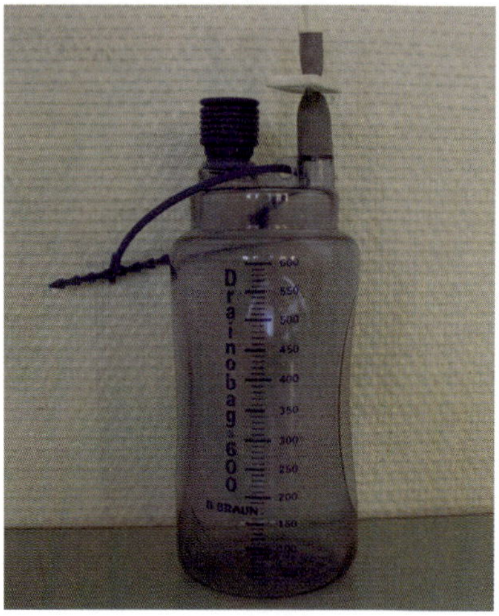

Un drain de Redon (ou redon) est un système de recueil des liquides drainés par un tube multiperforé à son extrémité, situé dans la plaie chirurgicale, et relié à un flacon gradué, sous vide, de contenance variable suivant les besoins.

Points à surveiller :
- dispositif aspiratif ;
- quantité recueillie ;
- aspect du liquide ;
- tubulures ni coudées ni coincées (ne jamais tirer dessus ni le renfoncer) ;
- maintien d'une position déclive, grâce aux attaches prévues à cet effet (jamais directement sur le sol, ni dans le lit).

La surveillance des lames et des mèches

Une lame est un dispositif en caoutchouc de forme ondulée qui permet l'évacuation de sérosités issues de la plaie. Les sécrétions peuvent être récoltées dans une poche de recueil. Une mèche est une gaze parfois imprégnée d'antiseptique, d'antibiotique ou d'hémostatique, qui est insérée dans la plaie pour aider à la cicatrisation et évacuer les sérosités issues de la plaie.

Dans les deux cas, l'AS **observe le pansement**, qui peut facilement être souillé, ou la poche de recueil, et transmet ces observations à l'IDE. En aucun cas, l'AS n'est habilité à manipuler ces dispositifs.

FICHE 6

Présentation de quelques pathologies chirurgicales

1. La PTH – Prothèse totale de hanche

Indications

L'arthroplastie par prothèse totale de hanche consiste à remplacer l'articulation de la hanche dans deux circonstances principales :
– la **coxarthrose** (dégénérescence de l'articulation de la hanche), qui provoque des douleurs invalidantes et limite les capacités motrices de la personne ; intervention réalisée « à froid », c'est-à-dire programmée à l'avance, anticipée ;
– la **fracture du col du fémur**, qui peut survenir assez aisément chez une personne âgée victime d'une chute ; intervention réalisée dans le cadre de l'urgence.

3

L'intervention

Elle dure environ 1 h 30 mais il faut ajouter le temps d'anesthésie et le temps de réveil. La cicatrice se trouve sur la partie latérale externe du haut de la cuisse et mesure entre 10 et 20 cm de long. C'est une intervention qui est assez sanglante mais, quand elle est programmée à l'avance, le patient peut préparer une transfusion autologue. Cette intervention peut être réalisée sous anesthésie générale ou sous anesthésie loco-régionale. Les suites opératoires sont liées à l'intervention elle-même, mais aussi à l'état de santé général de la personne, aux comorbidités éventuelles et à la situation d'urgence ou non dans laquelle la prise en charge est réalisée.

Cas clinique

M. Durand, 71 ans, vit chez lui avec sa femme et est autonome pour tous les actes de la vie quotidienne. Il aime bricoler.

Il est entré le 10 mars dernier en chirurgie orthopédique pour une PTH gauche suite à une fracture du col du fémur (il est tombé à son domicile en descendant d'un escabeau). La consultation d'anesthésie et les bilans sanguins ont été faits à son entrée. Son intervention a eu lieu le 11 mars au matin.

Antécédents médicaux : HTA traitée (stabilisée).

Antécédents chirurgicaux : adénome prostatique il y a six ans.

Aujourd'hui : J1

M. Durand est perfusé, porteur d'une sonde vésicale, de deux redons, d'un pansement occlusif au niveau du site opératoire. Le premier lever pour mise au fauteuil est prévu ce jour.

Soins et surveillances

Tableau récapitulatif

Fonction principale perturbée	Locomotion	À évaluer. Aide au besoin de se mouvoir et de se maintenir en bonne position. Aide aux autres manifestations de dépendance d'autres besoins en interaction avec le premier.
1er lever	Sur prescription médicale, avec IDE	Précautions à prendre pour éviter hypotension orthostatique et luxation.
Risques liés à l'anesthésie	Surveiller si signes	Nausées, vomissements.
Risques liés à l'intervention Surveiller si signes	Hémorragie	Surveillance redons, pansement.
	Douleur	À évaluer. Transmission pour adapter traitements. + Vessie de glace
	Infection	Prise de T° au minimum deux fois/jour.
	Luxation	Règles d'installation et de manipulation d'un patient ayant une PTH.
Risques liés au décubitus	Escarre	Surveillance : mise en place d'actions de prévention.
	Phlébite Embolie pulmonaire	Surveillance signes, courbe pouls/T°. Surveillance signes (+ respiration).
Risques liés à l'appareillage	Perfusion Sonde urinaire	Surveillance de l'appareillage, patient et T°.
Risques liés aux effets secondaires des : traitements	Anticoagulants	Surveiller les signes d'hémorragie.
	Antibiotiques	Surveiller T°, selles, nausées, vomissements, allergie.
	Antalgiques Souvent Palier 3 à J1	Surveillance conscience, respiration, douleur, etc.
Répercussion de la situation de soin sur la personne	Fatigue Confusion Anxiété...	Repérer les manifestations chez la personne, écouter ce qu'elle dit et transmettre

Rappel sur les J opératoires

J -1 (ex. : 10/03)	J0 (ex. : 11/03)	J1 (ex. : 12/03)
La veille de l'intervention	Le jour de l'intervention	Le 1er jour après intervention

Tableau récapitulatif de la pathologie et de ses incidences

Signes et symptômes en lien avec la pathologie	Complications possibles et effets secondaires des traitements	Répercussions physiques et psychologiques
– Douleur – Limitation de la mobilité	Du fait de l'intervention : – risques thromboemboliques – risques hémorragiques car traitement anticoagulant et chirurgie – risque infectieux – risque de luxation de la prothèse – complications de décubitus Du fait de l'anesthésie : – risques d'allergie – risques cardio-vasculaires – risques de troubles cognitifs	– Anxiété péri-opératoire – Réadaptation à la marche – Diminution des capacités cognitives et mnésiques

Un risque spécifique

3

La luxation de la prothèse, c'est-à-dire la désadaptation de la prothèse du cotyle dans lequel elle est insérée. Il faut absolument éviter l'adduction (un mouvement qui rapproche un membre du plan médian du corps) de la jambe opérée par :

- la mise en place d'un coussin entre les jambes ou d'une gouttière lors des changements de position ;
- lever de la personne du côté de la hanche opérée ;
- non-installation sur siège trop bas (fauteuil ou WC).

Une radiographie de contrôle est faite en post-opératoire, avant la sortie du patient pour vérifier le bon positionnement de la prothèse.

Ces recommandations sont **à ajuster en fonction des prescriptions médicales du chirurgien**. Le risque de luxation de la prothèse reste possible pendant 3 à 6 mois après l'intervention.

La sortie du service d'orthopédie se fait à partir de J5 post-opératoire, soit à domicile avec des séances de kinésithérapie, soit en centre de rééducation ou encore en service de soins de suite et de réadaptation. Le choix se fait en concertation entre le chirurgien et le patient. Une consultation de contrôle a lieu environ 1 mois après l'intervention avec une radiographie de contrôle. Toutes les activités de la vie quotidienne peuvent peu à peu être reprises. L'activité sportive est particulièrement conseillée, en restant dans les capacités et les affinités de la personne, mais en évitant toutefois les sports de combat.

2. Les fractures

Cas clinique

Mme B a 82 ans. Elle est entrée le 6 février 2014 en service de soins de suite et de réadaptation dans l'objectif de retrouver son autonomie après avoir eu une fracture du tiers inférieur du fémur gauche traitée par ostéosynthèse le 31 janvier 2014.
Elle avait tendance à faire des chutes chez elle.

Mme B présente un surpoids. Elle se déplace en fauteuil roulant et porte une attelle de Zimer (attelle de genou) qui immobilise sa jambe gauche. À ce jour, elle n'a toujours pas droit à l'appui. C'est le chirurgien qu'elle doit revoir dans un mois qui décidera quand elle aura droit à l'appui. Elle présente une escarre stade 4 au talon droit, recouverte par un pansement occlusif.

Elle a donc besoin d'aide pour les transferts lit/fauteuil/chaise-pot. Elle a besoin d'aide pour les actes de la vie quotidienne.

Définition

Rupture de la continuité d'un os.

Physiopathologie

Le plus souvent les fractures sont liées à un choc qui brise un ou plusieurs os. Suivant les cas, le choc en lui-même n'est pas forcément très important. Il existe quatre types de fractures : les fractures fermées avec ou sans déplacement, les fractures ouvertes avec ou sans déplacement. Une fracture ouverte est une fracture en regard de laquelle il y a une plaie.

Les différents traitements : la réduction et la contention

La réduction : c'est le réalignement en position anatomique de l'os fracturé. Elle est nécessaire en cas de fracture déplacée. Cela se fait soit par des manœuvres orthopédiques sous anesthésie générale, soit par la chirurgie (réduction sanglante).

La contention : c'est l'immobilisation de la réduction ou de la fracture non déplacée pour permettre la cicatrisation de l'os. Elle peut se faire de différentes façons :

– par plâtre : les articulations sont immobilisées au-dessus et au-dessous de la fracture ;
– par extension : se fait par l'installation de broches transosseuses ou par adhésif, parfois couplée avec une traction-suspension ;
– par ostéosynthèse : c'est une intervention qui a pour but de remettre en place les différents fragments osseux, grâce à des vis, des clous, des plaques ou des fixateurs externes.

Signes et symptômes en lien avec la pathologie	Complications possibles et effets secondaires des traitements	Répercussions physiques et psychologiques
– Notion de choc – Douleur vive – Douleur accentuée par un simple effleurage – Impotence fonctionnelle	Immédiates : – compression vasculaire – complication nerveuse – complication musculaire – au niveau de la synoviale (hémarthrose ou hydarthrose) Plus tardives : – infection – pseudarthroses – cals vicieux Complications de la mobilité réduite et effets secondaires des traitements.	Très variables suivant la localisation de la fracture, par exemple : – Incapacité temporaire de travail – Difficultés domestiques liées aux appareillages (fauteuil roulant en appartement sans ascenseur par exemple) – Difficulté socio-professionnelles – Décompensation du fait d'une comorbidité

3. La surveillance d'un plâtre ou d'une résine

Indications

C'est une méthode de contention externe visant à maintenir en bonne position des segments osseux luxés ou fracturés, le temps nécessaire à la consolidation.

Il arrive qu'un plâtre soit posé pour une entorse et même dans un but antalgique pour un problème lombaire.

La surveillance du plâtre

Elle est importante afin de déceler une éventuelle complication (compression vasculo-nerveuse, infection, rétraction tendineuse, escarre, etc.). Cette surveillance évolue en fonction du temps passé.

Dans les heures qui suivent sa pose, un plâtre traditionnel sèche en 48 heures et une résine environ 5 heures. Tant qu'il n'est pas sec, il reste fragile et risque de se déformer.

- Il doit sécher à l'air libre (mettre un cerceau dans le lit pour permettre la circulation de l'air).
- Un plâtre humide est gris, terne, sent le moisi, et répercute un bruit sourd à la percussion.
- Un plâtre sec est blanc, lisse, sans odeur et sonore à la percussion.
- Les extrémités doivent rester colorées et mobiles.
- La douleur doit avoir disparu.
- Il faut prévoir une protection pour le lit (humidité).
- Il faut surélever le membre plâtré (pour diminuer l'œdème).

Les complications potentielles plus tardives

– Compression vasculo-nerveuse : due à un plâtre trop serré ou à un œdème réactionnel. C'est une urgence car cela peut provoquer une escarre et/ou une paralysie.
Signes : extrémités (doigts ou orteils) froides, cyanosées ou rouge intense ou à l'inverse blanches ; perte de sensibilité et de motricité, fourmillements, œdème et douleur.

– Déplacement de la fracture : peut s'observer après la fonte de l'œdème initial ou par la fonte musculaire.
Signes : la douleur réapparaît (diagnostic par radio).

– Phlébite sous plâtre
Signes : légère élévation de la température, dissociation pouls/température et douleur sous le plâtre.

– Complications cutanées : peuvent aller de l'irritation jusqu'à l'escarre, soit à cause du plâtre lui-même, soit par des agents extérieurs (aiguilles à tricoter, eau, etc.).
Signes : hyperthermie, apparition de tâches sur le plâtre en regard de la lésion, et odeur nauséabonde.

– Pseudarthrose : défaut de consolidation créant ainsi une « fausse articulation ».

– Cals vicieux : consolidation en mauvaise position.

A noter

Règles de prise en charge d'une personne plâtrée :
– Connaître les complications et les signes pour les détecter au plus vite ou donner à la personne des conseils afin de les éviter.
– Ne jamais mouiller un plâtre (ou résine).
– Exercices de contractions musculaires sous le plâtre et mobilisations des extrémités.
– Respecter les prescriptions médicales (droit ou non à l'appui si membre inférieur par exemple).
– Alimentation riche en calcium et vitamine D.

4. La colostomie

Cas clinique

Mme X, 47 ans, est entrée dans le service de chirurgie digestive le 2 avril 2014 pour être opérée d'une colostomie par laparotomie le lendemain.
Nous sommes ce jour le 5 avril.

Sa sonde urinaire a été retirée ce matin à 9 h. Elle est toujours sous aspiration gastrique et perfusée. Le premier lever a été fait à J1.

Elle a besoin d'une aide pour les gestes de la vie quotidienne. Elle porte des bas de contention. Elle a fait des phlébites il y a quelques années et, en prévention, elle reçoit des injections sous-cutanées d'anticoagulants. Elle a aussi des antalgiques trois fois par 24 heures en dérivation sur la perfusion. Elle est diabétique insulino-dépendante depuis de nombreuses années. À ce jour elle refuse catégoriquement de regarder sa colostomie lors des soins infirmiers.

Définition

Abouchement du côlon à la peau, permettant l'évacuation des selles dans une poche externe. Elle peut être provisoire ou définitive. Elle peut être réalisée de l'iléon (dans ce cas on parle d'iléostomie) jusqu'à la partie terminale du côlon sigmoïde. Plus la stomie est en amont et plus les selles sont liquides (puisque la réabsorption n'a pas été réalisée).

Les indications

– Chez les enfants, en cas de malformation ano-rectale (imperforation rectale).

– Chez les sujets jeunes : traumatisme abdominal avec plaie intestinale ; maladie inflammatoire.

– Chez les sujets âgés : cancer colique.

– Mais aussi après une chirurgie du côlon pour permettre la cicatrisation (mise au repos).

– Voire pour faciliter la cicatrisation d'une escarre.

Les suites opératoires

Ce sont celles d'une chirurgie abdominale. Il convient de surveiller :

– la reprise du transit intestinal ;

– le risque infectieux ;

– le risque thrombo-embolique.

Le change de poche de colostomie

En post-opératoire immédiat, le changement de poche de colostomie est du ressort exclusif de l'IDE ; cet acte est alors assimilé à un pansement stérile.

À partir du moment où les sutures sont cicatrisées, le changement de poche de colostomie devient un soin d'hygiène et peut aussi bien être réalisé par le patient lui-même (idéal car il garde ainsi son autonomie), un aidant ou un aide-soignant.

ZOOM SUR

Technique de soin : réalisation du changement de poche de colostomie

La stomie n'est pas une plaie; c'est de la muqueuse intestinale. Elle est rouge vif, peut saigner facilement et est indolore.

Le matériel :

– en priorité celui de la personne (poche et support) ;
– gants non stériles ;
– eau tiède, savon, cuvette ;
– papier toilette, gant de toilette, serviette ;
– petit sac poubelle.

Le déroulement : c'est une toilette simple ; il s'agit surtout de nettoyer la peau autour de la stomie.

– Faire une friction avec la solution hydro-alcoolique.
– Mettre les gants à usage unique.
– Désadapter la poche pleine (sac poubelle).
– Nettoyer les traces de selles (papier hygiénique).
– Laver délicatement avec savon et eau.
– Bien rincer (l'entretien de la peau autour de la stomie est primordial car les selles peuvent provoquer des ulcérations cutanées.
– Sécher en tamponnant (jamais d'antiseptique ou d'éther).
– Réadapter la nouvelle poche (attention aux fuites !).
– Retirer les gants à usage unique et réaliser une friction avec la solution hydro-alcoolique.
– Faire les transmissions.

Signes d'alerte par rapport à la stomie : coloration de la peau péri-stomiale qui doit rester rouge vif, saignements, extériorisation intestinale.

Tableau récapitulatif de la pathologie et de ses incidences

Signes et symptômes en lien avec la pathologie	Complications possibles et effets secondaires des traitements	Répercussions physiques et psychologiques
– Perte fonction anale – Modification de l'aspect des selles (suivant l'emplacement)	– Problème d'adaptation du matériel – Nécessité d'adopter un régime alimentaire spécifique tout au moins au début et de réintroduire les aliments un par un afin d'évaluer la tolérance digestive – Rétrécissement de la stomie, prolapsus ou éventration.	– Répercussions psychologiques par rapport à la maladie initiale – Perte d'estime de soi – Peur du regard des autres – Il faut apprendre à vivre avec et à redevenir autonome

5. L'hystérectomie

Définition

Ablation chirurgicale de l'utérus. Elle peut être plus ou moins étendue selon l'indication.

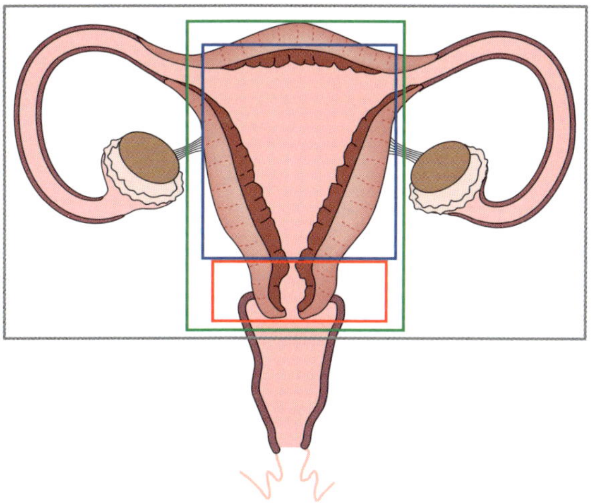

Différents types d'hystérectomie :
conisation
hystérectomie subtotale
hystérectomie totale
hystérectomie totale avec annexectomie

Les indications

– Fibrome utérin (30 % des cas) : affection bénigne ; l'utérus est peu à peu transformé en une masse de tissu fibreux provoquant douleur et métrorragie importantes.

– Métrorragies importantes (20 % des cas) : provoquées par des dérèglements hormonaux à partir de 40 ans. Elles entraînent une asthénie et une anémie importante.

– Endométriose : prolifération de l'endomètre qui peut recouvrir les ovaires, les trompes de Fallope, s'étendre à la vessie, au vagin et même aux intestins. Elle provoque des douleurs abdominales, des ménorragies importantes et une infertilité.

– Prolapsus utérin : descente de l'utérus dans le vagin à cause d'une faiblesse des ligaments qui le soutiennent.

– Cancer : il peut être localisé au niveau du col, de l'utérus ou des ovaires.

– Infection pelvienne qui peut être causée par une IST, mais aussi par un stérilet, faire suite à un accouchement ou à une IVG.

L'intervention peut être réalisée sous anesthésie générale ou sous locorégionale ; la voie d'abord peut être vaginale (par voie naturelle), sous cœlioscopie ou par laparotomie. Parfois, il peut être nécessaire de coupler les voies d'abord (cœlioscopie + vaginale ou cœlioscopie + laparotomie ou vaginale + laparotomie).

Les suites opératoires

Ce sont les suites classiques d'une intervention abdominale :
- sonde vésicale ;
- drains, mèches, pansement ;
- perfusion ;
- traitement préventif des complications thromboemboliques ;
- douleur ;
- reprise d'alimentation progressive ;
- risque infectieux ;
- risque hémorragique.

Les conséquences de l'intervention

Elles sont de deux ordres :

- physiques : absence définitive de menstruation et infertilité ;
- psychologiques : en fonction des personnes mais aussi de l'âge ; l'intervention est parfois vécue comme une perte de féminité ; retentissements sur la vie sexuelle.

6. La prostatectomie

Cas clinique

Vous travaillez en urologie ce jour de 6 h 30 à 14 h, dans un secteur de dix personnes parmi lesquelles se trouvent :

– M. Albert, 72 ans, opéré d'une prostatectomie par voie haute, à J2. Il est porteur d'une sonde urinaire munie d'un dispositif de lavage vésical, d'une perfusion. Il a eu son premier lever réalisé à J1, mais il a encore besoin d'aide pour assurer les transferts et sa toilette au lavabo (jambes, pieds et dos). Il a un traitement personnel pour le cœur (il faisait de l'arythmie) et pour la tension (antécédent d'hypertension artérielle) qu'il n'a pas interrompu. Il est actuellement sous antibiotique par IV pour le protéger d'une infection de l'appareil urinaire. Il est lucide et communique facilement avec l'équipe. Il a un pansement pour sa laparotomie.

– M. Gogu, 58 ans, autonome, opéré d'une prostatectomie par voie naturelle hier. Le premier lever est prescrit ce jour. Il est porteur d'un dispositif de lavage vésical et d'une sonde vésicale. La perfusion doit être enlevée ce matin. Il doit porter des bas de contention car il a un antécédent ancien de phlébite.

Définition

Ablation de la prostate.

Physiopathologie

L'augmentation de volume de la prostate est un phénomène banal et naturel au cours de la vie, mais dont on ne connaît pas la cause. Il s'agit le plus souvent d'un adénome de la prostate, c'est-à-dire une tumeur bénigne qui fait obstacle à la vidange vésicale.

Tableau récapitulatif de la pathologie et de ses incidences

Signes et symptômes en lien avec la pathologie	Complications possibles et effets secondaires des traitements	Répercussions physiques et psychologiques
– Dysurie (la vessie est obligée de se contracter pour évacuer les urines) : jet faible et peu puissant, intermittent – Pollakiurie (vidange de la vessie incomplète lors des mictions) ; impériosité – Fuites urinaires par regorgement	– Rétention aiguë d'urine – Rétention chronique d'urine (puis dilatation des uretères, formation de calculs et insuffisance rénale) – Infections urinaires à répétition – Hématurie	– Parfois mal vécu par les hommes, car synonyme de vieillissement et de perte de virilité.

3

La prise en charge

Règles d'hygiène de vie :

– S'hydrater : 1,5 L par 24 heures.
– Éviter certaines boissons alcoolisées (champagne, vin blanc, bière) et le café.
– Pratiquer une activité physique.

Traitement médical dans un premier temps : certains médicaments contribuent au relâchement vésical et ont un effet immédiat. D'autres médicaments réduisent la taille de la prostate. Les deux formes de médicaments sont parfois associées.

Traitement chirurgical pour lever l'obstacle. Cette intervention, le plus souvent effectuée sous anesthésie locorégionale, peut se réaliser selon deux techniques :

– **la voie haute par laparotomie ou cœlioscopie.** Cette méthode est proposée si la taille de l'adénome est trop importante ; le chirurgien procède à l'adénomectomie après ouverture de la paroi abdominale puis de la vessie pour permettre l'ablation de la prostate ;
– **la voie basse par endoscopie.** Méthode privilégiée de nos jours. Il s'agit d'une résection transurétrale que le chirurgien va réaliser à l'aide d'un endoscope.

La prise en charge post-opératoire

La prise en charge suite à une prostatectomie est spécifique (quelle que soit la méthode opératoire utilisée) : une sonde vésicale spécifique à 3 voies, appelée sonde de Dufour, est introduite dans la vessie. Elle présente la caractéristique de permettre une irrigation de la vessie afin d'éviter la formation de caillots de sang qui pourraient l'obstruer.

Le principe : l'un des orifices de la sonde vésicale permet l'administration de sérum en continu ; l'autre orifice permet de recueillir le sérum auquel s'ajoute les urines. Il faut être vigilant au renouvellement des poches de sérum (le lavage doit être continu) et à la vidange du sac de recueil. Suivant la prescription médicale, ce lavage vésical dure de 3 à 5 jours.

Attention : Le changement des poches d'irrigation n'est pas de la compétence de l'AS.

Le risque majeur est l'obstruction de la sonde par un caillot de sang. Le rôle de l'AS, en collaboration avec l'IDE, est d'assurer la surveillance du patient, plus particulièrement s'il se plaint d'une envie d'uriner ou de douleurs abdominales. Ces informations sont à transmettre au plus vite car on pourrait observer ensuite un malaise vagal voire aussi une perforation vésicale.

FICHE 7

Réalisation de soins liés aux dispositifs médicaux

1. La perfusion

Une perfusion est un dispositif médical permettant l'administration par voie intraveineuse ou sous-cutanée (deux voies les plus fréquentes) de traitements.

La pose d'une perfusion relève de la compétence de l'infirmier, mais l'AS peut aider l'IDE au cours de la pose et collabore à sa surveillance.

Cette surveillance concerne le matériel, le point d'injection (appelé aussi point de ponction) et le patient.

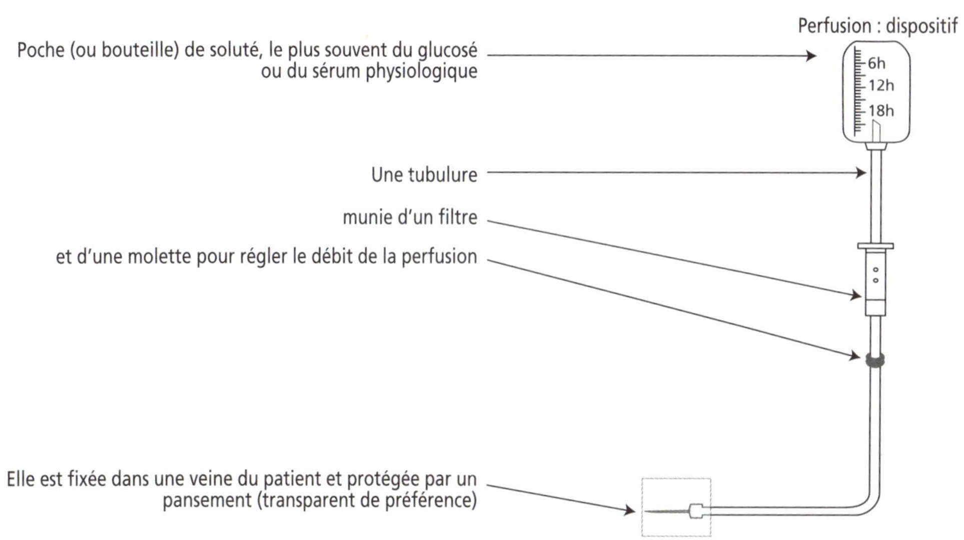

2. Surveillance de la perfusion

L'AS a le droit (légal) de surveiller le matériel et le patient. Mais elle dépasse illégalement sa fonction si elle manipule les poches, modifie les débits, les robinets ou dépique le patient quand il n'a plus besoin de perfusion.

Poche ou flacon	Ne doit pas être vide car il y a un risque que le cathéter se bouche et que l'IDE soit obligée de repiquer. Les horaires sont parfois notés : surveiller que le niveau de liquide corresponde bien à l'horaire indiqué. Flacon : toujours se situer plus haut que le patient (sinon, risque de reflux sanguin dans la tubulure).
Filtre	Il ne doit pas être « noyé » (complétement rempli par du liquide). À ce niveau, on doit observer des gouttes tomber.
Tubulure	Ne jamais la coincer sous quelque chose, ni la couder, ni tirer dessus : attention lors de la toilette, de l'habillage ou des transferts (faire suivre le matériel sans tension à l'aide d'un pied à perfusion roulant). Il ne doit jamais y avoir de bulles ou de sang dans la tubulure sinon, prévenir aussitôt l'IDE.
Pansement	Vérifier qu'il soit propre, sec, et qu'il n'y ait pas de signes d'inflammation autour du point de ponction ou sur le trajet d'une veine (en particulier rougeur et œdème). Vérifier que l'installation soit non douloureuse pour la personne.
Patient	Surveiller l'état général du patient (risque infectieux local ou général lié à la perfusion, risque allergique, etc.) – Surveiller T° et signes d'hyperthermie – Surveiller la respiration – Surveiller le pouls – Surveiller si démangeaison
Si signe anormal : en référer aussitôt à l'IDE.	

3. L'oxygénothérapie

Définition

Traitement par apport d'oxygène visant à maintenir ou à rétablir une bonne oxygénation du sang et donc de toutes les cellules du corps.

A noter

Le rôle de l'AS consiste à être en mesure de surveiller un patient sous oxygène et à monter et entretenir le matériel. **Il ne lui appartient pas de mettre en route** le traitement, de manipuler le matériel dès lors qu'il est en cours d'utilisation ou de manipuler le débitmètre.

Indications

L'apport d'oxygène peut être requis en cas d'hypoxie, d'hypoxémie, du fait d'une affection pulmonaire, cardiovasculaire ou hématologique, lors d'une réanimation, pour les personnes intubées et ventilées, et pendant la phase de réveil post-opératoire. L'oxygénothérapie est aussi utilisée en milieu hospitalier, en unité de vie ou au domicile des personnes.

ZOOM SUR

Technique de soin : préparation du matériel d'oxygénothérapie

– Source d'O_2 (prise murale ou bouteille d'O2)
– Manomètre (débitmètre)
– Humidificateur (de plus en plus souvent à usage unique, sinon barboteur avec eau stérile)
– Tubulure (prévoir une longueur suffisante) et raccord
– Masque, lunettes ou sonde nasale
– Mouchoirs à usage unique, compresses non stériles, sparadrap, gants à usage unique non stériles
– Haricot et sac poubelle
– SHA

3

ZOOM SUR

Technique de soin : surveillance d'un patient sous oxygénothérapie

– Surveiller la coloration des téguments : ailes du nez, lèvres, lobes des oreilles, extrémités des doigts qui doivent normalement être de couleur rosée. Signaler toute cyanose immédiatement.
– Surveiller la fréquence respiratoire à la recherche d'une dyspnée, d'une polypnée, ou d'un tirage (dyspnée inspiratoire : la personne est obligée de faire un effort pour inspirer).
Rappel : la respiration normale doit être facile, silencieuse et nasale.
– Surveiller l'état de conscience de la personne (consciente, somnolente, agitée…) et les éventuelles céphalées et sueurs (signe de surdosage, d'intolérance).
– Surveiller l'état cutané au niveau des points de contact de la sonde, des lunettes ou du masque à O2, car il y a des risques d'escarre.
– Prévoir des soins de bouche et de nez toutes les trois heures (l'oxygène dessèche rapidement les muqueuses.
– Surveiller le fonctionnement du dispositif (débit conforme à la prescription médicale, tubulure correctement raccordée, ni coudée ni coincée, niveau d'eau dans le barboteur…).
– Transmettre tout élément significatif à l'IDE.

ZOOM SUR

Technique de soin : nettoyage et entretien du matériel d'oxygénothérapie

Il est essentiel que le matériel d'oxygénothérapie soit toujours prêt à l'emploi (nettoyé et rangé), puisqu'il fait partie du matériel d'urgence.

– Jeter ce qui est à usage unique (sonde, masque, lunettes, raccord, tubulure et humidificateur) suivant les modalités choisies par l'établissement (déchets ménagers ou DASRI).

– Nettoyer et désinfecter tout ce qui est réutilisable : le débitmètre avec une chiffonnette imprégnée de détergent-désinfectant, le barboteur en l'immergeant dans un bac de détergent-désinfectant.

– Ranger le matériel tel que prévu dans le service afin qu'il soit à portée de main en cas de besoin urgent.

L'utilisation d'oxygène comporte des risques que l'AS doit connaître :

- **Gaz inflammable** : interdiction de fumer à proximité (sensibiliser les personnes à domicile à ce risque) ; ne pas utiliser de corps gras, ne pas placer un obus à O_2 à proximité d'une source de chaleur.

- **Risque de légionellose** avec l'eau des barboteurs en particulier, c'est la raison pour laquelle les humidificateurs préremplis et à usage unique sont de plus en plus utilisés.

4. L'aérosol non médicamenteux

Objectif

Humidifier les voies respiratoires par projection d'un microbrouillard à l'aide d'un système utilisant du gaz sous pression, qui transforme l'eau stérile ou le sérum physiologique en fin brouillard, utilisé chez les patients sous oxygénothérapie ou trachéotomisés.

Limite de la fonction

L'AS peut préparer et poser un aérosol non médicamenteux. Si l'aérosol contient une substance médicamenteuse, la préparation et la pose relèvent de la seule compétence infirmière.

Le matériel

- Source de gaz sous pression (générateur ou prise murale).
- Nébuliseur et eau stérile ou sérum physiologique.
- Masque ou embout.
- Crachoir et mouchoir.

Réalisation

– Convenir d'un horaire avec l'IDE et le patient, à distance des repas.
– Prévenir le patient de la durée de l'aérosol : 10 à 15 minutes.
– Éduquer le patient sur la façon de respirer pour optimiser l'efficacité, c'est-à-dire : inspiration nasale et expiration buccale si masque bucco-nasal et inspiration buccale et expiration nasale si embout buccal.
– Faire moucher le patient avant de commencer.
– Rassurer le patient car parfois sensation d'étouffement lors de la respiration dans un masque.
– Faire mettre le patient en position assise ou demi-assise si autorisée par le médecin.
– Brancher le dispositif.
– Aider à l'installation de la personne et du masque.
– Vérifier que le patient a bien compris la façon de respirer.
– Mettre à disposition un crachoir et des mouchoirs.
– Mettre la sonnette à portée de main.
– Revenir à l'heure prévue d'arrêt du traitement (10 à 15 minutes).
– Arrêter l'aérosol.
– Débarrasser le patient du masque.
– Changer le crachoir et redonner des mouchoirs si nécessaire.
– Faire les transmissions (heure, durée, et toutes autres informations utiles).
– Nettoyer ; désinfecter et ranger le matériel.

Précautions

Ne laisser le patient seul que lorsque vous êtes sûr qu'il a bien compris et que tout va bien. En cas de trachéostomie, disposer l'appareil à 20 cm de distance pour éviter que des gouttes de condensation ne tombent dans l'orifice.

5. Aide aux soins stériles réalisés par l'IDE ou médecin

Dans le cadre de la collaboration avec l'IDE (mais aussi avec le médecin), l'AS peut être amenée à participer à la réalisation de soins stériles. Par définition, le matériel stérile ne doit pas être « déstérilisé », ni son environnement souillé. L'aide-soignant doit donc être en mesure de **manipuler** du matériel stérile (**mais pas de s'en servir**).

L'ouverture d'un matériel de soins stériles

– Se laver les mains avant le soin.
– Vérifier les témoins de validité de la stérilisation.
– Vérifier les dates de péremption.
– Vérifier l'intégrité des emballages.

– Ouvrir à deux mains, en séparant les deux feuillets de l'emballage sans toucher le contenu.

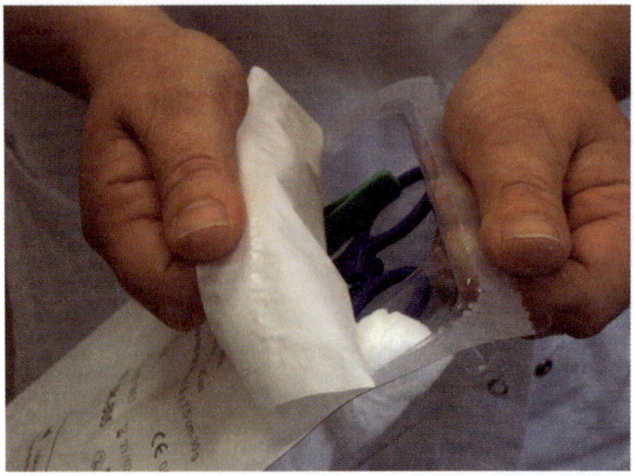

– Se positionner très haut au-dessus du champ opératoire et faire tomber le contenu de haut.

La manipulation autour de champ opératoire

Le champ opératoire est la zone de travail stérile, délimitée soit par un tissu ou papier (champ) soit par une zone décontaminée bien précise.

Il convient que le soin soit réalisé après la toilette de la personne (qui dans ce cas est faite au lit) et généralement avant le lever.

Le champ ne doit absolument pas être contaminé, sinon il faut tout recommencer. Il ne faut jamais passer au-dessus d'un champ opératoire garni de matériel stérile. Lors de la distribution de produit sur le matériel stérile, rien qui ne soit pas stérile ne doit entrer en contact avec ce dernier (champ, compresses, gants de l'opérateur, etc.).

Rôle de surveillance du patient pendant le soin réalisé par l'IDE

L'AS surveille le patient afin d'évaluer la douleur éventuelle, ou d'anticiper la survenue d'un malaise. Au moindre signe d'alerte, l'AS doit alerter aussitôt l'IDE du problème rencontré. L'AS est à l'écoute du patient, le rassure si besoin, l'encourage afin que le soin se déroule le mieux possible. Ces attentions peuvent se concrétiser par des gestes simples, des regards, une main tendue…

6. La sonde vésicale

La sonde vésicale, appelée également sonde urinaire ou sonde à demeure, est un dispositif médical qui permet l'évacuation des urines quand la personne n'est pas en mesure de le faire par elle-même (rétention urinaire). Elle peut aussi être posée dans les suites d'une intervention chirurgicale.

La pose d'une sonde vésicale est de la compétence de l'IDE. Elle est introduite par l'urètre dans la vessie. Ce geste nécessite une grande asepsie car il y a un fort risque d'infection urinaire nosocomiale.

Le rôle de l'AS, en collaboration avec l'IDE est de détecter toute anomalie pour en informer ce dernier. L'AS doit aussi connaître les règles liées à la manipulation de l'appareillage, en particulier la vidange du sac collecteur d'urines.

L'observation du dispositif

Les anomalies et complications possibles	Le rôle de l'AS
L'infection urinaire	– Surveiller les signes de l'infection, c'est-à-dire hyperthermie, frissons, urines troubles... – Le sac collecteur doit toujours être en position déclive (il ne doit jamais être plus haut, ni même à hauteur du patient). – Maintenir le sac collecteur accroché au lit (jamais au sol) ou attaché à la jambe du patient si celui-ci se déplace.
L'obstruction de la sonde	– Prévenir l'IDE si le patient ressent une envie d'uriner, s'il a des douleurs abdominales. – Il peut y avoir des fuites d'urines dans le lit. – Positionner la tubulure de la sonde par-dessus la jambe du patient. – Veiller à ce que la tubulure ne soit ni coudée ni coincée.

3

La vidange du sac à urines :

Devant le risque élevé d'infection, certaines règles doivent impérativement être respectées.

A noter

Respecter strictement le système clos : ne jamais désadapter la sonde et le sac collecteur d'urines. La vidange de celui-ci se fait à l'aide du robinet situé dans la partie inférieure du sac.

Le matériel

Un bocal à urines, des compresses non stériles, des gants à usage unique, une solution hydro-alcoolique, un antiseptique.

La réalisation

Prévenir le patient ; faire une friction hydro-alcoolique, mettre les gants à usage unique, imbiber les compresses d'antiseptique, positionner le bocal à urines sous le robinet ; désinfecter le robinet puis l'ouvrir et laisser les urines s'écouler dans le bocal, sans que le robinet ne touche les parois du bocal. Lorsque le sac collecteur est vide, désinfecter de nouveau le robinet, puis le refermer. Refixer le sac collecteur au lit ou au fauteuil. Relever la quantité d'urines recueillie puis nettoyer le matériel, enlever les gants à usage unique et réaliser un geste d'hygiène des mains avec la solution hydroalcoolique.

Les transmissions

Elles portent sur la quantité d'urines, leur aspect, leur couleur et tout ce que vous avez pu remarquer de particulier.

7. La sonde naso-gastrique

Il s'agit d'une sonde introduite dans l'estomac par le nez. C'est un acte infirmier, mais l'AS peut être amenée à aider l'IDE pour préparer le patient et le matériel et tenir un rôle de surveillance.

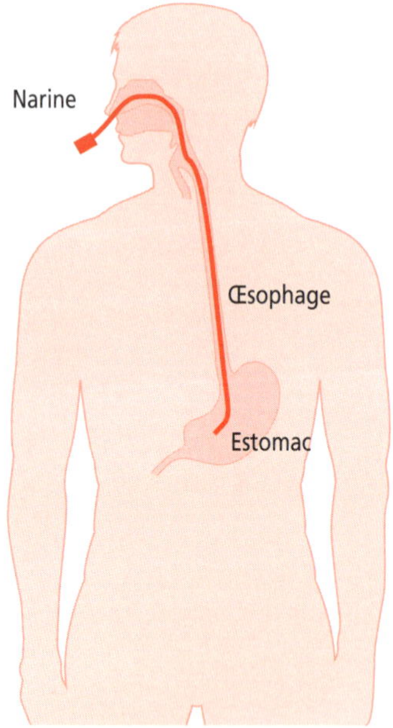

Rôle de l'AS auprès du patient

- Soutien psychologique – rassurer et encourager.
- Information (expliquer le déroulement du soin de façon claire, sans dramatiser, ni le sous-estimer).
- Installation demi-assise.

Rôle de l'AS dans la préparation du matériel

- Sonde naso-gastrique stérile.
- Tubulures et raccords.
- Seringue à gros embout de 50 ml.
- Anesthésiant local.

Les indications

La mise en place d'une sonde naso-gastrique peut avoir deux objectifs : aspirer le contenu de l'estomac ou permettre d'alimenter la personne.

La sonde d'aspiration	La sonde d'alimentation
Indications : – mettre au repos le tube digestif, en cas d'occlusion intestinale par exemple, – peut servir à vidanger l'estomac, – est posée suite à une intervention chirurgicale.	**Indications** : elle permet une alimentation entérale – pour un patient dans le coma, – pour un patient présentant une paralysie ou un obstacle gênant la déglutition par exemple.
L'aspiration est réalisée par le raccordement de la sonde à une prise de vide. La force d'aspiration est prescrite par le médecin	**L'alimentation** est réalisée par une seringue, ou par une pompe à régulateur de débit ; parfois la poche d'alimentation fonctionne par la gravité.

Le matériel : – une sonde naso-gastrique – une tubulure de raccordement – un bocal de recueil	**Le matériel :** – une sonde naso-gastrique – une tubulure de raccordement – une poche d'alimentation – une pompe à régulateur de débit
La surveillance du matériel (idem pour les deux systèmes) : – Réglage de l'aspiration assuré par l'IDE conforme à la prescription médicale – Fixation de la sonde : risque d'escarre à surveiller – Faire suivre tubulures lors des mobilisations – Tubulures ni coudées ni coincées – Pas de fuites aux raccords	
La surveillance du patient : – Apprécier son degré d'acceptation de la sonde. – Lui expliquer l'importance de la sonde. – Effectuer des soins de nez biquotidiens. – Effectuer des soins de bouche toutes les 3 heures. – Parfois, le médecin autorise le patient à boire un peu d'eau : la quantifier.	**La surveillance du patient :** – Apprécier son degré d'acceptation de la sonde. – Lui expliquer l'importance de la sonde. – Effectuer des soins de nez biquotidiens. – Effectuer des soins de bouche toutes les 3 heures – Surveiller les selles (risque de diarrhée). – L'AS n'est pas habilitée à manipuler les poches d'alimentation entérale.
La surveillance du liquide recueilli : – Surveiller l'aspect (couleur et consistance). – Relever la quantité sur 24 heures, ce qui permettra au médecin de réajuster ses prescriptions.	**La surveillance de l'alimentation :** – Vérifier que le débit soit conforme.
Les incidents possibles : – La sonde peut se boucher (liquide trop épais, débris alimentaires, sang coagulé). Le patient sera d'abord nauséeux puis vomira. – La sonde peut se trouver enlevée (volontairement ou pas) ou être déplacée : prévenir l'infirmier, mais ne jamais essayer de replacer la sonde	
L'entretien : – Le matériel à usage unique ne s'ouvre pas, il faut tout jeter dans les poubelles réservées aux déchets biologiques.	**L'entretien :** – Le matériel à usage unique est éliminé dans la filière DASRI. – Le matériel électronique est nettoyé à l'aide d'une chiffonnette imprégnée de détergent-désinfectant.
L'ablation de la sonde naso-gastrique : – Elle se fait sur prescription médicale, par l'IDE généralement de façon progressive (en diminuant l'aspiration sur 2 à 3 jours). – La réalimentation se fera également progressivement sur plusieurs jours et sur prescription médicale	**L'ablation de la sonde naso-gastrique :** – Elle se fait sur prescription médicale, par l'IDE généralement de façon progressive en réintroduisant une alimentation liquide, puis plus solide.

3

8. Trachéostomie et trachéotomie

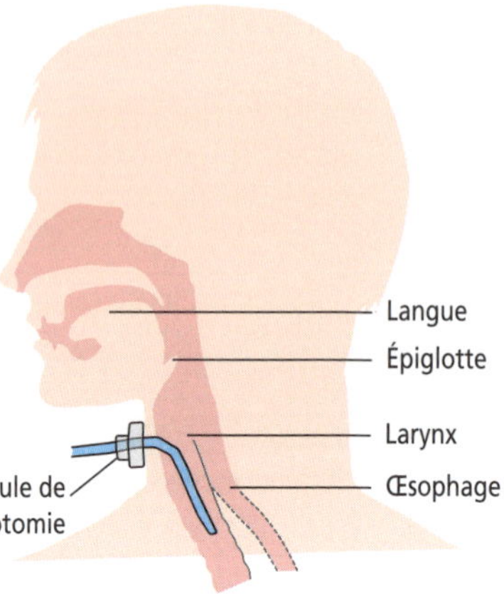

Définition

Incision de la peau et de la trachée, à la base du cou qui permet l'entrée directe de l'air dans la trachée puis les poumons. Elle peut être provisoire, on parle alors d'une trachéotomie, ou définitive, c'est la trachéostomie.

Indications de la trachéotomie

- Ventilation artificielle prolongée.
- Obstacle laryngé (œdème de Quincke ou post-radiothérapie par exemple).
- Intubation impossible.

Indications de la trachéostomie

- Insuffisance respiratoire chronique évoluée.
- Anomalie du carrefour oro-pharyngé (tumeur, malformation).
- Laryngectomie.
- Myopathie.

Avantages	**Inconvénients**
– Permet une admission de l'O2 dans les poumons directement – Permet de respirer avec moins de fatigue – Permet une ventilation plus confortable en particulier la nuit – Permet des aspirations des secrétions bronchiques plus efficaces	– Difficulté de phonation – Gène à la déglutition – Ne permet pas l'humidification et le réchauffement de l'air (rôle du nez et des fosses nasales) – Représente une porte d'entrée aux infections – Parfois, surtout au début, gène psychologique

A noter

Le rôle de l'AS est réalisé en étroite collaboration avec l'IDE, dans le respect strict de leurs domaines de compétences respectifs : les soins de changement de canule et d'aspiration des secrétions sont du ressort de l'infirmier.

La législation prévoit que, sous certaines conditions, un aide-soignant puisse procéder à des aspirations sous la responsabilité IDE. Parmi les conditions, il faut avoir reçu une formation théorique et clinique au cours de laquelle l'AS doit procéder à au moins trois aspirations endotrachéales chez une personne trachéotomisée en présence d'une IDE.

L'AS joue un rôle dans la surveillance du patient et s'inscrit dans la démarche éducative du patient (voir fiches 10, 11 et 12 du module 2).

Surveillance du patient :

- La respiration : savoir détecter une éventuelle obstruction de la canule et prévenir l'IDE immédiatement. Afin d'éviter que la canule se bouche par des sécrétions, il convient d'humidifier l'air en prenant soin de positionner une compresse devant l'orifice de la canule pour éviter la formation et la pénétration de gouttes de condensation d'eau dans les bronches.
- Les expectorations.
- Les risques infectieux.

La prise en charge d'une personne trachéotomisée nécessite quelques précautions en particulier lors de la toilette où il faut absolument éviter que de l'eau pénètre dans la canule. Cette vigilance est maximale au cours de la douche, du bain, du lavage des dents et du rasage.

Démarche éducative du patient

L'objectif de l'équipe soignante vise l'autonomie du patient vis-à-vis du dispositif.

ZOOMSUR

Technique de soin : entretien de la canule

- Geste d'hygiène des mains (SHA).
- Demander à la personne de tousser plusieurs fois pour évacuer les sécrétions.
- Ôter la canule et la mettre à tremper.
- Pendant ce temps, nettoyer l'orifice cutané avec des compresses humides.
- Nettoyer et rincer la canule sous l'eau courante (éventuellement utiliser un goupillon).
- La sécher soigneusement.
- Préparer une compresse coupée en Y, puis la placer au niveau de l'orifice.
- Remettre la canule en place par-dessus la compresse.
- Nouer le cordon (+/- filtre).

FICHE 8

Les complications du décubitus

Les complications dues au décubitus ou à la mobilité réduite peuvent être nombreuses et gravissimes. Il est donc vital de les prévenir, d'autant qu'il existe de nombreux moyens à notre disposition.

1. La phlébite

Définition

Inflammation d'une veine due à la présence d'un thrombus (caillot). Les plus fréquentes se font au niveau des veines des mollets, mais on peut rencontrer des phlébites sur toutes les veines du corps.

Les causes

- Mobilité réduite, perte de mobilité même de courte durée et l'alitement.
- Accouchement et la période périnatale.
- Toute chirurgie, mais en particulier la chirurgie osseuse et sur le petit bassin.
- Insuffisance veineuse antérieure, varices, ou antécédents de phlébite.

Physiopathologie

Du fait d'un retour veineux déficient, le sang va avoir des difficultés à suivre son cheminement jusqu'au cœur et il peut se former un thrombus, en particulier au niveau d'une valvule anti-reflux.

Les signes

On observe localement une douleur, une rougeur, un œdème et une chaleur. Au niveau du mollet, on peut aussi observer l'abolition du ballant du mollet (souplesse du muscle du mollet). Au niveau général, on observe une dissociation entre pouls et température.

En principe, les deux courbes se suivent sensiblement : une température à 37 °C correspond à un pouls à environ 80. Si la personne présente une hyperthermie, par exemple 39 °C, le pouls va aussi augmenter pour se situer entre 100 et 110 pulsations/min. Dans le cas d'une phlébite, on observe un léger fébricule, entre 37,8 °C et 38,2 °C, et un pouls très élevé, au-dessus de 120 pulsations/min, comme illustré sur la figure ci-dessous :

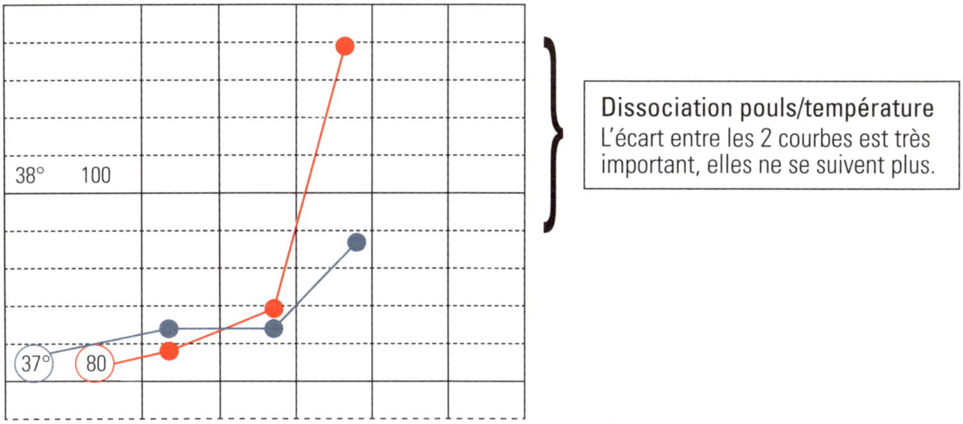

Au moindre soupçon de signe de phlébite, et **un seul signe suffit**, il est impératif de prévenir immédiatement l'IDE et laisser la personne alitée.

Le diagnostic

Il se fait par un écho-doppler qui visualise le thrombus, sa forme, sa taille, etc.

Le traitement

Il repose sur un traitement anticoagulant, relayé ensuite par des antiagrégants plaquettaires et sur le port de bas de contention.

La prévention des phlébites

Elle repose sur la limitation de la mobilité réduite, le lever le plus précoce possible et le port de bas de contention. Il est possible également d'exercer des mobilisations passives au niveau des pieds, de favoriser le retour veineux en relevant les pieds du lit, de prévenir les personnes d'éviter de croiser les jambes ; parfois, un traitement anticoagulant préventif est prescrit.

2. La pose des bas de contention

Le bas de contention permet de réduire une insuffisance veineuse et donc le risque de phlébite.

Indications

Il est posé en prévention dans le cas d'alitement prolongé, de mobilité réduite en post-opératoire (voire parfois en per-opératoire) en particulier pour les interventions concernant la partie inférieure du corps (bassin, césarienne, membres inférieurs), sur une personne à risque (varices, paraplégique, diabétique, artéritique, antécédents de phlébite).

Action

Les bas de contention agissent en facilitant le retour veineux grâce à la pression qu'ils exercent ; ils réduisent le calibre des veines superficielles et renforcent l'efficacité musculaire du mollet, ils diminuent l'œdème. La pression exercée est dégressive, c'est-à-dire qu'elle est plus forte en bas, puis de moins en moins en remontant vers la cuisse.

Limite de fonction

La pose de bas de contention relève de la compétence AS, mais pas la pose de bandes de contention.

Le choix des bas

Ils doivent être personnels, et choisi en fonction de la prise de taille (tour du mollet, tour de la cuisse, longueur de la jambe). S'ils sont trop petits, il y a risque de garrot ; s'ils sont trop grands, ils glissent et sont totalement inefficaces.

ZOOMSUR

Technique de soin : réalisation d'une pose de bas de contention

Comme pour tout soin, prévenir le patient et réaliser un geste d'hygiène des mains puis :
- Régler le lit à sa hauteur c'est-à-dire au niveau de la ceinture.
- Vérifier l'intégrité des jambes avant d'enfiler les bas.
- Être attentif à tout signe de phlébite avant de poser les bas (si signe détecté, prévenir IDE et ne pas poser le bas).
- Les bas doivent être impérativement posés avant le lever (si la personne veut prendre une douche, elle devra se recoucher pendant 15 min avant de pouvoir mettre les bas).
- Le patient doit être en décubitus dorsal ou demi-assis.
- Bien sécher la peau (possibilité de réaliser la toilette des jambes le soir).
- Enfiler la main dans le bas jusqu'à saisir le talon et retourner le bas, l'enfiler sur le pied en positionnant bien le talon.
- Dérouler le bas du talon jusqu'à la cuisse avec douceur.

A noter

Réajuster si besoin, au cours de la journée, le positionnement des bas car la formation de plis peut avoir un effet garrot et être pourvoyeur de blessures, d'irritations, etc.
Se référer à la prescription médicale pour savoir si la personne doit les porter seulement le jour ou jour et nuit et pour le choix des bas (force de contention).
Conseiller aux personnes d'éviter de croiser les jambes.

Utiliser les aides techniques (enfile-bas) si besoin.
Éduquer la personne pour qu'elle soit autonome pour ce geste.
Informer les personnes qu'il est possible de porter des bas de contention dans certaines circonstances de la vie (voyage en avion, position debout prolongée, piétinement, etc.).

L'entretien des bas

Leur durée de vie est d'environ 6 mois. Ils doivent être lavés à la main, à l'eau tiède et au savon, rincés à l'eau claire et séchés à l'air loin d'une source de chaleur (sèche-linge, radiateur…).

3. Complication de la phlébite : l'embolie pulmonaire

L'embolie pulmonaire est une urgence médicale. Certaines embolies pulmonaires peuvent provoquer un arrêt cardio-circulatoire quasi immédiat, alors que d'autres peuvent passer totalement inaperçues. Au moindre doute, il est urgent de prévenir l'IDE.

Physiopathologie

Le thrombus présent dans une veine, se détache et va suivre le courant sanguin. Il va ainsi rejoindre la veine cave, puis l'oreillette droite, le ventricule droit et l'artère pulmonaire. À partir de l'entrée dans les poumons, la division se fait en artères, puis en artérioles de plus en plus petites, jusqu'aux capillaires artériels pulmonaires. En fonction de sa taille, le thrombus va obstruer une branche plus ou moins grosse de l'artère pulmonaire. C'est l'embolie pulmonaire. Plus le thrombus est gros, plus l'embolie est massive.

Signes cliniques

- Dyspnée.
- Douleurs dans la poitrine.
- Sensation de mort imminente.
- Toux.
- Crachats sanguins (hémoptysies).
- Syncope, malaise.
- Sueurs.
- Cyanose des extrémités.
- Tachycardie.
- Hyperthermie.

4. Les escarres

Définition

Nécrose tissulaire par ischémie due à la compression des tissus mous entre deux plans durs (lit et os). L'escarre est une plaie qui se développe en profondeur avant de s'ouvrir vers l'extérieur.

Physiopathologie

Trois mécanismes peuvent amener à la constitution d'une escarre :
- pression exercée sur les tissus par l'os et le matelas ou l'assise d'un siège ;
- force de cisaillement, lorsqu'une personne glisse en particulier au fauteuil ;
- friction opérée par le frottement des talons ou des coudes sur le drap.

Les facteurs favorisants

- Alitement ou position assise prolongés ; en position assise, le risque est plus important car la répartition du poids du corps se fait sur une zone beaucoup plus limitée que lorsque la personne est en position allongée.
- Incontinence (macération).
- Maigreur ou obésité.
- Déshydratation.
- Dénutrition.
- Mais aussi : plâtres, sondes, etc.

Les zones à risque d'escarres sont tous les points d'appui prolongé, suivant la position de la personne.

Les quatre stades d'une escarre

Stade 1	Érythème persistant	La rougeur reste marquée même après le changement de position.
Stade 2	Phlyctène	Ce que l'on appelle communément une ampoule.
Stade 3	Désépidermisation	C'est une ulcération de la peau.
Stade 4	Nécrose tissulaire	Stade ultime de la mort des tissus

La prévention

Il existe différents moyens pour éviter la constitution d'une escarre :

- Identifier les facteurs de risque par l'utilisation d'une **échelle d'évaluation**. Il existe différents modèles d'échelle d'évaluation des risques d'escarres. Celles-ci permettent ensuite d'ajuster la prise en charge de façon individualisée, en fonction du risque de chaque personne. En voici un exemple, l'échelle de Norton :

État général	État mental	Activité/Autonomie	Mobilité/Alitement	Incontinence
Bon : 4	Bon : 4	Sans aide : 4	Totale : 4	Aucune : 4
Moyen : 3	Apathique : 3	Avec aide : 3	Diminuée: 3	Parfois : 3
Mauvais : 2	Confus : 2	Assis : 2	Très limitée: 2	Urinaire : 2
Très mauvais : 1	Inconscient : 1	Alité : 1	Immobile : 1	U et fécale : 1

Un score est attribué à chaque item, quand il est inférieur ou égal à **14**, il y a **risque** d'escarre ; quand il est inférieur ou égal à **12**, il y a **risque élevé** d'escarre. La prise en charge est variable suivant le score atteint.

– **Diminuer les pressions** par des changements de position toutes les 2 à 3 heures ; différentes positions peuvent être proposées au patient : le décubitus dorsal (DD), c'est-à-dire allongé sur le dos ; le décubitus latéral droit (DLD) ou décubitus latéral gauche (DLG), c'est-à-dire allongé sur le côté. De plus, le lever régulier (si autorisé) et la marche sont aussi des moyens de prévention des escarres.

– **Réaliser des effleurages trophiques** : c'est un soin préventif, c'est-à-dire qui doit être fait systématiquement pour toute personne en risque d'escarre, AVANT l'apparition d'un signe de souffrance cutanée, donc avant l'apparition d'une rougeur. Il s'agit d'appliquer délicatement une crème hydratante ou une huile de soin (suivant les produits utilisés dans les services) sur les zones à risque, après la toilette (sur une peau propre), avec la paume de la main non gantée, toutes les 2 à 3 heures suivant l'évaluation des risques.

– **Utiliser les aides matérielles spécifiques** : les matelas et coussins anti-escarres (à eau, à air, gaufrier, etc.) en prenant soin de ne pas border les draps du lit et de ne pas mettre plusieurs épaisseurs de tissus entre le patient et le matelas ou le coussin (drap, alèse, protection…) qui les rendent inefficaces.

– **Veiller à un apport protéique suffisant, une bonne hydratation, une hygiène de la peau rigoureuse** évitant la macération, une hygiène de la literie en veillant à l'absence de corps étrangers sous le corps du patient (miettes de pain, tubulures de perfusion, ou tout autre objet) et en tirant bien les draps pour éviter la formation de plis.

La prévention est essentielle car les escarres sont source de souffrances très importantes, voire même à l'origine de certains décès, coûtent extrêmement cher en termes de soins, et sont pour une bonne part évitables.

A noter

Limite de compétence : Lorsqu'une escarre est constituée, tous les soins, dès le stade 1, sont de la compétence de l'IDE. Il arrive que le traitement d'une escarre passe par un geste chirurgical.

5. La constipation

Définition

Retard d'évacuation des selles dont le séjour dans l'intestin se prolonge trop. Émission de selles trop dures et trop rarement.

La fréquence d'évacuation des selles est variable suivant les individus, donc la notion de constipation est aussi variable. L'alitement est facteur favorisant de la constipation par manque d'activité. La constipation est un sujet banalisé alors qu'elle peut être à l'origine d'une occlusion intestinale (urgence vitale). On considère qu'il faut alerter l'IDE au troisième jour sans selles.

Rôle de l'AS

- Surveiller le transit et NOTER si selles à chaque fois.
- Prévenir l'IDE si absence de selles pendant 48 heures.
- Veiller à un apport hydrique suffisant (1,5 L/jour) et prévoir une alimentation adaptée comprenant particulièrement de la cellulose et des fibres (légumes verts, salade, fruits frais, pruneaux) et limiter les féculents (en particulier le riz) et les sucreries.
- Être attentif à l'efficacité du traitement laxatif prescrit et noter.
- Faire boire un verre d'eau fraîche le matin à jeun (avant le petit déjeuner).

6. Les positions vicieuses

Définition

Ce sont des positions adoptées par les membres ou des segments des membres non conformes à la fonctionnalité et qui compromettent ensuite la reprise d'une fonction normale.

Ex. : l'équinisme : chute du pied en avant permanente, non contrôlable par le patient (paralysie, inconscience). Il faut donc **maintenir les articulations**, en particulier celle du pied, **en position fonctionnelle** (pied à angle droit) avec caisson antiéquin ou tout matériel à votre disposition. Le poids des couvertures est aussi un facteur favorisant l'équinisme du pied, donc faire un pli d'aisance ou utiliser un cerceau. L'**équinisme**, une fois constitué, peut compromettre la reprise de la marche normale de façon définitive.

7. Les infections urinaires

Elles surviennent par stase urinaire car la vidange de la vessie est incomplète en position horizontale. Les infections urinaires sont les premières des infections nosocomiales.

Rôle de l'AS

– Surveiller les urines, aspect, couleur, odeur et quantité.
– Être à l'écoute des plaintes du patient (brûlures mictionnelles, envies impérieuses et mictions de petites quantités ou toute forme de dysurie).
– Surveiller si hyperthermie et frissons.
– Inciter la personne à boire suffisamment (pour « laver » la vessie).
– En cas de doute, ne pas hésiter à pratiquer une analyse d'urine par bandelettes réactives (augmentation des nitrates et présence de sang).

8. Les infections pulmonaires

Souvent, un encombrement bronchique dû à la position allongée et à une toux moins efficace, peut se surinfecter.

Rôle de l'AS face à l'encombrement, la toux et l'expectoration

– Déceler une éventuelle modification de la couleur des téguments (cyanose).
– Dépister une hyperthermie.
– Installer, si possible, le patient en position assise ou demi-assise (même pendant la toilette si besoin).
– Évaluer la respiration (fréquence).
– En cas d'expectorations :
– Le patient doit être en position demi-assise.
– Donner un crachoir à usage unique et éduquer la personne pour qu'elle crache dedans.
– Lui donner des mouchoirs à usage unique et un petit sac poubelle.
– Observer les expectorations (couleur, consistance, quantité et circonstance des crachats).
– Prévenir IDE et noter sur le dossier.

3

9. L'ankylose

Définition

Difficulté ou impossibilité de mobilisation d'une articulation. L'ankylose peut s'installer très rapidement si une articulation n'est pas mobilisée. Elle peut alors être de plus en plus prononcée, jusqu'à se fixer, parfois en position vicieuse. Elle peut être due à une position antalgique.

Rôle de l'AS

Mobilisation passive des articulations et incitation du patient à le faire lui-même.

10. Le syndrome de glissement

Définition

Altération de l'état psychologique de la personne liée à un alitement prolongé. Il se manifeste par un désintérêt pour tout, une asthénie profonde, une tristesse intense et peut aller jusqu'à la grabatisation irréversible et au décès de la personne.

Rôle de l'AS

Stimuler la personne en discutant avec elle, en la faisant participer, en lui laissant le plus d'autonomie possible.

FICHE 9

Notions de pharmacologie

Définitions

Médicament	Substance composée d'un principe actif et d'un enrobage (excipient).
Posologie	Dose de médicament à prendre et mode de prise, nombre de prise...
Pharmacologie	Science de la pharmacie.
Sécable	Médicament que l'on peut séparer en deux (cette division est prévue).
Formes galéniques	Les médicaments se présentent sous différentes formes : gélules, sirop, gouttes, collyres, ovules, etc. Les formes sont en lien avec la voie d'administration du médicament.
Effets secondaires	Les traitements peuvent avoir des effets indésirables connus.
Iatrogène	Effet pathologique induit par le traitement.
Interaction médicamenteuse	La prise de plusieurs médicaments ensemble peut être dangereuse car l'action de l'un ou l'autre peut se trouver soit majorée soit diminuée soit contre-indiquée. Seul un médecin peut juger de cela.

3

1. Tableau de correspondance : formes galéniques courantes et voie d'administration d'un médicament

Forme galénique	Voie orale	Voie injectable	Voie transmucosale	Voie percutanée
Comprimés, gélules, sachets poudre, sirops	X			
Ovules			X (par le vagin)	
Gouttes	X		X (muqueuse oculaire : collyre ; oreilles ; etc.)	
Suppositoires			X (muqueuse anale)	
Tubes à insérer dans un orifice			X (muqueuse anale)	
Patchs				X
Pommades, gels			X (yeux)	X

Ampoules	X	X		
Flacons, solutés		X		
Sprays			X (nez, bouche)	

2. Aide-soignant et médicaments

Législation : la préparation et la distribution des médicaments ne relèvent pas de la fonction aide-soignante. L'aide-soignant aide la personne qui ne peut le faire elle-même à prendre son médicament distribué par l'IDE.

En établissements médico-sociaux : l'aide-soignant peut distribuer des médicaments à une personne s'ils ont été préparés par l'IDE, s'ils relèvent d'un geste de la vie courante et si cette administration par un tiers fait l'objet d'une prescription médicale.

Rôle de l'aide-soignant :

– Signaler des médicaments qui sont trouvés, par terre, dans un tiroir, autour d'un patient, etc.

– Aider à la prise si la personne a des difficultés.

– Surveiller l'efficacité du traitement. Ex. :

Type	Point de surveillance de l'efficacité d'un traitement
Antalgique	Évolution de la douleur
Somnifère	Qualité du sommeil
Laxatif	Émission de selles
Diurétique	Diurèse

– Surveiller les effets secondaires potentiels et contribuer à les prévenir quand c'est possible à travers des mesures alimentaires, hydriques ou posturales. Identifier les signes des effets secondaires et alerter.

3. Tableau récapitulatif : médicaments, actions et effets secondaires potentiels les plus courants

CATÉGORIES	ACTIONS	EXEMPLES	EFFETS SECONDAIRES
Antalgiques palier 1 : paracétamol	Douleurs légères à modérées	Doliprane®, Efferalgan®, Dafalgan®, Klipal®	Allergie, constipation
Anti-inflammatoires non stéroïdiens (AINS)	Lutte contre l'inflammation	Ibuprofène®, Nureflex®, Nurofen®, Bi-profénid®, Brufen®	Gastralgies +++, allergie

Aspirine	Antalgique, antipyrétique,	Aspégic®, Catalgic®,	Saignements (épistaxis...), allergie gastralgies
Antalgiques palier 2 : paracétamol + codéine	Douleurs modérées à sévères	Codoliprane®, Efferalgan codéiné®, Lindilane®, Topalgic®, Ixprim®, Dextropropoxyfène®	Allergie, constipation, nausées, vertiges
Antalgiques palier 3 : morphine	Douleurs intenses	Moscontin®, Skénan®, Actiskénan®, Kapanol®, Durogésic®, Morphine®	Allergie, constipation +++, nausées, vomissements, rétention d'urine, dépression respiratoire, somnolence, troubles de la conscience
Antidépresseurs	Régulateur de l'humeur	Laroxyl®, Anafranyl®, Séropram®, Zoloft®, Effexor®, Prozac®, Tofranil®, Deroxat®	Constipation, hypotension orthostatique, céphalées, sécheresse buccale, somnolence, prise de poids, tremblements
Neuroleptiques	Traitement des états psychotiques (schizophrénie, délire, paranoïa, psychose)	Tercian®, Haldol®, Melleril®, Nozinan®, Risperdal®	hypotension orthostatique, somnolence, prise de poids, tremblements, sécheresse buccale.
Diurétiques	Favorise l'élimination rénale de l'eau et du sodium	Lasilix®, Furosémide®, Aldactazine®, Fludex®, Soludactone®, Modurétic®	Déshydratation, perte de potassium
Somnifères	Facilite le sommeil	Zolpiden®, Stilnox®, Imovane®, Havlane®	Somnolence
Antibiotiques	Empêche la multiplication des bactéries (bactériostatique) ou tue les bactéries	Amoxicilline®, Augmentin®, Agram®, Clamoxyl®, Claforan®, Erythrocine®,	Allergie, diarrhée, vomissements, mycose
Anticoagulants	Fluidifie le sang	Héparine®, Fraxiparine®, Lovenox®, Fragmine®, Innohep®, Fraxodi®, Sintrom®, Préviscan®	Risque d'hémorragie en cas de surdosage, allergie
Antiagrégants plaquettaire	Éviter l'activité des plaquettes	Plavix®, Catalgine®, Ticlid®, Kardégic®, Aspégic®	Ulcères gastriques, saignements importants, allergie
Corticoïdes	Action anti-inflammatoire	Solupred®, Cortancyl®, Célestène®, Solumedrol®	Œdème +++, prise de poids, HTA, crampes, troubles cardiaques, ulcères gastro-œsophagiens, déficience immunitaire, agitation, délire, etc.
Anxiolytiques	Traitement des manifestations anxieuses sévères	Atarax®, Buspar®, Valium®, Tranxène®, Séresta®, Temesta®, Lysanxia®, Lexomil®, Équanil®, Xanax®	Troubles du comportement, somnolence, dépendance, asthénie
Antihypertenseurs	Lutte contre l'hypertension artérielle	Acebutolol®, Amlor®, Atenolol®, Coversyl®, Eupressyl®, Loxen®, Tenormine®, Séloken®, Spironolactone®, Propranolol®, Lopril®, Triatec® Fludex®, Hypérium®	Gynécomastie, asthenie, céphalées, inflammation gastro-intestinale, diarrhée, vomissements

Tableau réalisé à partir du travail d'E. Liztelmann, élève aide-soignant.

3

FICHE

10 La maternité

1. La grossesse

La grossesse dure 9 mois. Elle s'accompagne de bouleversements hormonaux, physiques (prise de poids, élargissement du bassin, développement des seins, etc.) et psychologiques chez la femme destinés à la préparer à devenir mère. Ces bouleversements se manifestent à travers l'humeur et sont accompagnés de possibles petits désagréments physiques (fatigue, nausée, etc.).

Définitions

Fécondation	C'est la rencontre du spermatozoïde et de l'ovule qui donnera une nouvelle cellule (dans la trompe de Fallope).
Migration	L'œuf chemine jusqu'à l'utérus grâce au péristaltisme de la trompe.
Nidation	Il s'implante dans la muqueuse utérine très vascularisée. Il y a sécrétion de progestérone indispensable au maintien de l'œuf dans l'utérus.
Embryon	C'est le nom donné à l'œuf qui se développe rapidement pendant 3 mois.
Fœtus	À partir des 3e/4e mois, on parle de fœtus et ce jusqu'à la naissance.
Prématuré	Enfant né avant la 37e semaine d'aménorrhée.

Sur le plan social

La grossesse doit se déclarer avant la fin du 3e mois (ou avant la 14e semaine d'aménorrhée). La surveillance de la grossesse est régulière et prise en charge financièrement.

Des congés maternité sont accordés avant et après l'accouchement en fonction du nombre d'enfants mis au monde. Un congé paternité est également possible.

Vie intra-utérine

En même temps que l'embryon, des annexes se développent : placenta, cordon ombilical et membranes.

– Le placenta permet les échanges (respiratoires, excrétoires, nutritifs) entre le fœtus et l'extérieur. Il protège des microbes (mais pas des virus, par exemple ceux de la toxoplasmose, de la rubéole et du sida) et aussi, par le liquide amniotique, des chocs, bruits, du froid. La ponction du liquide amniotique s'appelle une amniocentèse. Elle a lieu pour une recherche génétique (en particulier les trisomies car il est alors possible d'établir un caryotype ou en cas de souffrance fœtale).

– Le cordon ombilical relie le fœtus au placenta. Il se compose d'une veine et de deux artères et assure une fonction de nutrition, d'oxygénation et d'évacuation du CO_2.

Le fœtus est déjà sensible à son environnement extérieur, perçoit la voix de sa mère et de son père, ressent les émotions maternelles.

2. L'accouchement

Il s'annonce par la rupture de la poche des eaux et débute par des contractions utérines (phase de travail) qui se rapprochent et s'intensifient. Le col utérin se dilate jusqu'à son ouverture maximale : 10 cm de manière à pouvoir laisser passer l'enfant qui se présente normalement par la tête (il s'est retourné en fin de grossesse).

Puis vient la phase d'expulsion pendant laquelle la femme doit « pousser ». Parfois une épisiotomie (ouverture chirurgicale du périnée) doit être faite par l'obstétricien.

Définitions

Accouchement eutocique	Accouchement « normal » par voies naturelles.
Accouchement dystocique	Accouchement difficile.
Accouchement par césarienne	Intervention chirurgicale pour extraire l'enfant par incision de l'utérus.
Délivrance	Expulsion du placenta et des membranes grâce à des contractions postaccouchement accompagnée de saignements. Si cela saigne trop, on parle d'hémorragie de la délivrance et il faut intervenir. L'obstétricien vérifie l'intégrité des éléments expulsés car, s'il restait un morceau dans l'utérus, il pourrait y avoir des conséquences pour la santé.
Rétractation de l'utérus	Une fois vide, l'utérus se rétracte pour retrouver par la suite la taille « normale ». Les sages-femmes mesurent cette involution utérine.
Lochies	Écoulements vaginaux formés de sang puis de sérosités après l'accouchement et qui s'estompent dans le mois suivant.

3. AS et suites de couches

Si ce sont surtout les auxiliaires de puériculture qui travaillent en maternité, un aide-soignant peut aussi y travailler. Il interviendra principalement autour de la mère pour surveiller son état, déceler d'éventuelles complications, participer à son éducation si c'est une primipare (premier enfant) pour l'hygiène du bébé, le portage et le couchage du nourrisson, les soins du cordon, son alimentation pour elle, pour les biberons ou conseiller en matière d'allaitement si la femme a choisi d'allaiter son enfant et l'accompagner dans sa prise de fonction maternelle.

Éléments de surveillance	Critères d'appréciation	Actions
Lochies	Aspect, odeur	Proposer garnitures. Petite toilette au broc (si pas de fils épisiotomie)
Gaz et selles	Souvent constipation ou hémorroïdes	Vérifier reprise du transit. Adapter l'alimentation. Transmettre si difficulté ou douleur à la défécation.
Constantes	Pouls, T°	Pour déceler une infection ou une phlébite (dissociation des courbes).
Urines et mictions	Aspect, couleur, quantité, fréquence, volume et si dysurie	Surveiller si apparition d'un globe vésical (rétention urinaire) ou si brûlure. Participer à la rééducation vésicale.
Périnée	Aspect, couleur	Alerter si la personne se plaint de douleur, s'il y a œdème ou rougeur de cette zone.
	S'il y a des fils	Les soins relèvent de la compétence IDE.
	Humidité	Informer : cette zone doit être le plus au sec possible.
Seins	Montée laiteuse vers le 3e jour	Observer si engorgement, crevasse, lymphangite, abcès…
Mollets	Risque de phlébite chez toute accouchée	Observer si signes de phlébite. Favoriser la mobilisation quand elle est autorisée.
Humeur	Risque de « babyblues », lié à une chute hormonale	Rassurer la mère, l'encourager à parler de ce qui l'inquiète, la valoriser et l'aider à prendre confiance en ses capacités maternelles.
Comportement envers l'enfant	Déceler une psychose puerpérale, rare mais qui peut être grave	Il s'agit d'une psychose qui se met en place à la naissance de l'enfant et qui peut se traduire par une inadaptation du comportement de la mère envers son enfant et par un délire, une agitation et confusion.

4. Le nouveau-né

Le nouveau-né à la naissance est doté d'un bracelet d'identification et subit une série d'examens et d'évaluation de ses fonctions vitales et de sa constitution :

– **Le score d'Apgar** à 1 minute puis 5 et enfin 10 minutes de vie. Quand tout va bien, la note obtenue est de 10. Il mesure :
  - – la fréquence cardiaque,
  - – la respiration,
  - – le tonus,
  - – la réactivité
  - – la coloration.

– Le nez et le pharynx sont désobstrués par l'introduction d'une petite sonde.

– La température est prise pour vérifier en même temps la perméabilité anale.

– Le cordon ombilical est examiné.

– Le nouveau-né est pesé (moyenne 3 kg), mesuré (moyenne 50 cm).

– Son périmètre crânien est mesuré (34 cm environ), son périmètre thoracique (34 cm).

– Ses hanches sont examinées (recherche d'une luxation congénitale de la hanche qui imposerait un emmaillotage particulier).

– Les réflexes archaïques sont vérifiés : agrippement, marche automatique, succion, etc.

Il reçoit aussi des gouttes oculaires destinées à le protéger d'une infection possible liée au passage vaginal (si la mère a un herpès par exemple) et *per os* une vitamine antihémorragique : la vitamine K. Il est ensuite redonné à la mère le plus tôt possible pour que se développe le lien mère/enfant.

▌ **Au 3e jour : le test de Guthrie :** l'IDE prélève une goutte de sang en piquant le talon du bébé. Cela permet de dépister des maladies et de donner si besoin un traitement pour éviter leur développement.

Parmi ces maladies, on trouve la phénylcétonurie, qui peut provoquer un retard dans le développement de l'enfant si un régime sévère n'est pas mis en place ; l'hypothyroïdie congénitale (qui peut provoquer un retard mental et un développement corporel anormal) ; la drépanocytose (atteignant les globules rouges) ; la mucoviscidose ; l'hyperplasie congénitale des surrénales.

▌ **La bilirubine** est aussi testée en cas de suspicion d'ictère.

▌ **Des glycémies capillaires** sont faites systématiquement si le bébé présente un poids supérieur à la normale ou si la mère est diabétique, à la recherche d'un éventuel diabète.

FICHE 11

Le handicap

Cas clinique

(réalisé à partir d'une démarche de soin d'une élève aide-soignante)

Présentation du contexte de vie : Loïc, 35 ans, réside depuis six ans dans une maison d'accueil spécialisé à l'unité « Le printemps ».

Il y a en tout 8 unités accueillant 8 résidents disposant chacun d'une chambre particulière avec une salle de bain munie d'une douche italienne. Chaque chambre est décorée selon le goût du résident. Sur chaque porte se trouve le nom du résident écrit en grosses lettres de couleur. Dans chaque unité travaillent un aide-soignant et un aide médico-psychologique qui s'occupent des soins d'aide et de confort ; le ménage est fait par une autre équipe. Chaque jour, une infirmière est présente sur l'ensemble de la structure ainsi qu'un psychologue à mi-temps. Un psychiatre est présent une semaine sur deux pour voir les résidents qui le souhaitent ou en ont besoin et pour un point avec l'ensemble de l'équipe. Le projet de vie des résidents est ainsi revu et discuté régulièrement et les problèmes rencontrés sont analysés, des solutions sont proposées.

Présentation de la personne : Loïc est polyhandicapé. Son développement cognitif et physique a connu des difficultés et des retards.

La jambe droite est plus courte que l'autre et déformée ; le pied droit reste en équin. Les mains et les doigts sont également déformés et Loïc ne peut mobiliser ses doigts pour une préhension fine.

Loïc présente une apparence physique beaucoup plus juvénile que ses 35 ans. Il est brun, a de grands yeux bruns, porte des lunettes et sa corpulence est normale. Il est dans un fauteuil roulant manuel avec siège moulé et corset avec plastron pour lui maintenir le torse droit tout en lui laissant l'autonomie au niveau des bras. Un plot est installé entre ses jambes afin d'éviter qu'il ne glisse et que ses genoux portent l'un sur l'autre car ils ont tendance à être tournés vers le dedans. Il se déplace seul avec son fauteuil roulant. Il est capable de tenir quelques instants sur ses jambes, appuyé sur la barre du lit, pour qu'on puisse remonter son slip et son pantalon.

Il est continent urinaire et fécal même s'il arrive parfois le matin de trouver des selles et des urines dans son lit. Un urinal est mis à portée de sa main dans les toilettes et il se débrouille seul.

Il est pris en charge deux fois par semaine par le kinésithérapeute, qui travaille avec lui sur les positions vicieuses de ses jambes (tournées vers l'intérieur).

Il voit le psychologue quand il revient de chez sa mère (deux fois par mois).

Loïc est capable de réaliser les actes ordinaires de la vie mais avec aide, stimulation et surveillance. Pour la toilette, il a tendance à ne pas vouloir faire les choses lui-même, à oublier de laver certaines parties de son corps, à ne pas utiliser son bras et sa main

gauche alors qu'il peut le faire. Il aime être rasé, mettre du déodorant, du parfum.
Il a besoin d'une aide pour la petite toilette. Il a une douche tous les matins et un bain de bien-être une fois par semaine. Il s'alimente seul mais a besoin d'aide pour la motricité fine car ses doigts sont déformés et raides (couper, ouvrir, etc.). Il a besoin d'aide le matin pour le transfert lit/chaise- pot roulante puis pour le transfert chaise-pot/fauteuil à coque et fauteuil à coque/fauteuil roulant simple, quand il va prendre ses repas au réfectoire de l'unité ; le fauteuil simple est plus pratique pour le repas car moins haut.
Il est coquet, très frileux et a tendance à ne pas savoir adapter sa tenue à la saison.
Il sait très bien exprimer ce qu'il veut et ne veut pas, tout en ayant quelques difficultés d'élocution. Il faut parfois le faire répéter car il a tendance à parler trop vite et cela le fait bégayer. Il est capable de dire s'il va bien ou non. Il a parfois des coxalgies à droite.
Il est très entêté et, quand il a une préoccupation, elle devient vite une obsession. Loïc est d'un tempérament sociable mais a besoin de beaucoup de rituels dans son quotidien car l'angoisse et l'anxiété montent très vite s'il en est privé et cela peut aller jusqu'à une véritable panique. Dans ces moments-là, il peut s'arracher la peau des doigts.
Il est parfois très directif vis-à-vis du personnel ou des autres résidents et, parfois, il esquisse le geste de taper un autre résident.
Il aime aller faire des courses, regarder la télévision. Il aime être proche des encadrants.

Histoire de son polyhandicap : ce polyhandicap est la conséquence d'une encéphalopathie néonatale (souffrance fœtale aiguë).
Il perçoit l'AAH. Il n'a pas de mesure de protection judiciaire. Il est le troisième d'une fratrie de trois enfants et il adore sa mère.
Il a été scolarisé à l'âge de 4 ans jusqu'à ses 14 ans. Ensuite, il a été interne dans un centre de rééducation, avec retour dans la famille le week-end. Puis, à l'âge de 18 ans, il est revenu vivre dans sa famille avec un accueil de jour trois fois par semaine dans un foyer de vie occupationnel.
Il avait des difficultés relationnelles avec son père, décédé il y a sept ans. Il vit une relation très fusionnelle avec sa mère et se montre très exigeant et difficile avec elle, si bien qu'elle a dû trouver une solution : Loïc est arrivé à la MAS il y a six ans et retourne deux week-end par mois chez sa mère. Il pourra y rester jusqu'à la fin de sa vie.

Antécédents :
Chirurgicaux : intervention sur orteil en griffe, allongement du tendon d'Achille, ostéotomie pour réduire une difformité de la jambe droite.
Médicaux : myopie, strabisme divergent, crises d'épilepsie bien contrôlées maintenant avec le traitement.

1. Définitions

Selon la classification internationale des handicaps : le handicap est un désavantage social résultat pour l'individu d'une déficience ou d'une incapacité qui limite ou interdit l'accomplissement d'un rôle normal.

Déficience	Altération d'une structure ou d'une fonction (anatomique, physiologique ou psychologique).
Incapacité	Réduction totale ou partielle de la capacité à accomplir une activité.

« Constitue un handicap, au sens de la présente loi, toute limitation d'activité ou restriction de participation à la vie en société subie dans son environnement par une personne en raison d'une altération substantielle, durable ou définitive d'une ou plusieurs fonctions physiques, sensorielles, mentales, cognitives ou psychiques, d'un polyhandicap ou d'un trouble de santé invalidant[1]. »

2. Typologie des handicaps

Handicaps physiques	moteurs	Atteinte de la mobilité, de la motricité entraînant des difficultés aux déplacements. Ex. : paraplégie.
	sensoriels	Atteinte d'un organe sensoriel. Ex. : surdité, cécité.
Handicaps mentaux	déficience mentale	Retard du développement mental entraînant une diminution des facultés cognitives, du langage, de la vie sociale et une déficience comportementale.
	maladie mentale	En particulier les psychoses qui peuvent perturber fortement la vie sociale.
Polyhandicaps	Cumuls de plusieurs handicaps de types différents.	

3. Origine des handicaps

Origine	Cause du handicap	Exemples
congénitale (présent à la naissance)	Héréditaire et génétique	Mucoviscidose, Trisomies
	Lié à un accouchement dystocique	Prématurité, traumatisme obstétrical, souffrance et anoxie
acquise	Lié à des substances toxiques ingérées par la mère pendant la grossesse (alcool, drogue, médicaments)	SAF
	Lié à une maladie maternelle pendant la grossesse	Toxoplasmose, rubéole, cytomégalovirus
	Lié à des anomalies constitutionnelles	Malformation cardiaque

1. Extrait de la loi du 11 février 2005 pour l'égalité des droits et des chances, la participation et la citoyenneté des personnes handicapées.

	Lié à un traumatisme	Accidents
	Lié au vieillissement	Fracture par ostéoporose
	Lié à des pathologies invalidantes	Insuffisances cardiaques, respiratoires, artérite, AVC
	Lié à un environnement humain non adapté	Maltraitance, carences affectives, manque de stimulation de l'enfant

4. L'annonce du handicap

L'annonce d'un handicap représente toujours un événement qui va faire rupture avec la vie d'avant. C'est comme un séisme, une bombe qui vous tombe dessus et qui relègue à un « plus jamais » la vie connue et espérée jusqu'ici.

Ce moment est d'abord souvent marqué par un état psychologique particulier : la sidération. La personne ne peut plus ni penser, ni ressentir : c'est le vide, le rien avant d'être envahi par le chaos, l'effondrement et les émotions : colère, révolte, angoisse, tristesse…

Dans ces situations, toutes les phases du deuil sont à traverser : deuil de ses capacités si l'on est le premier concerné, deuil de l'enfant que l'on a rêvé, imaginé… quand on est parent.

Puis viennent les peurs pour l'autre, pour la qualité de la vie : les parents imaginent les moqueries dont leur enfant souffrira, les difficultés qu'il pourra avoir dans la vie…

L'annonce du handicap est un moment particulièrement délicat pour le professionnel qui doit la faire avec tout le tact possible. Il sera de toute façon celui qui a signifié la fin du monde à la personne.

La circulaire n° 2002/239, du 18 avril 2002 relative à l'accompagnement des parents et à l'accueil de l'enfant lors de l'annonce pré et postnatale d'une maladie ou d'une malformation, préconise de :

– **Aménager les conditions de l'annonce :** choix du moment, du lieu (une certaine intimité pour que les émotions des parents puissent s'exprimer à l'abri des regards), parler aux deux parents, que celui qui fait l'annonce (le médecin) soit accompagné d'un soignant pour assurer une cohérence après l'entretien.

– **Communiquer autour des certitudes et des incertitudes** pour ne pas amputer l'avenir de l'enfant et communiquer sur les compétences de l'enfant plus que sur ces potentielles incompétences.

– **Soutenir et accompagner les parents** en étant disponible, en proposant d'autres rendez-vous.

– **Porter un regard attentionné** et respectueux sur l'enfant.

3

– **Au niveau de l'équipe soignante, entourer** les parents, les accompagner et prendre soin de l'enfant de manière chaleureuse.

– **Proposer de continuer l'accompagnement** après la sortie de la maternité et indiquer si besoin les aides possibles à l'extérieur.

5. La loi du 11 février 2005

Cette loi pour l'égalité des droits et des chances, la participation et la citoyenneté des personnes handicapées promulgue entre autres :

– l'accessibilité généralisée pour tous les domaines de la vie sociale, y compris le travail (dispositif législatif financier pour favoriser l'embauche d'un travailleur handicapé) ;

– le droit à compensation des conséquences du handicap ;

– la formation des professionnels de santé et du secteur médico-social au cours de leur formation initiale et continue sur la spécificité de ce domaine de connaissances et sur les évolutions concernant les handicaps.

6. La maison départementale des personnes handicapées

Ses missions, envers les personnes handicapées et leur famille

– Accueil.

– Informations et conseils.

– Accompagnement lors de l'annonce du handicap et/ou dans les phases évolutives.

– Aide pour formaliser le projet de vie de la personne.

– Aide pour les démarches administratives ou pour faire reconnaître le handicap.

Elle sensibilise également toute la collectivité au handicap.

FICHE

12 La gériatrie

1. Définitions

- **Gérontologie :** étude du vieillissement dans toutes ses dimensions, notamment sociale, économique, démographique, psychologique, anthropologique, culturelle, médicale et autres.

- **Gériatrie :** spécialité médicale concernée par les affections physiques, mentales, fonctionnelles et sociales des malades âgés ; la gériatrie est donc une des composantes de la gérontologie.

3

2. Particularité de la prise en charge des personnes âgées

Cas clinique

Mme Yvette est hospitalisée en médecine pour une déshydratation sévère. Mais elle a des antécédents de diabète, d'hypertension artérielle et d'AIT. Elle prend des traitements pour toutes ces pathologies.

Polypathologie (association de plusieurs pathologies)
Polymédication (prise de plusieurs traitements)
} Fragilité ++

– Nécessité d'une prise en charge spécifique que l'organisation des hôpitaux par médecine d'organes permet difficilement.

– Mise en place de la filière de soins gériatriques pour organiser un parcours de soins adapté à la personne âgée fragile.

– Création (loi du 4 mars 2002) des équipes mobiles gériatriques dans les hôpitaux.

3. Les missions des filières gériatriques

- ***Trois axes principaux***

– Renforcer l'accès à des soins de proximité.

– Favoriser les filières courtes.

– Améliorer la prise en charge post-hospitalisation.

Enjeu de cette organisation

Reconnaître et prévenir les risques de perte d'autonomie par une prise en charge globale de la personne âgée fragile. Cela signifie une démarche de soins spécifiques pour :

- identifier le caractère de fragilité ou non de la personne ;
- réduire la mortalité des patients âgés hospitalisés ;
- limiter les risques nosocomiaux (infections, escarres, dénutrition, désorientation, incontinence...) ;
- organiser la continuité des soins, aussi bien en amont qu'en aval de l'hospitalisation.

Cette organisation spécifique doit permettre d'éviter le passage aux urgences des personnes âgées. En effet, les services de court séjour gériatrique sont accessibles directement par le médecin traitant ; les hospitalisations de jour ou en services ambulatoires sont à privilégier ; des services de soins de suite et de réadaptation spécialisés en gériatrie sont créés ; le maintien à domicile est privilégié par-dessus tout grâce au développement des services HAD, SSIAD et SAAD. De plus, dans les EHPAD, diverses formes d'accueil ont été instaurées : accueil de jour, accueil de nuit, accueil temporaire, accueil définitif, unité protégée...

Des services dédiés et ouverts à tous ont été ouverts sur tout le territoire : les **CLIC**, centres locaux d'information et de coordination.

Cette organisation autour de la gériatrie vise à placer la personne âgée au centre du système de santé, à répondre aux spécificités liées au grand âge et à respecter la personne et ses choix. C'est une démarche d'humanisation.

FICHE

13 Fin de vie et mort

1. La mort : approche culturelle et religieuse

Cas clinique

« M. Louis, allongé dans son lit, nous accueille et nous dit bonjour en souriant malgré la fatigue apparente que traduisent ses traits tirés, les cernes sous les yeux ainsi que la lenteur et l'intonation de sa voix. Nous nous présentons à notre tour. Puis ma référente va chercher de l'eau dans une autre pièce pendant que je mets dans un ordre bien précis les vêtements propres de M. Louis et que je pose sur l'adaptable les différents produits d'hygiène dont nous aurons besoin. M. Louis me dit alors : « Elle met du temps à revenir votre collègue… je suis sûre qu'elle est en train de discuter avec ma femme… Vous savez, j'ai compris… je sais que la Dame noire, la Grande Faucheuse comme on dit, sera bientôt là et que ma fin est proche. » **Carole**, élève-aide-soignante

3

Prononcer le mot « mort » ou « mourir », utilisation de symboles et/ou de synonymes

« La Grande Faucheuse », « la Dame noire », autant d'expressions pour évoquer la mort. La mort comporte un tabou moral, affectif, intellectuel, qui empêche de parler naturellement de cette question-là. Nous ne pouvons penser la mort qu'en étant encore vivant, et nous la pensons comme perte de la vie, c'est-à-dire un renoncement définitif aux attachements, un dépouillement extrême, un arrachement à ce que nous aimons et connaissons. Nous l'évoquons à travers des symboles ou en utilisant d'autres mots : « il est parti », « la perte de votre proche », etc. La mort, en tant que telle, est impensable.

Dans notre société, nous mourons principalement à l'hôpital et non plus chez nous. La mort revêt alors une dimension médicalisée, hygiénique et froide quand bien même les bouleversements émotionnels sont puissants.

Les rites entourant la mort

L'enterrement, les cérémonies représentent une manière sociale de contenir la peine de la perte, l'épouvante de la mort et d'inscrire celle-ci dans une communauté. Les proches qui n'ont pas de corps à inhumer connaissent un désarroi profond devant ce manque de matérialisation de la mort, de même quand il n'y a pas de lieu de recueillement possible.

Les différentes religions

Elles peuvent apporter une forme de soulagement face ces questions existentielles. La mort est, dans ce cas, une étape vers quelque chose d'autre souvent meilleur que ce que la personne a connu. En ce sens, toute forme de religion peut être une ressource pour celui qui y fait appel et une aide pour diminuer l'angoisse face à la mort.

Témoignage

La mort fait partie des situations de soins éprouvantes pour les soignants aussi.

« On n'est pas des robots, on est sensibles, la mort fait peur à tout le monde, faut pas croire : même si je fais des fins de vie, j'ai quand même peur de mourir. Je m'y prépare peut-être plus que d'autres, mais... je crois qu'on a toujours la peur du pas à faire... » **Nelly**

« Ce qui est dur à vivre, ça va être de voir les gens... les gens partir, les gens qu'on aime... enfin qu'on a... dont on s'est occupé, partir donc... mourir... Y'a des gens qui sont là depuis... On a des gens qui sont tout seuls, donc c'est vrai qu'ils sont proches de nous alors quand on les voit partir... ça nous fait... ça nous fait de la peine. On ne peut pas être complètement hermétique... indifférent à ça. On a beau dire " faut pas, faut pas" mais c'est obligatoire. Ça c'est difficile. » **Lilou**

La mort d'un patient renvoie aux deuils que l'on a vécus, que l'on pourrait vivre si c'était notre père, notre grand-père, notre enfant, et à sa propre mort. La souffrance morale et la douleur physique qui peuvent accompagner l'agonie ont un caractère insupportable pour tout être humain, y compris les soignants. La parole en groupe de soignants peut alors aider à exprimer les difficultés, les émotions ressenties, à prendre du recul et à se sentir apaisé, soutenu, contenu psychiquement.

2. Les stades du « mourir »

« Les paroles du médecin, au cours de l'annonce, vont effondrer "l'aire d'illusion" que le malade avait mise en place entre le dedans et le dehors pour rendre ce dernier acceptable. Apprendre que l'on a une maladie incurable, c'est apprendre que l'on a perdu la santé... Cela implique que le malade doit retirer tous les liens affectifs qui le retiennent encore à la personne bien portante qu'il était, ce qui va provoquer un conflit psychique intense[1]. »

Mis à part la mort brutale, inattendue, cheminer vers la mort est un ardu travail psychique de l'être humain vivant. Elisabeth Kübler-Ross a décrit 5 stades correspondant à ce chemin. Certaines personnes ne les vivent pas tous, d'autres vont presque en ligne droite au dernier et beaucoup vivent des aller et retour entre ces stades.

1. C. Delaporte, *Dire la vérité au malade*, Paris, éditions Odile Jacob, 2002.

Stade	Mécanisme	Description
1	La négation	L'annonce d'un diagnostic létal ou la perception de sa mort proche provoque une forme de « sidération » qui fait que l'individu ne peut plus penser ni éprouver. C'est comme un choc, une effraction du réel, qui vient bloquer les processus cognitifs et émotionnels. Pour éviter l'effondrement psychique, débordé par cela, le moi met en place un mécanisme inconscient de défense appelé le déni.
2	La colère L'hostilité	Ce qui arrive semble injuste. « Pourquoi moi ? » Ce sentiment d'injustice provoque une colère qui va être dirigée vers les soignants, ou vers les proches.
3	La négociation	C'est une phase de marchandage que l'on fait envers soi-même ou envers une puissance « divine ». On promet d'être meilleur ou de faire certaines choses à condition que l'on ne meure pas.
4	La dépression	On réalise tout ce que l'on va perdre, tout ce que l'on ne pourra plus jamais faire, regarder, éprouver, les gens que l'on aime et que l'on ne reverra plus jamais, les enfants qu'on ne verra pas grandir… c'est un arrachement, un dépouillement très douloureux qui se traduit par cet état de dépression réactionnelle.
5	L'acceptation	Le dépouillement accompli, la mort accepté, la personne peut trouver au fond de soi un espace de sérénité qui lui apporte calme et paix. Les relations avec ses proches seront alors sereines, voire aidantes pour l'entourage qui lui aussi doit travailler la perte prochaine.

3. Aspects législatifs et règlementaires

Législation autour de la fin de la vie

Loi du 22 avril 2005 relative aux droits des malades et à la fin de vie Loi Léonetti	La personne malade a le droit de refuser un traitement Rédaction de directives anticipées en ce qui concerne la fin de vie Pas d'obstination déraisonnable de la part des médecins
Décret du 6 février 2006 n° 2006/120	Obligation d'une procédure collégiale pour les situations de limitations de soins ou d'arrêt de traitement quand la personne n'est pas en état d'exprimer ce qu'elle souhaite et que la poursuite des soins maintiendraient artificiellement la vie.

Extraits de la loi Léonetti :

« Lorsque la personne est hors d'état d'exprimer sa volonté, la limitation ou l'arrêt de traitement susceptible de mettre sa vie en danger ne peut être réalisé sans avoir respecté la procédure collégiale définie par le code de déontologie médicale et sans que la personne de confiance prévue à l'article L. 1111-6 ou la famille ou, à défaut, un de ses proches et, le cas échéant, les directives anticipées de la personne, aient été consultés. La décision motivée de limitation ou d'arrêt de traitement est inscrite dans le dossier médical. »

« Art. L. 1111-10. – Lorsqu'une personne, en phase avancée ou terminale d'une affection grave et incurable, quelle qu'en soit la cause, décide de limiter ou d'arrêter tout traitement, le médecin respecte sa volonté après l'avoir informée des conséquences de son choix. La décision du malade est inscrite dans son dossier médical. [...] Le médecin sauvegarde la dignité du mourant et assure la qualité de sa fin de vie en dispensant les soins visés à l'article L. 1110-10. »

Aspects réglementaires entourant le décès

Le certificat médical de décès. Il est établi par le médecin et comprend deux volets :

– Le premier : pour l'état civil et les pompes funèbres. Il mentionne l'état civil de la personne décédée, la date et l'heure du décès et des réponses à des questions concernant le transport de corps et le mode d'inhumation déconseillé si besoin.
– Le second : pour le médecin de la santé publique de l'ARS ; il est confidentiel. Il reprend les éléments d'identification de la personne et les causes du décès.

La déclaration de décès à la mairie : il faut le déclarer dans les 24 heures suivant le décès dans la mairie du lieu de décès. Bien souvent, les pompes funèbres s'en chargent. La famille leur confie le livret de famille pour ces démarches.

Le transport de corps : il se fait sur la base d'un document médical autorisant ou refusant le transport. Le corps peut être transporté avant la mise en bière à la destination prévue s'il y a moins de 24 heures entre le décès et la destination. Ce délai passe à 48 heures si des soins de conservation du corps ont été faits.

La présence d'un fonctionnaire de police est nécessaire pour que ce transport puisse avoir lieu et le corps doit avoir un bracelet d'identification. Le maire de la commune de destination doit avoir donné son accord.

Dans les services de soins : quand la fin de la personne semble proche, le cadre de santé ou l'infirmier avertit la famille avec tact. L'infirmier observe la personne au moment du décès et prévient le médecin pour qu'il puisse venir constater le décès. Le défunt reste dans le service au moins deux heures avant d'être transporté dans la chambre mortuaire.

4. La toilette mortuaire

Elle se fait **après la constatation du décès** par le médecin.

Elle est réalisée par l'IDE ou par l'aide-soignant ou les deux ensembles. La réalisation respecte les convictions religieuses de la personne décédée. La présence d'un bracelet d'identification est vérifiée.

Les objectifs immédiats sont de laver le corps de la personne, le débarrasser des appareillages s'il y en a (s'il en reste, il y a obligation de le noter), de mettre les pansements au propre s'il y en a, d'obstruer les orifices du corps, de positionner un change anatomique complet et un carré de protection du lit, de maintenir fermés la mâchoire et les yeux. Le corps est ensuite revêtu des vêtements choisis par la famille quand c'est possible. Le lit est refait. Les affaires personnelles du défunt sont rangées et inventoriées.

L'objectif général est de permettre la meilleure présentation possible du défunt aux yeux de la famille ou des proches. L'attitude soignante envers la dépouille respecte la dignité humaine.

Témoignage

« Je m'étais déjà occupée de ce monsieur de son vivant, lors de la toilette. Il ne parlait pas, émettait des râles de souffrance quand on le mobilisait. Il n'a ouvert les yeux qu'une seule fois, pour voir qui était dans sa chambre. Il m'avait alors souri avant de refermer ses yeux. Ce soir-là, il était mort et j'ai assisté à la toilette mortuaire. Les soignantes continuaient à lui parler comme s'il était vivant, à avoir la même douceur lors de leurs gestes. » **Mylène**, élève aide-soignante

Après le départ du corps, la chambre est nettoyée et désinfectée.

FICHE 14

Démarche de soins

1. Méthodologie

C'est la même méthodologie que celle vue dans le module 1 pour l'analyse de situation avec toujours un objectif sur l'autonomie, mais s'y ajoute la prise en compte de la pathologie et des traitements. Cette prise en compte demande :

- la connaissance des complications possibles de ou des pathologies présentes chez la personne ;
- la connaissance des complications possibles en lien avec l'état de santé actuel mais pas nécessairement consécutives à la pathologie d'origine ;
- la connaissance des effets secondaires des traitements ;
- la capacité à faire des liens entre les informations ;
- la capacité à anticiper les problèmes.

La prévention, la surveillance et l'identification des signes potentiels d'aggravation des problèmes de santé font parties des éléments à traiter dans le cadre de la démarche de soins.

2. Exemple de démarche de soins à partir d'un cas clinique

Mme Marie, Huguette, âgée de 65 ans est entrée dans le service de médecine neurologique le 23 juillet 2014 par mutation des urgences où elle a été admise à 8 h suite à un **AVC**. Elle est mariée, vit dans une maison à étage avec son mari et sa fille Joëlle, qui est handicapée moteur. Mme Marie a toujours travaillé avec son mari, elle l'aidait à la comptabilité, ce qui lui permettait de s'occuper de leur fille en même temps. Elle dépend du régime général de la sécurité sociale qui prend en charge les frais d'hospitalisation ; sa mutuelle prend en charge le forfait journalier.

La personne de confiance est aussi la personne à prévenir, c'est son mari.

Mme Marie est une femme de 1,65 m pour 76 kg. Elle a les cheveux grisonnants, mi-longs. Elle est **hémiplégique gauche** suite à son AVC. C'est une femme qui coopère bien aux soins, mais qui vit mal la situation.

Ses antécédents médicaux	Ses antécédents chirurgicaux	Ses traitements
– **DID** depuis 10 ans – Une phlébite en 2008 – Syndrome dépressif – HTA	– Hystérectomie en 2008 – Fracture du tibia droit en 1976	– Insuline : 2 injections/jour en fonction des glycémies capillaires – Antidépresseur : 1 cp/jour – Antihypertenseur : 2 cp/jour **Depuis son hospitalisation :** – perfusée avec 1 L de sérum physiologique par 24 heures – anticoagulants sous-cutanés – bas de contention – antalgiques per os

Analyse de la situation

– **Résumé simple du séjour :** Mme Marie est arrivée aux urgences amenée par les pompiers. Son mari l'a trouvée au sol dans la cuisine alors qu'il revenait de promener leur chien. Devant le tableau clinique d'hémiplégie, elle a eu un bilan sanguin complet, un scanner cérébral et une IRM cérébrale. Elle a été **perfusée** au niveau de l'avant-bras droit. Une **sonde vésicale** lui a été posée. Elle a été transférée dans le service de médecine neurologique à 16 h. Le 24 juillet, elle et son mari ont vu le neurologue qui leur a proposé une hospitalisation de 2 à 3 jours avant un transfert dans un **centre de rééducation** de la région. Le cardiologue est aussi venu la voir pour faire le point sur son hypertension artérielle ; de même, le diabétologue a fait un bilan de son DID. La psychologue est venue la voir aussi pour l'aider à surmonter cette épreuve.

– **Bilan d'autonomie à ce jour** le 26 juillet 2014 : Mme Marie est **hémiplégique gauche** – elle n'a aucune motricité de ce côté mais se plaint de **douleur** dans sa jambe. Elle ne fait pas ses transferts lit-fauteuil seule. Elle **n'a pas le moral** car elle s'inquiète beaucoup pour sa fille et voudrait avoir récupéré pour rentrer chez elle. Elle porte toujours une **sonde vésicale** ; le médecin a prescrit son retrait pour ce matin avec une surveillance des mictions. Mme Marie **n'est pas allée à la selle** depuis son admission.

– **Habitudes de vie :** Mme Marie était jusqu'à présent très dynamique ; elle s'occupait de sa fille dépendante ; elle gérait seule son diabète (glycémies capillaires et injections d'insuline).

– **Objectifs de l'équipe :** éviter les complications liées à la situation actuelle ; permettre à Mme Marie de retrouver son autonomie.

– **La prise en charge** de Mme Marie ce jour, 26 juillet.

Signes et symptômes en lien avec la pathologie	Complications possibles et effets secondaires des traitements	Répercussions physiques et psychologiques	Besoins perturbés du jour	Actions du jour
AVC : – hémiplégie gauche, – anxiété, – constipation, – douleur.	– Complications de décubitus – Risque infectieux (perfusion et sonde vésicale) – Risque thromboembolique – Risque hémorragique	– Anxiété – Mode de vie à revoir vis-à-vis de sa fille ? – Habite une maison à étage	– Éviter les dangers – Être propre et protéger ses téguments – Se vêtir et se dévêtir – Se mouvoir et se maintenir en bonne posture – Communiquer – Apprendre – Éliminer – Boire et manger	*Actions proposées au regard du niveau de perturbation de chaque besoin, ce jour*
DID	– Risque d'hyper ou d'hypoglycémie – Risque de déséquilibrer son DID	– Était jusque-là autonome pour la prise en charge de son DID (glycémie capillaire, injections d'insuline)		Résultats des actions *Noter les résultats réels des actions*

Sur ce cas, nécessité de questionnements sur l'AVC (différentes sortes d'AVC, localisation, causes), sur le DID, les signes d'hypo et d'hyperglycémie, les complications du diabète, sur la phlébite et l'embolie pulmonaire, sur les risques liés à la dépression, sur la personne de confiance.

3. Conseils pour la réalisation du soin au cours de la MSP 3

Avant :

Présentez brièvement au jury les personnes que vous avez prises en charge plus particulièrement : nom, âge, chambre, raison d'hospitalisation, deux ou trois informations que vous estimez importantes, soins prévus au moment de la MSP, etc. dans un endroit discret et, quand c'est possible, devant la planification murale.

Une fois le choix de la personne et des soins fait (en général par le jury) :

– Pensez à intégrer votre séquence de soin dans son ensemble (ce qui a été fait auprès de la personne avant votre MSP, ce qui restera à faire juste après, etc.) par exemple : « La petite toilette a été faite ce matin à mon arrivée. Je vais donc prendre en charge la toilette au lit, l'habillage, le lever et l'installation pour le petit déjeuner. Je ne m'occuperai de ses dents qu'après la prise du petit déjeuner. »

– Pensez à avertir vos collègues pour que la personne qui n'a pas été choisie soit malgré tout prise en charge, et avertir cette personne.

En arrivant dans la chambre de la personne, présentez-lui le jury.

Avant de quitter la chambre : vérifiez systématiquement que la personne est bien en sécurité.

Après le soin : lavez-vous les mains, rangez, nettoyez/désinfectez votre matériel et pensez à transmettre vos observations (écrit et oral).

Pour les MSP en chirurgie :

Votre démarche de soins doit inclure les points suivants :

– Prendre en compte et communiquer le jour de l'intervention.

– Toujours se préoccuper du retour du transit (gaz et selles) la prise de boisson et d'aliments et l'élimination peuvent être perturbés les deux ou trois premiers jours.

– Identifier l'appareil anatomo-physiologique touché par l'intervention : voir le besoin correspondant qui sera parmi les premiers à traiter dans la DDS.

– Éviter les dangers constitue toujours un point à traiter en chirurgie.

– Énoncer les risques :

- risque infectieux (parce qu'il y a eu intervention, parce qu'il y a appareillage, etc.),
- risque de phlébite (comme dans toute intervention, et en particulier sur la chirurgie osseuse, du petit bassin, etc.),
- risque de complications liées à l'intervention (les connaître),
- risques liés aux effets secondaires potentiels des traitements.

– Surveiller les appareillages (perfusion, sondes, etc.).

– Apprendre : ce besoin est souvent à traiter puisqu'en fonction du type de chirurgie il y a des choses à faire et à ne pas faire le temps de la convalescence.

FICHE 15

Règles de prises en charge d'une personne inconsciente

Situation emblématique : le coma

1. Définition du coma

Perte plus ou moins importante des fonctions de la vie de relation avec conservation plus ou moins grande des fonctions végétatives.

2. Les différents stades du coma

Le coma est divisé en différents stades en fonction de niveau de conscience :

Stade	Dénomination	Clinique
Stade 1	Coma vigile	Le patient garde une communication rudimentaire, il peut réagir à des stimuli douloureux (piqûres, pincements, etc.), il grogne quand on lui pose des questions.
Stade 2	Coma léger réactif	La communication est inexistante; le patient perd son aptitude à se réveiller ; il peut avoir des réactions motrices plus ou moins appropriées aux stimulations. On observe la disparition de la capacité d'éveil du sujet.
Stade 3	Coma profond	L'état est végétatif ; on parle de coma profond ou Aréactif ; le patient n'a plus de réactions aux stimulations ; de plus, des troubles du fonctionnement de certains viscères (troubles végétatifs) apparaissent.
Stade 4	Coma dépassé	Les fonctions végétatives sont nulles et maintenues artificiellement ; on parle de coma dépassé ou d'état de mort cérébrale, c'est-à-dire que le cerveau a cessé toute activité.

3. Autre méthode d'évaluation du stade du coma : échelle de Glasgow

Cette échelle donne un score allant de 3 (coma profond ou mort) à 15 (personne parfaitement consciente) et s'évalue sur 3 critères.

On prend en considération la note globale aussi bien que les notes par critères.

Ouverture des yeux (Y)		Score
spontanée	4	Total Y
stimulation verbale	3	
à la douleur	2	
aucune	1	
Réponse verbale (V)		
orientée	5	Total V
confuse	4	
inappropriée	3	
incompréhensible	2	
aucune	1	
Réponse motrice (M)		
obéissance aux ordres	6	Total M
flexion adaptée	5	
flexion non adaptée	4	
décortication	3	
décérébration	2	
aucune	1	
		Total Y +V +M

4. Les causes

Les principales causes des comas sont d'origine traumatique, neurologique, toxique et métabolique.

– **Traumatiques :** suite à un accident ou à un choc provoquant un hématome au niveau cérébral. Dans ce cas, le coma peut survenir immédiatement après l'événement mais aussi à distance de celui-ci (plusieurs mois).

– **Neurologiques :** suite à un AVC, à la rupture d'un anévrisme cérébral, à une méningite ou à une encéphalite ou par la présence d'une tumeur cérébrale.

– **Métaboliques :** en cas d'hypo ou hyperglycémie, de déshydratation majeure, de troubles ioniques (Na, K+, Ca…), d'hypothermie, d'insuffisance hépatique ou rénale entraînant une encéphalopathie, d'hypoxie ou d'anoxie.

– **Toxiques :** intoxication alcoolique, médicamenteuse, overdose ou intoxication au monoxyde de carbone.

5. Les traitements

Ils visent à maintenir les fonctions vitales en activité, c'est-à-dire l'oxygénation, l'hydratation et l'alimentation ainsi que le fonctionnement du système cardio-vasculaire.

- L'oxygénation peut se faire par une simple oxygénothérapie jusqu'à une ventilation artificielle.
- L'hydratation et l'alimentation sont assurées par des perfusions et une alimentation entérale par sonde.
- Le système cardio-vasculaire est surveillé par cardioscope pour le pouls, la tension artérielle (danger d'hypotension artérielle), la saturation en oxygène du sang.

De plus, la prise en charge sera complétée par le traitement de la cause du coma et des dommages associés, la surveillance des traitements, la prévention des complications de décubitus, la prévention des infections nosocomiales (risque majeur), les soins de nursing (soins et occlusion des yeux), la kinésithérapie, une stimulation sensorielle et une surveillance de l'évolution du coma.

6. Évolution

Elle dépend grandement de son étiologie, mais aussi de sa durée et est difficilement prévisible. Quand la personne se réveille, elle peut présenter des séquelles intellectuelles, physiques et psychologiques, plus ou moins étendues et récupérables. Il existe des centres spécialisés pour accueillir ce type de patient en attente de « réveil ».

FICHE 16

Soins aux personnes dépendantes

Il y a peu de particularités spécifiques quant aux techniques de soins concernant les personnes dépendantes ; en respectant les protocoles, les précautions standard, les invariants de la qualité des soins et les habitudes de vie des personnes, les soins seront bien réalisés (revoir module 1). S'y ajoutent les précautions à prendre en fonction des pathologies des personnes.
Il existe des particularités sur le plan relationnel quand on dispense des soins à des personnes dépendantes.

3

1. Les protocoles de soins

Les établissements de santé ont écrit des protocoles sur les soins. « Le protocole est un descriptif de techniques à appliquer et/ou des consignes à respecter dans certaines situations de soins ou pour administrer un soin[1]. » Il faut donc les consulter en arrivant dans les services.

2. Les précautions standard

	Règles de bonne conduite
Hygiène des mains	Effectuer une **FHA (Friction Hydro Alcoolique)** en remplacement du lavage des mains (au savon doux ou antiseptique) **en l'absence de souillure visible** des mains : immédiatement avant tout contact direct avec un patient ; entre un soin contaminant et un soin propre ou un acte invasif chez un même patient ; après le dernier contact direct ou soin auprès d'un patient ; avant d'enfiler des gants pour un soin ; immédiatement après le retrait des gants de soins ; après tout contact « imprévu » avec des liquides biologiques (sang, selles, urines...).
Port de gants UU	**Ne pas porter des gants lors de contacts avec la peau saine.** Porter des gants avant tout soin exposant à un risque de contact avec du sang, des liquides biologiques, etc. Changer de gants entre chaque patient. Retirer les gants dès la fin du soin avant de toucher l'environnement. Retirer les gants lorsque, dans une séquence de soins chez un même patient, l'on passe d'un site contaminé à un site propre du corps.

1. Guide du service infirmier.

Port de surblouse, de masque, de lunettes	Porter une **protection de sa tenue lors de soins susceptibles d'être souillant / mouillant.** Par un tablier plastique à usage unique ET de changer cette protection : – à la fin d'une séquence de soins – avant de passer à un autre patient Ne pas utiliser de surblouse réutilisable. Port d'un masque dès que le patient ou le soignant présente une toux supposée d'origine infectieuse. Port de lunettes de protections si risque de projection, d'aérosolisation de sang ou de liquide biologique (aspiration, endoscopie...).
Linge	Transporter le linge sale dans des emballages étanches et fermés. Ne défilmer les paquets de linge propre qu'en fonction des besoins du moment. Ne pas mettre le linge (propre ou sale) contre sa tenue de travail, ni par terre
Matériel souillé	Utiliser du matériel dédié à chaque patient (matériel personnel ou du service) et donc limiter l'usage de matériel collectif. Privilégier le matériel à usage unique. Immerger dans solution détergente/désinfectante le matériel immédiatement après l'emploi.
Surfaces souillées	Procéder à l'entretien des locaux par bionettoyage (utilisation de produit détergent/désinfectant), selon des principes rigoureux (toujours du haut vers le bas, du plus loin au plus près). Nettoyer et désinfecter immédiatement toute surface souillée.
Déchets	Utiliser et respecter les modalités d'évacuation des déchets à risque infectieux.
En cas d'accident d'exposition au sang ou liquide biologique	Suivre scrupuleusement la procédure dédiée.

3. Les invariants de la qualité des soins

Analyse de situation	Tout soin demande une analyse : – y a-t-il des prescriptions dont je dois tenir compte ? – où je travaille ? au lit, au lavabo, au fauteuil ? Qu'est-ce qui motive ce choix ? – qu'est-ce que je vise en plus de l'hygiène ? Une meilleure image d'elle-même, le développement de l'autonomie, un temps relationnel fertile pour la personne ? – de quoi est capable habituellement cette personne ? Et, aujourd'hui, comment se sent elle ?
Hygiène	– Se laver les mains avant, pendant, après le soin (ou SHA selon situation). – Porter des gants à usage unique uniquement pour la petite toilette (sauf problème de peau, coupures du soignant). – Changer systématiquement l'eau, le gant et désinfecter la bassine entre la petite toilette et la toilette du reste du corps. – Changer l'eau dès que trop mousseuse pour bien rincer (ex. : sur plat bassin avec broc d'eau pour la petite toilette – plus efficace qu'avec un gant). – Bien essuyer les plis du corps pour éviter mycose, irritation... – Protéger l'assise du siège où se trouve la personne. – La zone qui vient d'être lavée et rincée est considérée comme propre, celles qui ne le sont pas encore, comme sales ; ne pas revenir sur ce qui est propre.

	– Aller du plus propre au plus sale quand c'est possible. – Tout matériel entré dans une chambre et non utilisé est à considérer comme sale ou jeté, selon sa nature.
Confort	Pour la personne soignée : – demander à la personne si elle a besoin d'aller aux toilettes avant le soin. – assurer en premier l'hygiène de la petite toilette si la personne est souillée. – veiller à la température de l'eau (la renouveler si elle a refroidi). – couvrir dès que possible les parties dénudées. – rhabiller la personne dès que possible pour qu'elle n'ait pas froid. – l'installer confortablement pour la toilette. – éviter les manipulations douloureuses (ne pas retourner inutilement plusieurs fois sur le côté la personne). – observer tout signe d'inconfort, de fatigue et adapter le soin. Pour le soignant : – préparer le matériel nécessaire au soin en ayant anticipé ce dont on a besoin – attention au dos : adopter les bonnes postures
Sécurité	Physique : – anticiper tous les risques de chute possible (prévoir un siège dans la salle de bains, essuyer l'eau qui a coulé à terre, indiquer les appuis possibles à la personne, etc.). – anticiper les risques de blessures (rasoirs, brûlures si eau trop chaude, etc.). – observer l'état cutané de la personne et chercher à vérifier s'il y a des signes de complications potentielles des pathologies. – laisser la sonnette à portée de main et vérifier souvent si vous refaites le lit dans la chambre en même temps. – vérifier les dates de péremption des produits utilisés. *Ne pas oublier : Se coiffer, laver ses dents, vérifier la propreté des cheveux et l'état des ongles font partie de la toilette de même que les effleurages sur les points d'appui (au stade 0 de l'escarre).* Psychologique : – tenir compte du sentiment de pudeur pour faire les soins (fermer la porte, baisser le store si besoin, protéger les zones corporelles sexuées, etc.). – réunifier, par le toucher, le corps, autant que possible, à la fin de la toilette pour ne pas contribuer à une image morcelée du corps. – bien évaluer l'aide à apporter pour ne pas faire à la place de l'autre ce qu'il peut faire. – respecter le rythme de la personne. – adapter le soin à la situation (prendre son temps ou au contraire faire vite ou faire une toilette complète ou juste le nécessaire en fonction des besoins ou de l'état de la personne), utiliser les produits choisis par la personne (parfum, après-rasage, lait corporel si pas de contre-indication etc.).
Relation	Un soin est toujours une relation : – pratiquer une écoute active pendant le soin. – être attentionné(e) envers la personne.

4. Spécificités relationnelles des soins aux personnes dépendantes

La dépendance n'est pas une situation choisie ; elle est donc par nature subie et difficile à vivre.

L'attitude du soignant ne doit pas venir majorer cette difficulté.

L'adaptation du soignant est donc le premier maître mot. Le second consiste à faire en sorte que la personne se sente toujours un être humain qui peut agir sur sa vie ; la personne doit donc être valorisée.

S'adapter à :

– la forme de dépendance de la personne ou à sa pathologie et ajuster le soin en fonction des réactions de la personne ;

– l'humeur du moment de la personne et réajuster sa conduite (ex. : si une personne atteinte de la maladie d'Alzheimer refuse le soin ou manifeste de l'agitation, remettre à plus tard).

Valoriser la personne en tant que personne :

– Porter un regard bienveillant et attentionné sur elle.

– La traiter en être humain digne d'être là.

– L'encourager quand c'est possible au recouvrement d'une autonomie de quelque type que ce soit (jouer sur les différentes formes d'autonomie possibles pour redonner le sentiment à la personne que la qualité de sa vie dépend d'elle aussi).

Témoignage

« On m'avait prévenue que M. Glos (hémiplégique, aphasique) était peu coopératif pour les soins et souvent agressif : "Il nous griffe, nous pince quand on veut le tourner ; il tourne sans cesse la tête quand on veut le raser, faut faire attention." La première fois que je suis allée faire sa toilette, je me suis approchée doucement de lui, je lui ai serré la main en me présentant, je me suis accroupie pour que mes yeux soient plus à la hauteur des siens et lui ai parlé. Je voulais capter son regard ; ça m'aurait été difficile de laver quelqu'un qui refuse le contact par le regard. Il m'a enfin regardé et je lui ai proposé de commencer sa toilette, en lui demandant de me dire à chaque fois si mon geste était douloureux, ou s'il avait froid, ou s'il était fatigué. J'ai observé son visage, la tension de son corps tout au long de la toilette et j'ai adapté mes gestes en fonction de ce que je percevais. Au fur et à mesure des jours, il s'est détendu, nous avons pu communiquer sur ce qu'il aimait ; je parlais et il faisait des hochements de tête pour signifier s'il était d'accord ou non sur ce que je disais de l'actualité. La toilette n'a plus été un problème et il y participait comme il le pouvait. » **Marie**, élève aide-soignante

Dans cet exemple, **Marie** a su créer un rapport de confiance, reformuler le non-verbal et vérifier si ses hypothèses étaient justes (froid, douleur ou fatigue). Elle a tenu compte des réactions de la personne en adaptant les gestes (s'arrêter, s'informer, reprendre). Elle a été attentive à la communication non verbale. Peu à peu, M. Glos a compris qu'il pouvait influencer les gestes et qu'il n'était plus là que pour les subir. Peu à peu, au fur et à mesure que M. Glos a repris un certain contrôle sur sa vie, son autonomie physique a progressé un peu.

> QCM

Cochez la (les) bonne(s) réponse(s) possible(s).

1. La maladie de Parkinson :

☐ **a.** Est une pathologie considérée comme aiguë.

☐ **b.** On trouve un déficit en dopamine.

☐ **c.** Elle se traduit par une perte de mémoire et de repères temporo-spatiaux.

☐ **d.** Provoque des difficultés pour la marche et un risque de chute.

2. La maladie d'Alzheimer :

☐ **a.** Ne touche que les sujets âgés.

☐ **b.** Provoque une humeur dépressive.

☐ **c.** On peut ralentir l'évolution par une prise en charge appropriée.

☐ **d.** Je dois insister si la personne refuse un soin.

3. L'AVC :

☐ **a.** Est une urgence médicale.

☐ **b.** Une paralysie latérale gauche du corps indique un problème dans l'hémisphère gauche.

☐ **c.** Il est toujours dû à une hémorragie artérielle.

☐ **d.** Peut laisser comme séquelle une hémiplégie.

4. La PTH :

☐ **a.** Ses complications fréquentes sont l'infection, la luxation, l'hémorragie.

☐ **b.** Après le séjour hospitalier, il n'y a plus de risque pour la PTH.

☐ **c.** Le besoin d'apprendre n'a pas à être traité dans une démarche de soins auprès d'une personne opérée d'une PTH.

☐ **d.** Il y a des précautions particulières à prendre pour l'installation et la mobilisation de la personne.

5. La phlébite :

☐ **a.** Il y a 4 signes d'inflammation à rechercher au niveau du mollet.

☐ **b.** Peut se compliquer par une embolie pulmonaire.

☐ **c.** Provoque une diminution notable du pouls.

☐ **d.** Les bas de contention sont une mesure de prévention.

6. Le diabète :

☐ **a.** Peut se déséquilibrer à cause d'un événement stressant, comme une hospitalisation, ou à cause d'une maladie infectieuse.

☐ **b.** C'est le glucagon, hormone pancréatique, qui est en cause dans le diabète.

☐ **c.** La rétinopathie et l'artérite des membres inférieurs sont des complications du diabète mal équilibré.

☐ **d.** Si le patient reçoit son traitement, il n'y a pas de risque de malaise hypo ou hyperglycémique.

Rayer les propositions erronées

7. Je fais des effleurages anti-escarres :

☐ **a.** Seulement aux talons et au sacrum

☐ **b.** J'accompagne de changement de position

☐ **c.** Pour toutes les personnes de la même façon

☐ **d.** Sur tous les points d'appui

☐ **e.** Juste lors de la toilette et au coucher

☐ **f.** Toutes les trois heures

☐ **g.** Dès l'apparition d'un érythème

8. Le patient est sous oxygénothérapie :

☐ **a.** Je le laisse allongé en décubitus dorsal

☐ **b.** Je favorise la position demi-assise

☐ **c.** J'arrête l'oxygène à sa demande

☐ **d.** Je surveille la coloration de sa peau

☐ **e.** Il a un risque d'escarre au niveau du nez

☐ **f.** Je préviens l'IDE en cas de dyspnée

9. Un AVC peut être provoqué par :

☐ **a.** Une poussée d'HTA

☐ **b.** La rupture d'un vaisseau sanguin intracérébral

☐ **c.** Un caillot de sang parti du ventricule gauche du cœur

☐ **d.** Une hyperglycémie

10. La transmission du virus du SIDA se fait :

☐ **a.** En embrassant quelqu'un

☐ **b.** En ayant des rapports sexuels non protégés

☐ **c.** En lavant la personne

☐ **d.** En cas de contact avec du sang

Corrigé

1. b., c.
La maladie de Parkinson :
– On trouve un déficit en dopamine.
– Provoque des difficultés pour la marche et un risque de chute.

2. b., c.
La maladie d'Alzheimer :
– Provoque une humeur dépressive.
– On peut ralentir l'évolution par une prise en charge appropriée.

3. a., d.
L'AVC :
– Est une urgence médicale.
– Peut laisser comme séquelle une hémiplégie.

4. a., d.
La PTH :
– Ses complications fréquentes sont l'infection, la luxation, la phlébite.
– Il y a des précautions particulières à prendre pour l'installation et la mobilisation de la personne.

5. a., b. et d.
La phlébite :
– Il y a 4 signes d'inflammation à rechercher au niveau du mollet.
– Peut se compliquer par une embolie pulmonaire.
– Les bas de contention sont une mesure de prévention.

6. a., c.
Le diabète :
– Peut se déséquilibrer à cause d'un événement stressant, comme une hospitalisation, ou à cause d'une maladie infectieuse.
– La rétinopathie, l'artérite des membres inférieurs sont des complications du diabète mal équilibré.

7. b., d., f.
Je fais des effleurages anti-escarres :
– J'accompagne de changement de position.
– Sur tous les points d'appui.
– Toutes les trois heures.

8. b., d., e., f.
Le patient est sous oxygénothérapie :
– Je favorise la position demi-assise.
– Je surveille la coloration de sa peau.
– Il a un risque d'escarre au niveau du nez.
– Je préviens l'IDE en cas de dyspnée.

9. a., b., c.
Un AVC peut être provoqué par :
– Une poussée d'HTA.
– La rupture d'un vaisseau sanguin intracérébral.
– Un caillot de sang parti du ventricule gauche du cœur.

10. b., d.
La transmission du virus du SIDA se fait :
– En ayant des rapports sexuels non protégés.
– En cas de contact avec du sang contaminé.

Partie 4

M4 Ergonomie

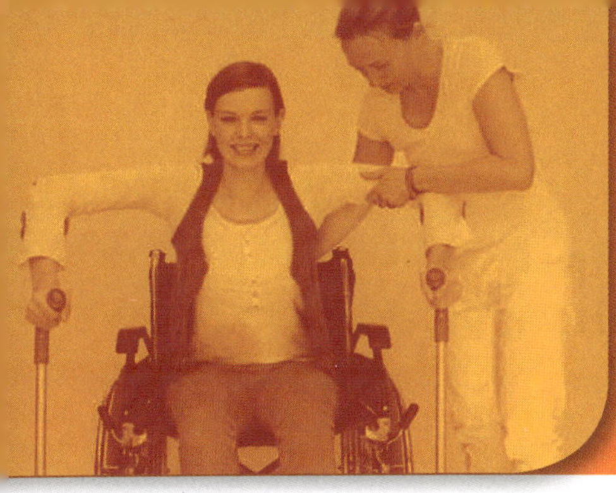

Présentation du module 4

→ **Compétence :** Utiliser les techniques préventives de manutention et les règles de sécurité pour l'installation et la mobilisation des personnes.

→ **Durée :** 35 heures

→ **Objectifs de formation :** Dans le cadre du rôle propre de l'infirmier, en collaboration avec lui et sous sa responsabilité, être capable de :

– Identifier et appliquer les principes d'ergonomie et de manutention lors des mobilisations, des aides à la marche et des déplacements.
– Identifier et appliquer les règles de sécurité et de prévention des risques, notamment ceux liés aux pathologies et à l'utilisation du matériel médical.
– Installer la personne en tenant compte de ses besoins, de sa pathologie, de son handicap, de sa douleur et des différents appareillages médicaux.

→ **Évaluation :** Une épreuve pratique organisée soit au sein de l'institut de formation, soit dans un service de soins. La notation est sur 20 et il faut obtenir au moins la moyenne pour valider ce module.

FICHE 1

Le système locomoteur, la colonne vertébrale

1. Le système locomoteur

L'appareil locomoteur est un ensemble complexe composé des os, des articulations et des muscles.

Les os

Le squelette est formé d'os. C'est la partie rigide du corps. Il soutient l'ensemble du corps. Il joue par endroits un rôle de protecteur des organes les plus fragiles (cœur, poumons, cerveau). Les os sont composés de cellules spécialisées : les ostéocytes. Elles sont amalgamées entre elles par de l'osséine sur laquelle va se fixer des sels minéraux (calcium).

C'est un tissu vivant, irrigué par des vaisseaux sanguins, *même si l'*irrigation est moins importante que pour d'autres tissus (c'est la raison pour laquelle les os se défendent moins bien contre l'infection).

De l'extérieur vers l'intérieur, on distingue le périoste, l'os compact, l'os spongieux et la moelle rouge dans laquelle sont fabriqués les globules blancs, les globules rouges et les plaquettes.

Les os sont répertoriés en fonction de leur taille ou de leur forme; ainsi on distingue les os longs, les os plats et les os courts.

Les **os longs** ont une forme tout en longueur; la partie centrale est appelée diaphyse et les deux extrémités sont les épiphyses (ex. : fémur, humérus, radius, cubitus).

Les **os courts** sont caractérisés par le fait que leurs dimensions (épaisseur, largeur, longueur) sont sensiblement les mêmes (ex. : rotules, vertèbres, carpes, tarses).

Les **os plats** sont aussi longs que larges mais peu épais (ex. : os du crâne, os iliaque, omoplate). Les sujets jeunes présentent un cartilage de conjugaison qui permet la croissance en longueur au fur et à mesure de l'ossification, jusqu'à sa disparition. La croissance en épaisseur est assurée par le périoste.

Le squelette

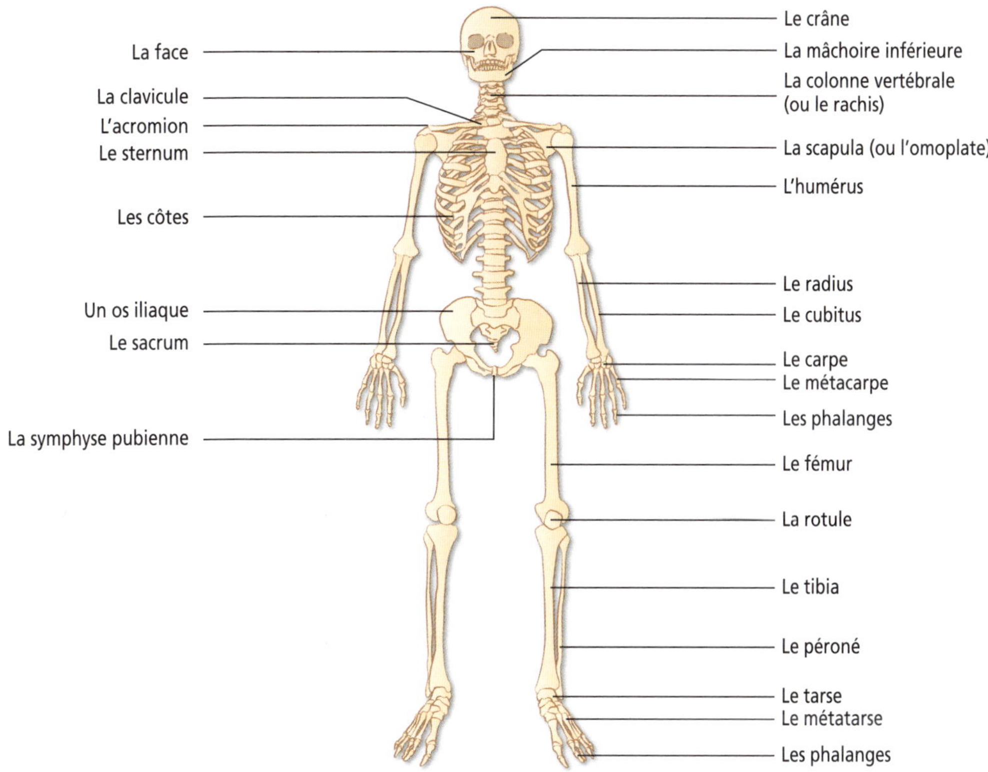

Les articulations

Ce sont les points d'assemblage des os entre eux. Elles sont composées de cartilage, tissu élastique et résistant qui permet le glissement entre deux os, de ligaments qui solidarisent les os et d'un liquide lubrifiant : la synovie. Il existe trois types d'articulations : les articulations mobiles, les articulations semi-mobiles et les articulations fixes. Les articulations mobiles font intervenir un os long s'emboîtant dans une cavité d'un autre os qui lui correspond ou s'articule avec un autre os au moyen d'un dispositif empêchant le déboîtement. Les articulations semi-mobiles ne permettent que des mouvements très limités car les surfaces articulaires sont reliées par des fibres très courtes (par exemple, l'articulation entre deux vertèbres). Les articulations fixes font la liaison entre deux os qui ne bougent pas l'un par rapport à l'autre (par exemple les os du crâne).

Les muscles

Ce sont les organes actifs du système locomoteur. Chaque mouvement résulte de la contraction d'un muscle et du relâchement d'un autre (muscles antagonistes). Les muscles ont quatre propriétés spécifiques : élasticité, tonicité, contractilité et excitabilité. Ils sont séparés en deux catégories : les muscles lisses, ou muscles blancs, et les muscles striés, ou muscles rouges. Les muscles lisses forment la paroi des viscères. Ils ne dépendent pas de la volonté. Ils ne rentrent pas dans le système locomoteur. Les muscles striés sont fixés directement sur les os ou sur la peau. Ils permettent les mouvements du corps et sont soumis à la volonté. Les extrémités forment les tendons. Ils ont des formes diverses suivant leur fonction (fuseau, éventail, anneau, etc.). À noter qu'il existe un muscle rouge qui n'entre pas dans le fonctionnement du système locomoteur, c'est le cœur. Pour qu'ils puissent fonctionner correctement, les muscles ont besoin de glucose et d'oxygène qui sont transportés dans le sang.

2. La colonne vertébrale

Elle est composée par l'empilement des vertèbres les unes sur les autres, séparées par les disques intervertébraux. La superposition des vertèbres forme un axe osseux creux qui abrite la moelle épinière jusqu'à la 2e lombaire.

Elle est décomposée en cinq régions : la région cervicale, la dorsale, la lombaire, le sacrum et le coccyx.

Régions de la colonne vertébrale	Nombre de vertèbres	Lettre désignant les vertèbres	Commentaires
Le rachis cervical	7 vertèbres cervicales	C	C1 est nommée Atlas, et permet le mouvement de bas en haut de la tête. C2 est nommée Axis, et permet le mouvement de rotation de la tête…
Le rachis dorsal ou thoracique	12 vertèbres dorsales ou thoraciques	D T	Les vertèbres dorsales sont reliées aux côtes et forment ainsi la cage thoracique. Elle est peu mobile, et protège le cœur et les poumons.
Le rachis lombaire	5 vertèbres lombaires	L	Il est très sollicité au cours des ports de charge et de la manutention des personnes.
Le sacrum	5 vertèbres sacrées	S	
Le coccyx	3 à 5 vertèbres		Vertèbres soudées entre elles

La colonne vertébrale présente des courbures physiologiques ou lordoses qui lui donnent de profil une forme de S. Il existe deux lordoses modérées : la lordose cervicale et la lordose lombaire. Ces deux lordoses sont compensées par une courbure normale inverse (cyphose) du rachis dorsal.

La colonne vertébrale est comparable à l'architecture d'un bateau à haubans. Elle ne peut garder une bonne position qu'à la condition d'être maintenue par des muscles en bon état.

Une activité sportive raisonnable ne peut que renforcer la tonicité musculaire et donc la bonne santé du dos. La bonne santé du dos nécessite une bonne musculature, des mouvements appropriés, une bonne literie et d'éviter le surpoids.

3. Les disques intervertébraux

Ce sont des billes gélatineuses enserrées dans un anneau fibreux de collagène. Ils séparent chaque vertèbre. Les disques intervertébraux jouent un rôle d'amortisseur et de répartiteur de charge.

La stabilité des vertèbres les unes par rapport aux autres est assurée par des ligaments, mais aussi par les muscles dorsaux, vertébraux, abdominaux et par le diaphragme.

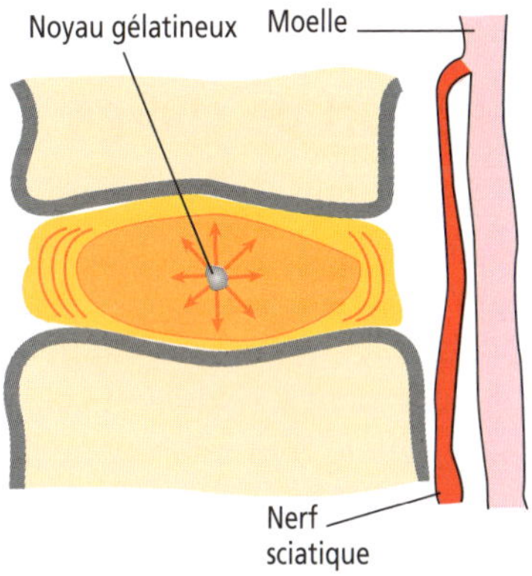

4. Tableau récapitulatif du vocabulaire médical correspondant

Terme médical	Définition
Lordose	Déviation concave de la colonne vertébrale ; courbure physiologique de la colonne vertébrale se creusant vers l'avant (dos cambré).
Cyphose	Déviation convexe de la colonne vertébrale en avant (dos rond).
Scoliose	Déviation latérale de la colonne vertébrale ; torsion pathologique progressive de la colonne vertébrale sur elle-même provoquant une déformation plus ou moins marquée du thorax, de l'abdomen, etc.
Disque intervertébral	Anneau fibro-cartilagineux, renfermant un noyau gélatineux ; séparation entre deux vertèbres qui sert d'amortisseur des chocs et de répartiteur des charges.
Cervicalgie	Douleur au niveau des vertèbres cervicales.
Dorsalgie	Douleur au niveau des vertèbres dorsales.
Lombalgie	Douleur au niveau des vertèbres lombaires.
Discopathie	Maladie au niveau d'un ou plusieurs disques intervertébraux.
Kinésithérapie	Traitement de rééducation du mouvement.

FICHE 2

Le port de charge et ses conséquences sur l'anatomie du corps humain

1. Le port de charge

Le port de charge est une des situations à risque la plus fréquemment retrouvée dans les causes d'accidents du travail et est à l'origine de nombreux cas de maladie professionnelle. Toutes les activités qui nécessitent de porter, pousser, tirer, lever, poser ou déposer des charges (matérielles ou humaines) sont potentiellement à risque, et cela quelque soit le poids de la charge. Le port de charge se répète tout au long de la journée de travail de l'AS et sollicite beaucoup tous les éléments constitutifs de l'appareil locomoteur (les os, les articulations, les tendons, les muscles). De nombreuses études portent sur les conséquences du port de charge sur l'organisme. Ainsi, une femme est considérée comme pouvant porter entre 12 et 15 kg selon son âge et un homme entre 25 et 30 kg. Ce simple constat suffit à démontrer que l'activité professionnelle aide-soignante est hors norme et justifie largement des mesures de précaution au quotidien. La difficulté liée au port de charge est accentuée par le fait que souvent les personnels soignants sont amenés à mobiliser, en plus du matériel, des êtres humains qu'il n'est pas question de faire tomber ou de blesser. Pour cela, bien des soignants préfèrent se mettre en danger, plutôt que de prendre des risques pour les personnes qu'ils prennent en charge. Automatiser les bonnes postures, les bons gestes, les bonnes attitudes, limite la prise de risque tant pour les usagers que pour les professionnels.

2. Les troubles musculo-squelettiques ou TMS

Généralités

Les TMS représentent la première cause de maladies professionnelles en France (80 %) ; ils regroupent une quinzaine de maladies.

Les TMS constituent aujourd'hui l'une des questions les plus préoccupantes en santé au travail du fait de :
- leur constante augmentation ;
- leurs conséquences individuelles en termes de souffrance, de réduction d'aptitude au travail et de risque de rupture de carrière professionnelle ;
- leurs conséquences sur le fonctionnement des entreprises ;
- leur coût pour la société.

Signes cliniques

Ces affections se manifestent par des douleurs et une gêne dans les mouvements pouvant entraîner un handicap sérieux dans la vie professionnelle et dans la vie privée.

Les TMS affectent principalement les muscles, les tendons, et les nerfs des membres supérieurs et inférieurs au niveau du poignet, des épaules, du coude ou des genoux et du rachis.

Les facteurs de risque

– Les facteurs biomécaniques : la « répétitivité » des gestes, les efforts excessifs, le travail statique maintenu dans le temps, les positions articulaires extrêmes, les chocs et pressions mécaniques ; on retrouve ces contraintes lors des situations de manutention des personnes ou des matériels, du fait du piétinement et de la station debout prolongée, lors des soins, en particulier la réfection des lits, les toilettes (au lit, au lavabo, les douches, les bains), lors de la distribution des repas, lors des activités de ménage.

– Les facteurs psychosociaux et le stress : la violence rencontrée dans l'activité professionnelle, la charge mentale due au contact permanent avec la maladie, la douleur, l'angoisse et la mort, la surcharge de travail et le burn-out

– Les facteurs organisationnels : manque de personnel, manque de pauses, récupération insuffisante, etc.

– Les facteurs liés à l'individu : l'âge avancé, l'état de santé général, l'histoire individuelle (antécédents de TMS ou de traumatisme ostéo-tendineux) et l'expérience professionnelle insuffisante.

La principale complication des TMS est le risque de récidive et de passage à la chronicité. C'est notamment le cas si, après leur traitement, les facteurs ayant favorisé l'apparition d'un TMS ne sont pas corrigés. Ils peuvent entraîner des déficiences (pertes fonctionnelles) et être responsables d'incapacités (difficultés ou impossibilité à réaliser certaines tâches).

Ces incapacités entraînent une altération de la qualité de vie au quotidien et des difficultés ou une impossibilité à accomplir son travail (handicap plus ou moins compatible avec la poursuite de son travail au poste occupé habituellement).

La prévention

Elle passe par une prise de conscience des situations à risque et par la formation des personnels de santé, autant en formation initiale qu'en formation continue. Elle passe aussi par l'application au quotidien des techniques de manutention et par l'utilisation des matériels d'aide à la manutention.

3. Les accidents dorsolombaires et leur prévention

Les lombalgies et autres maladies du dos sont devenues « la maladie du siècle ». Pour les éviter : la prévention ou PRAP (prévention des risques liés aux activités physiques).

Le lumbago

Le plus souvent à l'occasion d'un mouvement parfois minime, le noyau du disque quitte son logement et irrite le ligament vertébral postérieur. Cela provoque une souffrance locale, donc une douleur au niveau lombaire, voire une impotence fonctionnelle. De façon caricaturale, la personne souffrant d'un lumbago est pliée en deux par la douleur et ne peut reprendre une posture verticale.

La sciatalgie

Le noyau du disque poursuit sa progression, et va irriter le nerf sciatique. La douleur va suivre le trajet du nerf sciatique, c'est-à-dire irradier dans une jambe parfois jusqu'au pied.

La hernie discale

Le noyau discal est exclu de son logement et comprime le nerf qui passe en regard.

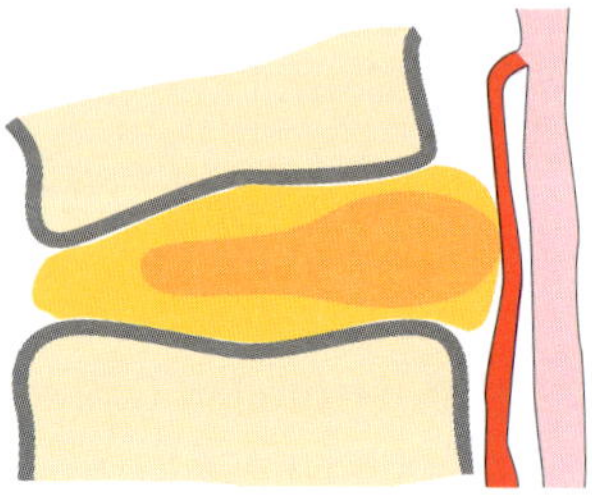

La prévention : éviter les mouvements à risque

La flexion antérieure (se pencher en avant) et la torsion du dos.

En pratique, tous les gestes de la vie quotidienne peuvent être potentiellement à risque s'ils sont mal faits. Ce sont tous ces micro-traumatismes quotidiens qui usent les disques et les fragilisent.

FICHE 3

Principes et règles d'ergonomie concernant la manutention des personnes

1. Les situations à risque

– **La manutention des patients :** remonter le patient qui a glissé au fond de son lit (plusieurs fois par jour), faire les transferts lit-fauteuil-lit (parfois en urgence) et même remettre au lit le patient qui a fait une chute.

– **L'entretien des locaux :** comme se pencher sous le lit pour le nettoyer, déplacer les meubles, faire le sol, soulever le matelas, etc. La manipulation du chariot de soins : il faut pousser ou tirer les dizaines de kilos de linge pour le faire avancer, surtout quand parfois il roule mal…

– **Le brancardage :** il faut pousser ou tirer le brancard ou le lit et parfois corriger la trajectoire (avec le patient dessus).

– **La toilette des patients :** pour les patients alités, il faut se pencher sur le lit ; il faut aussi porter les cuvettes pleines d'eau du lavabo au lit et les vider ; pour les aides à la toilette dans la salle de bains, les locaux ne sont pas toujours adaptés

– **La distribution des repas** oblige à prendre les plateaux en hauteur ou en bas des conteneurs.

– **La manipulation du linge :** soulever les paquets de draps pour les poser sur le chariot.

2. Quelques principes à automatiser dans la vie quotidienne

– Élargir ses bases d'appui au sol (même écart que les épaules).

– Rapprocher la charge de son centre de gravité.

– Utiliser un troisième appui : genou, main, tête.

– Penser au verrouillage lombaire : serrer les fesses, contracter les abdominaux et bloquer sa respiration.

– Garder le dos droit (ni torsion, ni flexion).

– Utiliser ses jambes en fente.

3. Grands principes de base dans le cadre professionnel des métiers de la santé

– **Évaluer ses possibilités physiques :** évaluer le geste à faire et vos capacités objectives à le réaliser sans difficulté, sinon demander de l'aide. Dans tous les cas, ne pas prendre de risque pour soi ou pour le patient.

– **Connaître et appliquer les techniques de manutention :** évaluer les capacités de la personne et la faire participer, ce qui en plus va renforcer son autonomie.

– **Réajuster ses pratiques** en participant aux formations proposées.

– **Utiliser le matériel à disposition :** lit à hauteur variable, disque de transfert, drap de glisse, lève-personne, verticalisateur.

– **Équilibrer les charges** dès que possible.

– Avoir une bonne condition physique.

4. Situations de manutention les plus fréquentes

– Retourner une personne dans le cadre d'un changement de position.

– Rehausser une personne dans son lit.

– Assurer un transfert lit/fauteuil avec ou sans lève-personne.

– Aider à passer de la station assise à la station debout.

5. Principes de manutention

– Analyser la situation.

– Évaluer la capacité de la personne à aider à cette manutention.

– Organiser l'espace de cette manutention.

– Prévoir le matériel nécessaire.

– Avertir la personne.

– Donner des ordres simples pour qu'elle participe au moment voulu.

– Procéder avec douceur, tact et de manière sécuritaire.

Ce qu'il ne faut pas faire

– Tirer sur une articulation.

– Tirer sur la nuque.

– Tirer sur un membre paralysé.

– Enserrer un membre (poignet, cheville).

6. Exemples de situation d'évaluation de manutention

Lever d'une personne alitée dépendante à l'aide du lève-personne ; installation au fauteuil puis recoucher manuellement.

Lever d'une personne de son lit au fauteuil en utilisant un disque de transfert puis rehaussement dans le fauteuil.

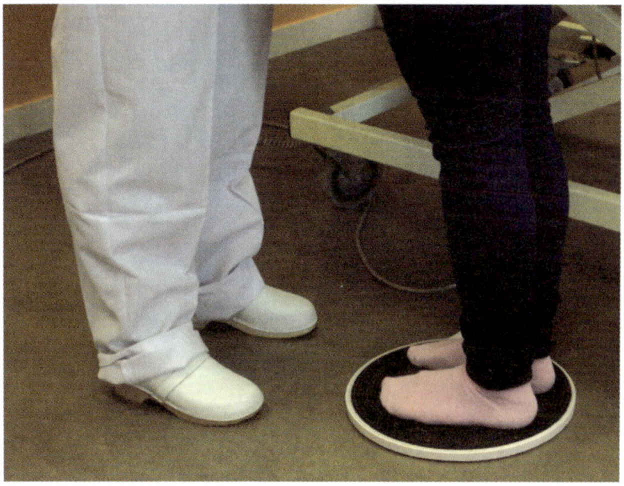

Critères d'évaluation

– Préparation du matériel.

– Organisation générale du soin.

– Utilisation du matériel selon les règles de sécurité.

– Explication de la manœuvre à la personne.

– Règles de manutention respectées en particulier lors du coucher manuel (verrouillage lombaire, hauteur du lit, confort de la personne).

– Argumentation sur les gestes effectués, les précautions prises et les dangers encourus pour le soignant.

FICHE 4

Législation et déontologie concernant l'isolement, la contention, la limitation des mouvements et les droits des patients

1. La contention

Les dispositions relatives à la contention sont strictement encadrées afin d'éviter toute dérive allant à l'encontre des droits élémentaires des personnes (droit d'aller et venir librement) s'apparentant à de la maltraitance.

ZOOM SUR

La contention est prescrite par un médecin

Dans tous les cas, la contention doit faire l'objet d'une **prescription médicale motivée**, après appréciation des risques encourus par rapport aux bénéfices espérés. La prescription doit être écrite, horodatée, renouvelée si nécessaire, toutes les 24 heures.

Le patient et sa famille doivent être informés de cette décision en énonçant les raisons qui l'ont motivée ; leur consentement doit être recherché.

Un programme de **soins et de surveillances individualisés** est mis en place et retranscrit dans le dossier de soins.

Définition

La contention est l'utilisation de tout moyen, méthode, matériel ou vêtement, empêchant ou limitant les capacités de mobilisation de tout ou partie du corps, dans un but sécuritaire, pour une personne présentant un comportement estimé dangereux ou mal adapté.

Les moyens de contention

Il existe une grande diversité de moyens et de techniques de contention :

– La **contention physique** se réalise par l'utilisation de gilets, de sangles thoraciques, de ceintures, d'attaches de poignets ou de chevilles, de sièges avec adaptable fixé, de fauteuil gériatrique, de barrières de lit… et tout matériel détourné de son usage (comme les draps, par exemple).

– La **contention environnementale** vise à limiter la mobilité d'une personne dans un lieu bien déterminé (unité ou jardin fermé, aire d'isolement, etc.).

– La **contention chimique** regroupe tous les médicaments psychotropes visant à inhiber un comportement (ne soignent pas une maladie).

Motivation de la contention

Raisons sécuritaires (réalisation de soin – patient intubé, ventilé en réanimation, comportement à risque de la personne pour elle-même ou pour les autres –, risque de chute, de déambulation excessive, de fugue, etc.)

Dans tous les cas, il doit y avoir une notion de risque, de danger et cette mesure ne doit être qu'un ultime recours en cas d'échec des solutions alternatives[11].

Les conséquences possibles de la contention :

– infection nosocomiale ;
– Escarres ;
– chute grave (avec fracture ou blessure) ;
– confusion mentale et syndrome de glissement ;
– fonte musculaire ;
– perte d'autonomie voire grabatisation ;
– décès.

1. Notons qu'il n'y a aucune preuve scientifique de l'efficacité des contentions. Par exemple, pour le risque de chute, des études ont montré que, à âge et à déficit égaux, les chutes sont plus fréquentes chez les sujets soumis à la contention.

Les alternatives à la contention[21] :

Situations	Raisons médicales à envisager	Alternatives à la contention
Risque de chute	– Hypotension orthostatique – Troubles de la glycémie – Troubles du sommeil	– Dégager l'espace. – Mettre en place un éclairage suffisant. – Positionner le lit au plus bas et mettre un matelas au sol. – Éviter les meubles sur roulettes. – Inciter à l'activité physique, à la marche. – Organiser des activités occupationnelles. – Accompagner régulièrement la personne aux toilettes. – Assister la personne lors de ses déplacements. Aides techniques : – chaussures adaptées, – signalement des lieux à risque, – installation du fauteuil suivant le choix de la personne, – adaptation de l'inclinaison du fauteuil permettant un lever facile, – installation de tout le matériel à portée de mains, dont le système d'appel.
Risques liés à l'agitation, la confusion	– Inadaptation du traitement médicamenteux (interactions médicamenteuses) – Douleur – Troubles du sommeil – Dépression – Hyperthermie – Déshydratation	– Ne pas laisser la personne seule ; organiser une présence. – Diminuer les stimuli auditifs. – Éviter la présence de personnes au comportement perturbateur. – Respecter le rythme de la personne (horaire de sommeil, habitudes alimentaires, etc.). – Favoriser le contact relationnel. – Rassurer. – Permettre à la personne d'identifier les soignants.
Risques liés à la déambulation excessive	– Effet secondaire d'un nouveau traitement – Anxiété – Douleur	– Organiser un espace de déambulation sécurisé. – Faciliter l'orientation temporo-spatiale de la personne. – Donner des repères. – Répéter les consignes calmement. – Capter l'attention de la personne.

- Rapport de l'ANAES publié en octobre 2010 intitulé « Évaluation des pratiques professionnelles dans les établissements de santé, limiter les risques de la contention physique de la personne âgée ».

– Réunion pluridisciplinaire pour évaluer la situation, les bénéfices attendus d'une contention et les risques liés à la contention et à la non-contention.

---

1. Tableau réalisé à partir de la fiche ANAES, octobre 2000, Limiter les risques de contention physique de la personne âgée.

– Schéma de l'arbre décisionnel :

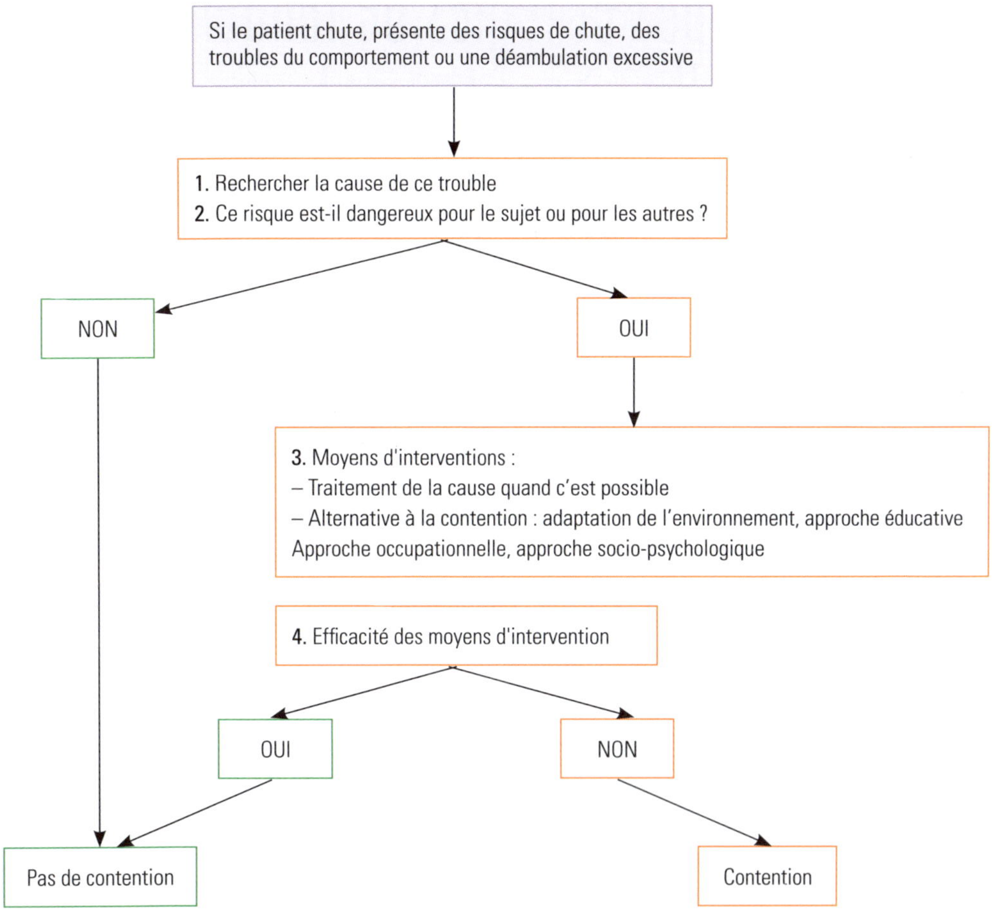

2. L'isolement

Il se pratique sur prescription médicale et s'accompagne d'une prise en charge relationnelle adéquate (information, écoute) (voir module 6).

FICHE 5

Principes et règles de rangement selon l'accès et le stockage des produits et matériels

1. Objectif de ces principes et règles

L'objectif est d'éviter les lombalgies et d'optimiser le rangement et le stockage.

L'aide-soignant est amené à ranger différents matériels utilisés dans le service :
- les produits pour les soins, pharmaceutiques, ménagers ;
- le linge ;
- les déchets ;
- le chariot d'urgence ou autre matériel (lève-personne, etc.).

2. Les règles

- Assurer l'accessibilité du matériel ou des produits en fonction :
  - du caractère urgent de son utilisation (ex. : le chariot d'urgence doit être dans un lieu connu de tous, prêt à l'utilisation et facilement manipulable et transportable) ;
  - de la fréquence d'utilisation.
- Dégager l'accès aux placards.
- Éviter les étagères trop hautes pour les produits fréquemment manipulés.

FICHE 6

Installation et mobilisation de la personne

En fonction de son degré d'autonomie et en tenant compte de ses besoins, de sa pathologie, de son handicap, de sa douleur et des différents appareillages médicaux. Ces différents points ont été abordés lors des modules précédents. Nous proposons ici un bref rappel des principales règles.

1. En ce qui concerne l'installation

Connaître la pathologie et les installations préconisées ou prescrites, y compris s'il y a prescription de positionnement antalgiques (il existe des protocoles d'installation des patients).

Ex. :

En cas de dyspnée, d'insuffisance respiratoire ou cardiaque	Demi-assis ou assis
En cas de perte de conscience	En position latérale de sécurité
Si alimentation par sonde gastrique	Demi-assis ou assis
Si mise en route d'un aérosol	Demi-assis ou assis
Si plâtre	Surelever le membre
Si PTH	Jambe opérée dans l'axe du corps
Si hémiplégie	Au lit et au fauteuil : surélever le bras, pied à angle droit, jambes dans l'axe du corps
Si sonde vésicale	Sonde toujours installée plus basse que la vessie
Si vessie de glace	Sur l'endroit prescrit, avec une protection, jamais au niveau des poumons.
Si laparotomie	Proposer d'appuyer un peu sur la cicatrice avec un oreiller en cas de toux
Si risque d'équinisme	Pied calé à angle droit, sans poids sur la pointe des pieds (voir module 3 fiche 8, Les complications du décubitus pour la prévention des ankyloses et des attitudes vicieuses)

4

2. En ce qui concerne la mobilisation

Il existe deux formes de mobilisation : la mobilisation active, qui demande la participation active de la personne, et la mobilisation passive, où le soignant mobilise lui-même la personne sans qu'elle y participe (retournement dans le lit, mobilisation passive des articulations pour éviter les ankyloses).

Se renseigner s'il y a une prescription et/ou un protocole.

Ex. :
- un lever autorisé ou non ;
- un premier lever ou non ;
- un repos strict prescrit ;
- le droit à l'appui ou non (dans la chirurgie osseuse) ;
- une contention prescrite ;
- une mobilisation passive ;
- des précautions particulières à prendre (ex. dans la PTH).

3. En ce qui concerne les appareillages médicaux

Ex. : à partir des perfusions et sondes urinaires, mais les principes sont les mêmes pour tout type de « tuyaux » :

- Ne jamais tirer sur une tubulure ou une sonde.
- Vérifier que la tubulure ou la sonde n'est pas coincée sous le corps de la personne.
- Faire suivre le matériel lors de toute manutention.
- Vérifier le fonctionnement du matériel une fois la réinstallation faite ou la mobilisation faite.

FICHE 7

Prévention des chutes

Les chutes représentent un facteur de déséquilibre important de la santé générale pour les personnes âgées. Elles entraînent :
– la possibilité de fractures ;
– l'appréhension et la baisse de la mobilisation et du déplacement par peur de rechuter ;
– si les chutes se répètent, elles deviennent souvent un motif de placement en EHPAD.

1. Les causes principales

Elles sont liées :

– au **vieillissement** :
  • vieillissement de l'appareil locomoteur (perte de souplesse, perte musculaire, perte d'efficacité des systèmes d'orientation du corps dans l'espace) ;
  • vieillissement des organes des sens (mauvaise vue, trouble de l'oreille interne créant des vertiges possibles) ;
  • vieillissement du système nerveux (le cervelet comme centre de l'équilibre par exemple) ;

– à des **pathologies** interférant avec la fonction locomotrices ;

– à une organisation de l'espace non sécuritaire ;

– à des pratiques comportementales non adaptées à l'âge et aux capacités physiques.

L'HAS recommande de repérer les personnes âgées à risque de chute, les causes principales et les facteurs de risques de chutes et d'envisager les moyens de prévention nécessaires.

4

2. La prévention des chutes

Démarche générale

– Repérer les personnes à risques (connaissance de la pathologie, d'antécédents de chutes, etc.).

– Analyser la situation (quelles en sont les causes, quelles capacités physiques et sensorielles sont déficientes ou non, comment y remédier, évaluer ce qui est mis en place et réajuster).

ZOOM SUR

Rôle de l'AS face au risque de chute

– Sécuriser l'espace : ranger, le dégager, mise en place d'un matériel d'aide aux déplacements à portée de main + sonnette.

– Sécuriser la locomotion et les transferts.

– Installer le lit en position basse après les soins.

– Signaler tout risque de chute (au lit ou au fauteuil par glissement, mauvais positionnement, etc. pour que le médecin estime la nécessité ou non de prescrire une contention) et toute chute ou tout trouble de l'équilibre.

– Estimer les capacités de la personne à se déplacer à leur juste mesure et aider en fonction de cette estimation (ne pas demander trop à la personne, ne pas faire à la place de...).

– Estimer le degré de fatigue de la personne pour adapter ses déplacements.

– Ne pas lever sans autorisation une personne en hyperthermie.

– S'assurer que la personne soit bien chaussée, vêtue de manière à ne pas être entravée pour les mouvements.

– Vérifier que la personne puisse se retenir si nécessaire (ex. : mains sur le lavabo si petite toilette faite debout, barre du lit pour se tenir lors de l'habillage, etc.).

– Toujours anticiper les besoins de sécurité (ex. : fauteuil installé à bonne distance, chaise dans la salle de bains pour la toilette, etc.).

> QCM

Cochez la (les) bonne(s) réponse(s) possible(s).

1. Pour porter une charge, je dois :

☐ **a.** Prendre la charge à bout de bras.

☐ **b.** Rapprocher la charge de moi.

☐ **c.** Plier mes jambes.

☐ **d.** Courber mon dos.

2. Pour aider une personne hémiplégique à se lever, je peux :

☐ **a.** Utiliser les capacités de la personne.

☐ **b.** Porter la personne dans mes bras.

☐ **c.** L'aider en la tirant par son bras paralysé.

☐ **d.** Utiliser un disque de transfert.

3. Pour relever une personne qui a chuté, après un bilan des lésions et l'accord de l'IDE, je peux :

☐ **a.** Utiliser un lève-personne.

☐ **b.** Demander de l'aide à une collègue et utiliser une serviette .

☐ **c.** Utiliser un disque de transfert.

☐ **d.** Utiliser un drap de glisse.

4. Le verrouillage lombaire consiste à :

☐ **a.** Pencher son dos en avant et bloquer sa respiration.

☐ **b.** Serrer les fessiers, les abdominaux et bloquer sa respiration.

☐ **c.** Serrer ses jambes bien droites et bloquer sa respiration.

☐ **d.** Se mettre en position du « chevalier servant » et bloquer sa respiration.

5. Les TMS sont :

☐ **a.** Les traumatismes moteurs et sensitifs.

☐ **b.** Les troubles musculo-squelettiques.

☐ **c.** Les tendons musclés et sanguins.

☐ **d.** Les traumatismes en mouvements sensibles.

6. Si je ne mets pas en œuvre les principes de manutention, je risque :

☐ **a.** Un lumbago.

☐ **b.** Une hernie discale.

☐ **c.** Une sciatalgie.

☐ **d.** Un TMS invalidant.

Rayer les propositions erronées

7. Une AS peut se provoquer une lombalgie :

☐ **a.** En faisant la réfection d'un lit

☐ **b.** En posant des bas de contention

☐ **c.** En rangeant du matériel de soin

☐ **d.** En mettant les sacs de linge sale dans le conteneur

☐ **e.** En servant les plateaux repas

☐ **f.** En levant un patient

☐ **g.** En réalisant la désinfection d'un chariot

8. Pour éviter les lombalgies, il faut :

☐ **a.** Écarter les jambes lors du port de charges

☐ **b.** Serrer les jambes lors du port de charges

☐ **c.** Utiliser les moyens mécaniques de manutention

☐ **d.** Prendre appui sur ses jambes tendues

☐ **e.** Prendre appui sur ses jambes fléchies

☐ **f.** Demander l'aide d'une collègue

☐ **g.** Pencher le dos en avant puis en arrière

Corrigé

1. b., c.

Pour porter une charge, je dois :

– Rapprocher la charge de moi.

– Plier mes jambes.

2. a., c.

Pour aider une personne hémiplégique à se lever, je peux :

– Utiliser les capacités de la personne.

– Utiliser un disque de transfert.

3. a., b.

Pour relever une personne qui a chuté, après un bilan des lésions et l'accord de l'IDE, je peux :

– Utiliser un lève-personne.

– Demander de l'aide à une collègue et utiliser une serviette.

4. b.

Le verrouillage lombaire consiste à :

– Serrer les fessiers, les abdominaux et bloquer sa respiration.

5. b.

Les TMS sont :

– Les troubles musculo-squelettiques.

6. a., b., c. et d.

Si je ne mets pas en œuvre les principes de manutention, je risque :

– Un lumbago.

– Une hernie discale.

– Une sciatalgie.

– Un TMS invalidant.

7. a., b., c., d., e., f., g.

Une AS peut se provoquer une lombalgie :

– En faisant la réfection d'un lit.

– En posant des bas de contention.

– En rangeant du matériel de soin.

– En mettant les sacs de linge sale dans le conteneur.

– En servant les plateaux repas.

– En levant un patient.

– En réalisant la désinfection d'un chariot.

8. a., c., e., f.

Pour éviter les lombalgies, il faut :

– Écarter les jambes lors du port de charges.

– Utiliser les moyens mécaniques de manutention.

– Prendre appui sur ses jambes fléchies.

– Demander l'aide d'une collègue.

Partie 5

M5 Relation - communication

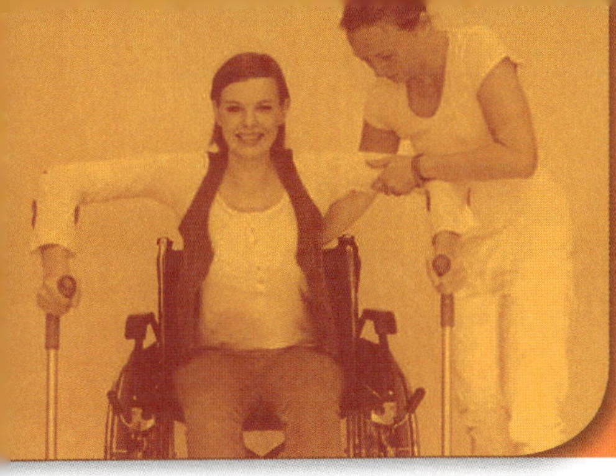

Présentation du module 5

→ **Compétence :** Établir une communication adaptée à la personne et à son entourage.

→ **Objectifs de formation :** Dans le cadre du rôle propre de l'infirmier, en collaboration avec lui et sous sa responsabilité, être capable de :

– Écouter la personne et son entourage et prendre en compte les signes non verbaux de communication sans porter de jugement.

– S'exprimer et échanger en adaptant son niveau de langage, dans le respect de la personne et avec discrétion.

– Expliquer le soin réalisé, les raisons d'un geste professionnel et apporter des conseils sur les actes de la vie courante.

– Faire exprimer les besoins et les attentes de la personne, les reformuler et proposer des modalités adaptées de réalisation du soin.

– Apporter des informations pratiques adaptées lors de l'accueil dans le service dans le respect du règlement intérieur.

– Identifier les limites de son champ d'intervention dans des situations de crise, de violence en prenant du recul par rapport à la personne et à sa situation.

→ **Évaluation :** Réalisation d'un document écrit sur une situation de communication (noté sur 12) et un oral portant sur cette situation (noté sur 8). Le module est validé à partir de 10/20[1].

1. L'unité 5 est validée si le module 5 est validé et si l'élève a obtenu la moyenne à la compétence 5 en stage.

FICHE 1

Les relations humaines

Le développement psychosociologique de l'être humain suit certaines étapes de socialisation (voir module 1). L'être humain est le « produit » de ces différentes étapes, le produit de son histoire personnelle et sociale.

1. Groupes et normes

Chaque groupe porte en lui des « normes », c'est-à-dire des manières de penser, de se comporter, des valeurs que l'individu doit respecter sous peine d'exclusion. Il existe donc une forme d'influence normative du groupe et du social sur l'individu.

Le groupe professionnel des soignants a des normes en termes d'attitudes, de valeurs, de manière de se comporter.

2. L'influence sociale

« Les processus d'influence sociale sont relatifs aux modifications qu'entraîne dans les jugements, attitudes, opinion d'un individu ou d'un groupe le fait de prendre connaissance des jugements, opinions, attitudes d'autres personnes sur le même sujet[1]. »

Des expériences très connues ont démontré certains mécanismes de cette influence sociale sur un individu (et nous pouvons nous interroger sur nous-mêmes à partir de ces exemples).

L'expérience de Milgram (1974) – **la soumission à l'autorité** : on a démontré qu'un individu peut être amené à infliger des souffrances, voire à tuer sur commande un autre être humain si l'acte est exigé par un homme ayant une autorité sociale reconnue. Ex. : Combien d'élèves aides-soignants assistent à des actes sans oser dire quoi que ce soit parce qu'elles ne sont « qu'élèves » !

L'effet Pygmalion (Rosenthal et Jacobson) : les résultats obtenus par un élève sont conformes à ce que l'enseignant a prévu pour cet élève à partir des informations dont il dispose. Ainsi, si l'enseignant pense que cet élève est un cancre, ses résultats seront médiocres. Si, en revanche, il reçoit un « faux » dossier où l'élève est mentionné comme brillant (même si dans la réalité il ne l'est pas),

1. Germaine de Montmollin, *L'Influence sociale*, PUF, 1977.

l'élève obtiendra de bons résultats. Ex. : Et si c'était le regard que je porte sur telle personne soignée qui influençait son comportement ?

3. Aide-soignant et influence sociale

Le statut social correspond à la place que l'on occupe dans la société. Il va de pair avec un rôle social (les missions et l'attitude attendues pour les réaliser)

L'aide-soignant occupe une certaine place dans la hiérarchie soignante. Il peut donc être très fortement concerné par la problématique de la soumission à l'autorité.

Mais il occupe une place auprès des personnes soignées qui peut lui conférer un sentiment de pouvoir. Il est debout, elles sont assises ou couchées. Il a une autonomie, elles sont dépendantes. Il peut se sentir « fort », elles sont vulnérables.

La vulnérabilité inhérente à la condition humaine est révélée lors des situations de dépendance, de maladie. Le regard que l'aide-soignant portera sur la personne vulnérable influera sur l'identité de la personne, son estime d'elle-même et sur son désir de vivre et son comportement.

FICHE 2 La communication

1. Définition

C'est le fait d'envoyer un message avec des mots (par oral ou écrit) ou non verbal (par le corps) à une personne et/ou d'en recevoir de quelqu'un, avec un objectif.

2. Schéma classique de la communication

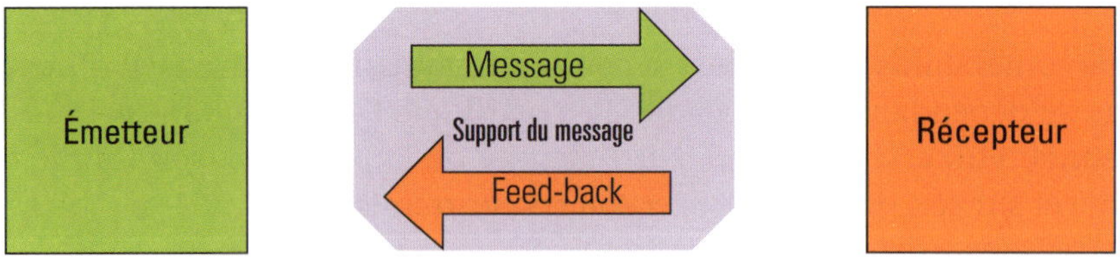

Un message est émis par l'émetteur à l'aide d'un support (voix, écriture ou geste...), reçu par un récepteur qui, à son tour, lui renvoie une réponse (feed-back).

Le feed-back occupe une place importante dans la relation soignée/soignant.

Témoignage

Manon, élève aide-soignante écrit sur les difficultés à prendre en charge la toilette d'une femme en état végétatif chronique, toujours alitée. Elle est trachéotomisée, porteuse d'une sonde de gastrostomie, d'une sonde urinaire et totalement immobile. Son état fait qu'il n'y a aucun signe de communication verbale ou non verbale. Elle ne parle pas, son visage ou son corps ne présentent aucun mouvement ne serait-ce que minime.

« Je profite de la toilette pour parler à voix basse à cette femme, mais son visage reste neutre, son regard reste toujours perdu vers le plafond. Malgré ma douceur dans les gestes, dans mes paroles, je ne parviens pas à entrer en contact avec cette dame et je ressens cette absence de feed-back comme un échec de mes actions.

C'est en connaissant mieux la pathologie de cette personne que j'ai pu comprendre que je n'étais pas responsable de cette absence de contact relationnel, que je ne pouvais avoir de "retour" comme avec les autres patients. J'ai compris que si la patiente ne peut plus rien manifester, son corps le peut encore sous une autre forme : sa peau est saine, d'une bonne coloration, son visage semble serein et c'est un retour malgré tout sur ce que l'on a apporté en tant que soignant. »

3. Les facteurs influençant la communication

Facteurs personnels

Le **cadre de référence de chacun :** sa vision du monde et des autres, construite à partir de son passé, son histoire, ses références, ses valeurs, son éducation, sa culture, son statut social, ses préoccupations psychologiques et son état de disponibilité, son état de santé, son caractère, le vocabulaire utilisé, etc. Tout ce qui fait qu'un individu est différent, unique et spécifique.

Par exemple : les élèves aides-soignants, portés par leur motivation à aider l'autre, pensent qu'ils ont le devoir de répondre aux demandes des soignés. Ils se trouvent désarçonnés quand ils ne peuvent pas répondre. Cette confrontation vient bousculer le cadre de référence, la vision qu'ils ont du métier et ils culpabilisent, se remettent en cause quand ils n'ont rien pu répondre.

Le témoignage représentatif d'Amélie, élève aide-soignante, relate sa réaction face à un patient qui lui parle de sa mort prochaine :

« Je détourne aussitôt mon regard et un lourd silence s'installe. En une fraction de seconde, plusieurs émotions se sont entrechoquées dans mon esprit : j'étais mal à l'aise, stupéfaite, puis me suis sentie honteuse, coupable parce qu'il attendait une réponse ou un geste que je n'ai pu lui apporter. »

Accepter de n'avoir pas de réponse, rester présent, attentionné malgré cela, et utiliser selon le contexte la communication non verbale (comme le toucher) ou la reformulation s'acquièrent par la formation et surtout par l'expérience.

Facteurs situationnels

Le **cadre** de la communication (amical, professionnel, etc.), l'**objectif** recherché dans la situation de communication (obtenir un emploi, conseiller une personne, etc.) vont influencer la communication.

Facteurs environnementaux

L'endroit de la situation de communication (bureau, couloir, chambre), le bruit, le calme, s'il y a d'autres personnes autour, etc. ont aussi de l'importance pour la communication.

La distance corporelle entre les deux interlocuteurs

Certaines personnes ne supportent pas qu'un interlocuteur soit trop près d'elles. La **proxémie** est un concept développé par E. T. Hall[1] ; celui-ci a montré que, selon notre culture, nous ne nous positionnons pas tous de la même façon dans l'espace. Il a défini trois distances utiles à connaître pour un aide-soignant :

– **La distance intime** (de 0 à 45 cm) : elle donne la possibilité d'échanges physiques très proches avec l'autre ; l'odeur corporelle est perçue. C'est la distance des

1. Edward T. Hall, *La Dimension cachée*, Seuil, Paris. C'est un anthropologue américain.

soins corporels mais aussi de la possibilité de griffer, taper et/ou de pincer. Quand cette distance n'est pas acceptée, choisie, elle donne lieu à de l'agressivité.

– **La distance personnelle** (0,45 m à 1,20 m) : c'est la distance que l'on prend en général pour parler avec quelqu'un qui n'est pas un proche. Cette distance implique une plus grande neutralité.

– **La distance sociale** (1,20 m à 2,40 m) : distance qui permet l'échange verbal mais pas l'échange physique. Ex. : distance de confidentialité quand nous attendons dans une file d'attente à un guichet.

La position corporelle : debout ou allongé

Dans un échange égalitaire, les personnes sont positionnées de la même façon. La personne malade, alitée, va le plus souvent voir les soignants en position debout, forme symbolique de domination chez l'homme faisant écho aux conduites animales : un chien va s'aplatir ou se coucher devant le chef de la meute en signe de soumission.

4. Communication verbale et non verbale

Témoignage

« Mme Sophia vit dans un foyer pour personnes en situation de déficience mentale et/ou physique. Elle est atteinte du syndrome de Down (ou trisomie 21). Elle présente depuis quelques années des complications respiratoires (elle est sous O_2 par lunettes 24 heures sur 24) et une altération de l'état général : elle ne parle plus, alterne l'alitement et le repos en fauteuil coquille (avec une contention). Elle est considérée en fin de vie par l'équipe médicale.

Je travaille avec une aide-soignante du service. Nous réveillons doucement Mme Sophia pour sa toilette. Elle ouvre les yeux mais reste silencieuse ; le matériel prêt, nous enlevons la chemise de nuit de la patiente et nous commençons la toilette. Au niveau du buste, Mme Sophia se met à gémir, à se raidir au niveau des bras. Elle se détend quand nous lui parlons doucement de ce que nous faisons. Elle se raidit à nouveau quand nous voulons faire la petite toilette et serre les jambes. Nous arrêtons, lui parlons de nouveau d'une voix apaisante et son corps se détend. Nous finissons notre soin. Mme Sophia n'a pas communiqué durant le soin, si ce n'est à deux moments, à travers le raidissement de son corps. J'avais le sentiment de réaliser ce soin sur une personne "absente", déconnectée de ce monde. Mais son corps réagissait au rythme et à l'intonation de notre voix. »

Antoine, élève aide-soignant

Dans ce témoignage se repèrent un exemple de communication verbale (ce que disent les soignants) et un exemple de communication non verbale (la raideur corporelle de la patiente).

La communication verbale : elle utilise la parole pour transmettre un message.

Le langage utilisé, les mots prononcés traduisent notre vision du monde, la manière dont on perçoit et considère le monde et les autres personnes. Le vocabulaire utilisé peut donc être une source de difficulté dans la communication verbale : les mots n'ont pas forcément la même signification en fonction des individus et ils n'ont pas nécessairement le même impact émotionnel.

Il est donc préférable qu'un soignant utilise des mots simples, précis, concrets quand il s'adresse à une personne soignée et/ou qu'il s'assure de sa compréhension. En revanche, l'utilisation du vocabulaire médical est tout à fait adaptée au sein de l'équipe professionnelle.

Le rythme de la parole, l'intonation de la voix accompagnent le message verbal et ont aussi de l'importance dans la communication orale (ce registre est souvent classé dans le non-verbal tout comme le silence).

Le silence correspond à une absence de parole. Il n'existe qu'en référence à la parole (ou au bruit). Il exprime toujours quelque chose qu'il faut interpréter (en vérifiant son interprétation auprès de la personne soignée). Le silence d'un soignant peut en dire long à la personne soignée, qui peut mal l'interpréter aussi.

La communication non verbale : elle utilise le corps pour transmettre un message.

Gestes, attitude corporelle, mimiques du visage et regard sont des éléments essentiels de la communication non verbale. L'observation des signaux corporels est fondamentale pour un soignant dans l'exercice de sa fonction.

Gestes	Amples, raides, ronds, repliés, saccadés, absence de gestes
Attitude corporelle	Décontractée, raide, ouverte, fermée
Mimique du visage	Grimaces, froncements de sourcils, sourire
Regard	Fixe, inquiet, interrogatif, soupçonneux, angoissé, serein, fuyant
Respiration	Ample, rapide, peu perceptible visuellement
Coloration du visage	Rougeur, blancheur ou autre changement de couleur

Les messages envoyés par le corps peuvent être en accord ou non avec les paroles prononcées ; il convient alors au soignant d'interroger le non-verbal. Ex. : L'infirmier vient d'énoncer les règles hygiéno-diététiques à un patient et lui demande s'il a bien compris. Le patient répond oui, mais en même temps sa tête fait signe que non et son regard est perplexe.

Quand il y a accord perçu entre les paroles et le non-verbal, on parle de congruence.

5. Les techniques de communication

Il existe de nombreuses techniques de communication ; celles proposées suffisent à développer une communication de qualité. Elles s'exercent le plus souvent en simultané, et agissent les unes sur les autres.

– **Créer le rapport de confiance :** il va s'établir plus ou moins rapidement en fonction des personnes en relation, de la pathologie ou état de santé de la personne soignée. Le rapport de confiance se crée plus vite en utilisant les autres techniques décrites ci-dessous.

– **Reformuler** consiste à redire à la personne soignée, sous une autre forme, ce qu'elle vient d'exprimer, en mettant en relief soit un mot, un groupe de mots ou une synthèse de ses paroles.
Les formules types : « Si j'ai bien compris, vous dites que.... », « Tout à l'heure vous avez dit que... », « Quand vous dites que.... Est-ce que ça signifie que... ou non ? », etc.
Le soignant peut reformuler le non-verbal en vérifiant toujours auprès de la personne. « J'ai l'impression qu'en disant cela, cela provoque de l'inquiétude chez vous. C'est cela ou je me trompe, c'est autre chose ? »
La reformulation a plusieurs fonctions : elle facilite la parole de la personne soignée, elle permet au soignant de vérifier la compréhension qu'il a du discours ou des interprétations des émotions de la personne soignée ; elle donne à la personne soignée le sentiment d'être écoutée, entendue, accueillie dans ce qu'elle est. La personne soignée peut « rectifier » ce qui est reformulé ou compléter, préciser ce qu'elle estime important.

– **Coordonner son attitude corporelle à celle du soigné**
Choisir la position corporelle (debout, assis, penché vers la personne, etc.) adaptée à la situation ainsi qu'une distance confortable pour l'un comme pour l'autre.
Se coordonner sur l'attitude corporelle du soigné : s'il présente une attitude « fermée », ne pas avoir d'emblée une « attitude trop ouverte ». S'il a des gestes quand il s'exprime, faites aussi des gestes quand vous vous exprimez. Ne croisez pas vos jambes si la personne ne les croise pas. Peu à peu, si le rapport de confiance s'établit, cela se fera de façon naturelle mais c'est plus rapide si vous amorcez cette coordination.

– **Se focaliser sur l'autre**
Toute l'attention est portée sur l'autre, en s'oubliant soi-même momentanément. Il faut éviter les va-et-vient entre son discours interne et ce que dit et manifeste la personne soignée (« tiens, ça me rappelle... », « Si j'étais à sa place, moi je ... », « Pourvu que je me rappelle de tout ce qu'elle dit », etc.).
La focalisation sur l'autre permet la perception fine du non-verbal.

6. La communication professionnelle entre AS et personne soignée (ou leur famille)

La communication professionnelle entre AS et personnes soignées peut prendre différentes formes.

La communication pendant les soins

Elle vise en premier lieu à entretenir un rapport de confiance, de bien-être pour la personne soignée. Elle est d'abord un échange entre les deux personnes. Mais elle est toujours couplée avec l'observation de la personne (de son corps, des signes cliniques et du non-verbal) et, en cas d'anomalie, elle doit déboucher sur un entretien particulier : recueil d'autres informations ou relation d'aide.

Les entretiens

Ils ont un objectif professionnel. Ex. : entretien d'accueil, entretien de recueil d'informations, relation d'aide.

Les démarches éducatives ou thérapeutiques

L'aide-soignant collabore à ces démarches sous la responsabilité de l'infirmier. Les principes généraux sont les suivants :

– Apporter des informations définies par l'équipe, en quantité adaptée (trop d'informations en même temps ne permet pas de les mémoriser et de les intégrer). Ex. : sur le régime alimentaire, sur les gestes à faire ou à ne pas faire après une intervention…

– Toujours vérifier le degré de compréhension de la personne (lui demander si besoin de reformuler).

– Toujours vérifier le degré d'adhésion de la personne au projet de soin.

– Transmettre à l'IDE le résultat des actions réalisées auprès de la personne soignée.

7. Valeurs et principes dans la communication professionnelle de l'AS envers les soignés

5

Les valeurs – l'empathie

Témoignage

« Je me mets à leur place. Si c'étaient mes parents, j'aimerais bien qu'on leur rende leur dignité… Je ne sais pas, on est des êtres humains, on ne sait pas ce qu'on va devenir… peut-être que demain ce sera moi qui aura mes collègues qui viendront à la maison pour m'aider. » **Corinne**

« Et, surtout, ne jamais prendre son cas pour… Comme moi : j'ai eu une grave maladie, mon cas, c'était moi, je sais ce que j'ai ressenti mais c'est pas pour ça que… je le dis toujours aux élèves : "Non, non. Tu as pu connaître, mais tu n'es pas dans la peau d'une autre personne. Tu ne pourras jamais te mettre dans la peau de quelqu'un d'autre. C'est impossible." » **Nelly**

Ces deux exemples illustrent bien ce qu'est l'empathie, définie en particulier par Carl Rogers : « Sentir le monde privé du client comme s'il était le vôtre, mais sans jamais oublier la qualité du « comme si » – telle est l'empathie…[1]»

La notion du « **comme si** » est importante ; elle souligne que, dans l'empathie, il n'y a pas confusion entre ce que le patient éprouve et ce que le soignant éprouve. Il y a compréhension mais pas identification confusionnelle.

– **Intérêt positif inconditionnel :** éprouver un réel et profond respect, ressentir vraiment des sentiments positifs vis-à-vis de l'autre, éprouver de la confiance face aux capacités de l'autre à résoudre ses propres problèmes participent à la considération positive inconditionnelle et sont des attitudes favorisant les chances de changement.

– **Respect :** il se traduit par une recherche de compréhension du cadre de référence de l'autre et par un non-jugement quand bien même ce cadre de référence ne correspondrait pas au nôtre. Il s'exprime aussi par l'attitude que le soignant peut avoir par rapport au soigné (absence de sentiment de pouvoir ou de domination sur l'autre).

– **La dignité humaine :** il faut bannir du vocabulaire adressé aux personnes soignées, en leur présence des expressions du type : « pépé », « le p'tit pépère », « le p'tit père », etc. (que l'on entend encore trop fréquemment) et toutes formes de familiarités déplacées, blessantes ou humiliantes.

Les principes

– Appeler les personnes soignées par leur nom. Appeler un résident par son prénom n'est pas toujours une faute si c'est à sa demande, ou si un résident avec des troubles mnésiques répond mieux à son prénom qu'à son nom ; on entend plus son prénom tout au long de sa vie que son nom. Mais dans ce cas, la décision doit être le résultat d'une réflexion d'équipe.

– Respecter l'âge, le vécu, l'expérience de la personne soignée (ne pas infantiliser les personnes).

1. Carl Rogers, « *On becoming a Person* », publié en langue anglaise en 1961, et en langue française en 1968, *Le Développement de la personne*, éditions Bordas, Paris, Dunod, p. 204

– Utiliser le « vous », le « tu » mais pas le « on », qui provoque du flou dans le registre de l'identité, de l'estime de soi, déjà perturbés par la maladie ou le vieillissement. C'est comme si le soignant niait l'individualité de la personne soignée.

– Toujours vérifier l'interprétation que nous avons en tant que soignant des propos ou des émotions du soigné auprès de lui.

– Faire preuve de tact. Ne jamais être intrusif (ne pas forcer la communication ou acculer une personne dans ses retranchements).

– Toujours accueillir les émotions du soigné (ne pas les nier par des « mais non, ça ira mieux demain, vous verrez » ou faire semblant de ne pas les voir).

– Conscientiser en tant que soignant ses propres émotions, réactions liées à son propre cadre de référence pour éviter les projections de ce qui nous appartient sur la personne soignée. Le témoignage de Camille, aide-soignante, illustre bien la conscience qu'elle a de ce qui s'est joué dans la relation avec un patient :

Témoignage

« Je me rappelle toujours d'un monsieur… qui ressemblait, je vais parler de mon papa, qui ressemblait beaucoup à mon papa, et qui était en fin de vie et… il y avait quelque chose dans son regard… il avait les yeux bleus, et il y'avait quelque chose dans son regard, quand je le rasais… des choses comme ça… Des fois j'avais les larmes qui me venaient… Mais ça revient à des choses personnelles… » **Stéphanie**

– Adapter son mode de communication en fonction de l'objectif recherché. À chaque situation, un type d'entretien et une utilisation de techniques de communication lui correspondant. En commun : les invariants de qualité de la communication.

A noter

Les invariants de qualité de la relation, communication :
Attitude respectueuse, attentionnée et observation du non-verbal

5

Certaines situations peuvent supporter deux modes d'entretien. Par exemple, si vous voulez recueillir des informations sur les besoins perturbés d'un patient, vous pouvez choisir l'entretien directif ou semi-directif. Avec le premier, vous obtiendrez des réponses précises, courtes mais le niveau de profondeur sera moindre. Avec le second type d'entretien vous aurez des réponses plus riches, plus personnelles et le rapport de confiance s'établira plus facilement. Le choix dépend donc des objectifs soignants.

Tableau de synthèse des différents types d'entretien

Type d'entretien	Objectifs et caractéristiques de l'entretien	Techniques utilisées	Exemples de situation type	Exemples de formulation
directif	Vise à recueillir des informations précises dont le soignant à besoin. Ses questions sont « préparées » et visent à recueillir un contenu précis et attendu. La personne soignée dispose d'un faible degré de liberté dans ses réponses.	Questions types à réponse courte, ouverte. Questions à réponse fermée (réponse oui/non). Questions directes (elles demandent une réponse claire).	Explorer la douleur chez un patient.	Questions pour explorer « TILT » chez un patient douloureux : Vous avez mal où précisément ? Ça vous fait mal depuis quand ? Comment c'est arrivé ? Décrivez-moi votre douleur, c'est quoi comme genre de douleur, ça fait comment ? Sur une échelle de 0, pour pas de douleur, à 10, pour très douloureux, quel chiffre correspondrait à votre douleur ?
semi-directif	Vise à recueillir des informations sur un thème choisi par le soignant. Le thème général est préparé. Les questions sont générales : elles visent à cerner le thème, pas le contenu des réponses. La personne soignée dispose d'un plus grand niveau de liberté tout en étant « cadrée ».	Questions à réponse ouverte. Reformulation (un peu). Questions indirectes (elles appellent plus d'implication pour celui qui répond). Recentrage si la personne s'éloigne du thème.	Recueil d'informations sur les besoins d'un patient.	En ce qui concerne votre alimentation, avez-vous quelque chose à dire qui serait utile à l'équipe pour mieux répondre à vos besoins ?
non directif	L'objectif est de faciliter la parole et l'expression de la personne soignée sans attendre quoi que ce soit sur le contenu. Il y a très peu de questions : la personne soignée dispose d'un haut niveau de liberté	Écoute active : observation du non-verbal, questionnement indirect du non-verbal si besoin. Reformulation type écho, type synthèse.	Relation d'aide.	Si j'ai bien compris, vous me dites que... Vous avez dit tout à l'heure que... est-ce que ça signifie que... ou est-ce autre chose ? J'ai l'impression que cette situation vous inquiète, est-ce que c'est ça ou est-ce que je me trompe ?

8. La relation d'aide

C'est une situation « emblématique » pour les soignants. La relation d'aide représente à la fois un cœur de métier et ce qui demande le plus de maîtrise des techniques de communication dont la compétence s'affine au fur et à mesure de l'expérience.

Dans ce type de relation, certains éléments représentent des atouts centraux pour une communication de qualité :

La congruence

Elle représente le fait qu'il y a accord entre le verbal et le non-verbal et que cet accord est perceptible par la personne soignée, consciemment ou inconsciemment. La congruence n'est possible que si l'authenticité est présente (que le soignant soit lui-même, soit sincère). Cette perception de la congruence contribue au sentiment de confiance et de sécurité que peut éprouver une personne aidée face à l'aidant, facilite la communication entre deux personnes. Les personnes atteintes dans leur vulnérabilité développent une hypersensibilité à la non-congruence, ce qui majore leur angoisse.

Témoignage

Magalie, élève aide-soignante, rapporte les propos d'une patiente hospitalisée en chambre double depuis trois semaines dans un établissement de soins en cancérologie. Ces propos l'ont mise en difficulté quant à la « bonne » réponse qu'elle pensait devoir apporter. Cette patiente vient d'être mutée en chambre seule à la demande des médecins « pour qu'elle puisse mieux se reposer ». Mais elle a bien saisi le motif réel de cette mutation à travers les signaux non verbaux de toute l'équipe. « Moi, je sais pourquoi ils m'ont mise là, c'est parce que je ne vais pas bien, je le sais, je ne suis pas bien et je vais mourir. Bientôt… (long silence)… Je décline de jour en jour, je suis si fatiguée… ma maladie me tue. Ils m'ont mise là pour mourir. »

La compréhension du cadre de référence de l'autre

Comprendre l'autre c'est « entrer dans son cadre de référence ». Comprendre l'autre suppose de bien connaître ses propres réactions habituelles de jugement, d'évaluation sur ce qui est normal, raisonnable, estimable, juste, faux… à nos yeux, en oubliant ce que, nous, nous penserions, ressentirions, ferions si nous étions dans la même situation. L'autre est différent de soi et la prise en compte de cette différence est essentielle dans ce type de relation.

Ce type de communication est efficace si nous utilisons des techniques permettant à l'autre personne de s'exprimer et en adoptant une attitude propice à l'accueil de l'autre.

Carl Rogers a observé et identifié quelles caractéristiques produisent un effet positif dans la relation à l'autre et les caractéristiques générant un effet inverse[1].

Caractéristiques permettant une relation d'aide génératrice de mieux être (ressenties par l'aidé)	**Caractéristiques nuisant à l'efficacité de la relation d'aide (manifestées par l'aidant)**
– Sentir le respect croissant de l'aidant pour soi. – Sentir l'acceptation chaleureuse (dimension affective). – Ressentir de la confiance envers l'aidant. – Sentir d'être compris par l'aidant. – Sentir une considération positive inconditionnelle. – Sentir l'intérêt réel et le désir de compréhension de l'aidant. – Sentir l'aidant sensible à ses attitudes, et s'intéressant à lui avec chaleur, mais sans implication émotionnelle excessive. – Ressentir l'aidant comme congruent, authentique. – Compter sur l'aidant en tant que personne « réelle ». – Sentir que l'aidant est axé sur les potentiels, centré sur lui, se sentir aidé en tant que personne. – Sentir l'empathie.	– Sympathie trop grande – Attitude éloignée, trop distante – Relation impersonnelle – Absence d'intérêt – Conseils directs et précis – Importance trop grande accordée au passé – Non-congruence – Inconséquence (non respect des rendez-vous, retard…)

9. Gestion de l'agressivité des patients

Les aides-soignants sont particulièrement exposés à des situations difficiles liées, le plus souvent, aux pathologies des patients (maladies mentales, démences séniles, etc.).

Témoignage

« Parce que nous, on se fait frapper tous les jours. On se fait insulter, on se fait mordre, oui, tous les jours… Ils ne nous respectent pas du tout. Ils nous balancent des verres dans le visage… Faut accepter quoi » **Lou**

L'ONVS a proposé un classement des types de violence en quatre niveaux :

- Niveau 1 : injures, insultes
- Niveau 2 : menaces
- Niveau 3 : coups
- Niveau 4 : tout fait qualifié de « crime »

Selon le niveau d'agression, les conduites à tenir ne sont pas les mêmes ; les objectifs diffèrent. En cas de situation de danger physique (ex. : un patient menace un soignant avec un couteau), premier objectif : alerte, mise en sécurité du soignant et maîtrise du patient.

1. À partir du livre écrit par Carl Rogers, « *On becoming a Person* », publié en langue anglaise en 1961, et en langue française en 1968, *Le développement de la personne*, éditions Bordas, Paris, Dunod.

Pour désamorcer une situation d'agressivité (niveau 1 et 2) la pratique des techniques de communication s'avère utile.

Tableau récapitulant les attitudes du soignant favorisant l'apaisement de la situation ou au contraire, majorant les difficultés dans la situation

Pour le soignant	Facteurs d'apaisement de la situation	Facteurs de renforcement des difficultés
Attitude	Empathie, neutralité bienveillante ouverture, attention dirigée vers l'autre courtoisie, politesse pour que l'autre sache qu'on respecte la personne qu'elle est.	Défense active (menton en avant, bouche serrée, poings serrés, sourcils froncés, etc.), fermée (bras croisés, regard fuyant, etc.), voire agressive, intrusive ou menaçante
Pensées	Considérer que l'agressivité s'adresse à votre uniforme (et non à vous en tant que personne).	Considérer que l'agressivité vous est adressée personnellement à vous, en tant qu'individu.
Émotions	Accueillir, reconnaître les émotions ressenties. Se centrer sur l'abdomen et respirer dans l'abdomen. Bouger dans l'espace pour retrouver du calme et de la distance.	Se laisser envahir et dépasser par ses émotions (colère, peur, etc.).
Paroles	Reformuler les propos du patient pour montrer un désir de l'entendre, de le comprendre. Reformuler le non-verbal. Poser des questions ouvertes pour montrer que l'on souhaite comprendre son attitude. Rappeler les règles et reprendre la situation une fois le patient calmé (vous « jugez » le comportement, pas la personne).	Moraliser d'emblée l'attitude, émettre un jugement sur la personne. Émettre des propos dévalorisants. Utiliser un vocabulaire trop « familier ». Ne pas reparler de la situation une fois celle-ci passée.
Voix	Voix posée, ferme et douce à la fois, phrases courtes.	Crier sur la personne, parler fort pour couvrir la voix du patient.
Gestes	Peu de gestes au départ ou gestes lents, amples, souples.	Gestes saccadés, brusques, traduisant la colère ou au contraire la peur. Agripper la personne, la secouer, la tirer de force.
Proxémie	Distance sociale dans un premier temps pour que la personne ne se sente pas menacée, aculée Positionnement du corps en reflet : si le patient est debout, vous mettre debout ; s'il est allongé, vous asseoir. Au fur et à mesure dc l'apaisement, rapprochement possible	Distance intime : déclenche un sentiment de menace pour la personne soignée. Distance trop éloignée : la personne soignée peut penser que vous avez peur ou qu'elle a maîtrise sur vous à travers ses paroles. Debout au dessus du patient allongé.
actes	Laisser la personne s'exprimer, voire l'encourager avec la reformulation.	Couper la parole, ne pas écouter, ne pas laisser parler la personne.
En parler en équipe, avec le cadre de santé		

10. Gestion de la violence à l'hôpital

Le développement de la violence en milieu hospitalier, et plus largement dans les établissements de soins, préoccupe de plus en plus les pouvoirs publics. Ainsi une circulaire du ministère de la Santé du 15 décembre 2000, pose la question de la prévention et de l'accompagnement des situations de violence dans les établissements de santé.

En 2005, l'Observatoire national des violences en milieu de santé a été créé pour centraliser les faits de violence dans les établissements de santé. L'ONVS a réalisé des « fiches réflexes » sur la conduite à tenir dans les situations de violence en établissement public, sanitaire et médico-social.

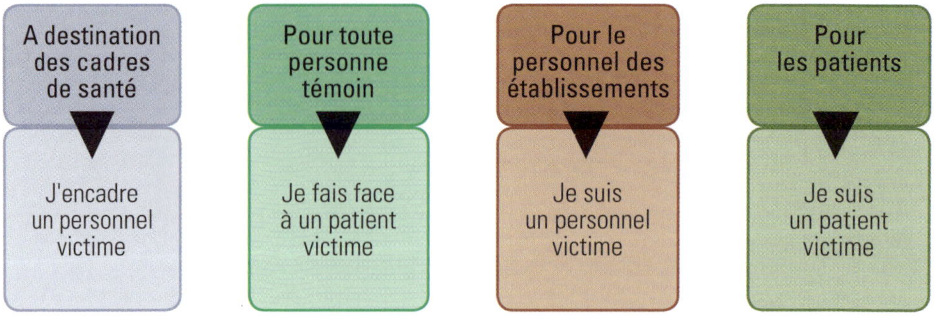

http://www.sante.gouv.fr/IMG/pdf/Fiches_reflexes_ONVS.pdf

L'accent est mis sur la déclaration des faits de violence, la prise en charge physique et psychologique de la victime et les suites judiciaires possibles pour les auteurs. Néanmoins, une très grosse majorité des violences faites aux soignants, aussi bien verbales que physiques, restent sous-déclarées et minimisées.

Il n'est pas acceptable qu'un soignant se fasse agresser dans le cadre de son activité professionnelle ni par un collègue (ou un supérieur), ni par un patient ou son accompagnant. Il est question ici de la réciprocité du respect, de la même façon que la violence amène à la violence. La réponse (ou la non-réponse) de la hiérarchie face à une situation de violence sur les soignants peut avoir de lourdes conséquences. En voici un exemple ci-dessous :

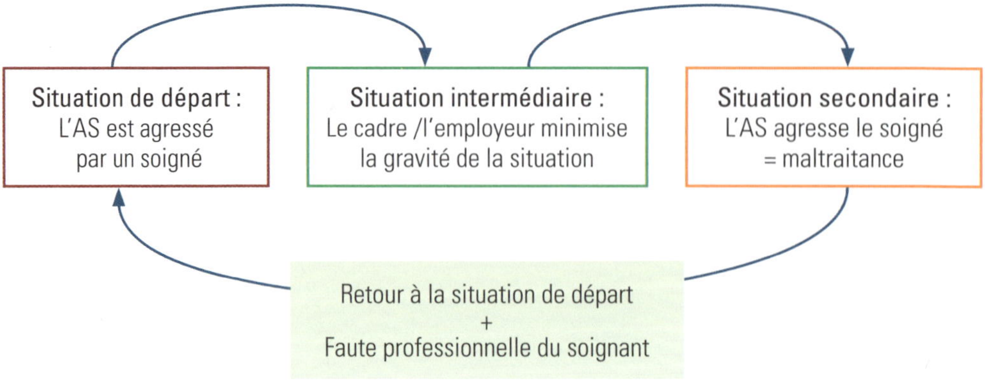

Pourtant, la souffrance engendrée par la maladie, l'attente d'un diagnostic ou d'un résultat, le stress induit par l'attente d'une prise en charge ou encore la notion de droits du patient prise à la lettre peuvent expliquer (et non excuser) bien des actes violents envers les soignants. Ceci est d'autant plus vrai que, dans notre société actuelle, le statut des soignants, comme bien d'autres professions, est désacralisé.

– Limiter les situations anxiogènes pour les patients et leur entourage : limiter les temps d'attente ou venir régulièrement voir le patient pour qu'il ne se sente pas oublié ou mis de côté, l'informer, assurer une qualité de l'accueil.

– S'identifier et informer sur les soins à apporter.

– Utiliser les techniques de communication : reformulation, attention à l'autre, explications.

– Passer la main à un autre collègue plutôt que s'énerver et hausser le ton.

FICHE 3

Maltraitance, bientraitance

1. La maltraitance

Définition[1]

« Violence caractérisée par tout acte ou omission commis par une personne s'il porte atteinte à la vie, à l'intégrité corporelle ou psychique, à sa liberté, ou compromet gravement le développement de sa personnalité et/ou nuit à sa sécurité financière. »

On estime que, pour environ 70 % des cas de maltraitance, c'est au domicile, dans la sphère privée que la maltraitance est présente. Il reste que 30 % des maltraitances se rencontrent en institution, donc infligées par des professionnels de la santé.

2. Les différentes formes de maltraitance

Formes de maltraitance	Exemples
physiques	Coups, gifles, brûlures, contusions diverses, ecchymoses, ligotages, séquestrations, sévices sexuels, bousculades, fractures, chutes provoquées, entraves à la liberté, soins brusques sans information ou préparation, etc.
morales et psychologiques	Chantage, injures, harcèlement, tutoiement, intimidation, abus d'autorité, non-respect de la vie privée, paroles blessantes, humiliations, menaces de placement, infantilisation, culpabilisation, intolérances sexuelles, etc.
médicamenteuses	Excès de médicaments (neuroleptiques) ou refus de fournir les médicaments, les soins ou le matériel nécessaires au bien-être de la personne (lunettes, prothèses, etc.), non-prise en charge de la douleur, non-prise en charge de la dépression, non-information sur les traitements, etc.
financières	Détournement d'argent, rétention de pension, usage abusif de procuration bancaire, abus de confiance, testament sous contrainte, vol d'un moyen de paiement, économies abusives, signature forcée, héritage anticipé, prélèvement indu de biens ou d'argent, donation en échange de promesses non tenues, etc.
Négligences actives	Enfermer la personne dans sa chambre, privation de nourriture et/ou de soins nécessaires, privation de visite, placement abusif, placement autoritaire… pratiqués avec la conscience de nuire.

1. Selon le Conseil de l'Europe (1987).

Négligences passives	Indifférence, manque d'aide, oubli, ne plus se soucier de l'image de la personne, relevant de l'ignorance, de l'inattention de l'entourage.
Violations des droits civiques	Atteintes aux libertés et droits fondamentaux des personnes : ouverture du courrier personnel, suppression du libre choix du médecin traitant, privations de relations sociales, privation du droit de vote, d'une pratique religieuse, etc.

3. Les maltraitances les plus fréquentes

Les maltraitances psychologiques et financières sont les plus fréquentes, les moins visibles également car plus sournoises. Souvent, d'ailleurs, elles sont associées. Les maltraitances physiques, qui viennent parfois en appui des deux précédentes, sont également courantes. En institution, on rencontre plus facilement des actes de négligence.

Mais il existe aussi des formes de maltraitance « malgré soi » que les professionnels ressentent profondément, et qu'elles mettent en relation avec :

– l'organisation du travail :

Témoignage

« On a quand même 40 patients… qui ne sont pas autonomes ; on est cinq le matin pour s'occuper d'eux… pour moi, on ne peut pas répondre **correctement** aux besoins et aux attentes d'une personne. Donc c'est difficile, on rentre chez soi, on se dit que finalement on n'a pas bien fait son travail mais… on n'y peut rien , on **essaie** de faire au maximum, mais on se dit on n'y peut rien parce qu'il y a un manque d'effectif, une surcharge de travail, ce qui fait que, finalement, on est maltraitants quoi, on se dit, sans le vouloir, "c'est un genre de maltraitance". Parce qu'on est toujours…de vouloir les booster, les…, enfin, on nous apprend bien à l'école qu'il faut bien respecter leur rythme, et c'est impossible à faire. Et quand on a des journées comme ça, on rentre… enfin moi, je ne suis pas contente de ma journée ! » **Lilou**

« La maltraitance on en fait tous les jours pour moi. On fait tous les jours de la maltraitance… Les faire manger… parce qu'on en a huit à faire manger, on n'est que deux, ils mangent froid les gens, puis ils mangent en vitesse… Enfin, pour moi, c'est dégueulasse, excusez-moi de parler comme ça mais pour moi c'est… Ça me fait mal au cœur. Pour moi c'est de la maltraitance. On en fait sans le vouloir. » **Lou**

« Et puis, après, on va vous embêter pour la qualité de vie, la qualité de soins, la maltraitance…il y a plein de choses qui sont en, en contradiction… nous on ne demande pas mieux, qualité de vie, qualité de soins, on ne demande pas mieux … » **Clémence**

– l'état pathologique de la personne soignée :

Témoignage

« Nous nous approchons de la dame pour lui faire sa toilette, remontons le lit pour qu'il soit à bonne hauteur. À ce moment-là, la patiente change de comportement. Elle s'est mise à me regarder en me disant : "Lâche-moi, tu es méchante", et son regard est devenu très sombre. L'aide à domicile s'est approchée et Mme Grante a dit : "Fous le camp, espèce de salope." L'aide-soignante m'a dit : "Fais pas attention, tiens-la bien car elle a de la force." J'avais beaucoup de mal à maintenir ses jambes écartées pour la petite toilette et j'avais peur de lui faire mal. J'étais tétanisée par la situation. Mme Grante se débattait, nous insultait tout en me fixant droit dans les yeux. Nous avons terminé la toilette rapidement, tant bien que mal. L'aide-soignante en sortant a soupiré : "Et c'est comme ça tous les jours, franchement c'est un calvaire d'aller chez cette patiente et en plus, j'ai vraiment l'impression de mal faire mon boulot mais on est bien obligées de lui faire une petite toilette, on peut pas la laisser comme ça. C'est pas de sa faute, elle a une démence sénile."

Je n'ai pas osé dire à l'aide-soignante d'arrêter quand je devais forcer pour maintenir les jambes de la personne écartées car je n'étais qu'élève découvrant le métier face à une professionnelle diplômée. J'étais triste et avais le sentiment d'avoir fait de l'acharnement. Je me suis demandée comment nous aurions pu faire pour ne pas devenir aussi violentes pour ce soin. Je me suis remise en question sur mes capacités à devenir aide-soignante. J'ai découvert brutalement qu'on pouvait être amené à faire des choses contraires à nos principes et qui bouleversent tout l'idéal qu'on s'était créé en voulant devenir aide-soignant. » **Juliette**, élève aide-soignante

Ce type de situation doit être discuté en équipe pluriprofessionnelle pour trouver des solutions acceptables pour le patient comme pour le soignant.

Les aides-soignantes souffrent profondément du fait de se sentir maltraitantes au nom de l'hygiène et de la sécurité physique de la personne. C'est ce qu'on appelle la « souffrance éthique ».

« La souffrance éthique intervient lorsque le sujet en arrive à exécuter des ordres que pourtant il réprouve parce qu'ils provoquent le désarroi, la souffrance, l'angoisse ou le désespoir des victimes. »[1]

Pour certains auteurs, s'appuyant sur des études de terrain, personne ne choisit de mal travailler. « […] Si les patients sont maltraités, c'est avant tout parce qu'on maltraite le métier[2]. »

1. Pascale Molinier, *Les Enjeux psychiques du travail*, Payot et Rivages, 2006, p. 127.
2. Clot, 2010, p. 79, reprend ici une citation issue d'un article de Malika Litim et Katia Kostulski, « Le diagnostic d'une activité complexe en gériatrie », *Nouvelle revue de psychosociologie*, 1, 2006, p. 45-55, p. 51.

4. Facteurs de risque d'être maltraité

Les personnes âgées les plus susceptibles d'être maltraitées sont des femmes, âgées voire très âgées, dépendantes physiquement et/ou psychologiquement et socialement isolées.

La maltraitance se rencontre dans tous les milieux socio-culturels, est prévalente dans un contexte d'addiction aux substances psychoactives et est favorisée par l'épuisement et l'isolement des aidants familiaux.

Dans les institutions, la maltraitance peut être en lien avec le manque de personnel, le burn-out professionnel, le manque de communication au sein des équipes, le manque de formation du personnel, la politique d'accueil des personnes mise en place par la direction.

5. Repérer et signaler une situation de maltraitance

Si ce n'est en étant témoin direct, il est difficile de détecter une situation de maltraitance, mais quelques signes peuvent laisser supposer qu'il existe un problème :

- La personne s'isole, semble méfiante, apeurée.
- La personne présente des signes de dépression : apparence négligée, manque d'appétit, d'intérêt, insomnie, syndrome de glissement...
- Elle a l'air excessivement calme, apathique.
- Elle chute de manière répétée.
- Elle présente des traces de blessures, d'ecchymoses, qu'elle ne peut expliquer.

L'acte de maltraitance doit être dénoncé (pas la personne) en appelant le **3977**[1]. C'est une obligation légale qui entre dans le cadre des exemptions au principe du secret professionnel. Quand c'est possible, cette dénonciation doit se faire avec l'accord de la victime.

« Il appartient à toute personne ayant eu connaissance de mauvais traitements ou de privations infligés à un mineur de 15 ans ou à une personne particulièrement vulnérable, en raison de son âge, d'une maladie, d'une infirmité, d'une déficience physique ou psychique ou d'un état de grossesse, d'en informer les autorités judiciaires ou administratives, sous peine d'encourir une peine de 3 ans d'emprisonnement et de 45 000 euros d'amende[2]. »

5

6. Prévention de la maltraitance : promotion de la bientraitance

Dans les institutions, la bientraitance entre dans les critères d'évaluation des démarches qualité et d'accréditation. Les objectifs d'une démarche de prévention de la maltraitance et de promotion de la bientraitance sont basés sur le fait

1. Numéro national d'appel contre la maltraitance des personnes âgées et des personnes handicapées.
2. Article 434-3 du Code pénal.

d'informer et de sensibiliser les professionnels sur ce thème, de réaliser un état des lieux, d'identifier les **possibilités d'amélioration** et les mettre en œuvre. Des formations sont proposées aux personnels appuyées sur des méthodes d'analyse des pratiques professionnelles.

L'HAS met à disposition des outils d'auto-évaluation afin d'induire **une réflexion et une prise de conscience sur les pratiques professionnelles des soignants.** Il s'agit d'un questionnaire avec 32 items, pour lesquels chaque personnel s'interroge individuellement sur son comportement vis-à-vis des personnes prises en charge. Pour répondre, il dispose de cinq adverbes caractérisant sa pratique : toujours, souvent, parfois, rarement, jamais. Une 6e proposition est prévue dans le cas où le soignant ne peut se prononcer car il ne rencontre pas la situation décrite. Voici ci-dessous les 32 items proposés :

SITUATIONS	TOUJOURS	SOUVENT	PARFOIS	RAREMENT	JAMAIS	NC
1. Il m'arrive de tutoyer un patient sans son accord.						
2. Il m'arrive de ne pas réaliser un soin par faute de temps.						
3. Il m'arrive de ne pas m'appliquer en réalisant un soin.						
4. Il m'arrive de ne pas avoir envie de m'occuper d'un patient, à cause de son état physique ou de sa pathologie.						
5. Il m'arrive d'utiliser un ton sec et cassant pour m'adresser à un patient.						
6. Il m'arrive d'être agressif dans mes propos face à un patient.						
7. Il m'arrive d'utiliser le « on » en parlant à un patient.						
8. Il m'arrive d'avoir une attitude ou des propos intimidants à l'encontre d'un patient.						
9. Il m'arrive d'adresser des insultes ou des injures à un patient.						
10. Il m'arrive d'avoir une attitude infantilisante, humiliante.						
11. Il m'arrive de porter des jugements de valeur intempestifs sur un patient.						
12. Il m'arrive de ne pas frapper à une porte avant d'entrer dans la chambre d'un patient.						
13. Il m'arrive de ne pas fermer une porte et/ou une fenêtre pendant un soin.						
14. Il m'arrive de faire à la place d'un patient en raison de sa lenteur.						
15. Il m'arrive d'imposer un soin à un patient sans tenir compte de son rythme.						
16. Il m'arrive de ne pas répondre volontairement à l'appel d'un patient (sonnette, cri...).						

17. Il m'arrive de mettre volontairement la sonnette hors de portée.						
18. Il m'arrive d'adopter une attitude indifférente face à un patient et de l'isoler.						
19. Il m'arrive de ne pas demander son avis au patient ou de ne pas donner des explications sur les soins que j'effectue.						
20. Il m'arrive de ne pas tenir compte de l'un des handicaps d'un patient.						
21. Il m'arrive d'utiliser une contention non prescrite par le médecin.						
22. Il m'arrive de ne pas prendre en compte la douleur d'un patient et de ne pas transmettre l'information.						
23. Il m'arrive de préférer poser abusivement des protections contre l'incontinence plutôt que d'accompagner le patient aux WC.						
24. Il m'arrive d'avoir des gestes d'énervement envers un patient.						
25. Il m'arrive de ne pas recoucher un patient quand il le demande.						
26. Il m'arrive de ne pas faire appel à un autre membre de l'équipe quand je suis en difficulté avec un patient.						
27. Il m'arrive en cas de problèmes personnels de les répercuter sur les patients.						
28. Il m'arrive de ne pas vouloir travailler en équipe.						
29. Il m'arrive de ne pas me sentir intégré dans une équipe et que cela nuise à mon travail auprès des patients.						
30. Il m'arrive de ne pas éprouver le besoin de compléter mes connaissances en suivant des formations.						
31. Il m'arrive de ne plus porter d'intérêt à mon travail.						
32. Il m'arrive de laisser un patient entièrement nu le temps de sa toilette au lit.						

http://www.has-sante.fr/portail/upload/docs/application/pdf/2012-10/bientraitance_-_grille_ceppral.pdf

5

7. La maltraitance envers les soignants

Témoignage

« Il nous griffait, il nous pinçait, il nous crachait à la figure… il a même poursuivi une de mes collègues au temps où il marchait encore un peu – et pourtant nous on pensait qu'il ne pouvait plus beaucoup marcher puisque de son lit, on le mettait au fauteuil et on pensait qu'il n'était plus capable de marcher – un jour, il s'est levé, avec sa canne, et il a poursuivi une collègue jusqu'à la porte d'entrée. En plus y'avait un pitbull dans cette maison-là. » **Rose**, aide-soignante à domicile

Les aides-soignantes doivent aussi répondre aux avances sexuelles de certains patients et ce risque fait partie des « risques du métier »[1].

En règle générale, les aides-soignantes supportent de se faire maltraiter, principalement quand elles reconnaissent le caractère pathologique de la maltraitance et elles n'en disent rien.

8. La résilience

« On peut découvrir en soi, et autour de soi, les moyens qui permettent de revenir à la vie et d'aller de l'avant tout en gardant la mémoire de sa blessure[2]. »

Définition

Capacité d'un individu à se reconstruire après un traumatisme.

Facteurs individuels favorisant la possibilité de résilience

– La qualité des relations affectives précoces : plus l'enfant a été privé tôt et longtemps de relations affectives suffisamment bonnes, plus la résilience est difficile.

– Le transport de sérotonine : la sérotonine est un neuromédiateur qui a, entre autres fonctions, un effet naturel antidépresseur. Certains individus sont de « gros » transporteurs de sérotonine, d'autres de petits. Ces derniers sont plus vulnérables aux agressions.

Facteurs sociaux et humains favorisant la possibilité de résilience

– Le discours social tenu sur le type de blessure : il peut soit exacerber la blessure et amputer le devenir de la personne (exemple minimiser un viol, laisser penser sans le dire ouvertement que la femme l'a bien cherché, que c'est de sa faute si elle s'est retrouvée dans cette situation…) ou au contraire aider à la métamorphose (ex : avec l'aide des associations des victimes de viol).

– Les tuteurs de résilience : ce sont les personnes croisées sur le chemin de vie qui vont être importantes, celles qui vont avoir adressé un regard positif ou simplement humain et accueillant sur la personne blessée.

Pour aider à la résilience

« Pour métamorphoser l'horreur, il faut créer des lieux où s'exprime l'émotion. Une resocialisation – comme si de rien n'était – souligne la blessure alors que la

---

1. Pascale Molinier, *Les Enjeux psychiques du travail*, Payot et Rivages, 2006, p. 247.
2. Boris Cyrulnik, *De chair et d'âme*, 4e de couverture, Odile Jacob, 2006.

transformation se fait sans peine dès qu'on peut la dessiner, la mettre en scène, en faire un récit ou une revendication militante[1]. »

La blessure ne s'oublie pas, elle fait partie intégrante de l'être humain. Mais elle peut mener à une métamorphose. L'expression de cette blessure est nécessaire et peut prendre de nombreuses formes.

« Maman, je n'étais pas là pour recouvrir ton corps et je n'ai plus que les mots – des mots d'une langue que tu ne comprenais pas – pour accomplir ce que tu avais demandé. Et je suis seule avec mes pauvres mots, et mes phrases, sur la page du cahier, tissent et retissent le linceul de ton corps absent. Ce livre est le linceul dont je n'ai pu parer ma mère. C'est aussi le bonheur déchirant de la faire revivre… »,[2] Scholastique Mukasonga

5

1. Boris Cyrulnik, *Un merveilleux malheur*, Odile Jacob, 1999.
2. Scholastique Mukasonga, *La Femme aux pieds nus*, Folio, p. 13.

FICHE 4

Éthique et santé

1. L'éthique

Définition de l'éthique

C'est une discipline qui réfléchit sur les comportements humainement acceptables par la société à un moment donné de son histoire. Elle suit l'évolution des connaissances et des mentalités.

L'éthique professionnelle regroupe les valeurs dans lesquelles une profession se reconnaît.

Dans le domaine de la santé, on parle de **bioéthique**, sous-division de l'éthique orientée sur les questions de médecine. Les progrès en médecine ont été particulièrement importants depuis un siècle. La question qui revient à l'éthique est de savoir si l'on doit faire tout ce que l'on sait faire. Quels peuvent être les bénéfices de telle ou telle pratique ? Quels peuvent en être les inconvénients et les dérives possibles ? Avec toujours en toile de fond le **respect de la personne humaine**.

L'éthique tient une place prépondérante en particulier sur tout ce qui a trait aux âges extrêmes de la vie : la naissance (et même la vie avant la naissance) et la mort.

De nombreuses questions de société se posent en termes d'éthique :

- La gestation pour autrui (mères porteuses)
- Le don d'organes
- L'euthanasie, les soins palliatifs, la définition de la mort
- Les « bébés médicaments »
- Le respect de l'autonomie des personnes dépendantes

Au niveau national, le **Comité consultatif national d'éthique** a été créé en 1983. Il regroupe des chercheurs, des médecins de diverses spécialités (pédiatrie, oncologie, immunologie, embryologie, etc.), des philosophes, des représentants religieux, des sociologues, des parlementaires, des professeurs de droit, des juristes, des psychologues, etc.

Le CCNE peut être saisi d'une question par le président de la République, les présidents des Assemblées parlementaires (Sénat, Assemblée nationale) ou un établissement d'enseignement supérieur. Il élabore un rapport et rend ensuite un avis consultatif répondant à la question posée.

De nombreuses autres instances ont vu le jour depuis, souvent orientées vers une thématique en particulier (Espace national de réflexion éthique sur la maladie d'Alzheimer, par exemple). Certains centres de recherche disposent également d'une approche éthique (INSERM, institut Pasteur, par exemple). De même, des comités d'éthique ont vu le jour au niveau régional ou interrégional.

La loi du 4 mars 2002 prévoit que les **établissements de santé** « mènent, en leur sein, une réflexion sur les questions éthiques posées par l'accueil et la prise en charge médicale ». Ces comités locaux d'éthique permettre de répondre aux questions que se posent les professionnels des établissements vis-à-vis d'une problématique qui leur est propre, dans leurs pratiques professionnelles quotidiennes. Ce sont des espaces de réflexions et de concertation de proximité, autour de thèmes sensibles mis en exergue dans la pratique professionnelle.

2. Exemple d'un problème éthique posé à la société : l'épidémie Ebola

Mode de contamination de la maladie à virus Ebola, appelée également « fièvre hémorragique »

Contamination interhumaine par contact avec du sang, des sécrétions, des organes ou des liquides biologiques de personnes infectées, surtout au cours de la phase d'état de la maladie.

Signes de la maladie

Incubation	**2 à 21 jours**
Phase d'invasion	Hyperthermie supérieure à 38,5 °C, asthénie, myalgies, céphalées, irritation de la gorge
Phase d'état	Vomissements, diarrhée, éruption cutanée, insuffisance rénale et hépatique et, dans certains cas, hémorragies internes et externes
Évolution	Mort dans 50 à 90% des cas, suivant le virus en cause

Les traitements

Il n'existe pas de traitement spécifique de la maladie. On se contente de traiter les symptômes (la déshydratation en particulier). À l'heure actuelle, il n'y a ni vaccin, ni médicaments enrayant cette maladie.

Une épidémie très importante sévit depuis le début de l'année 2014 dans plusieurs pays d'Afrique avec un risque de diffusion au niveau mondial (les virus voyagent avec les hommes et les moyens modernes de communication, comme l'avion par exemple). Cette épidémie a déjà fait de nombreuses victimes et risque d'en faire encore beaucoup plus.

D'où la question éthique que se posent aujourd'hui les autorités : faut-il diffuser des traitements qui n'ont pas encore été homologués et dont les effets sur l'être humain ne sont pas encore connus ?

FICHE 5

Soins palliatifs et accompagnement des personnes en fin de vie

1. Les soins palliatifs

Définition

« Les soins palliatifs sont des soins actifs délivrés dans une approche globale de la personne atteinte d'une maladie grave, évolutive ou terminale. L'objectif des soins palliatifs est de soulager les douleurs physiques et les autres symptômes, mais aussi de prendre en compte la souffrance psychologique, sociale et spirituelle.

Les soins palliatifs et l'accompagnement sont interdisciplinaires. Ils s'adressent au malade en tant que personne, à sa famille et à ses proches, à domicile ou en institution. La formation et le soutien des soignants et des bénévoles font partie de cette démarche[1]. »

Positionnement éthique

- La personne malade reste jusqu'à la fin un être vivant.
- La mort un processus naturel.
- Les investigations et les traitements déraisonnables sont évités.
- Refus de provoquer intentionnellement la mort.
- La meilleure qualité de vie est recherchée.
- Un soutien aux proches en deuil est proposé.
- Ce positionnement (recherches, enseignement, pratiques cliniques) est promulgué.

Les soins palliatifs s'exercent en équipes pluridisciplinaires (médecins, infirmiers, aides-soignants, psychologues, bénévoles...) en établissements spécialisés pour cet accueil, en établissement ayant des lits de soins palliatifs ou à domicile. La formation et le soutien des professionnels est aussi une préoccupation, car être confronté à la mort dans son quotidien professionnel n'est pas sans répercussion.

---

1. Définition proposée par la Société française d'accompagnement et de soins palliatifs.

Témoignage

« J'ai fait un stage en maison de retraite, en soins palliatifs. Une personne âgée de sexe masculin était en fin de vie. L'équipe soignante savait qu'il décéderait prochainement. J'ai fait sa toilette et les soins de confort avec une aide-soignante. Cette personne est décédée pendant la toilette, je lui tenais les mains. J'ai longtemps été perturbée, mais j'ai été aussi rassurée à la fois, car il n'est pas parti seul, j'étais là avec lui et l'accompagnement en fin de vie me semble très important, voire indispensable. » **Élodie**

2. Droits des patients

Texte	Éléments en relation avec la fin de vie
La Charte du patient hospitalisé	Attention à la douleur, particulièrement en fin de vie. La personne hospitalisée est traitée avec égard. Ses croyances sont respectées.
La Charte des droits et libertés des personnes âgées dépendantes	Soins et assistance doivent être procurés à la personne en fin de vie et à sa famille.
La loi du 9 juin 1999	Tout citoyen peut accéder aux soins palliatifs. Un salarié peut bénéficier d'un congé de solidarité familiale, non rémunéré, de 6 mois maximum pour accompagner un ascendant, un descendant ou une personne partageant le domicile, faisant l'objet de soins palliatifs. Il existe toutefois une allocation spécifique (pour 21 jours).
La loi du 22 avril 2005	La personne malade a le droit de refuser un traitement. Une personne peut rédiger des directives anticipées en ce qui concerne sa fin de vie. Pas d'obstination déraisonnable de la part des médecins. Obligation d'une procédure collégiale pour les situations de limitations de soins ou d'arrêt de traitement quand la personne n'est pas en état d'exprimer ce qu'elle souhaite et que la poursuite des soins maintiendraient artificiellement la vie.

3. Les symptômes corporels accompagnant la fin de vie

Un des objectifs des soins palliatifs est d'assurer la meilleure qualité de vie possible jusqu'à la fin. La prise en compte des défaillances corporelles est active ; tous les besoins sont perturbés et les perturbations agissent les unes sur les autres (liens).

Tableau récapitulatif des principaux symptômes et actions

Symptômes	Commentaires
Anorexie	Perte de l'appétit liée à l'état général très affaibli.
Asthénie	Due à la dégradation de l'état général ; la personne n'a plus d'énergie.
Amaigrissement	Peut être important.
Douleur	Évaluer, réajuster les traitements (souvent dérivés morphiniques ou morphine).
Sécheresse buccale	Liée à la respiration par la bouche, aux traitements, aux mycoses.
Troubles du transit	Diarrhée, constipation.
Troubles de la fonction urinaire	Incontinence, rétention, sensation de pesanteur, infections urinaires.
Troubles du sommeil	Insomnie, réveils nocturnes fréquents.
Troubles de la vigilance	Souvent présents.
Troubles de la respiration	Dyspnée, encombrements, ralentissement.
Troubles cutanés	Risque d'escarres

4. L'accompagnement d'une personne en fin de vie

Les actions sur le plan corporel viseront à améliorer l'inconfort pour la personne et à l'aider pour ce qu'elle ne peut faire elle-même, en tenant compte des habitudes, de l'état de fatigue et de l'état psychologique de cette personne. Le toucher prend une grande importance et les « massages de confort, non thérapeutiques » peuvent aider la détente corporelle et apaiser la sensation de corps douloureux.

L'accompagnement se fera aussi en fonction des besoins psychologiques et/ou spirituels de la personne. Certaines personnes ont peur de rester seules, d'autres en ont besoin.

Quelques indications

– Accueillir les émotions de la personne, l'aider à les verbaliser (écoute active, reformulation, relation d'aide, etc.)

– Être congruent : Marie de Hennezel dit que le mourant a des « antennes particulièrement fines » et qu'il ressent très particulièrement la frayeur, la tristesse ou la tentation de fuite de ceux qui l'entourent (soignants et/ou proches).

– Manifester jusqu'au bout un intérêt positif inconditionnel à la personne, de l'empathie. « C'est dans le regard de l'autre que je vois si je suis encore aimable, c'est dans la manière dont il me parle, dont il prend soin de moi, que je sens si je fais encore partie du monde des vivants[1]. »

– Faire preuve de douceur, de tact à tout instant.

1. Marie de Hennezel, *Nous ne nous sommes pas dit au revoir*, Robert Laffont, 2002.

– Respecter l'étape où se situe la personne (stades du « mourir »).
– Favoriser la présence des proches (si la personne le souhaite).
– Accompagner les proches : ils vont traverser les mêmes épreuves psychologiques que le mourant.

5. L'accompagnement des proches

La démarche d'accompagnement est la même que pour tout accompagnement.

Les proches vont traverser eux aussi différents stades de bouleversement psychologique passant par une première phase de choc, une dépression réactionnelle. Ils vont ensuite pouvoir se rétablir et reprendre une vie nécessairement différente puisque la perte intègre dès lors leur histoire de vie. La mort d'un proche repositionne tout ce qui s'est passé comme histoire commune.

6. Prise en charge des personnes décédées

(Se reporter au module 3)

– Constatation du décès par le médecin + établissement d'un certificat médical de décès.
– Toilette mortuaire (après la constatation du décès). Actuellement les toilettes mortuaires sont de plus en plus souvent réalisées par les agents des pompes funèbres.
– Respect des pratiques religieuses (voir module 1).
– Accueil et présentation du corps à la famille.

ZOOM SUR

Technique de soin : la toilette mortuaire (se réalise après le constat du décès par le médecin)

– Fermer les yeux (utiliser des compresses humides – plus lourdes – si besoin).
– Fermer la bouche en ayant remis si possible le dentier (Stéri-Strip, colle et/ou maintien du menton avec une serviette roulée dessous ou en installant un collier cervical).
– Laver le corps en ayant enlevé les appareillages. S'il y en a que l'on ne peut enlever, le noter dans un inventaire.
– Protéger des écoulements en posant un change anatomique complet et en obstruant l'anus avec du coton cardé.
– Protéger le lit avec une alèse imperméable (carré bleu).
– Habiller le défunt avec les vêtements si possible choisis par la famille.
– Refaire le lit.
– Installer le défunt en fonction de sa religion si besoin.

FICHE 6

Démarche d'information et d'éducation

1. Principes de la démarche d'information et d'éducation

La démarche d'information

Informer consiste à donner des informations… Une démarche signifie que la manière de faire a été réfléchie en amont.

On peut transposer la méthode des 3QOCP (méthodologie destinée à la résolution de problème initialement) pour avoir un fil conducteur.

ZOOM SUR

Les 3QOCP

Quelle est la situation, l'enjeu, quelles sont les informations à dispenser ?
Qui a besoin d'informations, qui les donnent ?
Quand ? À quels moments informer ? (ne pas oublier que trop d'informations simultanées entraînent des oublis)
Où ? Quel est l'endroit le plus judicieux pour dispenser les informations ?
Comment ? Quel support puis-je choisir ? (entretien oral, livret écrit, etc.)
Pourquoi ? Qu'est-ce que je vise par cette information ? Qu'est-ce que je cherche à obtenir ?

La démarche d'éducation

Elle est nécessaire quand l'état de santé d'une personne a besoin d'évoluer ou de se maintenir sans complications, en changeant des habitudes de vie. Ex. : éducation alimentaire dans le cadre d'un régime.

Elle comporte le plus souvent :
- une évaluation des compétences de la personne à cette éducation ;
- un « contrat » négocié avec la personne : son adhésion, des objectifs réalistes et progressifs (on ne peut éduquer quelqu'un qui ne le veut pas) ;
- des apports d'informations (voir démarche d'informations) et une vérification de leur compréhension ;
- un accompagnement dans la durée : bilan, écoute de la personne, où elle en est, ce qui difficile pour elle, nouveaux objectifs…

2. Accueil et information de la personne et de son entourage

L'AS, en tant que membre à part entière de l'équipe pluriprofessionnelle, tient une place importante dans l'accueil des usagers (patients et entourage). La qualité de l'accueil reçu aura souvent un impact indélébile sur la satisfaction, ou la non-satisfaction, des personnes prises en charge dans l'établissement. Si l'accueil est mal vécu, tout le reste du déroulement de l'hospitalisation restera entaché de cet accueil « raté » !

Dans tous les cas, il faut limiter au maximum les temps d'attente et, s'ils sont incontournables, expliquer aux personnes la raison de l'attente et le délai prévisible à envisager (ne pas la laisser attendre indéfiniment, sans lui adresser le moindre regard, la moindre parole, la moindre attention...). Le sentiment d'abandon que peut ressentir les personnes peut être fort désagréable. Même si la charge de travail est importante ou que l'arrivée des personnes est concomitante avec une situation d'urgence, le patient qui arrive ne doit pas s'en rendre compte.

Avant de faire entrer les personnes dans la chambre	Vérifier qu'elle est bien prête : – ménage fait, – lit fait, – rangement fait.
Civilités	Lorsque les personnes arrivent dans le service dans lequel vous travaillez, allez au devant d'elles et les accueillir sans délai. « Bonjour madame, monsieur, je suis..., aide-soignant du service. Je vous accompagne à votre chambre... », le tout avec le sourire et l'air avenant.
Présentation des lieux	**Présentation des lieux communs** : salle de soins, secrétariat, salle d'attente, accès ascenseurs et escaliers, cafétéria, etc. **Présentation de la chambre** : fonctionnement du lit médicalisé, de la sonnette, de la salle de bains et WC, fonctionnement des systèmes occultant les fenêtres, du coffre-fort, de la télévision, du téléphone... En cas de chambre à deux lits, présentation du voisin de chambre.
Présentation de l'organisation générale	Horaires des repas. Horaires et limites des visites (âges des visiteurs, nombre de visiteurs en même temps). Horaires (ou jour suivant les cas) des visites de médecins. Possibilités de services « complémentaires », comme coiffeur, pédicure, bibliothèque, offices religieux, animations...
Réponses aux questions	Répondre aux questions posées **dans les limites des compétences de l'AS**, sinon indiquer à qui la personne peut se référer ou aller directement relayer la question auprès de la personne adéquate (IDE, médecin, secrétaire...). Dans tous les cas, une réponse honnête et sincère s'impose, ce qui permettra l'installation d'un climat de confiance entre l'AS et le patient et son entourage.

Pour le personnel soignant, l'établissement est un peu comme une deuxième maison que l'on connaît par cœur. Pour les usagers et leur entourage, il en est tout autrement, c'est un monde plutôt hostile, source de stress et rien n'est évident.

3. Participation à l'éducation thérapeutique d'une personne

L'aide-soignant est un collaborateur de l'équipe de soins et, à ce titre, il a un rôle de participation à l'éducation thérapeutique d'une personne.

Il doit :

– connaître la démarche d'éducation thérapeutique en cours pour la personne, les objectifs de cette démarche, les informations « scientifiques » générales données à la personne pour participer à la cohérence de l'équipe : ne pas tenir de propos contraires, adapter ses actions de manière pertinente ;

– transmettre à l'infirmier les questionnements, interrogations, doutes, etc. que la personne a pu lui adresser dans ce cadre ;

– valoriser la personne dans son apprentissage du changement (ne pas pointer ses « dérapages » ou ses manques).

FICHE 7

Secret médical et secret professionnel

1. Le secret médical

Il se base sur un principe déontologique essentiel :

« Admis à l'intérieur des maisons, mes yeux ne verront pas ce qui s'y passe et ma langue taira les secrets qui me sont confiés. » Hippocrate, ve siècle avant J.-C.

Ce secret est étendu à **tous les professionnels de santé**, qui de par leur travail, sont susceptibles de recueillir des informations sur les personnes soignées.

2. Le secret professionnel

Article 226-13 du **Code pénal** : « La révélation d'une information à caractère secret par une personne qui en est dépositaire soit par état, soit par profession, soit en raison d'une fonction ou d'une mission temporaire, est punie d'un an d'emprisonnement et jusqu'à 15 000 € d'amende. »

Ce principe est repris dans la **Loi n° 2002-303 du 4 mars 2002** relative aux droits des malades et à la qualité du système de santé.

À noter

Le secret professionnel couvre l'ensemble des informations concernant la personne, non seulement ce qui vous a été confié, mais aussi ce que vous avez vu, lu, entendu, constaté ou compris : les faits confiés par le patient ou appris par son entourage ; les faits découverts, déduits ou compris du fait de la maladie ; la révélation de la maladie elle-même et de son traitement ou pronostic ; et tout élément de la vie privée du patient (mésentente familiale, situation financière, pratiques de nature privée).

5

3. Objectif

L'objectif est de protéger l'intimité de la personne prise en charge, donc ses intérêts. Ainsi il permet d'instaurer et de maintenir un climat de confiance entre professionnels de santé et usagers.

La **notion de secret partagé** autorise un professionnel à faire part à un autre professionnel d'un secret dans le seul but de **permettre la continuité des soins ou pour permettre la meilleure prise en charge possible**.

ZOOM SUR

Petites situations à risque de transgression du secret professionnel

– Si Mlle A, qui est aide-soignante, rencontre sa collègue Mme B dans le cadre privé, elles n'ont pas à discuter sur le cas d'un patient de leur service.

– Aucun membre de l'équipe ne doit prononcer le nom d'un patient dans un lieu commun (couloir, ascenseur, fumoir, cafétaria, etc.).

– Lors d'un repas de famille, un de vos proches peut vous demander si sa voisine ou sa belle-mère « va bien », sachant qu'elle est hospitalisée dans votre service ; le secret professionnel vous interdit de répondre à cette question.

4. Informations médicales

– **Seul le médecin peut donner des informations médicales concernant un de ses patients**, sous réserve qu'il en ait eu l'autorisation au préalable par le patient lui-même ou par la désignation de la personne de confiance par exemple, même devant un tribunal.

– Attention au rangement des dossiers médicaux, aux supports papier de transmissions, aux panneaux d'affichage ou feuilles de température…

– Aucun membre de l'équipe n'est autorisé à donner des informations à un journaliste. Lorsqu'un personnage public est hospitalisé, la source des informations divulguées doit rester la famille ou l'attaché de presse, mais en aucun cas un membre de l'équipe

– Aucun membre de l'équipe n'est autorisé à donner de renseignements sur un patient par téléphone à qui que ce soit.

– Attention à vos travaux en tant qu'élève AS, prises de notes et fiche de présentation de DDSI. Penser à préserver l'anonymat des patients.

5. Dérogation à l'obligation du secret professionnel

La seule situation qui autorise à la transgression du secret professionnel (article 226-14 du Code pénal), relève du signalement de sévices, de maltraitance sur une personne n'étant pas en mesure de se protéger ou, avec l'accord de la victime, en cas de violences sexuelles.

Partie 6

M6 Hygiène des locaux hospitaliers

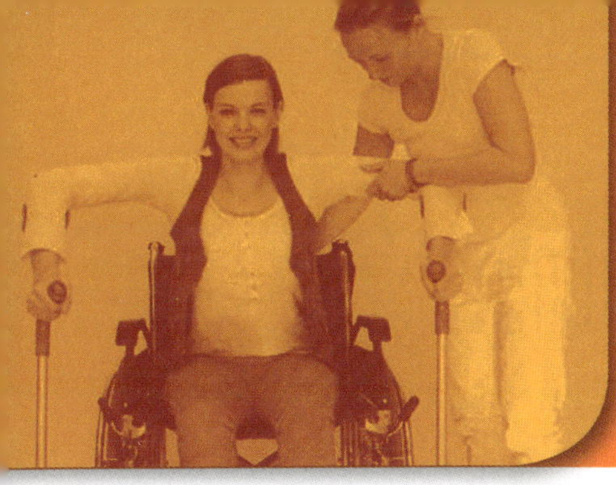

Présentation du module 6

→ **Compétence :** Utiliser les techniques d'entretien des locaux et du matériel spécifique aux établissements sanitaires, sociaux et médico-sociaux.

→ **Durée :** 35 heures

→ **Objectifs de formation :** Dans le cadre du rôle propre de l'infirmier, en collaboration avec lui et sous sa responsabilité, être capable de :

– Identifier et choisir le matériel et les produits appropriés.

– Doser et utiliser les produits en fonction des procédures et des fiches techniques.

– Utiliser les techniques de nettoyage appropriées, notamment pour lutter contre les infections nosocomiales, en appliquant les protocoles et les règles d'hygiène et de sécurité.

– Identifier et respecter les circuits d'entrée, de sortie et de stockage du linge, des matériels et des déchets.

– Installer le mobilier et le matériel de la chambre en l'adaptant à l'état de la personne.

– Utiliser les techniques de rangement et de stockage adaptées.

– Apprécier l'efficacité des opérations d'entretien et identifier toute anomalie.

– Repérer toute anomalie dans le fonctionnement des appareils médicaux et alerter.

→ **Évaluation :**

– Épreuve écrite, anonyme, d'une durée de 1heure , notée sur 20. Obtenir la moyenne.

– Validation de la compétence 6 en stage.

FICHE 1 Infection et désinfection

Définition

État d'un organisme envahi par un micro-organisme.

Pour qu'il y ait infection, il faut un agent infectieux (micro-organisme), un terrain fragilisé et un mode de transmission.

1. Les micro-organismes

Il existe **cinq formes** de micro-organismes en cause : les bactéries, les virus, les champignons, les protozoaires et les agents transmissibles non conventionnels.

Les bactéries

Ce sont des êtres unicellulaires qui peuvent se multiplier extrêmement rapidement. Elles ont un rôle essentiel dans l'écosystème planétaire.

La flore commensale regroupe les bactéries présentes de façon normale sur la peau et les muqueuses. Elle joue un rôle de protection de l'organisme hôte vis-à-vis d'autres germes pathogènes. Elle est difficile à éliminer.

La flore transitoire est constituée de tous les micro-organismes qui sont accidentellement déposés lors de contacts avec l'environnement. Elle est superficielle, facile à éliminer. Elle peut être à l'origine d'une infection, donc pathogène.

ZOOM SUR

Principales bactéries à connaître :

– les staphylocoques, responsables de furoncles, de panaris et de septicémies ;
– les streptocoques responsables d'angines et de méningites ;
– les pneumocoques, responsables de pneumonie ;
– les bacilles de Nicolaïer responsable du tétanos ;
– les bacilles de Koch, responsables de la tuberculose.

Les virus

Ce sont des parasites ; ils vivent aux dépens d'un autre être vivant et se multiplient en milliers d'exemplaires, entraînant la mort de la cellule hôte ; ce sont ces cellules infectées qui vont propager la maladie virale ; ils sont très contagieux. Ils sont insensibles aux antibiotiques.

Parmi les virus, on peut nommer :
- les virus de la grippe ;
- le virus responsable du SIDA ;
- les virus responsables des « rhumes » ;
- le virus responsable de la poliomyélite.

Les champignons

Ils font partie du monde des végétaux. Ils sont responsables des mycoses. Ils sont très contagieux et sont responsables de nombreux cas d'infections nosocomiales, parfois mortels.

Parmi les champignons, l'aide-soignant rencontrera principalement :

- Le Candida albicans
- L'Aspergillus

Les protozoaires

C'est une autre forme de micro-organisme. Ils peuvent aussi être très contagieux et sont responsables par exemple de la toxoplasmose, du paludisme, de certaines formes de dysenterie.

Les prions

Une nouvelle catégorie de micro-organismes potentiellement très pathogène a été mise en évidence ces dernières années, les agents transmissibles non conventionnels (ATNC) ou prions. Les connaissances actuelles sont encore très parcellaires, il semble que ce soit des protéines infectieuses qui se fixent préférentiellement sur le système nerveux, l'œil et l'oreille interne. Ils sont responsables des encéphalopathies spongiformes bovines, autrement dit de la « maladie de la vache folle ». Les infections à prions sont mortelles dans 100 % des cas.

2. Le terrain favorable aux infections

Il s'agit de toutes les circonstances au cours desquelles un sujet est susceptible de contracter une infection, c'est-à-dire les âges extrêmes de la vie (nouveau-nés, personnes âgées), les phases de maladie, et un terrain fragilisé ou un état de santé précaire.

3. Le mode de transmission

Pour qu'il y ait infection, il faut obligatoirement qu'il y ait une **porte d'entrée** permettant au micro-organisme de pénétrer dans le corps. On distingue plusieurs possibilités, qu'il est important d'identifier pour pouvoir proposer un traitement :

– par voie transcutanée, à l'occasion d'une lésion de la peau (plaie, piqûre d'insecte, injection) qui altère l'intégrité de la peau. Sans lésion, les micro-organismes ne peuvent franchir la barrière de la peau ;
– par voie respiratoire ;
– par voie digestive ;
– par voie génitale ;
– par voie urinaire ;
– par voie ophtalmique ;
– par voie placentaire.

4. Les moyens de défense du corps contre l'infection

Premier rempart : les barrières naturelles du corps

La peau est une barrière physique infranchissable qui empêche le germe de pénétrer à l'intérieur du corps.

Du point de vue respiratoire, la toux et l'éternuement, mais aussi le mucus produit par les bronches et les cils qui tapissent la muqueuse respiratoire sont des moyens de rejeter les micro-organismes contractés par la respiration.

L'acidité de l'estomac et la muqueuse génitale y contribuent également, tout comme les larmes.

Le système immunitaire

Lorsqu'un micro-organisme a réussi à passer cette première ligne de défense, le système immunitaire prend le relais. Les cellules spécifiques du système immunitaire sont les globules blancs ou leucocytes. Il existe deux types de globules blancs : les phagocytes et les lymphocytes. Les phagocytes interviennent en première ligne, dès qu'un agent étranger au corps y pénètre, que ce soit un micro-organisme ou tout autre élément étranger reconnu comme non-soi. Cet agent étranger est nommé antigène. L'activité des phagocytes est dite non spécifique car ils interviennent de la même façon, quel que soit le problème rencontré. Ils se fixent sur l'antigène, l'incorporent dans leur cytoplasme et le digèrent : c'est la phagocytose, d'où leur nom de phagocyte, « cellule qui mange ».

La phagocytose

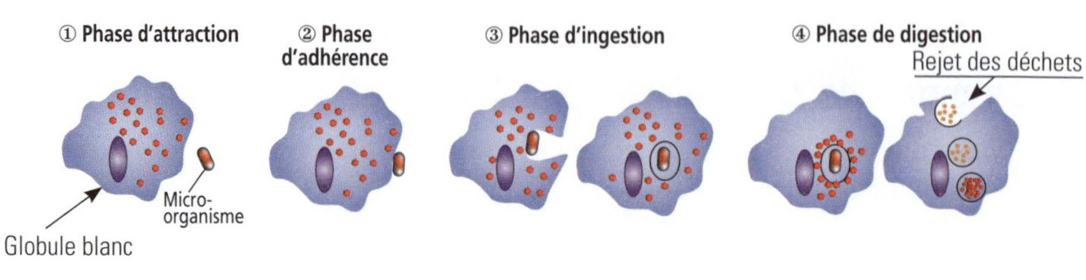

Les phagocytes ont la capacité de traverser la paroi des vaisseaux sanguins dans lesquels ils circulent afin de se rendre sur les lieux d'une agression ; c'est la **diapédèse**.

Pour favoriser l'acheminement des leucocytes, les vaisseaux sanguins à proximité vont se dilater, provoquant un **œdème local**, une **rougeur**, une **douleur** et une **chaleur**. C'est la **réaction inflammatoire**.

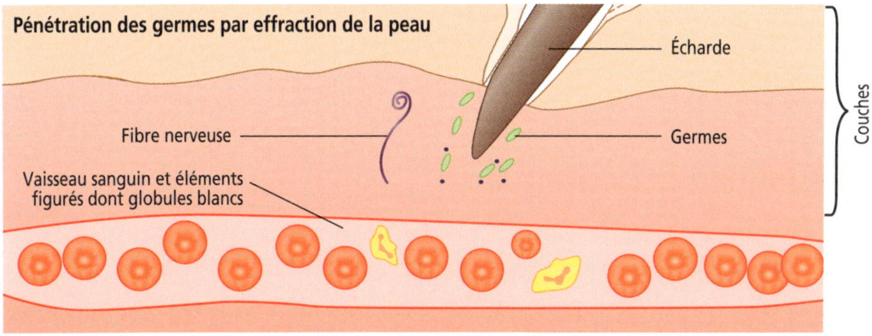

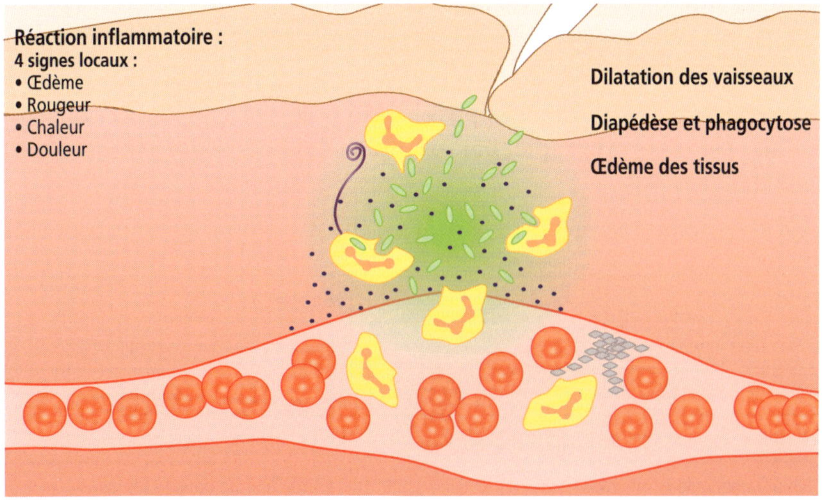

Les phagocytes peuvent appeler en renfort d'autres globules blancs, appelés **lymphocytes**, lorsqu'ils n'arrivent pas à vaincre le micro-organisme agresseur. Ils vont aller vers les ganglions lymphatiques les plus proches et vont apporter « un échantillon » de l'antigène. Les lymphocytes sont capables de fabriquer une arme ciblant spécifiquement l'antigène en cause : ce sont les **anticorps**. Les lymphocytes peuvent mettre plusieurs jours à fabriquer les anticorps, en revanche ils gardent en mémoire les caractéristiques de l'antigène pour pouvoir réagir plus rapidement lors d'une agression ultérieure. Une fois fabriqués, les anticorps vont aller atteindre et détruire l'antigène qui leur correspond qui sera ensuite éliminé par les phagocytes.

Toute cette activité du système immunitaire s'accompagne de signes généraux :
- hyperthermie ;
- œdème des ganglions lymphatiques ;
- asthénie.

Si on fait une prise de sang, on peut aussi observer une augmentation des leucocytes circulant dans le sang.

Si l'association des phagocytes et des lymphocytes n'a pas réussi à anéantir l'antigène, l'infection peut se généraliser par voie sanguine et lymphatique : c'est la septicémie.

5. Vaccination et sérothérapie

Pour éviter certaines infections, nous avons un moyen de renforcer les défenses immunitaires, pour être prêts en cas de contamination ; c'est la **vaccination.**

Les vaccins ont été inventés en utilisant les capacités des lymphocytes à fabriquer des anticorps et à garder en mémoire leurs caractéristiques. Ainsi, à partir de micro-organismes, atténués ou tués, inoculés dans l'organisme, les lymphocytes vont fabriquer les anticorps correspondants afin de nous immuniser contre une maladie spécifique.

En cas d'urgence, il est aussi possible de nous injecter des anticorps prêts à l'emploi, c'est la **sérothérapie,** par exemple en cas de suspicion d'infection par le bacille du tétanos.

La différence entre vaccin et sérum est illustrée dans le tableau ci-dessous :

Vaccin	Sérum
Injection d'antigène inactivé ou tué.	Injection d'anticorps prêts à l'emploi.
Réaction active du corps qui va fabriquer des anticorps.	Réaction passive du corps.
Effet retardé, le temps de fabrication des anticorps.	Effet immédiat des anticorps injectés.
Action prolongée dans le temps.	Action limitée dans le temps.

Les vaccinations obligatoires en France :

- diphtérie ;
- tétanos ;
- poliomyélite.

Le DTP, qui regroupe ces trois vaccinations en une seule, nécessite deux injections à deux mois d'intervalle (2 mois et 4 mois) et un rappel pour les nourrissons (11 mois). Pour les enfants, il faudra encore une injection à l'âge de 6 ans et une autre vers 12 ans. Ensuite, pour les adultes, des rappels de vaccination doivent être faits à âge fixe : 25 ans, 45 ans, 65 ans, puis tous les dix ans à partir de 65 ans.

D'autres vaccins peuvent être recommandés selon les cas (coqueluche, rougeole, oreillons, rubéole, grippe, hépatite, tuberculose).

Par ailleurs, la vaccination contre l'hépatite B est obligatoire pour le personnel de santé en France (en plus du DTP). Elle est suivie par la médecine du travail et conditionne l'embauche.

Pour plus d'informations :
http://www.inpes.sante.fr/10000/themes/vaccination/calendrier/calendrier-vaccination.asp

FICHE 2

Prévention des infections associées aux soins (AIS)

1. Définition (CTINILS 2007)

Une infection est dite associée aux soins si elle survient au cours ou au décours d'une prise en charge (diagnostique, thérapeutique, palliative, préventive ou éducative) d'un patient ET si elle n'était ni présente, ni en incubation au début de la prise en charge.

Remarque importante : lorsque l'état infectieux au début de la prise en charge n'est pas connu précisément, un délai d'au moins 48 heures ou un délai supérieur à la période d'incubation est couramment accepté pour définir une IAS.

Quelques précisions :

- Il s'agit là de toute infection contractée lors d'une prise en charge.
- Une infection à distance de la prise en charge peut être considérée comme associée aux soins. En effet, en cas d'intervention chirurgicale, une infection du site opératoire est dite associée aux soins si elle survient dans les 30 jours suivant l'intervention (même si le patient est rentré chez lui entre-temps). De même une infection est associée aux soins si elle se déclare dans l'année qui suit la pose d'une prothèse ou d'un implant.
- Une infection associée aux soins concerne aussi bien les patients, que le personnel hospitalier et que les visiteurs.
- Cela concerne toute infection contractée lors d'une prise en charge, quel que soit le lieu où l'acte de soin est réalisé (établissement hospitalier, EHPAD, domicile, etc.).
- L'acte de soin concerné peut être diagnostique (examen de laboratoire par exemple), thérapeutique (injection d'anticoagulant par exemple), de dépistage (glycémie capillaire par exemple) ou de prévention primaire (vaccination par exemple).

La définition d'une infection nosocomiale était auparavant plus restrictive, puisqu'elle ne concernait que les personnes prises en charge (pas le personnel, ni les visiteurs), était applicable aux soins dispensés en établissements de santé (pas au domicile) et ne prenait en compte que les soins délivrés par un professionnel de santé (pas par le patient lui-même, ni par un aidant initié par un professionnel de santé).

2. AIS et germes les plus fréquents

(suivant l'Enquête nationale de prévalence 2012)

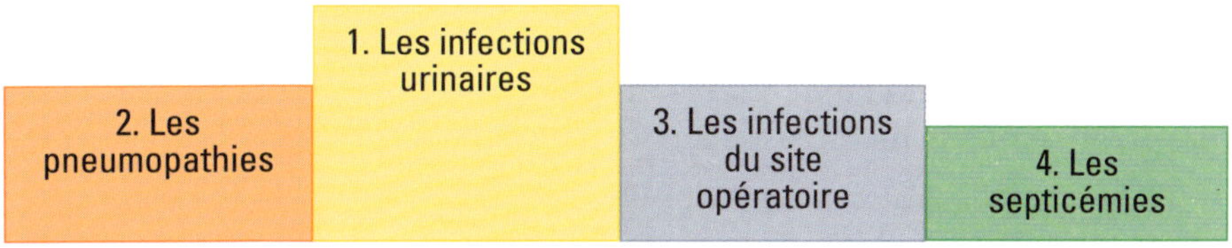

3. Micro-organismes les plus fréquents

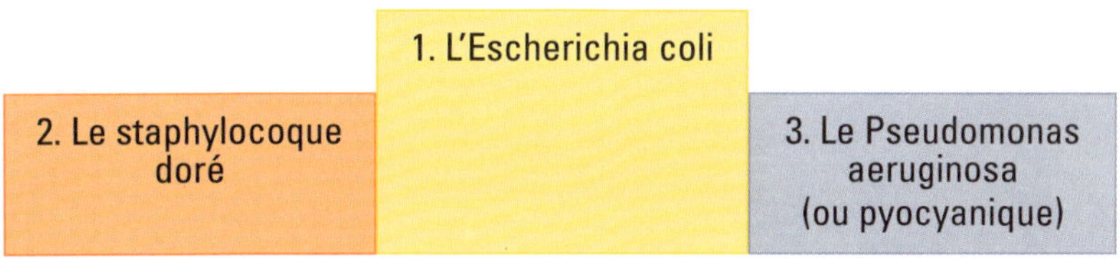

4. Patients à risque

Les patients à risque sont en particulier les personnes hospitalisées dans des services de court séjour, surtout en **réanimation**, présentant une **comorbidité** (d'autres pathologies associées) et les patients pour lesquels sont utilisés certains **dispositifs médicaux** (perfusion, sonde vésicale, par exemple).

5. Conséquences des AIS

Suite à une extrapolation d'une enquête réalisée par le C-CLIN Paris-Nord, on estime à près de 9 000 par an le nombre de **décès** liés à une infection associée aux soins en France. Hormis le **coût humain** de ces infections, il ne faut pas négliger le **coût économique** représenté par les examens de laboratoires ou radiologiques, les traitements anti-infectieux mis en place, l'allongement des durées de séjour à l'hôpital et/ou d'arrêt de travail. Entre le coût humain et le coût économique, il est clair que la lutte contre les infections associées aux soins est primordiale.

6. Surveillance des AIS

La lutte contre les infections associées aux soins fait l'objet depuis vingt ans d'un effort sans précédent au niveau national et a été développée à travers divers plans de santé publique. Le dernier en date est le plan national stratégique de prévention des infections associées aux soins 2009/2013. Celui-ci se décline en cinq sous-parties en fonction des lieux de soins concernés et des sujets privilégiés :

– Programme national de prévention des infections nosocomiales, pour les établissements de santé.

– Programme national de prévention des infections associées aux soins pour les établissements médico-sociaux (EHPAD, MAS et FAM).

– Plan d'amélioration pour la prévention des infections associées aux soins pour les soins de ville.

– Plan pour préserver l'efficacité des antibiotiques.

– Plans pour la maîtrise des BMR.

Ainsi, différentes instances ont pour objectif l'étude, le suivi et la prévention des infections associées aux soins, du plus haut niveau de l'État jusqu'aux établissements de santé, comme figuré sur le schéma ci-dessous :

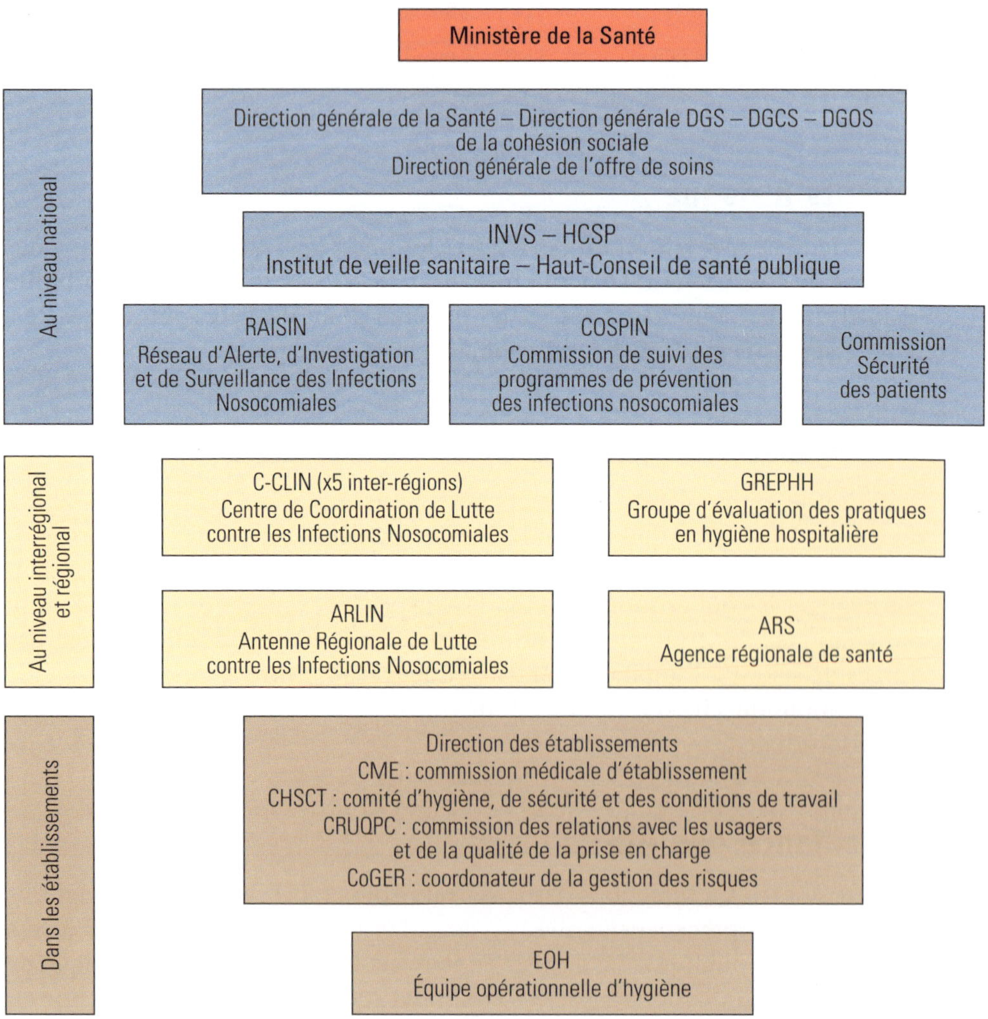

7. L'équipe opérationnelle d'hygiène

Au niveau des établissements de soins, sous la responsabilité de la direction et en collaboration étroite avec les différentes instances, une EOH (équipe opérationnelle d'hygiène) doit être constituée.

Elle a un rôle d'expertise dans la lutte contre les infections associées aux soins. Son action s'inscrit dans une démarche globale d'amélioration continue de la qualité et de la sécurité des soins.

Elle est composée en fonction de la taille de l'établissement au minimum d'un(e) infirmier(e) à temps plein pour 400 lits d'hospitalisation et d'un(e) médecin ou pharmacien(ne) à temps plein pour 800 lits d'hospitalisation. Cette équipe peut être complétée par d'autres personnels (secrétaires, techniciens, etc.). Chaque membre de l'EOH doit avoir suivi une formation spécifique en hygiène hospitalière.

ZOOM SUR

Les missions de l'EOH

– Impulser et coordonner la gestion du risque infectieux.
– Participer à la surveillance des infections associées aux soins au niveau régional.
– Promouvoir la formation et l'information des professionnels et des usagers des établissements de soins.
– Définir le programme de prévention des infections associées aux soins au sein de l'établissement.
– Organiser les évaluations des pratiques professionnelles en matière d'hygiène dans l'établissement.
– Participer aux actions de maîtrise de l'acquisition de résistances aux anti-infectieux des micro-organismes et en limiter leur diffusion (BMR).
– Participer à l'aménagement des locaux et aux projets d'acquisition de nouveaux équipements lorsqu'ils peuvent avoir une incidence sur les infections associées aux soins.
– Assurer une veille scientifique et réglementaire en matière de prévention des infections associées aux soins.

Dans les établissements de taille plus modeste, l'EOH est mutualisée dans une équipe inter-établissements ou une convention est passée avec l'EOH d'un établissement de soins de proximité.

FICHE 3

Hygiène et sécurité dans les hôpitaux : le CHSCT

CHSCT : Comité d'hygiène, de sécurité et des conditions de travail

C'est une institution représentative du personnel, obligatoire dans toutes les entreprises d'au moins 50 salariés. Son rôle est de veiller à la santé et à la sécurité de toutes les personnes qui travaillent dans l'établissement et de participer à l'amélioration des conditions de travail.

Il est composé du chef d'établissement qui le préside et d'une délégation du personnel désignée par des membres du comité d'entreprise et les délégués du personnel. Ses membres bénéficient d'une formation spécifique relative à leur mission.

Dans ses attributions, on trouve l'analyse des risques professionnels et la conformité avec les prescriptions législatives et réglementaires de l'entreprise, le développement de la prévention des risques (il organise les formations à la sécurité et donne son avis concernant tous les projets d'aménagement). Il étudie également les causes des accidents du travail et des maladies professionnelles, les risques psychosociaux, les facteurs de pénibilité au travail…

Il se réunit au moins tous les trimestres, voire plus si nécessaire. Il peut demander des avis consultatifs de la part du médecin du travail, du responsable du service sécurité ou de tout autre expert qu'il juge opportun. Les réunions ont lieu sur le temps du travail ; une délégation d'heures est attribuée aux membres du CHSCT.

FICHE 4

Les circuits des déchets à l'hôpital et règles d'élimination

1. Les déchets d'activité de soins

Ils sont définis dans le code de la santé publique comme des déchets issus des activités de diagnostic, de suivi, et de traitement préventif, curatif ou palliatif, réalisées sous la responsabilité d'un professionnel de santé, dans les domaines de la médecine humaine et vétérinaire.

Ces déchets d'activité de soins sont divisés en plusieurs catégories :

- les déchets assimilés aux déchets ménagers qui représentent environ 80 % des déchets produits par les établissements (par exemple, les déchets des cuisines, des activités d'hébergement) ;
- les déchets d'activités de soins à risque infectieux et assimilés qui représentent environ 15 à 20 % (DASRI) ;
- les déchets d'activités de soins à risque radioactif ;
- les déchets d'activités de soins à risque chimique et toxique ;
- les pièces anatomiques ;
- les déchets à valoriser.

Le conditionnement et le traitement de chaque type de déchets sont différenciés.

Les **DASRI** sont définis comme des déchets qui contiennent des micro-organismes viables ou leurs toxines, dont on sait ou pour lesquels on a de bonnes raisons de croire qu'en raison de leur nature, de leur quantité ou de leur métabolisme, ils peuvent causer la maladie chez l'homme ou chez d'autres organismes vivants. Les déchets assimilés aux DASRI sont les déchets d'activités de soins qui, même en l'absence de risque infectieux, relèvent de l'une des catégories suivantes :

- matériels et matériaux piquants ou coupants destinés à l'abandon, qu'ils aient été ou non en contact avec un produit biologique ;
- produits sanguins à usage thérapeutique incomplètement utilisés ou arrivés à péremption ;
- déchets anatomiques humains, correspondant à des fragments humains non aisément identifiables.

Le tri est nécessaire pour protéger les populations exposées, c'est-à-dire les patients, le personnel soignant, les agents chargés de l'élimination des déchets, mais également pour protéger l'environnement et en particulier la ressource en eau (ne pas contaminer les nappes phréatiques). L'enjeu est d'éliminer chaque type de déchet produit dans la filière appropriée, dans le respect de la réglementation.

L'élimination des déchets : cela englobe les étapes de tri, de collecte, de transport, de stockage et de traitement des déchets.

Le principe essentiel en termes de gestion des déchets est celui du **tri à la source**. Cela signifie que chaque professionnel de santé doit effectuer le tri de ses déchets dès leur émission.

– Les **déchets assimilés aux déchets ménagers** représentent la plus grande partie des déchets hospitaliers. Ils doivent être revalorisés lorsque cela est possible (papier, carton, verre, etc.), sinon ils sont incinérés sur un site agréé pour l'incinération des déchets. Ils doivent être conditionnés dans des sacs poubelle classiques (sacs noirs). Le coût du traitement de ces déchets est d'environ 30 à 90 € la tonne. On doit y retrouver les déchets issus de la restauration, les déchets hôteliers (chambre, fleurs fanées, journaux, etc.), les documents confidentiels qui doivent être passés dans la déchiqueteuse au préalable.

Concernant les activités réalisées par les aides-soignants, les changes anatomiques et poches de stomies (sauf cas particulier d'infection déclarée), les serviettes périodiques, les poches de nutrition, les plâtres et résines, les emballages de matériel stérile, de médicaments et alimentaires, les essuie-mains à usage unique, les flacons de produits d'entretien et d'antiseptiques vide, les masques, les surchaussures, les coiffes… font partie de ce type de déchets.

– Les **déchets à risque infectieux et assimilés** sont obligatoirement incinérés, parfois après avoir subi un prétraitement. Ils sont conditionnés dans des emballages spécifiques, de couleur jaune, avec le pictogramme DASRI. Le coût du traitement de ces déchets est d'environ 500 à 700 € la tonne.

Ils sont répartis dans différents contenants suivant leur nature :

• Les piquants-coupants-tranchants doivent être éliminés dans les collecteurs d'aiguilles jaunes, qu'ils aient été ou non utilisés. On y retrouve les aiguilles, les agrafes, les autopiqueurs, les lames de bistouri ou de rasoir, les seringues montées. Lorsque le niveau de remplissage est atteint, les collecteurs sont fermés hermétiquement puis mis dans les cartons plastifiés identifiés DASRI.

• Les déchets mous ou rigides doivent être éliminés dans les sacs poubelle jaunes ou dans des caisses en carton doublées d'un sac en plastique identifiées DASRI.

On y retrouve les dispositifs pour aérosols, les crachoirs, les drains, les gants et tabliers à usage unique, les garnitures en maternité, les pansements et compresses souillés, les perfuseurs et poches de perfusion, les sacs à urines, les étuis péniens, les seringues, les sondes, les textiles à usage unique et tout déchet émanant d'une chambre d'isolement septique.

• Les déchets cassants ou liquides doivent être éliminés dans des cartons plastifiés identifiés DASRI. On y retrouve les flacons d'antiseptiques partiellement pleins, et toute la verrerie cassée.

Principe général : le niveau de limite de remplissage ne doit pas être dépassé ; dès qu'il est plein, le dispositif doit être fermé hermétiquement, mis dans le conteneur identifié DASRI et être évacué par le circuit des déchets de l'établissement.

2. La gestion du linge dans les établissements de soins

	Linge propre	Linge sale
Stockage	– Limiter le stockage dans le service à une quantité nécessaire prédéterminée aussi faible que possible. – Le linge arrive dans des armoires réservées à cet usage, sous film plastique protecteur. – Le linge est stocké dans un local dédié, régulièrement entretenu. – Respecter les principes du « premier entré, premier sorti ».	– Le linge est trié dans des sacs de couleur en fonction de leur mode de lavage et/ou de leur forme. – Les sacs sont disposés sur un chariot de collecte de linge sale. – Ne remplir les sacs qu'au trois quarts afin de permettre leur fermeture. – Le transport des sacs en interne se fait dans des conteneurs strictement réservés cet effet. – Les sacs sont évacués des services de soins au moins une fois par jour, y compris les week-ends et les jours fériés.
Manipulation	– Hygiène des mains avant toute manipulation. – Approvisionnement du chariot de soins au moment de la réfection des lits (sinon, le protéger avec une alèse propre). – Tout linge déconditionné et non utilisé est considéré comme sale. – Tout linge entré dans une chambre doit en ressortir en tant que linge sale, utilisé ou non. – Ne pas secouer le linge lors de la réfection du lit.	– Manipulation à bout de bras. – Ne pas le secouer. – Éviter tout contact avec la tenue professionnelle. – Utiliser les gants à usage unique pour le manipuler en cas de présence de liquides biologiques. – Ne pas poser le linge sale au sol. – Utiliser une bannette à linge. – Ne pas introduire ses mains à l'intérieur d'un sac à linge. – Vérifier l'absence de corps étranger (appareil dentaire, médicaments, stylos, bijoux…).

FICHE 5

Règles d'identification, d'utilisation, de rangement et de conservation des produits

3. Règles générales pour identifier un produit et savoir l'utiliser

– Vérifier l'étiquette du produit où se trouvent indiqués, entre autres, le type du produit (sa catégorie), le mode d'emploi (dilution, température de l'eau, dosage) et les conditions d'utilisation.

– Vérifier la date de péremption du produit.

– Respecter les conditions d'utilisation (ne jamais mélanger des produits différents).

– Noter la date et l'heure quand vous préparez une dilution de produit.

4. Règles générales pour ranger et conserver un produit

Les produits sont rangés dans un local particulier fermé à clé afin que l'accès aux produits ne soit pas possible pour les patients. Le plus « anciens » sont rangés devant pour être pris en premier et les plus « récents » en arrière, en vérifiant régulièrement la date de péremption. Le local est nettoyé régulièrement.

5. Utilisation des tubes de pommade

Les tubes de pommade représentent un milieu très riche et idéal pour le développement de nombreux micro-organismes, donc sources d'infections associées aux soins. C'est la raison pour laquelle quelques précautions s'imposent.

Dans l'idéal, il faudrait que chaque patient ait un tube individuel qui lui soit attribué et étiqueté à son nom ; pourtant, dans bien des cas, les tubes de pommades sont collectifs.

ZOOM SUR

Règles d'utilisation

– À la première ouverture du tube, noter la date d'ouverture ; un tube de pommade a une durée de conservation, après ouverture, limitée ; se référer à la notice du fabricant.

– Vérifier la date de péremption du tube.

– Avant d'ouvrir le tube, réaliser un geste d'hygiène de mains avec une solution hydroalcoolique.

– À l'ouverture du tube, poser le bouchon à l'envers (coté pommade vers l'extérieur) ;

– Poser le tube sur un plateau de soin propre, jamais dans le lit du patient ;

– Ne jamais toucher l'orifice du tube avec ses mains (attention, c'est souvent un geste réflexe que l'on fait sans y penser !) ;

– Si le tube est collectif, il faut « moucher » le tube, c'est-à-dire verser une noisette de pommade sur une compresse, avant et après utilisation ;

– Sortir la quantité requise de pommade et refermer le tube aussitôt ;

– Nettoyer et désinfecter à l'aide d'une chiffonnette imprégnée de détergent-désinfectant le tube dès la sortie de la chambre.

FICHE 6

Les précautions complémentaires

1. Définition

Elles s'ajoutent aux précautions standard pour certaines situations de soins.

Autrefois appelé « quarantaine », puis « isolement septique », les précautions complémentaires concernent les patients porteurs, ou supposés porteurs, d'une infection contagieuse.

L'objectif des mesures de précautions complémentaires est d'éviter la diffusion d'un agent transmissible à d'autres personnes. Les mesures à prendre vont dépendre du micro-organisme en cause et de son mode de transmission.

A noter

Les mesures à prendre viennent en complément du respect rigoureux des précautions standard. De plus, les précautions complémentaires sont soumises à prescription médicale tant pour leur mise en place que pour leur levée.

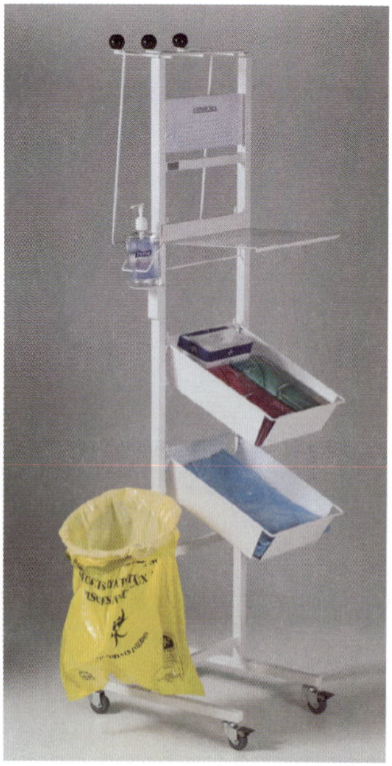

Une signalisation claire et informative pour le patient, son entourage et tous les professionnels de santé est faite.

Une unité mobile de protection est installée à la porte de la chambre, regroupant tout le matériel nécessaire (SHA, gants, masques, surblouses, etc.).

Compte tenu des variabilités des modes de transmission des agents infectieux, les précautions complémentaires sont séparées en trois formes de mesures de base qui peuvent se combiner :

– Les précautions complémentaires Contact sont indiquées en cas d'hépatite, d'herpès et infection à rotavirus. Il faut rajouter les cas particuliers de l'infection à Clostridium difficile et des cas de gale.

– Les précautions complémentaires Gouttelettes sont indiquées en cas de grippe, de coqueluche, de diphtérie, d'oreillons, de rubéole, d'angine à streptocoque A ou de bronchiolite.

– Les précautions complémentaires Air sont indiquées en cas de rougeole et de tuberculose pulmonaire

– Certaines infections nécessitent la mise en place de plusieurs précautions complémentaires :

– Contact + Air pour le SRAS (Syndrome respiratoire aigu sévère), la varicelle et les fièvres hémorragiques ;

– Contact + Gouttelettes pour les infections respiratoires à adénovirus.

2. Tableau récapitulatif des différents types de précautions complémentaires

Les précautions complémentaires Contact
– Installation de la personne en chambre seule. – Effectuer un geste d'hygiène des mains après tout contact avec l'environnement proche du patient et **avant de sortir de sa chambre**. – Hors cas spécifique d'une infection à *Clostridium* difficile ou en cas de gale, il n'est pas utile de porter des gants systématiquement avant un contact avec la peau saine ou avec l'environnement du patient. – Si le patient doit sortir de sa chambre, il est recommandé qu'il porte un masque s'il est atteint d'une infection respiratoire. – Effectuer les soins en les regroupant et en fin de programme ou réaliser un bionettoyage immédiatement après. – Individualiser le matériel de soin. – Sauf cas particulier, l'élimination des déchets se fait selon le tri habituel de l'établissement. – Pour le linge, il n'y a pas de précautions spécifiques, sauf en cas de manipulation manuelle du linge en blanchisserie, il faut alors utiliser des sacs à linge hydrosolubles.
Les précautions complémentaires Gouttelettes
– Installation en chambre seule – Personnel et visiteurs doivent porter un masque chirurgical pour tout contact avec le patient, dès l'entrée dans la chambre ; le masque est enlevé à la sortie de la chambre et éliminer dans la filière ordures ménagères ; une friction hydroalcoolique est réalisée ensuite. – Limiter le nombre de visites
Les précautions complémentaires Air
– Installation en chambre individuelle **porte fermée** ; le patient porte un masque type « bec de canard » qui est éliminé dans la filière des DASRI. – Tout le personnel (médical, paramédical et entretien) porte un masque type « bec de canard » avant d'entrer dans la chambre, y compris en l'absence du patient ; il est enlevé après la sortie de la chambre et éliminé dans la filière DASRI. Les mains nécessitent ensuite une friction hydroalcoolique. Limitation du nombre de visites. – Limitation des sorties de la chambre au strict minimum pour le patient, qui porte à cette occasion un masque chirurgical.

FICHE 7

L'isolement protecteur

1. Définition

Les infections sont la première cause de décès chez les patients immunodéprimés. Elles sont donc redoutées et prévenues par des mesures spécifiques : l'isolement protecteur.

A noter

L'objectif des mesures d'isolement protecteur est **d'éviter la transmission de tout agent infectieux à un patient sévèrement immunodéprimé.**

L'origine des agents contaminants peut être les autres patients, les membres du personnel et l'environnement, par le biais de l'eau, de l'air ou de la nourriture. Le risque infectieux pour les personnes immunodéprimées est majoré du fait qu'elles sont exposées pendant leur hospitalisation *via* des portes d'entrée comme des cathéters et/ou des comorbidités accentuant l'altération de l'état général et favorisant le développement d'infections.

Dans tous les cas, **les mesures à prendre viennent en complément du respect rigoureux des précautions standard.** Comme pour tous les patients, les précautions standard sont un minimum incontournable. De plus, elles sont soumises à prescription médicale et modulées en fonction du niveau d'immunodépression du patient.

2. Les mesures spécifiques

– Chambre individuelle avec porte maintenue fermée et si possible un sas entre la chambre et le service.

– Une signalisation claire et informative est indispensable, généralement par un panneau apposé sur la porte de la chambre afin que toute personne susceptible d'entrer dans la chambre soit avertie.

– Le patient et son entourage doivent être informés.

– Comme pour les précautions complémentaires, une unité mobile de protection est positionnée devant la porte de la chambre.

– Les déplacements du patient hors de sa chambre sont à limiter au maximum, sinon il doit être muni au moins d'un masque de protection.

– Le bionettoyage de la chambre doit être quotidien.

– Il est recommandé qu'il y ait le moins d'effets personnels possible dans la chambre. De même, les fleurs coupées et les plantes vertes en pot doivent être interdites.

– Le nombre des visites doit être limité.

– Le matériel de soin utilisé doit être le plus souvent possible à usage unique, ou au moins individualisé (et rester dans la chambre).

– L'hygiène des mains doit être systématique **avant** d'entrer dans la chambre tout comme le port de gants stériles pour tout soin invasif.

– Aucun contact avec une personne porteuse d'une infection, même bénigne, ne doit être réalisé.

– Si possible, il faut réaliser les soins auprès de cette personne en premier.

ET, parfois, selon les indications :

– L'air de la chambre et l'eau distribuée peuvent nécessiter une filtration.

– Le choix des aliments peut être déterminé en concertation avec les médecins, la diététicienne et l'EOH afin d'aboutir à la solution la plus adaptée.

– La vaisselle peut être décontaminée avant usage.

– Pour les personnes pénétrant dans la chambre, le port d'un masque, d'une surblouse, d'une coiffe peuvent être requis.

FICHE 8

Le bionettoyage

La réalisation de l'hygiène des locaux participe à la lutte contre les infections nosocomiales. Elle doit respecter des procédés stricts. L'hygiène des locaux comprend l'hygiène du sol et l'hygiène des éléments hors sol.

Avec quoi faire le bionettoyage ? Le bionettoyage est réalisé avec un produit détergent/désinfectant. Depuis peu, l'usage de la vapeur a fait son entrée dans les établissements de soins avec divers appareillages. La vapeur présente de nombreux avantages ; elle est écologique puisqu'il n'y a pas de produit chimique, plus économe et très efficace.

Quand procède-t-on à l'entretien journalier d'une chambre ?

- après le petit déjeuner ;
- après la toilette ;
- après la réfection du lit.

Il faut tenir compte des mesures de précautions complémentaires (faire cette chambre en dernier) ou des isolements protecteurs (faire cette chambre en premier).

MAIS : Avant les soins infirmiers (d'où la nécessité d'une organisation du travail en équipe).

PUIS :

- Aérer la pièce avec accord du patient, et sans faire de courants d'air.
- Sortir les déchets.
- Travailler toujours **du plus propre vers le plus sale, de haut en bas**.
- Déplacer impérativement le mobilier.
- Laisser le chariot de ménage en dehors de la chambre.
- Porter obligatoirement des **gants de ménage** qui doivent être nominatifs, nettoyés et désinfectés entre chaque pièce et nettoyés à l'intérieur et à l'extérieur en fin de journée.

Tableau récapitulatif des étapes du bionettoyage

1re étape	Salle de bains et WC	– Éliminer les déchets. – Tirer la chasse d'eau si besoin. – Appliquer le gel WC ou le détartrant dans la cuvette et frotter avec la balayette. – Laisser agir en laissant la balayette dans la cuvette. – Réaliser le nettoyage-détartrage du lavabo (et/ou bac douche).

2e étape	Surfaces hautes de la chambre	Avec une chiffonnette (pliée en 4) imbibée de détergent-désinfectant, réaliser un essuyage humide en commençant par les surfaces hautes puis en descendant au fur et à mesure vers les surfaces plus basses : – Nettoyer la rampe d'éclairage ; – les façades des armoires ; – les interrupteurs, les clenches ; – le pied à sérum ; – le fauteuil, la table de nuit, l'adaptable ; – la sonnette.
3e étape	Lit	Avec une chiffonnette (pliée en 4) imbibée de détergent-désinfectant, réaliser un essuyage humide de : – la potence ; – la tête et le pied du lit ; – les barrières ; – les roues.
4e étape	Finition de la salle de bains	– Rincer les surfaces qui ont été vaporisées. – Nettoyer avec une chiffonnette imprégnée de détergent-désinfectant les meubles restants, puis la poubelle. – Tirer la chasse d'eau et remettre la balayette dans son support.
5e étape	Sol de la chambre	– Utiliser un balai trapèze avec des gazes à usage unique préimprégnées de produit détergent-désinfectant. – Poser la gaze (ou la frange) au sol à l'entrée de la chambre. – Fixer la gaze (ou la frange) sur le balai. – Procéder au détourage de la pièce puis faire pivoter le balai en décrivant des 8 sur le sol. Procéder à un balayage humide, ce qui permet de récupérer les salissures non adhérentes sur les sols secs et lisses. 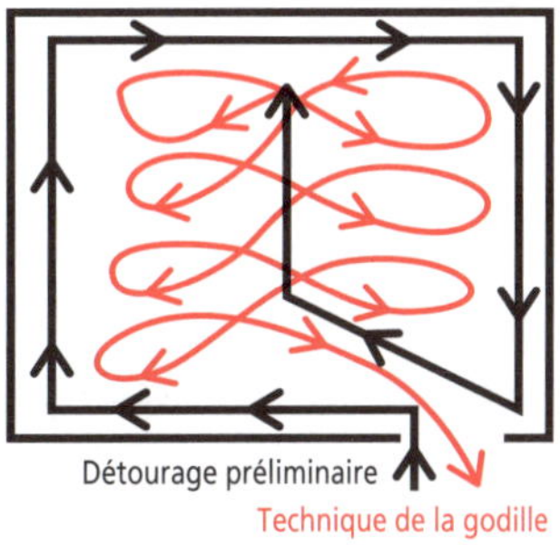 – Ne pas soulever le balai au cours de l'opération. – Finir par la salle de bains. – Éliminer les salissures à l'aide de la pelle. – Procéder au lavage du sol, ce qui permet d'éliminer les salissures adhérentes. – Tremper le textile de lavage propre dans le bac contenant la solution détergente ou détergente-désinfectante. – Laver le sol suivant la même méthode que précédemment. – Laisser sécher.

FICHE 9

Nettoyage et désinfection des dispositifs médicaux

Les dispositifs médicaux réutilisables doivent subir un traitement spécifique de nettoyage et de désinfection afin de ne pas être vecteurs d'infections nosocomiales. L'objectif est d'assurer la sécurité des patients, du personnel et de l'environnement. Le risque infectieux est variable en fonction du type de dispositif utilisé (tensiomètres, thermomètres, endoscopes, instruments chirurgicaux, etc.). Certains dispositifs seront juste nettoyés et désinfectés, d'autres seront stérilisés. Le traitement dépend également de la compatibilité des dispositifs avec les techniques utilisées.

Les règles des bonnes pratiques de désinfection des dispositifs médicaux suivent plusieurs étapes indispensables : la prédésinfection, le rinçage, le nettoyage, un second rinçage puis une opération de désinfection ou de stérilisation suivant que le matériel est ou non thermosensible.

1. Tableau récapitulatif des différentes étapes de nettoyage et de désinfection

La prédésinfection Produit utilisé : détergeant-désinfectant	Diminuer le nombre de micro-organismes. Faciliter le nettoyage ultérieur.	Le matériel est disposé dans un bac gradué, réservé à cet usage. Le bain de solution détergent-désinfectant est réalisé en respectant le mode d'emploi du fabricant, concernant la dilution du produit (par exemple un sachet pour 8 litres d'eau) et les précautions à prendre (port de gants obligatoire, lunettes de protection, temps de validité du produit reconstitué).
		À faire immédiatement après l'emploi du dispositif afin d'éviter que les matières organiques ne sèchent. Tous les objets traités doivent être totalement immergés dans la solution. Le temps de trempage est de 15 minutes au minimum. Une fois le temps écoulé, tous les matériels doivent être rincés.
Le nettoyage	Éliminer toutes les salissures présentes sur les dispositifs. Abaisser le taux de contamination initial.	Il peut être réalisé manuellement ou en machine. Si le nettoyage est manuel, un nouveau bain de produit détergent-désinfectant est utilisé ; les matériels sont brossés voire écouvillonnés lorsqu'ils présentent des canaux.

	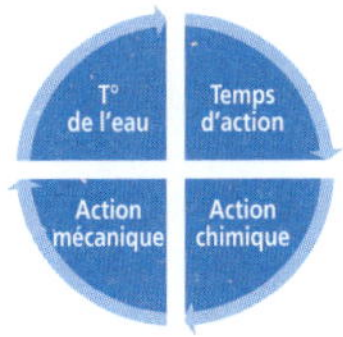 Le cercle de Sinner	Le mode opératoire du nettoyage (température de l'eau, temps de contact, action chimique du produit et action mécanique du lavage) est schématisé par le **cercle de Sinner**. Pour l'utilisation des machines de lavage, il faut veiller à ce que tous les instruments articulés soient ouverts (pinces, ciseaux, clamps, etc.), qu'ils soient disposés dans les paniers sans surcharge ni zone d'ombre ; l'intérieur des instruments creux doit pouvoir être nettoyé et séché par un matériel adapté.
Le rinçage	Terminer d'assurer la propreté du matériel	Le matériel est rincé abondamment puis séché pour pouvoir être désinfecté ou stérilisé.

À la fin des opérations de nettoyage, il faut vérifier la propreté du dispositif, le séchage, son intégrité (il ne doit pas être abîmé ou corrodé), son état de fonctionnement.

Quel que soit le mode de nettoyage utilisé, la traçabilité des différentes opérations doit être effectuée ainsi que l'inscription du nom de l'agent ayant réalisé le travail.

2. Entretien des matériels réutilisables

Dans une équipe pluridisciplinaire, chacun est responsable de l'entretien des différents matériels qu'il utilise.

Différents matériels	**Modalités d'entretien**	**Technique**
Plats bassins Urinaux Seau de chaise garde-robe Bocaux à urines	2 possibilités : Nettoyage + désinfection par trempage Utilisation du lave-bassin automatique	Mettre des gants de ménage ou à défaut des gants UU. – Nettoyage par immersion dans bac de détergent-désinfectant. – Utilisation du lave-bassin automatique (méthode à privilégier). – Rangement après traitement.
Plateaux Haricots Thermomètres non électroniques (immergeables)	Nettoyage + désinfection par trempage avec un produit détergent-désinfectant	Mettre des gants de ménage ou à défaut des gants UU. Préparer une solution de détergent-désinfectant dans un bac de trempage (attention au respect des doses et mode de dilution donnés par le fabricant). Immerger complètement le matériel pendant 15 minutes. Suivant les caractéristiques du produit, sortir le matériel, puis rincer et sécher ou laisser sécher, puis le ranger.

Tensiomètres Stéthoscopes Thermomètres électroniques Chariot de soins Lève-personne, verticalisateur Disque de transfert, drap de glisse Chariot-douche Sèche-cheveux Tubes de pommade collectifs, flacons collectifs (SHA par exemple)	Nettoyage + désinfection par contact avec un produit détergent-désinfectant	Mettre des gants de ménage ou à défaut des gants UU. Pour le chariot de soins, le débarrasser de tout ce qu'il y a dessus. Prendre une chiffonnette pliée en 4 (cela donne 8 faces utilisables). **Vaporiser le produit détergent-désinfectant directement sur la chiffonnette** (jamais directement sur le matériel). Nettoyer toutes les parties de l'appareil, sans omettre les parties cachées. Ensuite, le ranger.

FICHE 10 La stérilisation des dispositifs médicaux

De nombreux dispositifs médicaux utilisés dans les établissements de soins sont de nos jours à usage unique, c'est-à-dire qu'ils sont achetés stériles et prêts à l'emploi. **La règlementation française interdit toute réutilisation d'un dispositif à usage unique.** Comme son nom l'indique, il ne sert qu'une seule et unique fois et est ensuite éliminé et détruit.

Lorsqu'une opération de stérilisation est requise pour réemployer un dispositif médical, il doit d'abord avoir subi les étapes de la prédésinfection et du nettoyage vues dans la fiche précédente. En effet, un des grands principes en matière d'hygiène hospitalière est qu'on ne stérilise bien que ce qui est propre et sec.

Le plus tôt possible après le nettoyage, les dispositifs médicaux doivent être conditionnés dans des emballages compatibles avec le procédé de stérilisation. Le procédé actuellement validé est la stérilisation par autoclave à la vapeur à 134 °C pendant 18 minutes (température et temps nécessaires pour détruire le prion).

Le conditionnement des dispositifs médicaux répond à des normes européennes strictes garantissant un niveau minimum de contamination (la stérilisation étant un état tout à fait relatif), permettant le contact avec l'agent stérilisant sans pour autant altérer le matériel. Il doit aussi être garant de l'état de stérilité jusqu'à l'utilisation, y compris la facilité de préhension du matériel de façon aseptique. Les différents conditionnements peuvent être des conteneurs métalliques munis de filtres, du papier crêpé ou des sachets papier/plastique. Les sachets papier/plastique sont ensuite thermoscellés en veillant à ce qu'il n'y ait pas de fuite ou de plicature.

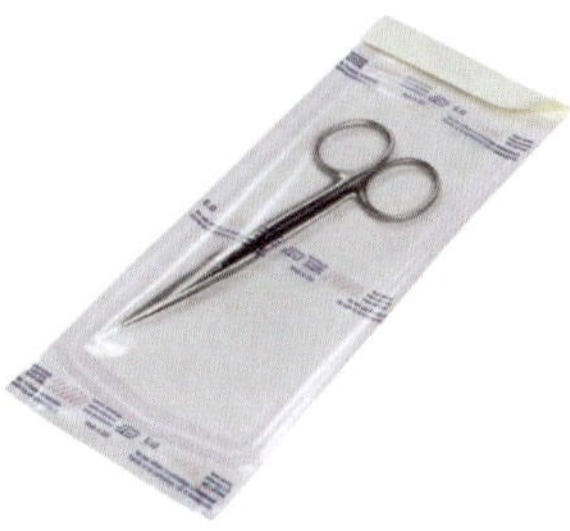

L'architecture d'un service de stérilisation doit pouvoir satisfaire au principe de la **marche en avant**, c'est-à-dire qu'aucun matériel sale ne doit pouvoir croiser un matériel propre ou stérilisé ; il en est de même pour les agents travaillant en stérilisation : ceux qui sont en zone sale ne doivent pas pouvoir accéder à la zone propre. Chaque étape dans le traitement des dispositifs doit les amener un peu plus loin dans le service, sans jamais faire le chemin en arrière.

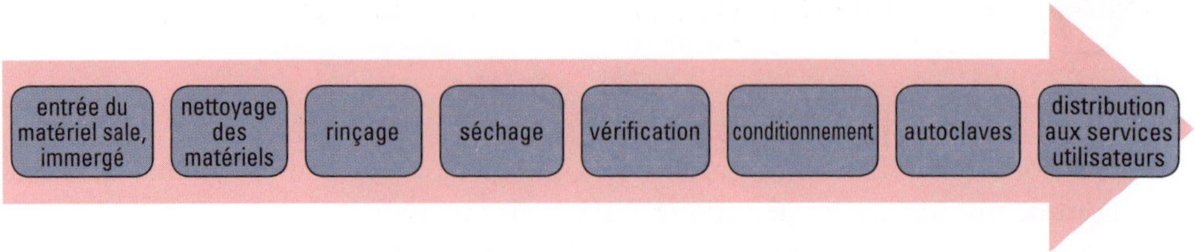

Tout comme pour les opérations de nettoyage des dispositifs médicaux, la traçabilité des différentes étapes de la stérilisation doit être rigoureuse et concourt à la démarche qualité entreprise dans les établissements de soins.

FICHE 11

Règle de prévention des accidents d'exposition au sang

Depuis 1998, la surveillance et la prévention des accidents d'exposition au sang (AES) sont une priorité nationale.

La mise en œuvre de la surveillance des AES fait partie des contraintes règlementaires et des exigences de qualité qui s'imposent aux établissements de santé. Le programme de lutte contre les infections nosocomiales 2009-2013 stipule qu'« en 2012, 100 % des établissements assurent, avec la médecine du travail, la surveillance des accidents exposant au sang (AES) survenant dans l'établissement ».

1. Définition

Est considéré comme accident d'exposition au sang tout contact avec du sang ou un liquide biologique comportant une effraction cutanée (piqûre, coupure) ou une projection sur une muqueuse (œil, bouche) ou une peau lésée (plaie, eczéma, etc.). Depuis 2013, une morsure avec lésion cutanée est considérée comme un AES. Concrètement, il y a nécessité d'un événement imprévu (l'accident), de la présence de sang (directement ou par l'intermédiaire un liquide biologique contenant du sang), et d'une porte d'entrée (lésion ou muqueuse).

Un AES est considéré comme un accident du travail. Les AES représentent près de la moitié des accidents du travail déclarés en milieu hospitalier. Un AES doit avoir été déclaré dans les délais légaux et la prise en charge postaccident doit avoir été réalisée suivant la procédure.

Les micro-organismes transmissibles par AES sont tous ceux présents dans le sang du patient source, c'est-à-dire des virus, des bactéries, des champignons, des parasites ou des prions. Concernant la transmission de virus, par ordre de fréquence, on trouve les virus de l'hépatite B, de l'hépatite C et du SIDA.

	Virus	Risque
n° 1	Hépatite B	30 %
n° 2	Hépatite C	3 %
n° 3	SIDA	0,3 %

6

Le risque vis-à-vis du virus de l'hépatite B est en net recul depuis l'instauration de l'obligation vaccinale (1992) pour tous les professionnels de santé.

Le risque vis-à-vis du virus de l'hépatite C est le passage à la chronicité de l'hépatite. Le risque vis-à-vis du virus du SIDA est majoré en cas de blessure profonde, de présence de sang visible sur le matériel, si le matériel est une aiguille creuse (intraveineuse) et si le patient source a une charge virale plasmique élevée.

Les conséquences d'un AES vont largement dépendre de la façon dont il va être pris en charge ; c'est la raison pour laquelle il est impératif que toutes les personnes à risque (professionnels de santé et élèves) connaissent la procédure à suivre en cas d'accident. Elle est largement affichée dans les établissements de soins. Cette procédure est à suivre scrupuleusement **dans tous les cas d'AES**, que le statut infectieux du patient source soit connu ou non (de nombreuses personnes sont dans l'ignorance de leur infection).

2. Conduite à tenir en cas d'AES

– **En cas de piqûre ou de coupure**

• Ne jamais faire saigner la plaie.

• Nettoyer immédiatement la plaie à l'eau et au savon, puis rincer abondamment.

• Antisepsie de la plaie avec du dakin, ou produit iodé pendant au moins 5 minutes.

– **En cas de projection sur une muqueuse**

• Rinçage abondant à l'eau ou au sérum physiologique pendant au moins 5 minutes.

– **Dans tous les cas**

• Contacter immédiatement le médecin référent AES de l'établissement qui évaluera les risques infectieux et décidera avec la personne blessée, éventuellement, de mettre en route un traitement préventif antiviral dans les 4 heures suivant l'accident. Ce traitement doit être suivi pendant 4 semaines.

• Le médecin référent établira également le certificat initial d'accident du travail.

• Si le patient est d'accord, un prélèvement sanguin lui est fait afin de déterminer son statut sérologique.

• Une déclaration d'accident du travail sera établie dans les 48 heures qui suivent l'accident.

• Un suivi sérologique est ensuite réalisé par le médecin du travail à 8 jours de l'accident, à 1 mois et à 3 mois.

Nota : le certificat médical d'AES permet également d'étudier les circonstances de survenue de chaque AES afin d'instaurer des mesures de prévention et donc d'éviter qu'un même accident ne se reproduise.

Partie 7

M7 Transmission des informations

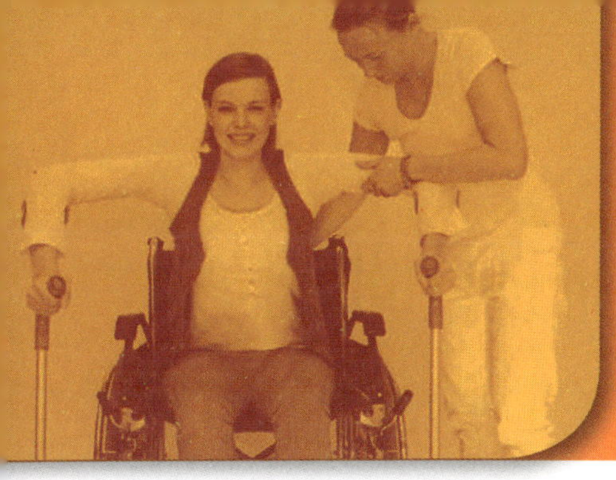

Présentation du module 7

→ **Compétence :** Rechercher, traiter et transmettre les informations pour assurer la continuité des soins.

→ **Durée :** 35 heures

→ **Objectifs de formation :** Dans le cadre du rôle propre de l'infirmier, en collaboration avec lui et sous sa responsabilité, être capable de :

– Identifier et rechercher les informations nécessaires sur les précautions particulières à respecter lors d'un soin et permettant de prendre en compte la culture du patient, ses goûts, son régime, etc. :

– Transmettre les informations liées à la réalisation du soin et alerter en cas d'anomalie par oral, par écrit ou en utilisant les outils informatisés.

– S'exprimer au sein de l'équipe de soins en utilisant un langage et un vocabulaire professionnels.

– Renseigner des documents assurant la traçabilité des soins en appliquant les règles.

– Rechercher, organiser et hiérarchiser l'information concernant le patient.

– Discerner les informations à transmettre dans le respect des règles déontologiques et du secret professionnel.

→ **Évaluation :** L'épreuve peut être orale ou écrite et portera sur un cas concret de transmission d'informations à réaliser à partir de la présentation de cas cliniques. Sa durée est d'une heure. L'anonymat est de rigueur si l'épreuve est écrite. Elle est notée sur 20 points.
La validation du module est acquise avec l'obtention d'une note égale ou supérieure à 10/20.

FICHE 1

Les transmissions et la continuité des soins

1. Définition

Ce sont les informations que l'on donne sur l'état de santé d'une personne à un autre soignant de l'équipe.

Les transmissions ont pour objectif principal d'assurer la **continuité des soins**. Les soins seront réalisés par chaque membre de l'équipe de soins en cohérence et de manière continue. Le soin ne s'arrête pas parce que la personne a terminé son travail. Celui qui reprend doit pouvoir connaître ce qu'il y a à faire en particulier pour la personne, ce qu'il y a à surveiller, les problèmes de santé des personnes, les actions mises en place, les objectifs de l'équipe, etc.

Cette continuité fait partie des critères de qualité des soins et de la cohérence rassurante ressentie par les personnes soignées.

2. Formes des transmissions

Elles peuvent êtres :

Écrites : support papier présentant une certaine méthodologie d'écriture dans le dossier soins du patient (utilisation de cibles, de diagramme de soins à cocher, etc.).

Orales : des temps de transmissions sont organisés dans le service, entre deux équipes (celle du matin et celle d'après-midi par exemple) pour que puissent être échangées les informations nécessaires et importantes concernant les patients. En cas d'urgence, elles peuvent être faites immédiatement au décours de l'observation de la situation d'urgence à un interlocuteur privilégié dans l'équipe de soins (IDE pour l'aide-soignant) ou au médecin.

Informatisées : plan de soin type, parcours patient...

3. Les fonctions des transmissions

Fonctions	Commentaires	Exemples
de surveillance	Exercer une observation à la recherche d'un problème potentiel et en rendre compte.	Surveiller : – les complications des pathologies, les effets secondaires des traitements, – le fonctionnement des dispositifs médicaux.

d'alerte	Signaler de manière plus ou moins urgente une anomalie repérée afin que des mesures soient apportées pour corriger le problème.	Douleur au mollet non connue. Rougeur au sacrum observée. Dyspnée. Pas d'urine dans les 6 heures suivant le retour du bloc.
d'évaluation	Faire un bilan entre un **avant** et un **maintenant** par rapport à une démarche ou un problème de santé pris en charge par certaines actions.	Prise du poids ce matin : M. X a perdu 3 kg depuis quinze jours. A été à la selle après la prise de laxatif.

L'aide-soignant apprécie le degré d'urgence quand elle doit alerter l'IDE. Par exemple, l'érythème sacré ne représente pas la même urgence que la douleur au mollet.

4. Informations obligatoires à retrouver dans les transmissions

Quel que soit le support utilisé, certains éléments sont absolument incontournables :

– l'**identification de la personne** prise en charge, qui est de plus en plus souvent une étiquette autocollante comprenant :

> NOM (éventuellement NOM de jeune fille) et Prénom :
> Date de naissance :
> Date d'entrée :
> Numéro d'identifiant permanent patient :

– l'**identification claire et complète du soignant** qui réalise la transmission comme suit :

> Émilie DUPONT, AS

A noter

Celui qui fait les transmissions est celui qui a réalisé l'action à transmettre.

– la **signature du soignant** (qui engage sa responsabilité) : *E. Dupont*

– la **date complète** :

> Jour/mois/année et +/- heure
> 01/01/2014

FICHE 2

Le dossier soin

Le dossier soin du patient sert à recueillir, à enregistrer et à conserver des informations administratives, médicales et paramédicales, relatives aux soins, traitements, examens ou interventions pratiqués, de tout patient accueilli dans un établissement de santé. Il permet la traçabilité de toutes les actions effectuées. C'est un outil de communication, de coordination et d'information entre les acteurs de soins dans le cadre d'une prise en charge pluridisciplinaire. Il est essentiel pour la continuité et la sécurité des soins, leur traçabilité et fait partie intégrante de la démarche qualité des établissements.

1. Composition

- Pour la **partie administrative**, une fiche d'identification du patient contenant l'ensemble des renseignements administratifs (numéro de sécurité sociale, coordonnées de la mutuelle, personne de confiance, personne à prévenir, coordonnées du médecin traitant, etc.)
- Pour la **partie médicale**, des fiches d'observation, de prescription de traitement et d'examen (avec nom du prescripteur, date et nom de l'examen).
- Pour la **partie soins infirmiers**, les fiches de transmissions infirmiers et aides-soignants avec identification du rédacteur reflétant les actions paramédicales, la feuille de température permettant la relève des constantes journalières, et tout autre documents de suivi et de surveillance suivant le service. En fait, chaque service étoffe le dossier et lui apporte des modifications spécifiques suivant sa spécialité.
- Pour la **partie sociale**, des documents émanant de l'assistante sociale.

2. Communication du dossier soin d'un patient

La communication du dossier médical est soumise aux règles du secret professionnel. Depuis la loi du 4 mars 2002, le patient a le droit de consulter son dossier médical et a accès à l'ensemble des données qui le concerne. Seul un médecin est habilité à communiquer les informations contenues dans le dossier. La demande d'accès au dossier du patient doit être faite **par écrit** et adressée au responsable de l'établissement de santé. Après vérification de son identité et de son droit d'accès, le délai de communication, à réception de la demande, est **limité à 8 jours** pour un dossier récent, 2 mois pour un dossier dont la dernière pièce remonte à 5 ans. Le dossier peut être consulté sur place ou une copie peut lui être envoyée. Le patient peut également mandater un médecin de son choix pour prendre connaissance de son dossier médical.

3. L'informatisation du dossier des patients

L'informatique dans le domaine des soins a fait son apparition dans les années 1980 et n'a cessé de s'étendre depuis. Au début, il s'agissait de gérer l'occupation des lits et de faciliter les commandes de repas entre les services et la cuisine. Depuis quelques années, le dossier de soins informatisé a vu le jour dans les établissements de soins. On y trouve toutes les informations relatives à la prise en charge des personnes, tant du point de vue administratif que médical et paramédical, ainsi que le stockage des résultats biologiques et radiologiques. Ainsi, on retrouve, sous format informatique, le plan de soins, le diagramme de soins, la feuille de température, les transmissions ciblées, les prescriptions médicales, tous les éléments constitutifs d'un dossier médical papier.

Pour garantir la **sécurité** et la **confidentialité** des données quelques règles d'utilisation s'imposent à tous :

- Utilisation d'un code d'accès nominatif : chaque personne ayant des droits d'accès au dossier doit s'identifier pour pouvoir consulter et modifier les données. Un code d'accès est confidentiel, ne le transmettez pas à quiconque et ne le laissez pas en vue. Chacun est tenu pour responsable de ce qui a été réalisé sous son code.
- Fermez la session immédiatement dès que vous n'avez plus besoin du dossier.

Pour permettre le développement et la modernisation des systèmes d'informations hospitaliers, l'État a mis en œuvre le programme hôpital numérique 2012-2017 qui rentre en ligne de compte dans les démarches de certification des établissements de soins.

4. Loi informatique et liberté

La loi n° 78-17 relative à l'informatique, aux fichiers et aux libertés du 6 janvier 1978, réglemente **la collecte, l'utilisation et le stockage** des données informatiques. L'objectif est la protection l'identité humaine, des droits de l'homme, de la vie privée, des libertés individuelles ou publiques. Cette loi a été revue en 2004. L'informatisation du système de santé doit bien sûr être en conformité avec cette loi ; les dossiers des patients comportent de nombreuses données confidentielles, qui doivent le rester. Le respect de cette loi est sous la tutelle de la Commission nationale informatique et liberté (CNIL).

Pour toute organisation amenée à informatiser des données, **6 obligations** se posent à elle :

1.	Déclaration obligatoire auprès de la CNIL
2.	S'abstenir de traiter des données sensibles
3.	Sécuriser et protéger les données traitées
4.	Faire figurer les mentions légales et informer les personnesde leurs droits
5.	Ne pas procéder à des transferts de données personnelles hors UE
6.	Respecter des principes de loyauté, finalité,consentement, temporalité, pertinence...

De plus, le responsable de l'organisation doit informer les personnes dont les données personnelles sont traitées de leurs droits :

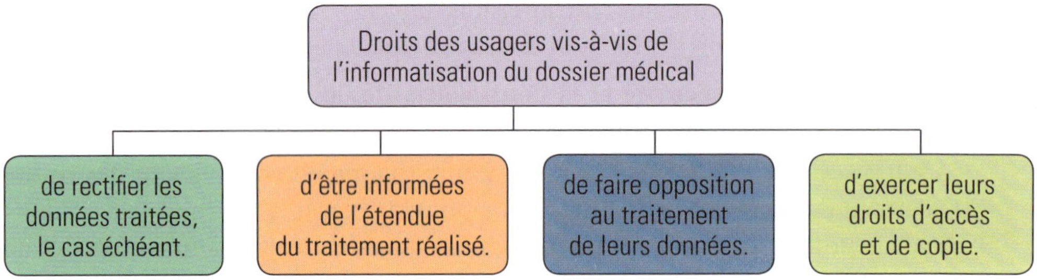

En cas de non-respect de ces principes, la loi prévoit de lourdes sanctions allant d'une amende de 300 000 € à une peine de 5 ans d'emprisonnement.

FICHE 3

Les différents outils d'informations et de transmissions

1. La feuille de température

Elle regroupe de nombreuses informations sur toute la durée du séjour ou sur un temps donné. L'AS est habilité à tenir à jour une feuille de température pour les activités qui relèvent de sa compétence (noter la température, la tension artérielle, le pouls, le poids, la diurèse, l'élimination des selles, etc.).

Elles ne sont pas toutes construites sur le même modèle ; il est impératif de prendre connaissance des modalités de retranscription de celle que vous utiliserez avant de s'en servir (en particulier l'échelle utilisée pour noter la température, le pouls, la tension artérielle et la diurèse). Dans l'exemple ci-dessous, l'échelle pour la diurèse est de 100 mL par interligne ; pour le pouls, elle est de 4 pulsations par interligne ; pour la température, elle est de 0,2 °C par interligne. La retranscription des constantes a été traitée dans le module 2.

Établissement …

Mme COTI

Service médecine

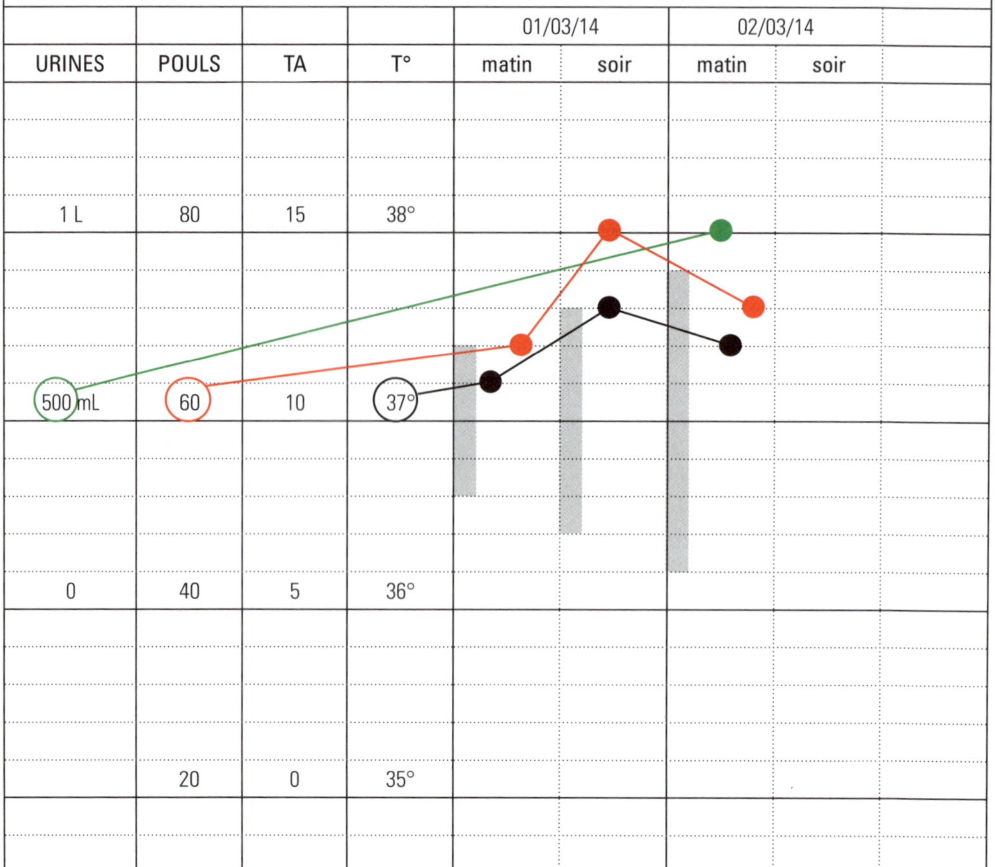

Poids				84 kg				
IMC				28				
Selles						X		
Traitements								
…								
…								
…								
Perfusion								
…								
…								
Radio						X		
Scanner								

L'aide-soignant doit être en mesure de **lire et d'analyser une feuille de T°** et d'en extraire des informations utiles.

Ex. : vous pouvez, en regardant cette feuille, recueillir des informations objectives, vous poser des questions, avoir en tête des suppositions qu'il faudra aller vérifier avec les autres sources d'informations, avoir une idée de ce qu'il faut surveiller.

Cas clinique

Il s'agit de Mme Coti, entrée la veille dans le service ; elle est apyrétique mais sa courbe monte (à surveiller à la prise de ce soir et de demain matin).

Le courbe pouls/T° est parallèle (a priori pas de phlébite).

Sa tension est comprise dans les normes ainsi que sa diurèse (qui est à établir).

Elle pèse 84 kg avec une IMC à 28 ; Mme Coti est en surcharge pondérale (peut-être aura-t-elle un régime à suivre ou un apport de conseils alimentaires ?).

Elle a eu des selles ce matin (donc à ce niveau, surveillance classique).

Elle est perfusée ce matin et doit passer une radiographie (à rechercher pourquoi).

2. Le diagramme de soins

L'objectif de ce document est la traçabilité de toutes les activités **quotidiennes et répétitives**. Le diagramme de soins permet un gain de temps et une meilleure observance des transmissions réalisées par les AS, puisqu'il suffit de cocher le soin réalisé.

Si la personne prise en charge présente un problème nouveau, non connu à ce jour, l'AS coche le soin correspondant une fois qu'il a été fait et ajoute un signe spécifique qui renvoie à un autre support de transmissions : les transmissions ciblées. Généralement ce signe spécifique est une flèche qui signifie qu'une cible nouvelle a été ouverte et qu'il faut se référer à la fiche des transmissions ciblées.

Un exemple de diagramme de soins :

Établissement … Service …	Étiquette du patient											
Actes de soin / Date	jj/mm/aa			jj/mm/aa			jj/mm/aa			jj/mm/aa		
	M	AM	S	M	AM	S	M	AM	S	M	AM	S
HYGIÈNE												
Toilette complète au lit												
Toilette partielle au lit												
Toilette complète au lavabo												

Toilette partielle au lavabo												
Douche												
Bain												
Effleurages												
Pédiluve/Capiluve												
Réfection du lit												
Change des draps												
Entretien chambre												
ALIMENTATION												
Installation repas												
Aide repas												
Faire manger												
Régime												
Mixé – Haché – Normal												
MOBILISATION												
Alité												
Aide transferts												
Aide marche												
Cannes												
Déambulateur												
Fauteuil roulant												
ÉLIMINATION												
Change anatomique												
Urinal/Bassin												
Accompagnement WC												
autonome												
sécurité												
Sonnette												
Barrières												
Douleur												
Relation d'aide												
Pouls/TA												
Identification soignant												

Les soins sont cochés immédiatement après leur réalisation par la personne qui les a effectués. Ce qui n'est pas coché est considéré comme non fait. Le soignant doit s'identifier à chaque fois (chacun est responsable de ce qu'il fait et de ce qu'il écrit), suivant les modalités prévues dans l'établissement (nom, prénom, qualité, signature dans l'idéal, parfois seulement les initiales). Il n'est pas recommandé d'écrire dans le diagramme ; les cases ne sont pas faites pour cela. Si un item manque de façon récurrente, il vaut mieux en parler au sein de l'équipe et faire évoluer le diagramme afin qu'il corresponde au plus près aux besoins.

3. Les transmissions ciblées

Elles viennent compléter le diagramme de soins en se centrant sur les problèmes/difficultés actuelles de la personne prise en charge. C'est une démarche de résolution de problème. Elles permettent de structurer les transmissions en évitant les répétititions que l'on peut rencontrer lorsqu'elles sont faites sous forme narrative.

Elles sont organisées sous la forme **CDAR : CIBLE – DONNÉES – ACTIONS – RÉSULTATS** :

– La **cible** présente de façon synthétique (un ou deux mots), précise et professionnelle un problème rencontré par la personne.

– Les **données** servent à décrire l'événement à partir de faits objectifs.

– Les **actions** présentent ce qui a été fait au regard du problème posé.

– Les **résultats** permettent de visualiser si les actions entreprises ont été ou pas efficaces. Ils peuvent être notifiés de façon décalée, le temps que les actions aient eu un effet.

Un exemple de transmission ciblée :

Établissement … Service …			Étiquette du patient				
Identité soignant	Date heure	C	D	A	R	Date heure	Identité soignant
Durant L (AS) *L. Durand*	25/07/14 10 h	hyperthermie	T° 39 Faciès rouge Céphalées Confusion	– prévenu IDE – donné à boire – fiche surveillance – rafraîchi	T° 37,5 °C Va mieux	28/07/14 14 h	Dupont E (AS) *E. Dupont*

Exemples de cibles identifiables par un aide-soignant (liste non exhaustive) :

Céphalée	Désorientation	Somnolence
Vomissement/nausées	Vertige	Devenir
Hyperthermie	Anxiété	Éruption cutanée
Constipation	Perte de poids	Douleur à la mobilisation
Dysurie	Incontinence urinaire	Épistaxis
Altération de l'intégrité de la peau (AIP)	Cyanose	Dyspnée

4. La fiche de suivi d'alimentation, d'hydratation

Établissement ...

Étiquette du patient

Service ...

Date et heure /soignant	Alimentation	Hydratation
01/01/14 à 8 heures Émilie Dupont AS *E. Dupont*	2 tartines beurrées	Un bol de café (250 ml)
01/01/2014 12 heures Émilie Dupont AS *E. Dupont*	Une part de carottes râpées Une tranche de jambon Une demi-portion de pâtes Un yaourt nature Une pomme	2 verres d'eau (150 ml)
01/01/2014 15 heures Émilie Dupont AS *E. Dupont*	Une crème enrichie	Un verre de jus de fruits (75 ml)
01/01/2014 18 heures Aurélie Lebon AS *A. Lebon*	Une compote de poires	Un bol de potage (250 ml)
01/01/2014 21 heures Aurélie Lebon AS *A. Lebon*		Une infusion (100 ml)

5. La fiche de changement de position

Établissement ...

Étiquette du patient

Service ...

Date/heure	DLD	DD	DLG	Effleurages	État cutané	Id. soignant
01/01/2014 8 h	X			Sacrum + talons	Peau saine	Émilie Dupont AS *E. Dupont*
01/01/2014 11 h		X		Ischions + talons + épaules	Peau saine	Émilie Dupont AS *E. Dupont*

01/01/2014 14 h			X	Ischions + talons + épaules	Érythème talon gauche	Émilie Dupont AS E. Dupont
01/01/2014 17 h	X			Sacrum + talons	Érythème talon gauche	Aurélie Lebon AS A. Lebon
01/01/2014 20 h		X		Ischions + talons + épaules + sacrum	Érythème talon gauche	Aurélie Lebon As A. Lebon

DLD = Décubitus Latéral Droit DD = Décubitus Dorsal DLG = Décubitus Latéral Gauche

6. La fiche de suivi du réveil

Établissement …

Étiquette du patient

Service …

Date/heure	Id. soignant	TA	Pls	Conscience	Pansement	Douleur	Diurèse
01/01/2014 10 h	Émilie Dupont AS	13/8	64	Endormi Réveillable	Propre	3	0
01/01/2014 10 h 30	Émilie Dupont AS	12/6	58	Endormi Réveillable	Propre	3	0

7. Les réunions professionnelles autour du patient

Elles peuvent avoir différents objectifs :

– Faire le point sur l'état d'un patient et envisager la conduite à tenir par la suite de manière plus ou moins collégiale.

– Définir en équipe une ligne de conduite ou des objectifs, projets de soins à négocier avec la personne.

– Apporter des informations « scientifiques » sur une question théorique intéressant l'équipe et concernant une thématique du service.

Les réunions d'équipe apportent des bénéfices aussi bien pour le patient que pour l'équipe soignante quand elles sont organisées pour l'équipe pluridisciplinaire et animées de manière à ce que chaque catégorie de soignants puisse s'y retrouver et y participer activement.

Elles contribuent indirectement au « savoir vivre ensemble », au respect du travail de chacun, au travail sur le métier avec échanges des « ficelles » du métier, à une meilleure connaissance des fonctions des uns et des autres.

Témoignage

« La réunion de la semaine, moi j'aime beaucoup, parce qu'on se retrouve… Ça permet de décompresser de la semaine déjà, on se retrouve toutes ensembles, et puis on passe tous les patients en revue, on voit ce qui a été, ce qui n'a pas été dans la semaine et ce qu'on peut améliorer… » **Sarah**, aide-soignante en SSIAD

> Entraînement

Répondez aux questions qui suivent.

7

Exemple de devoir de validation du module 7

QUESTION 1

Identifiez les cibles (sur 2 points)

CIBLE	D	Au cours de la toilette, observation d'une rougeur apparue au niveau du talon.
	A	Matelas anti-escarres installé. Talon maintenu dans le vide quand installation au fauteuil. Infirmier prévenu. Évaluation de la douleur.
	R	Douleur évaluée à 4/10.
CIBLE	D	Ce matin présente une légère confusion ; la muqueuse buccale est sèche et j'observe la persistance du pli cutané du bras.
	A	Infirmier et médecin prévenus. Soins de bouche faits. Fiche suivi apports hydriques mise en place. Prescription d'une perfusion sous-cutanée pour la nuit.
	R	A bu 200 mL ce jour.
CIBLE	D	10 h 30 : douleur à la dorsi-flexion du pied droit, dissociation pouls/T°. N'a pas l'autorisation de se lever jusqu'à avis du médecin.
	A	Infirmier et médecin prévenus. Pose de bas de contention. Doppler des membres inférieurs prévu pour 15 h cet AM.
	R	Phlébite superficielle veine saphène externe droite.
CIBLE	D	Pleure ce matin car seule chez elle et ne sait comment elle pourra se débrouiller à la sortie qui est prévue pour demain AM.
	A	Relation d'aide. Infirmier et assistant social prévenus ; dossier de prise en charge par un SSIAD transmis à sa caisse de sécurité sociale.
	R	Sortie repoussée à la semaine prochaine. Rassurée, se sent soulagée et envisage l'avenir plus sereinement.

QUESTION 2

Citez quatre éléments incontournables qui doivent figurer sur tout support de transmissions. (sur 1 point)

Entraînement

QUESTION 3

Citez le but principal des transmissions. Expliquez ce qu'est la fonction d'alerte des transmissions. (sur 1 point)

QUESTION 4

(sur 16 points)

Vous êtes Carine, aide-soignante dans un service de soins palliatifs. Vous avez la charge de Mme Sophie Bert, âgée de 48 ans, admise dans votre service par mutation d'un service d'oncologie digestive. Elle présente un cancer de l'œsophage en phase terminale avec des métastases cérébrales.

Elle est perfusée pour hydratation à raison de 2 litres/24 heures et a un traitement antalgique à base de morphine par seringue électrique.

Elle est alimentée par une sonde de gastrostomie (ne prend rien par la bouche). Elle a un soin de bouche quotidien.

Elle est levée et mise au fauteuil deux fois 30 minutes par jour. Son lit est équipé d'un matelas à eau, de barrières (prescription médicale) pour la nuit, car elle est souvent agitée suite à des cauchemars.

Un relevé de constantes est réalisé tous les matins, ainsi qu'à 9 h une diurèse des 24 h.
Une surveillance de la douleur est faite 2 fois par jour.

Elle est prise en charge par la psychologue qui vient la voir tous les mercredis en fin de matinée. Le kiné vient à sa demande pour réaliser des massages relaxants. De plus, l'esthéticienne lui fait un soin de manucure tous les mardis. Sa famille est très présente auprès d'elle ; ses enfants et son mari se relaient chaque jour.

Elle est continente fécale mais porte une sonde urinaire car elle est très asthénique et présentait des dysuries.

Hier, le 11 avril 2014, vous lisez dans son dossier qu'elle n'est pas allée à la selle depuis trois jours et a le ventre ballonné. Le médecin a prescrit un laxatif et la prise de pruneaux matin et soir.

Ce matin, mercredi, elle est allée à la selle et elle dit que la séance du kiné lui a fait du bien (à 8 h 30 son EVA [Échelle Verbale Analogique] est à 4/10) mais sa température est de 38,1 °C, son pouls à 90, sa tension à 10,5/7 ; ses urines sont troubles, foncées avec présence de sang, la diurèse est à 800 cc.

1. Identifiez quelle est ou quelles sont les cibles de ce jour et rédigez-en une dans sa totalité (vous devez imaginer les actions réalisables dans ce cas et les résultats espérés).

2. Renseignez le diagramme de soins pour la matinée de travail, comme si vous étiez Carine (basez-vous sur le texte pour imaginer vos actes de soins).

3. Renseignez la planification murale uniquement pour cette patiente pour ce jour (6 h/14 h)

Nom	
Âge	
N° Chambre	
Motif d'hospitalisation	

Date d'entrée	
Respiration	
Alimentation	
Hygiène	
Mobilisation	
Élimination	
Kinésithérapie	
Appareillage	
Examens prévus	
Rendez-vous	
Consignes ou soins particuliers	
6 h	
6 h 30	
7 h	
7 h 30	
8 h	
8 h 30	
9 h	
9 h 30	
10 h	
10 h 30	
11 h	
11 h 30	
12 h	
12 h 30	
13 h	
13 h 30	
14 h	

4. Renseignez la feuille de T° pour votre matinée de travail en utilisant les informations que vous avez dans le texte.

5. Vous transmettez à la fin de votre service, par oral, à votre collègue ce qu'il y a à savoir sur cette personne de manière rapide, claire et efficace.

Entraînement

Votre collègue a travaillé lundi et mardi de cette semaine auprès de Mme Bert. Le service dispose d'une planification murale et d'un dossier de soin informatisé.
Écrivez la synthèse que vous lui diriez.

DIAGRAMME DE SOINS

NOM :	PRÉNOM :						SERVICE :					
Actes de soin												
Date	M	AM	S	M	AM	S	M	AM	S	M	AM	S
HYGIÈNE												
Toilette complète au lit												
Aide toilette au lit												
Aide toilette au lit												
Douche												
Bain												
Effleurages												
Soin d'yeux												
Soin de bouche												
Réfection lit												
ALIMENTATION												
Aide repas												
Alimentation enrichie												
Faire manger												
Alimentation par sonde												
MOBILISATION												
Aide au lever												
Aide à la marche												
Fauteuil												
Déambulateur												
Cannes												
SÉCURITÉ												
Matelas anti-escarres												
Bas de contention												
Barrières au lit												

ÉLIMINATION												
Accompagnement WC												
Présence Selles												
Change anatomique												
Diurèse												
Sonde vésicale												
AUTRES												
Kinésithérapeute												
Psychologue												
Esthéticienne												
Surveillance TA, pouls Conscience, douleur												
Signature soignant												

PLANIFICATION MURALE

NOM.................................... PRÉNOM .... SERVICE ....

Âge : ....

Année : .... Mois : ....

<table>
<tr><td rowspan="3">Date</td><td rowspan="3">CIBLE</td><td>D :</td><td></td></tr>
<tr><td>A :</td><td></td></tr>
<tr><td>R</td><td></td></tr>
</table>

FEUILLE DE TEMPÉRATURE

NOM.................................... PRÉNOM .... SERVICE ....

Âge : ....

Année : .... Mois : ....

DATE						
	M	S	M	S	M	S
Pouls TA T°						
120 20 39°						
100 15 38°						
80 10 37°						
60 5 36°						
Diurèse						
Traitements per os						
Traitements injectables						

Corrigé

QUESTION 1

CIBLE **Érythème ou altération de l'état cutané**	D	Au cours de la toilette, observation d'une rougeur apparue au niveau du talon.
	A	Matelas anti-escarres installé. Talon maintenu dans le vide quand installation au fauteuil. Infirmier prévenu. Évaluation de la douleur.
	R	Douleur évaluée à 4/10.
CIBLE **Déshydratation**	D	Ce matin, présente une légère confusion ; la muqueuse buccale est sèche et j'observe la persistance du pli cutané du bras.
	A	Infirmier et médecin prévenus. Soins de bouche faits. Fiche suivi apports hydriques mise en place. Prescription d'une perfusion sous cutanée pour la nuit.
	R	A bu 200 mL ce jour.
CIBLE **Phlébite ou suspicion phlébite**	D	10 h 30 : douleur à la dorsi-flexion du pied droit, dissociation pouls/T°. N'a pas l'autorisation de se lever jusqu'à avis du médecin.
	A	Infirmier et médecin prévenus. Pose de bas de contention. Doppler des membres inférieurs prévu pour 15 h cet AM.
	R	Phlébite superficielle veine saphène externe droite.
CIBLE **Anxiété, préoccupation**	D	Pleure ce matin car seule chez elle et ne sait comment elle pourra se débrouiller à la sortie qui est prévue pour demain AM.
	A	Relation d'aide. Infirmier et assistant social prévenus ; dossier de prise en charge par un SSIAD transmis à sa caisse de sécurité sociale.
	R	Sortie repoussée à la semaine prochaine. Rassurée, se sent soulagée et envisage l'avenir plus sereinement.

QUESTION 2

- Identification du patient
- Identification du soignant (nom, prénom, fonction)
- Signature du soignant
- Date (j/m/année)

QUESTION 3

But principal : assurer la continuité des soins.

Fonction alerte : avertir devant problème de santé nouveau à prendre en charge rapidement.

QUESTION 4

1. Cibles :

- Hyperthermie
- Trouble urinaire

NOM : **BERT**	PRENOM : **Sophie**	SERVICE : **Soins Palliatifs**
Age : **48 ans**		
Année : **2014**	Mois : **avril**	

Date	CIBLE		Soignant
12/04/2014	Troubles urinaires	D : urines troubles Urines foncées, présence de sang Diurèse des 24 h = 800 cc	Carine AS *Carine*
		A : prise de la température, pouls et tension artérielle Infirmière prévenue	Carine AS *Carine*
		R : t° 38°1 Pouls : 90 TA 10.5/7	Carine AS *Carine*

Barême

- Identification des cibles et formulation des cibles /1,50 pt
- Remplissage rubriques générales /0,25 pt
- Rédaction des données : dans la forme, complètes /1 pt
- Rédaction des actions : dans la forme et pertinentes (au moins deux dont infirmier averti...) /1 pt
- Résultat : dans la forme : 0,25 pt

2. Moins 0,50 par non cochage de case

DIAGRAMME DE SOINS

NOM : **BERT** PRÉNOM : **Sophie** SERVICE : **soins palliatifs**

ACTES / DATE	12/04/14		
	M	AM	S
HYGIÈNE			
Toilette complète au lit	X		
Aide toilette au lit	X		
Aide toilette au lit			
Douche			
Bain			
Effleurages	X		
Soin d'yeux			
Soin de bouche	X		
Réfection lit	X		
ALIMENTATION			
Aide repas			
Alimentation enrichie			
Faire manger			
Alimentation par sonde	X		
MOBILISATION			
Aide au lever	X		
Aide à la marche			
Fauteuil	X		
Déambulateur			
Cannes			
SÉCURITÉ			
Matelas anti-escarres	X		
Bas de contention			
Barrières au lit			

Les deux possibilités de réalisation de la toilette au lit sont envisageables

ÉLIMINATION			
Accompagnement WC			
Présence Selles	X		
Change anatomique			
Diurèse	X		
Sonde vésicale	X		
AUTRES			
Kinésithérapeute	X		
Psychologue	X		
Esthéticienne			
Surveillance TA, pouls Conscience, douleur	X		
Signature soignant	Carine AS *Carine*		

3.

- Reprise de toutes les informations
- Inscription dans les bonnes cases

Nom	BERT Sophie
Âge	48 ans
N° Chambre	
Motif d'hospitalisation	Cancer œsophage Métastases cérébrales
Date d'entrée	
Respiration	
Alimentation	Sonde gastrostomie
Hygiène	Aide toilette au lit Soins de bouche
Mobilisation	Fauteuil ½ heure X2
Élimination	Sonde vésicale Constipation
Kinésithérapie	Massages relaxants à la demande

Appareillage	Perfusion Seringue électrique Morphine Barrières au lit la nuit Matelas à eau
Examens prévus	
Rendez-vous	Esthéticienne le mardi
Consignes ou soins particuliers	EVA X 2
6 h	Transmissions
6 h 30	
7 h	
7 h 30	
8 h	
8 h 30	Constantes ; EVA
9 h	Diurèse
9 h 30	Kiné
10 h	Aide toilette au lit Effleurages
10 h 30	Lever fauteuil
11 h	Recoucher
11 h 30	Psychologue
12 h	
12 h 30	
13 h	Effleurages Changements de position
13 h 30	
14 h	Transmissions

4.

NOM : **BERT** PRENOM : **Sophie** SERVICE : **Soins Palliatifs**
Age : **48 ans**
Année : **2014** Mois : **avril**

DATE	12/04/2014					
	M	S	M	S	M	S
Pouls TA T°						
120 20 39°						
100 15 38°						
80 10 37°						
60 5 36°						
selles	+					
EVA	4					
Diurèse	**800 cc**					
Traitements per os						
Traitements injectables						
morphine	X					
Perfusion 2l/24h	X					

Barême

- Retranscription exacte pouls/T°/TA et respect des codes couleurs /1,50 pt (1,5 ou 0)
- Ajout éléments infos du texte : diurèse, perfusion, EVA, selles /1 pt
- Écriture dans les bonnes cases /0,25 pt
- Rubriques générales /0,25 pt

5.

– Les infos de connaissance générale de la personne **ne sont pas reprises** (supposées déjà connues)
– Les visites du jour sont mentionnées
– Le point sur l'élimination intestinale est fait
– Les cibles du jour sont énoncées urines anormales + Hyperthermie

Barême

- 1 point par élément (tout bon ou 0)

Partie 8

M8 Organisation du travail

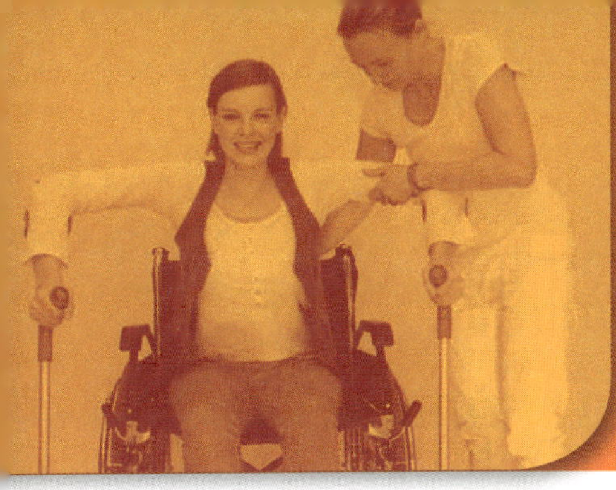

Présentation du module 8

→ **Compétence :** Organiser son travail dans une équipe pluriprofessionnelle.

→ **Durée :** 35 heures

→ **Objectifs de formation :** Dans le cadre du rôle propre de l'infirmier, en collaboration avec lui et sous sa responsabilité, être capable de :

– Identifier son propre champ d'intervention en particulier au regard des compétences infirmières.

– Organiser sa propre activité au sein de l'équipe en tenant compte de la planification de l'ensemble des activités du service et dans le respect des règles d'hygiène.

– Utiliser les outils de planification du service pour organiser sa propre activité.

→ **Évaluation :** L'épreuve écrite, anonyme, d'une durée d'une heure, notée sur 20, portera sur un cas concret présentant un contexte de travail.
La validation du module est acquise avec l'obtention d'une note égale ou supérieure à 10/20.

FICHE 1

Les différentes professions de santé et limites des champs de compétences

1. Tableau récapitulatif des différentes filières professionnelles

Les filières médicales et assimilées	Médecins, chirurgiens Sages-femmes Pharmacien, dentiste
Les filières paramédicales de rééducation	Kinésithérapeutes
	Orthophonistes
	Psychomotriciens
	Orthoptistes (rééducation des yeux)
	Ergothérapeutes
Les filières paramédicales de l'appareillage et assistance technique	Podologues
	Manipulateurs radio
Les filières paramédicales de soins	Cadres de santé
	Infirmiers et spécialisations
	Aides-soignantes
	Auxiliaires de puériculture

2. Limites du champ de compétence aide-soignant

Les limites du champ de compétence aide-soignant sont inscrites à la fois dans le référentiel « activités » et le référentiel de « formation ». (Revoir la définition du métier aide-soignant dans l'introduction de cet ouvrage).

L'aide-soignant agit toujours en collaboration avec l'IDE. Ses activités relèvent de la délégation d'une partie du rôle propre infirmier.

D'une manière générale, elle ne peut donc pas accomplir d'actes :

– relevant de prescriptions médicales médicamenteuses ;

– nécessitant l'introduction d'un « tuyau » dans un orifice corporel (donc pas de pose sonde à O2 ou lavement évacuateur) ;

– obligeant à percer l'intégrité de la peau (pas d'injections, pas de glycémie capillaire, etc.) ;

– nécessitant l'utilisation d'un matériel stérile ou la réalisation de soins stériles.

Les pièges dans le repérage des limites :

– L'aide-soignant peut poser des bas de contention mais pas des bandes de contention.

– L'aide-soignant ne peut réaliser seul ou avec un collègue un premier lever : il faut la présence de l'IDE.

– L'aide-soignant ne peut installer une première fois une vessie de glace mais peut la renouveler.

– L'aide-soignant ne peut « raser » un patient en préopératoire.

– L'aide-soignant n'est pas habilité à retirer une perfusion.

– L'aide-soignant n'a pas le droit de mettre un suppositoire médicamenteux mais peut poser un suppositoire à la glycérine.

– L'aide-soignant n'a pas le droit de mettre de l'éosine sous un sein mais peut procéder à une douche bétadinée pré-opératoire.

FICHE 2

Travail prescrit, travail réel et souffrance au travail

3. Travail prescrit et travail réel[1]

Travail prescrit

Le travail prescrit repose sur toutes les formalisations officielles : procédures, processus, protocoles écrits, énoncés formels, référentiels, savoirs, etc.

Ex. : fiche Technique de soins, Change de protection anatomique, module 1, fiche 12.

La fiche décrit le déroulement des gestes à réaliser, avec un patient supposé « idéal », un environnement lui aussi idéal (de la place, du matériel, etc.) et une soignante au top de sa forme physique et mentale, sans préoccupation personnelle.

Le travail prescrit est nécessaire et utile ; il donne une direction, un mode de faire, des éléments à respecter.

Travail réel

Le travail réel est celui qui est réellement effectué en prise avec le réel (les imprévus, l'inattendu, etc.). Il est le résultat d'une intelligence dans l'action, dans le faire. Cette intelligence dans l'activité échappe à la conscientisation immédiate. Le travail réel demande toujours une réinterprétation du travail prescrit car travailler c'est faire face aux imprévus, aux aléas spécifiques à chaque situation.

Témoignage

« C'était un monsieur qui faisait 1,80 m, il a fallu que je le change toute seule… Le monsieur gigotait dans tous les sens pour me taper – vous me voyez : je fais 1,50 m, il fallait lui caler les bras et lui changer une couche d'une seule main. Et j'étais toute seule. » **Nelly**

« Ce matin, elle nous a appelées parce qu'elle nous disait que sa protection était souillée. Donc on est venu quoi, chose normale, donc… Bon il y avait rien dans la protection… c'est en fait parce qu'elle voulait se lever de bonne heure, donc on l'a mise

---

1. À partir de la psychodynamique du travail de Christophe Dejours, médecin, psychiatre, psychanalyste qui a élaboré avec son équipe un champ de compréhension de la santé et de la souffrance au travail : *La Psychodynamique du travail.*

sur le siège-pot. Mais elle ne voulait pas rester… enfin, c'est compliqué… Donc on l'a quand même laissée… alors elle s'est plainte à la femme de ménage ; heureusement qu'on l'a laissée quand même, parce qu'elle a eu besoin d'y aller. Alors, c'est complexe parce qu'on ne sait pas quoi faire. Donc on a fini par la remettre dans son fauteuil mais elle n'a pas voulu s'aider pour tenir sur ses jambes… alors à deux, ce n'est pas évident… parce que, une qui met la protection, l'autre qui la tient… » **Lou**

Le travail est aussi un compromis entre la tâche à effectuer et l'organisme qui l'effectue :

« Les gens ne savent pas que vous pouvez être fatiguée, avoir passé trois nuits blanches : on devrait être toujours au top ! C'est quand même dur, quand vous avez vos soucis… vos gros soucis de santé. C'est dur. Quand vous n'êtes pas bien dans votre tête, vous ne pouvez pas être aussi… en connexion avec l'autre personne : c'est trop. Trop vous demander. » **Coralie**

Travailler consiste donc à mobiliser ses ressources pour un compromis acceptable entre son désir, son état physique et mental, la prescription et la réalité.

4. La souffrance au travail

Pour Christophe Dejours, la montée de la souffrance au travail semble inexorable car les organisations modernes du travail demandent toujours plus aux salariés. Si un travailleur montre une grande performance, cette performance deviendra une norme. Les temps de « pause » se raccourcissent, ne permettant plus le partage de l'expérience, les « échanges » des ficelles du métier, le vécu de règles de sociabilité et le nourrir du « vivre ensemble » car travailler c'est aussi cela. La rationalité diminue les temps « morts », ceux-là mêmes qui étaient nécessaires à une forme de récupération physique et mentale. Les erreurs ou défauts dans le travail sont attribués systématiquement à l'individu car le réel est dénié au profit de la seule organisation prescrite. L'erreur est « psychologisée », imputée à la faiblesse individuelle de cet individu responsable et autonome qu'il est sommé d'être.

Les aides-soignants sont particulièrement exposés à la souffrance d'autrui, par la nature de leurs activités. Ils œuvrent, dans un face-à-face prolongé et concret, avec la misère, la souffrance, les douleurs humaines de toute nature, les défaillances corporelles.

L'attitude compassionnelle aide à dépasser l'ambigüité de la relation soignant/soigné, à juguler l'angoisse, le dégoût, l'horreur. Selon Pascale Molinier, la compassion est créatrice de sens et par là contribue à la santé du soignant.

Si ce processus de compassion ne peut se mettre en place, là encore il y a risque de passage à l'acte des soignants sur les soignés. Ce processus doit se soutenir dans le temps grâce à une réelle coopération entre soignants. Travailler à deux pour certains soins peut être un facteur de santé et de travail bien fait, là où une direction y verrait une perte sèche économique, là où la pure rationalité impose un seul soignant. Bien travailler dans le milieu soignant consiste à équilibrer l'efficacité technique et la compassion.

« [...] le maintien d'une attitude compassionnelle avec les patients vécus comme répugnants (plaies suintantes, odeurs corporelles désagréables, incontinence) est largement tributaire des marges de manœuvre dont dispose l'équipe pour s'organiser de façon à affronter à plusieurs la répulsion »[1]

L'autre grande source de souffrance au travail des aides-soignants est le manque de reconnaissance de leur travail.

1. Pascale Molinier, 2006, *Les enjeux psychiques du travail*, Payot et Rivages, p. 245.

FICHE 3

L'équipe de soins et responsabilités

8

1. Les différents acteurs autour du patient

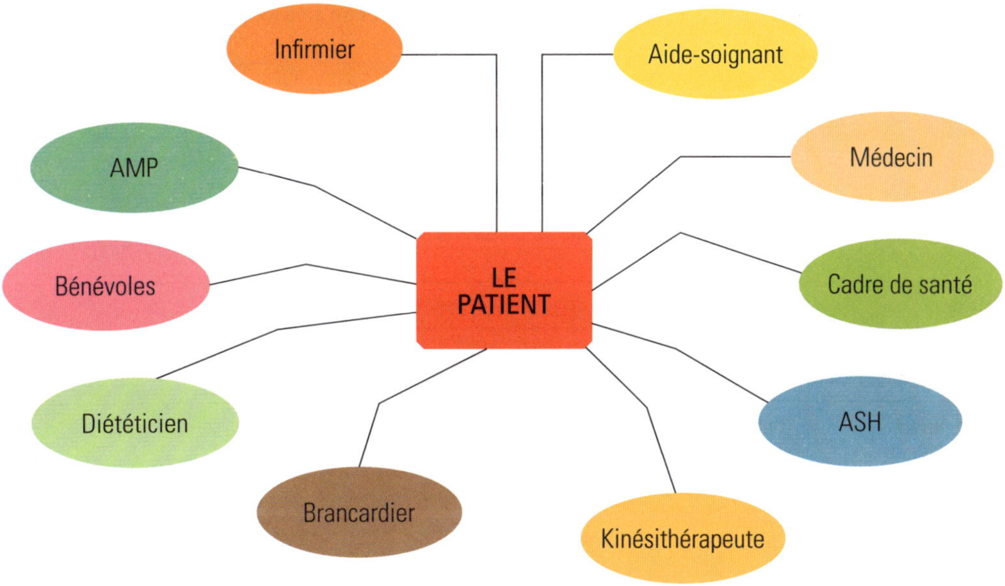

Acteurs	Activités
Médecin	Il examine le patient, établit un diagnostic et fait des prescriptions.
Cadre de santé	Il coordonne l'action des différents membres de l'équipe, a une mission de management, gère les plannings, est initiateur du projet de service et fait le lien avec l'administration.
Kinésithérapeute	Il s'occupe de la rééducation fonctionnelle ; prévient l'altération des capacités fonctionnelles, concourt à leur maintien et, lorsqu'elles sont altérées, les rétablit ou y supplée.
Infirmier	Il a un rôle propre (qu'il peut faire avec la collaboration de l'AS) et un rôle sur prescription.
Diététicien	Il détermine les régimes alimentaires en adéquation avec les prescriptions médicales ; assure la qualité des aliments et des préparations alimentaires, l'équilibre nutritionnel.
Aide-soignant	Il dispense des soins d'hygiène et de confort, en collaboration et sous la responsabilité de l'IDE. Il réalise des soins liés aux fonctions d'entretien et de continuité de la vie visant à compenser partiellement ou totalement un manque ou une diminution de l'autonomie de la personne ou d'un groupe de personnes.

Aide médico-psychologique	Il a un rôle d'accompagnement dans la vie quotidienne auprès d'enfants, d'adolescents, d'adultes en situation de handicap ; compétence à la limite entre l'éducatif et le soin. Il intervient sous la responsabilité d'un travailleur social ou d'un professionnel paramédical.
Agent de service hospitalier	Il assure l'entretien et de l'hygiène des locaux et participe aux tâches permettant d'assurer le confort des malades.
Brancardier	Il assure l'activité de manutention et de transport des patients entre différents services.
Bénévoles	Ils apportent réconfort aux patients (lecture, courses, visites, etc.)
Mais aussi, il existe de nombreuses autres professions qui peuvent être amenées à participer à la prise en charge globale du patient par exemple :	
Auxiliaire de puériculture	Aide-soignant spécialisé auprès des enfants.
Ergothérapeute	Propose les solutions techniques nécessaires vis-à-vis d'un handicap (aménagement du mobilier, communication, habillage, hygiène, etc.).
Orthophoniste	Prévient et prend en charge, sur prescription médicale, les troubles de la communication écrite et orale.
Orthoptiste	Rééducation des yeux.
Manipulateur en électroradiologie	Participe directement à la réalisation des explorations relevant de l'imagerie médicale (radiologie classique, scannographie, IRM).
Pédicure, podologue	Traite directement les affections épidermiques, limitées aux couches cornées et les affections unguéales du pied ; confectionneet applique les semelles.
Assistant social	Intervient auprès des personnes, des familles, des groupes pour améliorer leurs conditions de vie au niveau social, sanitaire, familial, économique, culturel et professionnel.
Psychologue	Conçoit, élabore et met en œuvre des actions préventives et curatives à travers une démarche prenant en compte la vie psychique des individus et des groupes.

2. Fonctions des membres de l'équipe aide-soignante

Un relais possible

Témoignage

« Quand ça ne va pas, on passe le relais… il faut de toute façon, parce que sinon… par exemple… quand on fait six jours la même personne difficile… c'est… c'est humain de devoir dire "eh bien non je n'en peux plus", je pense que c'est normal. Il y a un moment où vous n'en pouvez plus… et puis la fatigue aussi… la fatigue accumulée… oui, c'est lourd, oui. » **Lou**

« Il y a des gens… au quatrième après-midi, j'avais du mal… J'ai dit à ma collègue : "Prends le relais, je n'en peux plus." Quand on est fatiguée, on a plus de mal à supporter. » **Andrée**

Une solidarité possible

Témoignage

« Une bonne équipe… des filles, quand on les appelle, qui répondent oui. Quand on a un souci chez quelqu'un et qu'on appelle une fille ou qu'on demande des conseils aussi, parce qu'on n'est pas non plus… si on a du mal avec quelqu'un et qu'avec les autres ça se passe bien, donc on demande "Mais comment tu fais toi ?" Elles ne nous disent pas : "Débrouille-toi" ; voilà, elles nous expliquent comment elles font. » **Sarah**

Une protection des uns et des autres

Témoignage

« Bon, s'il y en a une… parce qu'il y a un secteur plus difficile que l'autre, donc s'il y en a une qui est un peu fatiguée… C'est deux secteurs complètement différents parce qu'il y en a un qui est plus difficile physiquement, on a des cas… des résidents qui sont lourds à manipuler et un autre, ça va être plus moralement, ou ça va être les cris, les personnes Alzheimer qui déchapotent… alors suivant notre état de fatigue… on se répartit les secteurs. On a une feuille d'organisation où quand on voit qu'on a fait trop d'un secteur, bon on se dit : "Faut que je passe à l'autre." » **Lilou**

Une autorégulation du travail

Témoignage

« Un autre monsieur qu'on a depuis des années, et on avait un fauteuil pour baignoire et, qui était en bas, qui faisait rien et je me suis dit ce monsieur là, pourquoi on ne lui fait jamais de douche ou de bain, je ne sais pas… donc j'ai emmené le fauteuil et le monsieur maintenant prend une douche chaque semaine et il est enchanté. Mais il faut des fois essayer… Voilà c'est une équipe… Il faut aussi se donner la peine… Je n'avais rien dit à mes collègues… Donc, le jour où j'ai emmené le fauteuil, elles m'ont dit mais tu vas faire quoi avec ça… elles m'ont dit… ah non, tu ne vas pas nous faire ça… » **Sophia**

Une transmission des ficelles du métier

Témoignage

« On se donne nos trucs : "Eh bien, tu sais, là, j'ai une patiente que je vais faire, et…, et là, elle me dit : "Ah non, moi je ne fais pas comme ça, mais comme cela. – Ah bon ? Ah, je crois que je vais faire pareil OK, OK, je crois que je vais essayer de faire comme toi !" » **Nelly**

3. Responsabilité civile, responsabilité pénale, responsabilité disciplinaire

Définition du principe de responsabilité

Principe juridique suivant lequel chacun doit répondre des conséquences de ses actes ou de ses abstentions.

La responsabilité civile : article 1382 du Code civil

« Tout fait quelconque de l'homme, qui cause à autrui un dommage, oblige celui par la faute duquel il est arrivé à le réparer. »

Dans le cadre professionnel, on parle de responsabilité civile pour le secteur privé et de responsabilité administrative pour le secteur public.

En pratique, elle s'applique : dès qu'un préjudice est établi, en présence ou en l'absence de faute. **Elle n'est pas répressive mais réparatrice.**

Trois critères sont nécessaires :

- un préjudice, matériel, corporel ou moral ;
- un fait, un acte (volontaire ou non), ou une omission (n'avoir rien fait) ;
- un lien de causalité entre le fait et le préjudice.

Petit exemple « classique » pour une AS : l'appareil dentaire d'un patient qui part à la blanchisserie dans le linge de lit et qu'on ne retrouve jamais.

Les établissements de santé et les personnels ont une assurance pour pallier ce type d'incident : l'assurance responsabilité civile, qui va indemniser la victime du préjudice subi.

L'affaire pourra être traitée devant le tribunal administratif (secteur public) ou le tribunal de grande instance (secteur privé) ET la commission régionale de conciliation et d'indemnisation des accidents médicaux (CRCI).

La responsabilité pénale : article 121-1 du Code pénal

« Nul n'est responsable pénalement que de son propre fait. »

La responsabilité pénale est l'obligation de répondre des infractions personnelles à la loi.

La responsabilité pénale entraîne une peine (amende et /ou emprisonnement) et l'ouverture d'un casier judiciaire. **Elle est répressive.** Il y a engagement de la responsabilité pénale chaque fois qu'une personne (physique ou morale), volontairement ou involontairement, commet une infraction aux règles en usage.

En pratique : la responsabilité pénale vise la sanction de comportements considérés comme des atteintes à l'ordre public.

Dans le cadre de l'activité professionnelle de l'aide-soignant :

– infraction non intentionnelle (homicide ou des blessures involontaires) qui suppose une faute d'imprudence, de négligence ou d'inattention ;

– mise en danger de la vie d'autrui ;

– abus de confiance, c'est-à-dire le détournement de fonds, de valeurs ou d'un bien quelconque ;

– non-assistance à personne en péril (délit d'abstention volontaire) ;

– **violation du secret professionnel** (délit volontaire) ;

– **pratique professionnelle illégale** ;

– refus de différer à une réquisition de l'autorité.

L'affaire sera traitée devant le tribunal compétent compte tenu de la qualification du délit. Dans certains cas de jurisprudence, tous les membres de l'équipe soignante et la direction de l'établissement ont, chacun au regard de leur niveau de responsabilité, été mis en cause.

La responsabilité disciplinaire

C'est un recours de l'employeur vis-à-vis d'un employé ayant engagé sa responsabilité civile ou pénale dans l'exercice de ses fonctions.

Elle entraîne une sanction, un blâme, un avertissement voire une radiation après le jugement d'un professionnel par ses pairs.

4. Participation à des groupes de travail et à l'élaboration de projets

L'aide-soignante a intérêt si elle ne veut pas que la vie professionnelle l'use, à diversifier son investissement, continuer à s'enrichir professionnellement, à participer à des groupes de travail et à l'élaboration de projets.

Avec la démarche qualité et les recommandations de l'HAS, les thèmes d'investissement ne manquent pas.

– En lien avec les recommandations et préconisations de l'HAS :

« La Haute Autorité de Santé (HAS) entend promouvoir une vision rénovée de la prise en charge des maladies chroniques en centrant leur organisation autour de **parcours de soins** permettant le plus possible un accompagnement du malade à la fois personnalisé et coordonné. Cette approche constitue l'une des voies les plus sûres de la qualité soignante et de l'efficacité économique du système de santé, en ayant recours au bon moment à chaque compétence professionnelle médicale, soignante et sociale, et en réduisant ce faisant les dépenses mal orientées ou inadéquates. »

Vous pouvez en trouver des exemples concrets sur le site de l'HAS.

Tout un service peut travailler en interdisciplinarité sur ce que l'on appelle le chemin clinique :

« Le chemin clinique décrit, pour une pathologie donnée, tous les éléments de prise en charge en suivant le parcours du patient. Cette méthode vise à planifier, rationaliser et standardiser la prise en charge multidisciplinaire et/ou multiprofessionnelle de patients présentant un problème de santé comparable. [...] le CC se traduit comme une liste des actes à réaliser intégrée au dossier du patient. Chaque acte doit être signé par la personne qui l'a réalisé, permettant ainsi d'assurer la traçabilité[1]. »

Ainsi, dans une équipe pluriprofessionnelle, chacun sait ce qu'il a à faire.

– Participation à l'écriture d'un protocole en lien avec la démarche qualité.

– Participation à l'élaboration d'un projet de soins ou de vie pour et avec une personne.

1. Document de travail réalisé par l'HAS, fiche technique méthode « Le chemin clinique », 31 janvier 2013, complétant la fiche « Méthodes et modalités de DPC », consultable sur le site de l'HAS.

FICHE 4

Organisation du travail

L'organisation du travail peut s'envisager selon différents modèles.

Dans le système hospitalier on trouve deux grands types d'organisation :

– Le travail en binôme IDE/AS : il va prendre en charge, ensemble, tous les soins habituels dans le même temps des patients d'un secteur défini.

– Le travail par catégorie de soins et de professionnels, issu d'une certaine forme de taylorisme : les aides-soignants font leurs soins, les infirmiers les leurs. Elles se croisent, peuvent s'aider et ont des transmissions les uns envers les autres. Pour les aides-soignants, cela se traduit par une division des tâches (voir plus loin le listing des activités « standard ») dictée par des heures de changement d'activités (le moment des toilettes, le moment des repas, etc.). Cette organisation peut présenter une certaine efficacité mais permet moins l'adaptabilité aux personnes soignées, particulièrement dans les établissements socio-médicaux.

1. Les outils de planifications des soins

Tous les supports des transmissions écrites peuvent être utiles pour organiser et planifier les soins (voir module 7).

Exemple de la planification murale : visuellement, chacun peut avoir une idée précise des soins à prévoir pour chaque personne.

2. Les critères d'organisation des activités aides-soignantes dans un service

Il vous sera demandé de les mobiliser lors de l'épreuve écrite du module 8.

Listing des activités « standard » à réaliser au cours d'une matinée de travail

– Transmissions orales, consultations des transmissions écrites et outils d'organisation du service (planification murale).

– Prises des constantes selon la nature du service.

– Distribution des repas (petit déjeuner, déjeuner, collation, dîner).

– Toilettes.

– Ménage des chambres.

– Réfection des lits.

– Surveillance des appareillages (sondes urinaires, perfusions, sondes à O_2).

– Surveillance spécifique à renouveler dans la journée selon l'état de santé des personnes.

– Soins spécifiques selon l'état de santé des personnes (ex. : aide aux transferts si l'état d'une personne le nécessite).

– Préparation pour des déplacements (rendez-vous de consultation, examens, etc.).

– Transmissions écrites.

– Transmissions orales de fin de matinée.

Pour réaliser ces tâches auprès des patients qui lui sont confiés, l'aide-soignant doit s'organiser dans le temps. Par qui commencer et pourquoi ? Quels sont les impératifs du service ? quels sont les désirs ou besoins des personnes ? etc.

Quelques rappels

– Un patient contagieux ou contaminé doit être pris en charge en dernier pour ne pas risquer de transmettre le germe aux autres patients du service.

– Un patient doit être prêt (lavé, habillé) à l'heure prévue pour un rendez-vous, un examen, une consultation.

– Avant de distribuer le petit déjeuner, toujours vérifier que le patient ne doit pas être à jeun (pour une prise de sang, un examen).

– Si le patient est diabétique, avec des contrôles de glycémie capillaire, donner le repas après ce contrôle sinon le résultat sera erroné.

– Si le patient a une injection d'insuline, penser à lui donner à manger dans la demi-heure qui suit sinon il peut faire un malaise hypoglycémique.

– Si la personne a des bas de contention, ils doivent être mis avant son lever pour une meilleure efficacité.

– Si la personne doit avoir un aérosol, penser à le planifier à distance des repas.

– Si la personne a une sortie prévue dans l'après-midi, il est inutile de prévoir le ménage de la chambre puisqu'elle sera faite de toute manière après sa sortie…

A noter

Cela signifie que :

Pour organiser son travail dans un service, être efficace et sécuritaire, il faut avoir intégrer des connaissances sur l'hygiène, les soins et les mobiliser dans le contexte de travail, en fonction des ressources en matériel et humaines, de l'organisation générale du service et des autres professionnels de santé intervenant autour des patients, et des patients dont vous avez la charge.

FICHE 5

Protocoles de soins et démarche qualité

1. Les protocoles de soins

Définition

C'est un descriptif des techniques à appliquer et/ou des principes et des consignes à observer dans certaines situations et dans l'administration des soins. Autrement dit, c'est une sorte de guide d'application des procédures de soins, centré sur une cible (groupe, communauté ou individu) présenté sous forme synthétique.

Les protocoles sont considérés comme « des prescriptions anticipées ou des conduites à tenir ». Quelques exemples de protocoles que l'on rencontre dans les services : protocole « lavage de mains », protocole « entretien d'une chambre », protocole « prise en charge des escarres »… Ils permettent une meilleure organisation du service.

Il ne faut pas confondre protocole de soins et « habitudes du service ». En effet, un protocole est un **document écrit, validé et qui doit être appliqué par tous les membres du service concerné**.

L'élaboration d'un protocole

Il est bâti conjointement par les personnels médicaux et/ou paramédicaux impliqués dans leur mise en œuvre. Après identification du sujet, du champ d'application et des objectifs visés, le groupe de travail constitué va faire une recherche bibliographique la plus exhaustive possible. Ensuite, une synthèse est faite ainsi qu'une analyse à partir des recherches et en comparaison avec les pratiques existantes (points communs et différences). Le groupe de travail élabore alors un protocole correspondant à l'objectif de départ, en adéquation avec la législation et inspiré du résultat des recherches effectuées. Lorsque le document ainsi rédigé fait consensus au sein du groupe, c'est-à-dire que tous les membres du groupe de travail sont d'accord, le protocole est daté et signé par le médecin responsable du service, le cadre de santé et l'ensemble des personnes ayant participé à son élaboration et éventuellement par le pharmacien, le directeur des soins.

La diffusion

Une fois signé par tous les protagonistes, le protocole doit être diffusé à l'ensemble du personnel médical et/ou paramédical concerné par son application. Il est donc distribué à chacun individuellement et remis à tout nouveau personnel. À partir du moment où sa mise en place a été validée, chacun s'engage à le suivre. Il doit être accessible par tous à tout moment, généralement placé dans un classeur dédié aux protocoles rangé dans la salle de soins.

L'évaluation

Il est évalué et, si nécessaire, réajusté, et, dans ce cas, redaté et resigné. Dans tous les cas, il est revu au moins une fois par an en partenariat avec tous les personnels concernés par son application.

2. La démarche qualité

Selon la définition de l'OMS, « un soin de qualité doit permettre de **garantir à chaque patient** l'assortiment d'actes diagnostiques et thérapeutiques qui lui assurera **le meilleur résultat** en termes de santé, **conformément à l'état actuel de la science médicale**, au **meilleur coût** pour un même résultat, au **moindre risque iatrogène**, et pour sa grande satisfaction, en termes de procédures, de résultats et de contacts humains à l'intérieur du système de soins ».

Tous les établissements de soins sont tenus de s'engager dans une démarche d'amélioration continue de la qualité. Cette démarche concerne la qualité des prestations fournies en termes de soins pour les patients et leur famille et en termes de coût pour les organismes financeurs (sécurité sociale). Il s'agit d'une démarche volontariste et collective, sur une longue durée, engagée par un établissement ou un service afin de **conforter ses points forts et réduire progressivement ses points faibles.**

Pour schématiser la démarche qualité, quel que soit le domaine sur lequel elle porte, passe différentes étapes illustrées par cette roue de Deming :

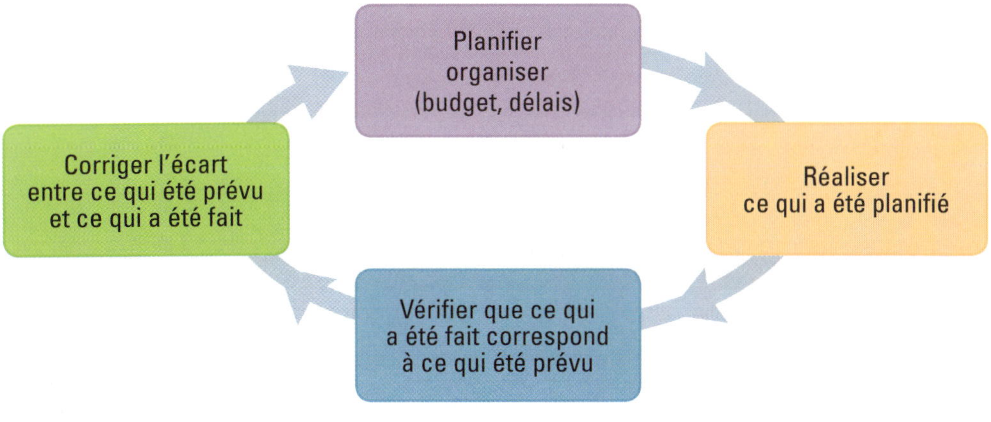

Chaque étape franchie permet d'avancer dans le processus et donc de faire toujours mieux ; ce qui est acquis ne disparaît pas, mais continue à être amélioré.

Pour être menée à bien, une démarche qualité doit impliquer tous les personnels des établissements, à tous les niveaux de la hiérarchie, qu'ils travaillent dans les services administratifs ou dans les services de soins.

Bref historique de vingt ans d'amélioration de la qualité dans les établissements de soins :

- 24 avril 1996 : création de la procédure d'accréditation – V1
- 13 août 2004 : création de la HAS (remplace l 'ANAES), le terme de certification remplace celui d'accréditation – V2
- 2010 : résultats des évaluations conformes au référentiel – V3

Aujourd'hui, V3 repose sur 7 indicateurs portant sur la lutte contre les infections associées aux soins, et des IPAQSS (indicateurs pour l'amélioration de la qualité et de la sécurité des soins) regroupant 6 indicateurs portant sur la qualité de la tenue du dossier patient, 4 thèmes de pratique clinique de spécialité et un indicateur portant sur la satisfaction des personnes hospitalisées/prises en charge.

7 indicateurs portant sur la lutte contre les infections associées aux soins	
ICALIN	Indice d'activité de lutte contre les infections nosocomiales
ICSHA	Indice de consommation de SHA
ICA-LISO	Indice infections sites opératoires
ICA-BMR	Indice des bactéries multirésistantes
ICATB	Indice de consommation des antibiotiques
Score agrégé activité	Vision globale des 5 indicateurs précédents
BN-SARM	Bactériémies nosocomiales à Staphylococcus aureus résistants à la méticilline
IPAQSS (indicateurs pour l'amélioration de la qualité et de la sécurité des soins) **6 indicateurs portant sur la tenue du dossier patient**	
TDP	Tenue du dossier du patient
DEC	Délai d'envoi du courrier de fin d'hospitalisation
DAN	Qualité du dossier d'anesthésie
DTN	Dépistage des troubles nutritionnels : mesure/suivi du poids de patient adulte
TRD	Évaluation de la douleur
	Évaluation du risque d'escarre
4 thèmes de pratique clinique	
PP-HPP	Indicateurs sur la prévention et la prise en charge de l'hémorragie du post-partum
AVC	Indicateurs sur la prise en charge initiale de l'accident vasculaire cérébral

IDM	Indicateurs sur la prise en charge hospitalière du syndrome coronarien aigu et de l'infarctus du myocarde à la sortie
RCP	Qualité de la réunion de concertation pluridisciplinaire en cancérologie
1 indicateur portant sur la satisfaction des personnes hospitalisées/prises en charge	
– prise en charge globale ; – attitude des professionnels ; – communication avec les professionnels ; – information du patient ; – restauration hospitalière ; – commodité de la chambre.	

Certains des indicateurs sont strictement du ressort médical, mais il est clair que certains autres entrent tout à fait dans le champ d'activité de l'AS : tenue du dossier patient, dépistage des troubles nutritionnels, évaluation de la douleur, évaluation du risque d'escarre et indicateur portant sur la satisfaction des personnes prises en charge.

Cette démarche passe obligatoirement par la **gestion des risques**, c'est-à-dire qu'il s'agit de mettre tout en œuvre afin que la probabilité de survenue d'un risque soit la plus proche possible de 0. Selon la norme ISO 9000 version 2000, la démarche de gestion des risques est définie comme suit : « Processus régulier, continu, coordonné et intégré à l'ensemble d'une organisation qui permet l'identification, l'analyse, le contrôle et l'évaluation des risques et des situations à risques qui ont causé ou auraient pu causer des dommages à une personne ou à des biens. »

La gestion des risques peut être schématisée comme ci-dessous :

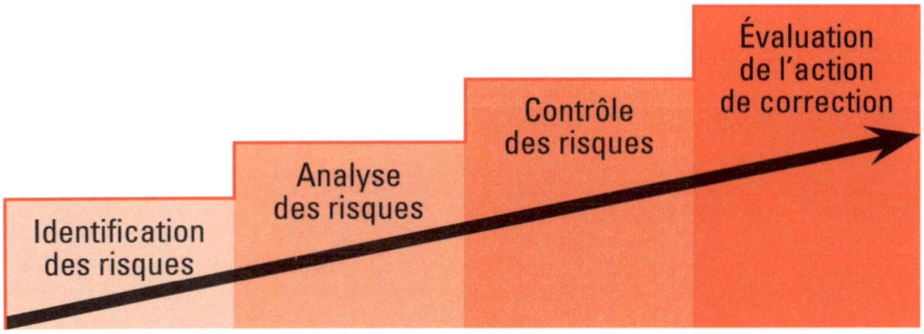

Les risques en milieux hospitaliers peuvent être nombreux :

Risques liés aux usagers	Risques liés à l'environnement	Risques liés au personnel
Les vigilances : – identitovigilance – matériovigilance – hémovigilance – pharmacovigilance	Les risques d'incendie Les risques électriques Les risques liés aux bâtiments, à la circulation Les risques informatiques	Les AES Les agressions Les risques professionnels

Le risque infectieux : – déchets – linge – eau – air		
Les risques liés aux soins : – infection – violence – organisation – plaintes		
Les risques liés aux crises : – urgences – plan blanc – grippe, etc.		

Cette démarche d'amélioration continue de la qualité dans les établissements de soins est validée d'abord par une évaluation interne, puis par une évaluation externe. Les résultats de cette évaluation sont ensuite publiés et mis à disposition des usagers, dans un souci de transparence, par le biais d'un site internet dédié : http://www.scopesante.fr

SCOPE Santé

FICHE 6

Formation des pairs et formation tout au long de la vie

8

1. Formation des pairs

La formation des pairs dans les métiers de la santé est organisée sous la forme d'un tutorat. Les professionnels soignants guident les apprenants soignants dans l'acquisition des compétences inhérentes au métier.

Les missions du tuteur

– Accueillir l'apprenant : l'accueil se doit d'être bienveillant, centré sur l'apprenant et ses objectifs de stage.

– L'aider, c'est lui donner tous les moyens à disposition pour trouver les renseignements dont il a besoin (accès au classeur des protocoles par exemple).

– Informer, apporter sa connaissance du métier, son expérience.

– Guider l'élève : le laisser faire tout en lui apportant les précisions qui lui font défaut afin qu'il améliore ses acquis ; être auprès de lui dans les activités qu'il réalise.

– Assurer son insertion auprès des autres professionnels, c'est lui permettre de trouver sa place dans l'équipe.

– Assurer la liaison avec l'organisme de formation, c'est travailler de concert avec l'équipe pédagogique dans l'intérêt du stagiaire.

Le tuteur aide ainsi le stagiaire à faire le lien entre les apprentissages en institut de formation et le monde du travail, la mise en application des savoirs théoriques acquis. Accepter la charge de tuteur de stage est un engagement pour que le stagiaire atteigne ses objectifs dans les meilleures conditions d'apprentissage possible.

2. Formation tout au long de la vie

Le dispositif de formation continue a été mis en place pour permettre aux personnes en cours d'activité professionnelle ou de recherche d'emploi de se former, en dehors du cursus initial scolaire. Actuellement, la terminologie retenue est « la formation tout au long de la vie ». Ainsi, chaque adulte, qu'il soit salarié, indépendant ou demandeur d'emploi peut accéder à une formation lui permettant de concrétiser un projet professionnel, de développer de nouvelles compétences, de changer de métier, de s'adapter aux évolutions du marché du travail ou de viser une promotion professionnelle. Les enjeux de la formation continue sont très importants et de nombreux acteurs interviennent pour permettre sa mise en œuvre et son financement : l'Europe, l'État, les conseils régionaux, les entreprises, les organismes de formation, les partenaires sociaux.

Les dispositifs varient suivant le secteur d'activité (public ou privé), surtout du point de vue du financement, mais les dispositifs restent sensiblement identiques.

Chaque entreprise est soumise à une contribution obligatoire afin de financer la formation professionnelle. Cette contribution est fixée par décret en fonction du nombre de salariés et représente un pourcentage de la masse salariale brute.

➲ La formation peut être à l'initiative de l'employeur par le biais du plan de formation.

Actions de formation choisies par l'employeur afin de développer les compétences de ses employés dans le cadre de sa politique de gestion prévisionnelle de l'emploi et des compétences.

Quatre actions de formation peuvent entrer dans le cadre du plan de formation :

1. Actions d'adaptation au poste, ou liées à l'évolution, au maintien dans l'emploi
Permettre au salarié de conserver son poste de travail actuel en ayant les compétences ou les diplômes requis. Permet de se mettre à jour au vu de l'évolution du poste de travail.
2. Actions de développement des compétences
Doivent permettre au salarié d'acquérir les compétences qui lui sont nécessaires dans l'optique d'une évolution de carrière, d'une promotion professionnelle.
3. Bilans de compétences
Ils permettent de mettre en évidence toutes les compétences dont dispose le salarié (à partir de son activité professionnelle, mais aussi des activités extra-professionnelles afin de l'aider à élaborer un projet professionnel ou un projet de formation.
4. Validation des acquis de l'expérience
La VAE offre à toute personne la possibilité de valider partiellement ou totalement un diplôme à partir de son savoir-faire acquis par son expérience professionnelle et/ou personnelle (activités bénévoles par exemple).

➲ La formation peut être à l'initiative de l'employeur par le biais du développement professionnel continu (DPC).

Depuis la loi Hôpital, Patients, Santé et Territoire de 2009, tous les professionnels de santé doivent s'inscrire dans une démarche de développement professionnel continu (DPC). Les objectifs de ce volet de la loi sont :

- l'analyse et l'évaluation des pratiques professionnelles ;
- le perfectionnement des connaissances ;
- l'amélioration de la qualité et de la sécurité des soins ;
- la prise en compte des priorités de santé publique et de la maîtrise médicalisée des soins.

C'est une démarche à laquelle chaque professionnel de santé doit obligatoirement participer. Le financement de ce dispositif n'entre pas dans le cadre du plan de formation des établissements de santé.

➲ La formation peut être à l'initiative du salarié en utilisant ses heures de DIF.

Le DIF : **droit individuel à la formation**. Tout travail salarié ouvre des droits à un crédit d'heures annuel pour réaliser une formation, après un an d'ancienneté dans l'entreprise. Ce crédit est de **20 heures par an, cumulable sur 6 ans, soit 120 heures au maximum**, pour les salariés à temps complet. Pour les salariés à temps partiel, les heures de DIF sont calculées au prorata du temps de travail, mais sont de la même façon cumulables sur 6 ans. Le salarié peut utiliser ces heures pour se former à condition d'**avoir l'accord de son employeur quant à l'action de formation** choisie. La formation est effectuée en dehors du temps de travail, mais le salarié perçoit une allocation qui lui est versée par son employeur. La formation est payée par l'employeur.

8

A noter

Attention, les dispositions du DIF arrivent à expiration. En effet, au 31 décembre 2014, le DIF disparait au profit du **compte personnel de formation**. Les heures acquises dans le cadre du DIF seront automatiquement transférées sur celui-ci. Le compte personnel de formation bénéficiera à toute personne entrée dans la vie active, dès l'âge de 16 ans, salariés, demandeurs d'emploi ou travailleurs en ESAT et le suivra tout au long de sa vie professionnelle. Il permettra à chacun d'accumuler 150 heures sur 7 ans et demi pour acquérir des compétences attestées (qualification, certification, diplôme) afin de sécuriser les parcours professionnels. En effet, seules les formations qualifiantes inscrites sur une liste établie à partir du RNCP pourront entrer dans le cadre du CPF. Pour obtenir 150 heures sur son CPF, il faudra cumuler 24 heures par année cumulables dans la limite de 5 ans et 12 heures par an les deux années et demie suivantes. Avec ce nouveau dispositif, la loi impose aux employeurs de veiller à l'adaptabilité des salariés à leur poste de travail ou au moins à leur maintien dans l'emploi. Le financement de cette mesure n'entre pas dans le plan de formation des entreprises.

➲ La formation peut être à l'initiative du salarié en demandant un CIF.

Le CIF : **congé individuel de formation**. Tout salarié ayant 2 ans d'ancienneté, peut prétendre à s'absenter de son poste de travail pour suivre une formation, sans rompre son contrat de travail. Sa rémunération et le coût de la formation sont alors pris en charge par un organisme spécialisé (appelé OPACIF).

La demande de CIF est à l'initiative du salarié pour suivre la **formation de son choix**, qu'elle ait ou non un rapport avec son activité professionnelle actuelle. Le CIF dure, sauf cas particulier, **au maximum un an**. L'employeur ne peut refuser un CIF, mais peut en différer l'exécution. Les employeurs versent une contribution obligatoire à un organisme paritaire collecteur agréé (OPCA), au Fonds de gestion des CIF (FONGECIF) pour le secteur privé ou à l'Association nationale pour la formation permanente du personnel hospitalier (ANFH) pour le secteur public.

➲ La formation peut être à l'initiative du salarié par la VAE.

La VAE offre à toute personne la possibilité de valider partiellement ou totalement un diplôme inscrit au RNCP (Registre national des compétences professionnelles) et accessible par le voie de la VAE, à partir de son savoir-faire acquis par son expérience professionnelle et/ou personnelle (activités bénévoles par exemple).

Pour s'informer sur les modalités de mise en œuvre d'une démarche de VAE, il est conseillé de se rendre dans un Point relais conseil, auprès de Pôle Emploi, du FONGECIF, des missions locales…

Pour résumer :

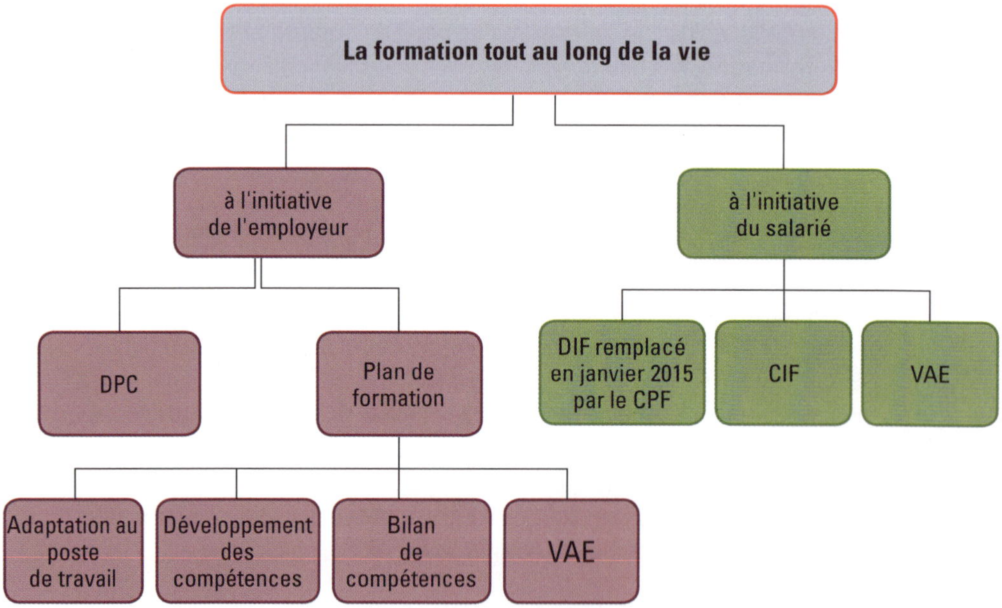

La réforme de la formation professionnelle (Loi n° 2014-288 du 5 mars 2014 relative à la formation professionnelle, à l'emploi et à la démocratie sociale) place l'individu au cœur des dispositifs de formation pour qu'il puisse tout au long de sa vie se former. Elle incite les employeurs à faire de la formation un véritable outil de changement, d'évolution et de compétitivité. Les mécanismes de solidarité vis-à-vis des demandeurs d'emploi, des salariés confrontés à des mutations économiques, sont également renforcés.

FICHE 7

Éléments de droit du travail

Le droit du travail encadre les relations individuelles et collectives du travail.

8

1. Droits et devoirs

L'intégration professionnelle à la fonction publique s'accompagne d'obligations (obéissance à la hiérarchie, devoir de réserve, ne pas travailler en plus à l'extérieur, réquisition, etc.). Toutes ces obligations sont décrites dans les statuts de la fonction publique.

Dans le secteur privé, il y a aussi des obligations qui sont inscrites dans une convention collective.

Il convient d'être au clair (poser des questions, demander à lire les textes régissant les droits et les devoirs). En échange de son travail, le salarié reçoit une rémunération prévue dans la grille indiciaire (prise en compte de la qualification, de l'expérience etc.).

2. Les contrats de travail : CDD, CDI

Un salarié peut travailler en contrat à durée déterminée, avec une date pour le début du travail et une date prévue pour la fin du contrat, à temps plein (35 heures/semaine) ou à temps partiel.

Le contrat à durée indéterminée signifie que le contrat n'a pas de date de fin.

3. Temps de repos

Il doit y avoir au moins 11 heures de repos entre deux journées de travail. (Il est « interdit » d'enchaîner un matin après un soir.) Et en général, deux jours consécutifs de repos dans la quinzaine.

> Entraînement

Répondez aux questions qui suivent.

Exemple de devoir de validation du module 8

✔ **Contexte de travail**

Vous travaillez en service de chirurgie orthopédique, de 6 h 30 à 14 h 30. Vous êtes dans le secteur A, composé de 20 lits. Vous travaillez en collaboration avec une IDE, une ASH, un autre aide-soignant et vous avez la responsabilité d'une élève aide-soignante en fin de formation (stage n° 6, optionnel), à mi-stage. Vous vous répartissez les patients du secteur avec votre collègue et vous avez en charge plus particulièrement 4 patients.

✔ **M. Jean : chambre 210**

Homme âgé de 67 ans, à J3 d'une intervention pour prothèse du genou gauche. Il n'a pas le droit à l'appui et doit porter une attelle au niveau de son genou. Il est sous anticoagulant par injection sous-cutanée à 8 heures chaque matin. Il reçoit des antalgiques *per os* matin et soir et peut avoir une prise en plus selon sa douleur. Son état général (asthénie, dénutrition, maigreur) et sa mobilisation réduite l'expose à des risques d'escarre et un matelas anti-escarres ainsi qu'un coussin anti-escarres pour le fauteuil ont été mis en place. Le retour du transit a eu lieu à J2. Il doit porter des bas de contention compte tenu d'un antécédent de phlébite. Le kinésithérapeute passe le matin à 10 heures. Un contrôle sanguin est prévu ce matin (prise de sang).

✔ **Mme Louise : chambre 212**

Femme âgée de 70 ans, à J1 d'une prothèse totale de hanche gauche. Elle est perfusée. Le premier lever doit avoir lieu ce matin. Sa sonde urinaire doit être enlevée ce matin. Elle est diabétique, temporairement mise sous insuline après contrôle d'une glycémie capillaire trois fois par jour.

Comme traitement, elle a des antalgiques et un anticoagulant. Elle a droit à des repas légers. Mme Louise se plaint d'être très fatiguée. Elle a deux drains de Redon. Elle a un régime diabétique.

✔ **Mme Catherine : chambre 214**

Femme âgée de 53 ans, opérée d'un hallux valgus (pied gauche) à J3, en hyperthermie depuis hier soir (39,5 °C), avec un pansement qui coule et qui présente une odeur forte. Elle est très douloureuse, a des antalgiques, des antibiotiques et doit avoir des vessies de glace sur le pied. Elle ne se lève pas.

✔ **M. Gauthier : chambre 216**

Homme âgé de 45 ans, à J4 d'une pose de plâtre sur fracture du cubitus droit, doit sortir ce jour. Il a été hospitalisé plusieurs jours car il est SDF et a fait une crise de delirium tremens au service ambulatoire où il avait été conduit. À ce jour, il va mieux et va être accueilli dans un foyer d'hébergement et de réinsertion où il pourra recevoir de l'aide de la part des éducateurs, en particulier pour sa toilette et son habillage. Il doit recevoir une écharpe pour maintenir son bras en bonne position à 11 h. Une prise de sang est prévue ce matin et sa perfusion va être enlevée. Une radio pulmonaire est programmée en service de radiologie à 10 h. Il doit être descendu dans le service en fauteuil roulant.

✔ **Organisation générale du service :**

– Les prises de sang ont lieu à 7 h 30.
– Le petit déjeuner est servi à 7 h 30, le déjeuner à 12 h et le dîner à 18 h.
– La visite du chirurgien a lieu tous les jours à partir de 11 h 30.
– Les sorties ont lieu à partir de 13 h 30.
– Les visites ont lieu à partir de 14 h.

QUESTION 1

Expliquez comment s'organise sur le plan législatif le travail de l'aide-soignant et celui de l'infirmier. Sur le plan du fonctionnement d'un service, indiquez par deux exemples concrets la manière dont l'AS et l'IDE doivent avoir des liens entre elles. (1 point)

QUESTION 2

Expliquez ce qu'implique votre responsabilité en tant que tutrice de stage vis-à-vis de l'élève aide-soignante, des patients et de l'équipe. Donnez des exemples concrets de ce que vous feriez dans cette situation. (2 points)

QUESTION 3

Quelles différences faites-vous entre la fonction ASH et la fonction aide-soignante ? (0,5 point)

QUESTION 4

Citez quatre sources de souffrance au travail pour les aides-soignants. (1 point)

QUESTION 5

Citez quatre éléments qui permettent de mieux supporter les difficultés du travail aide-soignant (1 point)

QUESTION 6

Identifier tous les soins à apporter par l'équipe pluriprofessionnelle à M. Jean et à Mme Louise en renseignant la planification murale ci-jointe. (4 points)

QUESTION 7

Renseignez la planification de l'organisation générale des soins pour ces 4 patients en indiquant, pour chaque activité, qui la fait. (10,5 points)

Entraînement

Planification murale des soins de ce jour (4 points)

Nom	M.	Mme
Âge		
N° chambre		
Antécédents significatifs		
Intervention		
J opératoire		
Kinésithérapie		
Alimentation		
Respiration		
Mobilisation		
Élimination		
Hygiène		
Appareillage		
Examens prévus		
Rendez-vous		
Point particulier		

Organisation générale des soins

Heures	M. Jean	Mme Louise	Mme Catherine	M. Gauthier
6 h 30				
7 h 30				
8 h 30				
9 h 30				
10 h 30				
11 h 30				
12 h 30				
13 h 30				
14 h 30				

Corrigé

QUESTION 1

Le travail AS relève du rôle propre IDE. Elle travaille en collaboration avec l'AS, sous la responsabilité de l'infirmier.

L'AS rend compte de son travail à travers les transmissions qu'elle fait et doit tenir compte de ses missions d'alerte et de surveillance.

QUESTION 2

Responsabilité envers l'élève : rôle de formation, d'accompagnement dans l'acquisition des compétences, de vérification des compétences de l'élève. Le bilan à mi-stage est à programmer avec la reprise des objectifs de stage et la formulation d'objectifs de progression dans l'acquisition des compétences.

Responsabilité envers les patients : avoir bien évalué les compétences de l'élève avant de lui confier les patients (pour la sécurité) et vérifier ce qui est fait par l'élève et son attitude envers le patient (pour le confort psychologique des patients).

Responsabilité envers l'équipe : recueillir l'avis des collègues sur les compétences de l'élève pour le bilan à mi-stage. Signaler à la cadre de service si problème avec l'élève. Solliciter l'équipe pour l'évaluation finale de l'élève.

QUESTION 3

Pour la fonction AS : une formation professionnelle et le diplôme d'État.

Pour l'ASH : pas de diplôme obligatoire.

L'ASH entretien des locaux, l'AS entretien l'environnement proche du patient.

Malheureusement, dans la réalité, on voit souvent ces deux fonctions confondues.

QUESTION 4

La non-reconnaissance par l'institution, la non-reconnaissance par la hiérarchie, la non-reconnaissance par les pairs, les roulements de travail trop longs, la maltraitance de la part des soignés sur les soignants, le sentiment de mal travailler, le sentiment d'être obligé d'agir dans une certaine forme de maltraitance envers les personnes soignées (les bousculer par faute de temps, ne pas avoir le temps de s'arrêter pour les écouter, etc.), ne pas être écouté quand on dit au médecin que le patient souffre.

QUESTION 5

L'équipe (si ambiance et travail ensemble se passent bien, si solidarité), les réunions ou les temps de pause où l'on peut parler des difficultés, le cadre de proximité qui reconnaît le travail fait, les projets auxquels l'AS peut participer, la formation continue, etc…

QUESTION 6

Planification murale des soins de ce jour (4 points)

Nom	**M. Jean**	**Mme Louise**
Âge	67	70
N° chambre	210	212
Antécédents significatifs	Phlébite	Diabète
Intervention	Prothèse genou gauche	Prothèse totale hanche gauche
J opératoire	J3	J1
Kinésithérapie	10 h Kiné	
Alimentation	Dénutrition maigreur	Régime diabétique Repas légers (J1)
Respiration		
Mobilisation	Pas d'appui jambe gauche Aide aux transferts Coussin anti-escarres sur fauteuil	1er lever ce jour
Élimination	Aide	Sonde urinaire (ablation ce matin) Surveillance urines + Aide
Hygiène	Aide toilette car asthénie	Toilette complète au lit
Appareillage	Attelle genou gauche Bas de contention	Perfusion Redons
Examens prévus	Labo sang	
Rendez-vous		
Point particulier	8 h injection anticoagulants Antalgiques si besoin	Dextro (3 fois/jour) et insuline Antalgiques

Toutes les rubriques sont renseignées de manière pertinente : 4 points

– S'il manque des informations : moins 0,5 point par information manquante

– Si les informations sont portées dans des rubriques non pertinentes : moins 0,50 point par information non cohérente par rapport à la rubrique.

QUESTION 7

Proposition d'organisation générale des soins (10,50 points)

Heures	**M. Jean**	**Mme Louise**	**Mme Catherine**	**M. Gauthier**
6 h 30 7 h	Transmissions orales Prises constantes (AS)	Transmissions orales Prises constantes (AS)	Transmissions orales	Transmissions orales Prises constantes (AS)

7 h 30 8 h	Prise de sang (IDE) Petit déjeuner (élève + ASH) Anticoagulant (injection IDE)	Dextro et insuline (IDE) Petit déjeuner léger au lit (élève + ASH) 8 h toilette au lit (AS + Elève) Ablation sonde urinaire (IDE)	Prises constantes + évaluation douleur + vessie de glace petit déjeuner (AS)	Prise de sang (IDE) Ablation perfusion (IDE) Petit déjeuner (élève + ASH)
8 h 30 9 h	Toilette des pieds au lit (élève) + bas de contention Aide au lever (sans appui) et à l'installation au fauteuil (élève + AS) Aide toilette + prévention escarres + pose attelle (AS et élève)			
9 h 30	Réfection lit (élève) 10 h Kinésithérapeute	1er lever (IDE + AS) Réfection lit (AS) 10 h Recoucher lit (AS)		Aide toilette au lavabo (élève) Installation au fauteuil (bras surelevé) 10 h Rx Pulmonaire (élève) Retaper lit (élève)
10 h 30 11 h	Ménage (ASH)	Surveillance urines (élève) Ménage (ASH)	Surveillance T° et douleur (élève) Toilette au lit (AS + élève) Réfection du lit Pansement pied (IDE) Vessie glace (AS + élève)	11 h Écharpe Aide pour rassembler les affaires (élève)
11 h 30	Surveillance douleur, hydratation et Prévention escarre au sacrum (élève) Transmissions écrites (élève + AS)	Surveillance redon + Perfusion + Douleur (élève + AS) Transmissions écrites	Ménage (ASH) Transmissions écrites	Transmissions écrites
12 h 30	Déjeuner (élève + ASH)	Dextro (IDE) Déjeuner léger		
13 h 30 14 h	Transmissions orales (élève + AS)	Transmissions orales	Transmissions orales	Sortie Ménage Transmissions orales
14 h 30				

✱ Critères de notation de la planification organisation générale des soins

– Les points incontournables (en rouge) sont pris en compte dans l'organisation proposée. 0,5 point

– Le champ de compétence de chaque membre de l'équipe est bien respecté 1 point : 1 si bon ; 0 si erreur.

– L'organisation tient compte des critères de priorité quant à l'hygiène 2 points : 0 à la rubrique si des précautions pour Mme Catherine n'ont pas été prises (soit faite en dernier ou faite par un soignant dédié).

– L'organisation tient compte des critères de sécurité pour le patient 3 points : 0 à la rubrique si mise en danger d'un patient.

– L'organisation tient compte des surveillances à apporter aux patients 2 points : moins 0,5 par manque de type de surveillance.

– L'organisation tient compte des soins à réaliser pour chaque patient 1 point : moins 0,50 par soin non programmé.

– L'organisation a une logique chronologique pertinente. 0,5 point

– La planification proposée est claire. 0,5 point

Partie 9

ENTRAÎNEMENTS TOUS MODULES

> QCM

Cochez la (les) bonne(s) réponse(s) possible(s).

1. Une attitude bienveillante envers une personne âgée en EHPAD consiste à :

☐ **a.** Laisser la personne utiliser ses capacités et respecter son autonomie.

☐ **b.** Faire une toilette complète systématiquement pour qu'elle ne se fatigue pas.

☐ **c.** Prendre avec bienveillance les pourboires qu'elle me donne régulièrement.

☐ **d.** Lui adresser un sourire lorsque je passe devant elle dans la journée.

2. Le secret professionnel :

☐ **a.** Ne concerne que les médecins.

☐ **b.** Ne concerne que ce qui est écrit dans le dossier du patient.

☐ **c.** Permet un climat de confiance entre les patients et les soignants.

☐ **d.** S'oppose à toute demande d'information de la part des visiteurs.

3. Communiquer c'est :

☐ **a.** Uniquement ce qui se dit oralement.

☐ **b.** Être seulement en capacité de parler.

☐ **c.** S'écouter mutuellement.

☐ **d.** Être capable de défendre son point de vue en argumentant calmement.

4. Pour faciliter la communication, il est utile de :

☐ **a.** Reformuler ce que l'autre a dit pour vérifier que l'on a bien compris.

☐ **b.** Attendre que l'autre ait exposé son point de vue pour proposer le nôtre.

☐ **c.** Tenir compte du feed-back renvoyé par l'autre.

☐ **d.** Affirmer haut et fort ce que l'on pense.

5. Devant un patient aphasique :

☐ **a.** Ce n'est pas la peine de lui parler puisqu'il ne comprend rien.

☐ **b.** Je lui parle de façon posée et j'attends son feed-back pour poursuivre.

☐ **c.** Je lui laisse le temps de s'exprimer et l'encourage.

☐ **d.** Je fais les soins en discutant tranquillement avec ma collègue.

6. Identifier les parasites dans la liste ci-dessous :

☐ **a.** Le sarcopte de la gale.

☐ **b.** Les poux.

☐ **c.** Le tænia (ver solitaire).

☐ **d.** Le bacille de Koch.

7. La défense du corps contre les infections :

☐ **a.** Peau et muqueuses des orifices naturels du corps protègent contre la pénétration des germes à l'intérieur du corps.

☐ **b.** Toute lésion cutanée ne représente pas forcément une porte d'entrée aux germes.

☐ **c.** En cas de perte de l'intégrité cutanée, les germes pénètrent à l'intérieur du corps et provoquent une réaction inflammatoire.

☐ **d.** Si le corps est obligé de fabriquer des globules blancs pour un type de germe particulier, pour lutter contre sa propagation, on parle de réaction immunitaire naturelle.

8. Utilisation d'une chiffonnette :

☐ **a.** On vaporise directement sur la chiffonnette, pas sur les surfaces.

☐ **b.** On essore la chiffonnette avant de l'utiliser.

☐ **c.** On peut utiliser la même chiffonnette dans plusieurs chambres.

☐ **d.** Un système de pliage permet d'utiliser différentes faces d'une chiffonnette.

9. Le nettoyage des dispositifs médicaux :

☐ **a.** Les dispositifs médicaux se mettent tous dans les bacs de détergent-désinfectant.

☐ **b.** On ne désinfecte que ce qui est propre.

☐ **c.** Il n'y a pas de précautions particulières à prendre pour manipuler les détergents-désinfectants.

☐ **d.** Lorsque l'on met un dispositif médical dans un bac de détergent-désinfectant, il doit absolument être totalement immergé dans la solution.

10. Les infections associées aux soins (IAS) :

☐ **a.** Si un patient déclare une grippe le lendemain de son admission, ce n'est pas une IAS.

☐ **b.** Si une infection se déclare au niveau d'un site opératoire 15 jours après l'intervention, c'est une IAS.

☐ **c.** Si un patient contracte une infection urinaire alors qu'il est alité en hospitalisation à domicile, ce n'est pas considéré comme une IAS.

☐ **d.** Si un patient hospitalisé pour un infarctus déclare durant son séjour une TIAC, c'est une IAS.

☐ **e.** L'infection la plus fréquente est l'infection urinaire.

11. Les AES :

☐ **a.** Il n'y a que les soins infirmiers qui sont à l'origine des AES.

☐ **b.** Si je me pique avec une aiguille avant qu'elle ait été utilisée, je dois suivre la procédure AES.

☐ **c.** L'infection la plus fréquente en cas d'AES est l'hépatite B.

☐ **Un** AES est un accident du travail si la déclaration a été faite dans la semaine qui suit.

☐ **d.** Pour limiter les risques d'AES, il faut respecter les précautions standard.

12. Les systèmes sympathiques et parasympathiques :

☐ **a.** Sont antagonistes.

☐ **b.** Sont complémentaires.

☐ **c.** Régissent la vie végétative.

☐ **d.** Régissent la vie de relation.

13. Les gamètes sont :

☐ **a.** Des cellules sexuelles.

☐ **b.** Un spermatozoïde.

☐ **c.** Un ovule.

☐ **d.** Des chromosomes.

14. Le cœur possède :

☐ **a.** Son propre circuit électrique.

☐ **b.** Son propre système d'irrigation artérielle et veineux.

☐ **c.** Un système de communication entre cœur droit et cœur gauche.

☐ **d.** Une liaison avec les centres nerveux supérieurs.

15. L'arthrose :

☐ **a.** Est une maladie inflammatoire affectant une articulation.

☐ **b.** Indique la dégénérescence d'une articulation.

☐ **c.** Indique l'inflammation d'une artère.

☐ **d.** Indique la dégénérescence d'une artère.

16. L'anurie :

☐ **a.** Est le fait de ne pouvoir uriner alors qu'il y a de l'urine dans la vessie.

☐ **b.** Désigne la non-fabrication d'urine par le rein.

☐ **c.** Indique l'absence d'urine dans la vessie.

☐ **d.** Signifie que la personne ne peut contrôler ses mictions.

17. Les soins palliatifs se caractérisent par :

☐ **a.** La prise en charge de la douleur physique et de la souffrance morale.

☐ **b.** Le fait d'apporter la meilleure qualité de vie jusqu'à la fin.

☐ **c.** Le fait de mettre un terme, de manière passive, à la vie des personnes quand il n'y a plus rien à faire.

☐ **d.** Étendre l'accompagnement à la famille et/ou proches.

18. La communication :

☐ **a.** Le non-verbal représente plus de 70 % de la communication.

☐ **b.** On peut ne pas communiquer avec quelqu'un.

☐ **c.** La reformulation est un outil majeur dans la relation soignant/soigné.

☐ **d.** Pour désamorcer un comportement agressif, il faut crier plus fort que la personne.

19. Fin de vie :

☐ **a.** Je peux faire la toilette mortuaire dès que je vois que la personne est décédée.

☐ **b.** S'il y a un appareillage que je ne peux enlever du corps, ce n'est pas grave, car je vais rhabiller le défunt.

☐ **c.** Tous les besoins vitaux sont perturbés en général.

☐ **d.** La famille dispose de 24 heures pour déclarer le décès à la mairie du lieu de décès.

20. Le secret professionnel est préservé quand :

☐ **a.** En tant qu'élève aide-soignant, je prononce le nom du patient en exposant oralement ma démarche de soin à un formateur de l'IFAS.

☐ **b.** En tant qu'élève AS, j'écris le nom du patient sur ma démarche de soins.

☐ **c.** Dans mon écrit du module 5, j'indique le nom de l'établissement où la situation se passe.

☐ **d.** Dans mon écrit du module 5, j'indique le nom de la personne dont je relate la situation.

21. Un patient atteint d'une tuberculose pulmonaire :

☐ **a.** Est mis en isolement sur prescription médicale.

☐ **b.** Peut sortir comme il veut de sa chambre pourvu qu'il porte un masque.

☐ **c.** Les précautions standard et complémentaires AIR doivent être prises.

☐ **d.** Ces précautions ne concernent que les infirmiers.

22. L'aide-soignant a le droit de :

☐ **a.** Poser une bande de contention.

☐ **b.** Dépiquer une perfusion.

☐ **c.** Mettre un suppositoire à visée antalgique.

☐ **d.** Réaliser un premier lever avec une élève aide-soignante.

Corrigé

1. a. et d.

Une attitude bienveillante envers une personne âgée en EHPAD consiste à :

– Laisser la personne utiliser ses capacités et respecter son autonomie.

– Lui adresser un sourire lorsque je passe devant elle dans la journée.

2. c. et d.

Le secret professionnel :

– Permet un climat de confiance entre les patients et les soignants

– S'oppose à toute demande d'information de la part des visiteurs

3. c. et d.

Communiquer c'est :

– S'écouter mutuellement.

– Être capable de défendre son point de vue en argumentant calmement.

4. a., b. et c.

Pour faciliter la communication, il est utile de :

– Reformuler ce que l'autre a dit pour vérifier que l'on a bien compris.

– Attendre que l'autre ait exposé son point de vue pour proposer le nôtre.

– Tenir compte du feed-back renvoyé par l'autre.

5. b. et c.

Devant un patient aphasique :

– Je lui parle de façon posée et j'attends son feed-back pour poursuivre.

– Je lui laisse le temps de s'exprimer et l'encourage.

6. c.

Le bacille de Koch

7. b.

Toute lésion cutanée ne représente pas forcément une porte d'entrée aux germes

8. a. et d.

On vaporise directement sur la chiffonnette, pas sur les surfaces.

Un système de pliage permet d'utiliser différentes faces d'une chiffonnette.

9. b. et d.

Le nettoyage des dispositifs médicaux :

– On ne désinfecte que ce qui est propre.

– Lorsque l'on met un dispositif médical dans un bac de détergent-désinfectant, il doit absolument être totalement immergé dans la solution.

10. a., b, c. et d.

Les infections associées aux soins (IAS) :

– Si un patient déclare une grippe le lendemain de son admission, ce n'est pas une IAS.

– Si une infection se déclare au niveau d'un site opératoire 15 jours après l'intervention, c'est une IAS.

– Si un patient hospitalisé pour un infarctus, déclare durant son séjour une TIAC, c'est une IAS.

– L'infection la plus fréquente est l'infection urinaire.

11. c. et d.

Les AES :

– L'infection la plus fréquente en cas d'AES est l'hépatite B.

– Pour limiter les risques d'AES, il faut respecter les précautions standard.

12. a., b. et c.

Les systèmes sympathiques et parasympathiques :

– Sont antagonistes.

– Sont complémentaires.

– Régissent la vie végétative.

13. a., b. et c.
Les gamètes sont :
– Des cellules sexuelles
– Un spermatozoïde
– Un ovule

14. a., b. et d.
Le cœur possède :
– Son propre circuit électrique.
– Son propre système d'irrigation artérielle et veineux.
– Une liaison avec les centres nerveux supérieurs.

15. b.
L'arthrose :
– Indique la dégénérescence d'une articulation.

16. c.
L'anurie :
– Indique l'absence d'urine dans la vessie.

17. a., b. et d.
Les soins palliatifs se caractérisent par :
– La prise en charge de la douleur physique et de la souffrance morale.
– Le fait d'apporter la meilleure qualité de vie jusqu'à la fin.
– Étendre l'accompagnement à la famille et/ou proches.

18. a. et c.
La communication :
– Le non-verbal représente plus de 70 % de la communication.
– La reformulation est un outil majeur dans la relation soignant/soigné.

19. c.
Fin de vie :
– Tous les besoins vitaux sont perturbés en général.

20. a.
Le secret professionnel est préservé quand :
– En tant qu'élève aide-soignant, je prononce le nom du patient en exposant oralement ma démarche de soin à un formateur de l'IFAS.

21. a. et d.
Un patient atteint d'une tuberculose pulmonaire :
– Est mis en isolement sur prescription médicale
– Les précautions standard et complémentaires AIR doivent être prises

22.
L'aide-soignant a le droit de :
– Aucune proposition n'est juste.

> Autres types d'exercices

Cocher les cases en fonction de vos réponses :

	L'asthme	Le diabète	L'infarctus du myocarde	La tuberculose	La colostomie	La maladie d'Alzheimer	La BPCO	Le SIDA	La maladie de Parkinson	La rougeole	L'arthrose
Maladie chronique											
Maladie aiguë											
Maladie infectieuse											
Maladie contagieuse											
Maladie cancéreuse											
Concerne l'appareil urinaire											
Concerne l'appareil digestif											
Concerne l'appareil respiratoire											
Concerne le système nerveux											
Concerne l'appareil cardio-vasc.											
Dyspnée											
Diarrhée											
Constipation											
Douleur											
Position spécifique											
Éducation du patient											
Régime alimentaire											

9

Autres types d'exercices

Les couleurs de l'arc-en-ciel : relier les éléments qui vont ensemble.

L'hyperthermie colore ainsi le visage •	• noir
La nécrose ischémique •	• rosée
La couleur de l'urine •	• cyanose
La peau en bonne santé •	• rouge
Juste au moment d'un malaise •	• vert
Des expectorations infectées •	• blanc
Le stade 1 de l'escarre •	• rouge
Une difficulté à respirer en est la cause •	• jaune

Qui suis-je ?

Fonctions	Organes
Je suis l'organe de la phonation	
Je fais ma révolution plusieurs fois par minute	
Je suis le poste de commande de tout l'organisme	
Je secrète l'insuline	
La sueur sort par tous mes pores	
Je reçois le bol alimentaire pour le malaxer	
Je sers de machine à laver le sang	
C'est au plus profond de moi que grandit le fœtus	
Grâce à mon inspiration, j'oxygène le sang	
Chez moi, rien ne doit stagner, tout est en transit	
Je suis une barrière imperméable, tant que je suis intacte	

Questions et réponses

QUESTION 1

Sous quelle condition le changement d'une poche de colostomie peut-il être réalisé par une AS ?

QUESTION 2

En quoi est-il important de stimuler les personnes atteintes de la maladie de Parkinson ou de la maladie d'Alzheimer afin qu'elles conservent un maximum d'autonomie ?

QUESTION 3

Quels sont les 2 types d'AVC que vous connaissez ? Expliquez leur mécanisme en quelques mots.

QUESTION 4

Quelles sont les précautions à mettre en place pour prendre en charge un patient atteint du SIDA ?

QUESTION 5

Quel type de précaution est à mettre en place pour prendre en charge un patient atteint d'une tuberculose et pourquoi ?

QUESTION 6

Quelles sont les surveillances à faire pour un patient qui revient du bloc opératoire après une intervention chirurgicale ?

Corrigé

Cocher les cases en fonction de vos réponses :

	L'asthme	Le diabète	L'infarctus du myocarde	La tuberculose	La colostomie	La maladie d'Alzheimer	La BPCO	Le SIDA	La maladie de Parkinson	La rougeole	L'arthrose
Maladie chronique	X	X				X	X	X	X		X
Maladie aiguë			X							X	
Maladie infectieuse				X				X		X	
Maladie contagieuse				X				X		X	
Maladie cancéreuse											
Concerne l'appareil urinaire											
Concerne l'appareil digestif		X			X						
Concerne l'appareil respiratoire	X			X			X				
Concerne le système nerveux						X			X		
Concerne l'appareil cardio-vasc.			X								
Dyspnée	X		X	X			X				
Diarrhée											
Constipation									X		
Douleur			X						X		X
Position spécifique	X						X				X
Éducation du patient	X	X			X			X			
Régime alimentaire		X			X						

Les couleurs de l'arc-en-ciel : relier les éléments qui vont ensemble.

L'hyperthermie colore ainsi le visage •	• noir
La nécrose ischémique •	• rosée
La couleur de l'urine •	• cyanose
La peau en bonne santé •	• rouge
Juste au moment d'un malaise •	• vert
Des expectorations infectées •	• blanc
Le stade 1 de l'escarre •	• rouge
Une difficulté à respirer en est la cause •	• jaune

Qui suis-je ?

Fonctions	Organes
Je suis l'organe de la phonation	Larynx
Je fais ma révolution plusieurs fois par minute	Cœur
Je suis le poste de commande de tout l'organisme	Cerveau
Je secrète l'insuline	Pancréas
La sueur sort par tous mes pores	Peau
Je reçois le bol alimentaire pour le malaxer	Estomac
Je sers de machine à laver le sang	Rein
C'est au plus profond de moi que grandit le fœtus	Utérus
Grâce à mon inspiration, j'oxygène le sang	Poumon
Chez moi, rien ne doit stagner, tout est en transit	Intestin
Je suis une barrière imperméable, tant que je suis intacte	Peau

Questions et réponses

QUESTION 1

Si la colostomie est cicatrisée.

QUESTION 2

Pour ralentir l'évolution vers la grabatisation

Autres types d'exercices

QUESTION 3

AVC ischémique : une artère du cerveau se bouche soit par un thrombus soit à cause d'une plaque d'athérome.

AVC hémorragique : il y a rupture d'un vaisseau sanguin qui inonde la zone de sang.

QUESTION 4

Le respect des précautions standard.

QUESTION 5

Les précautions « standard » et les précautions « air » sur prescription médicale.

QUESTION 6

Surveillance du réveil, du fonctionnement cardio-vasculaire, de la douleur, de la cicatrice, de dispositifs médicaux annexes (perfusion, sonde vésicale, drains, oxygénothérapie, etc.).

Liste des sigles utilisés

Sigles	Significations
AES	Accident d'exposition au sang
AFGSU	Attestation de formation aux gestes et soins d'urgence
APA	Allocation personnalisée d'autonomie
ARS	Agence régionale de santé
AS	Aide-soignant(e)
AVC	Accident vasculaire cérébral
BMR	Bactérie multirésistante
CHSCT	Comité d'hygiène, de sécurité et des conditions de travail
CO2	Dioxyde de carbone (appelé également gaz carbonique)
DASRI	Déchets d'activité de soin à risque infectieux
DEAS	Diplôme d'État d'aide-soignant(e)
DID	Diabète insulino-dépendant
DNID	Diabète non insulino-dépendant
EHPAD	Établissement hébergeant des personnes âgées dépendantes
EOH	Équipe opérationnelle d'hygiène
FAM	Foyer d'accueil médicalisé
GIR	Groupe Iso Ressource
HAS (ex-ANAES)	Haute Autorité de santé (a remplacé l'ANAES, Agence nationale d'accréditation et d'évaluation en santé)
HTA	Hypertension artérielle
IDE	Infirmier(e) diplômé(e) d'État
IMC	Indice de masse corporelle
INPES	Institut national de la prévention et de l'éducation pour la santé
MAS	Maison d'accueil spécialisée
O_2	Oxygène
OMS	Organisation mondiale de la santé
PTH	Prothèse totale de hanche

Liste des sigles utilisés

SHA	Solution hydroalcoolique
SIDA	Syndrome d'immunodéficience humaine
TA	Tension artérielle
UU	Usage unique

Achevé d'imprimer en novembre 2014
sur les presses de la SEPEC (France)
Numéro d'impression : 09463141101
Numéro d'éditeur : 2014_0911
Dépôt légal : novembre 2014

IMPRIM'VERT®

PEFC™ 10-31-1470 / Certifié PEFC / Ce produit est issu de forêts gérées durablement et de sources contrôlées. / pefc-france.org